한국교원행정

주삼환 저

태영출판사

머리말

우리 조상들은 교육을 가장 중시해 왔다. 천연자원이 적은 나라에서 멸망하지 않고 살길은 오직 자식을 슬기롭고 똑똑하게 가르쳐 놓는 수밖에 없다는 판단에서이다. 더구나 우리 조상들은 중국, 러시아, 일본의 인근 강대국들 틈바구니에서 살아갈 수 있는 길을 후손 교육에서 찾고자 했던 것이다. 이런 결론은 유태인들의 조상들도 마찬가지였던 모양이다. 그래서 세계적으로 고난의 역사를 가지고 있는 나라들은 모두 유달리 교육에 힘써 왔다. 우리가 일제의 식민지하에 있을 때도 교육의 힘으로 독립하고자 어려운 속에서도 민족학교를 설립하여 후손 교육에 힘썼던 것이다. 그래서 우리 나라에 사립학교가 많은 전통을 갖게 된 유래이기도 하다. 지금도 남북이 갈린 우리 민족의 시련을 교육을 통하여 극복해야 한다는 것이 필자의 신념이다. 교육을 잘하려고 하다 보니 교사들이 존중받아 우리는 군사부일체라고까지 했던 것이다. 교육만이 우리 민족이 조상 대대로 살아갈길이다.

그런데 세상이 바뀌어 지식정보사회가 되었다고 한다. 지식과 정보는 어디서 만들어 내고, 무슨 힘으로 이 지식을 보존, 유통, 활용할 수 있겠는가? 바로 교육의 힘으로 지식을 창출하고, 보존, 유통, 활용할 수 있게 되는 것이다. 지식과 정보는 산업사회에서처럼 공장에서 만들어 낼 수 있는 것이 아니라 교육과 학교, 연구실에서 만들어 내게 되는 것이다. 그래서 지식정보사회에서 교육이 더 중시된다. 지식정보사회에서는 특히 더 교육만이 살길이 된다. 교육도 이제는 분량이 아니라 질인 것이다. 이렇게 교육이 중요한 때 우리 나라 정책에서 교육이 무시당하고 있는 것은 안타까운 노릇이다. 교육을 잘하려면 시설과 환경, 교육과정, 교사, 학생의 4요소가 좋아야 한다. 그 중에서도 교사변인이 가장 중요하다. 교사가 부족한 시설·환경과 교육과정도 보완하고 극복할 수 있다고 보기 때문이다. 우수한 교사만 확보할 수 있다면 우리의 교육은 성공 안 하려고 해도 안 할 수 없는 것이다. 그래서 세계 여러 나라는 우수교원 확보에 총력을 기우리고 있는 것이다. 그런데 이렇게 교사가 중요시되는 때에 교사가 흔들리고 우리 나라 정책에서 교원이 무시되는 것을 보는 것은 교육학자로서 참기 힘든 고통이다. 이런 때 어려운 여건에서도 묵묵히 교원의 길을 걷고 있는 많은 우수한 사례의 모델 교사와 교육지도자들이 있는데 이들은 진정 우리 나라 교육의 전통을 지탱해 주는 버팀목이라고 본다. 이들 교원들은 존경을 받아 마땅하고 또 영광을 모두 돌려도 오히려 부족하다고 해야 할 것이다(본문 제14장에서).

운동 팀에 감독은 필요한가? 음악 합창단과 오케스트라 연주단에 지휘자는 필요한가? 배와 비행기에 선장이나 함장, 기장은 필요한가? 당연히 필요하니까 그런 직업이 있을 것인데 왜 우스꽝스럽게 이 같은 질문을 하느냐고 할 것이다. 그런데 무자격 일반인 교장공모제 등 학교행정가와 교장에 대한 최근의 무질서한 주장들을 보면 이 같은 근본적인 질문을 하게 한다. 운동 팀에서 감독은 팀을 승리로 이끄는데 결정적인 역할을 한다. 감독의 선수기용과 선수훈련, 전략과 전술이 팀의 승리를 위하여 필요하고 중요하다는 것을 부정할 사람은 아마 한 사람도 없을 것이다. 2002한일월드컵 축구경기에서 히딩크 감독의 존재를 부정할 사람은 아무도 없을 것이다. 음악 연주단에 있어서의 지휘자의 존재도 마찬가지로 중요하고, 배나 비행기에 있어서의 선장이나 기장은 위기에서 수백, 수천 명의 생명을 좌우한다. 군대나 단체의 지휘관이나 지도자의 필요성이나 중요성을 부정할 사람도 없을 것이다. 마찬가지로 교육과 교육행정에서 교육행정가의 위치는 아주 중요하다. 교육행정은 최종적으로 학교행정가에 의하여 학교행정으로 학교에서 실현되어 학생과 학부모에 와 닿기 때문에 학생과 학부모, 국민의 입장에서 보면 교육부장관이나 교육감, 그 누구보다도 학교행정가가 중요하다. 교육행정은 대부분 학교행정이라고 해도 과언이 아니다(본문 제2장에서).

최근에 교원평가니, 일반인교장이니 교장공모제니 하여 교육계에 혼란을 일으키고 있다. 이와 관련하여 1, 2년간 썼던 글을 모아 책으로 내게 되었다. 때로는 부당한 교원정책을 나름대로 비판하기도 하고 대안을 제시하기도 하였다. 따로따로 썼던 글을 묶어 하나의 책으로 내다보니 일부분은 중복되는 내용이 있음을 이해하여 주길 바란다.

이 책은 장래 교원이 되고자 하는 교육대학이나 사범대, 교직과정, 교육대학원 학생들과 기성 교사와 교육행정가들이 교원행정에 대하여 되돌아보고 앞으로의 교직생활을 다짐하는 데 도움이 될 것으로 본다. 그리고 무리한 교원정책과 교원행정을 입안하고 주장하는 교육 관료와 학부모 단체, 교원 단체들도 한번 읽어 보기를 권하고 싶다.

아무쪼록 이 책의 출판을 계기로 하여 교육계의 혼란이 정리되어 우리교원들이 교육을 중심으로 단합하고 교육을 통하여 남북이 통일되고 우리 나라가 21세기를 주도하는 데 조금이라도 도움이 되었으면 좋겠다.

2006. 12.

주삼환 지

차례

제 1 부 교장제도

제 2 부 교사 행정

제 1 부

교장제도

Chapter 01

교육행정학의 지식기반

이 장에서는 교육행정가나 교육행정학자가 꼭 알아야 하고 교육행정학에서 꼭 다뤄야 할 기반이 되는 공통적이고 핵심적인 지식이 무엇이냐에 대하여 다루게 된다. 이 내용은 한국교육행정학회 2005년도 연차학술대회 발표 논문이다.

I. 서 론

우리는 태어나서 성장하여 성인으로 살아가는 동안 수없이 정체성 확인의 과정을 거치게 된다. 때로는 청소년기에 정체성 위기를 맞아 방황도 하고 문제 행동을 하게 되기도 한다. 그 때마다 우리는 정체성에 대한 자기성찰과 자기 확인을 통하여 성숙한 인간으로 살아갈 수 있게 되는 것이다.

하나의 학문분야도 이와 비슷하다고 본다. 교육행정학도 국내외적으로 이와 같은 정체성 확인과 확립의 과정을 거치면서 성숙한 학문으로 발전해 오고 또 계속 발전해 가고 있다고 본다. 미국에서도 미국교육행정학교수협의회(NCPEA)와 미국대학교육행정학(과)협의회(UCEA), 초등교장협의회(NAESP)와 중등교장협의회(NASSP), 미국교육행정정책위원회(NPBEA), 미국주교육감협의회(CCSSO)와 미국교원교육평가인정기구(NCATE), 미국학교행정가자격주콘소시엄(ISLLC)에서 꾸준히 이런 노력을 해오고, 최근에는 영국과 캐나다, 오스트레일리아에서도 교육행정의 정체성과 밀접한 교육행정가의 지도성 표준화 노력을 하고 있다(Young, 1994).

한국교육행정학회에서도 1967년 설립 이래 한국교육행정의 정체성을 밝히려는 노력을 꾸준히 해왔는데 개인발표로 (1) 1971년 19차 김종철의 "교육행정학의 연구동향", (2) 1972년 25차 강길수의 "한국교육학의 발전(정책 · 제도적 측면)", (3) 1973년 31차 남정걸의 "교육행정의 개념과 성격", (4) 1975년 37차 윤형원의 "한국에서의 교육행정학연구의 새 동향"이 있었고, 개인적으로 학회지 "한국교육학연구"에 발표된 논문은 (5) 1991년 제8권 7호 조광제의 "교육행정학연구의 발전과 주요 패러다임의 특성"이 있었다.

학회 수준에서 연차대회로 (1) 1982년 10차 "한국교육행정학의 학문적 성격 탐색(김종철, 남정걸, 강영삼, 김윤태, 서정화)", (2) 1987년 15차 "2000년대를 향한 교육행정의 전망과 과제(김영식, 강영삼, 윤정일, 주삼환, 노종희)", (3) 1999년 27차 "새로운 세기의 한국교육행정의 변화와 전망(윤종건, 허병기, 주철안, 신현석, 김재웅)", (4) 2002년 30차 "한국교육행정학 연구의 반성과 발전방향 탐색(정태범, 강영삼, 임연기, 허병기, 이일용)" 이렇게 네 차례 있었고 이번이 그 다섯 번째가 되는데 이번에는 특히 "한국교육행정학의 지식기반"에 초점을 맞추고 있다. 그 동안의 노력에도 불구하고 한국교육행정의 정체성 확립을 위한 노력을 계속할 필요가 있는데 특히 '지식기반(knowledge base)'을 정립할 필요가 있다고 본 것이다. 한국교육행정학회의 지식기반에 관한 학술대회의 취지를 알아볼 필요가 있다.

> 지식기반사회에서는 사회 각 분야에서의 새로운 지식 창출과 활용이 다른 어느 활동보다도 중요한 가치를 갖는다. 교육행정 분야도 마찬가지이다. 교육행정은 미래 대비라는 고도의 전문적 행위인 교육을 위한 행정으로 볼 수 있기 때문에 각종 교육혁신을 주도하는 추진체로서 언제나 미래지향적이고도 혁신적인 새로운 지식기반 창출과 활용에 능동적이어야 한다.
>
> 교육행정 분야에서의 이러한 새로운 지식기반 창출과 활용은 1차적으로 교육행정가들에게서 우선 발휘되어야 하며, 따라서 교육행정가들을 양성하고 육성할 책임을 갖고 있는 한국의 교육행정학자들도 자신들의 영역에서 언제나 새로운 지식기반 탐구에 열중해야 할 필요가 있다.

과연 한국의 교육행정학자들은 자신들의 전문 영역에서 얼마나 많은 새로운 지식기반을 창출하고 있을까? 일부 학자들은 이러한 질문에 나름대로의 긍정적인 답변을 하고 있을 것이다. 그러나 과연 그 숫자가 얼마나 될 것인지는 매우 미지수이다.

그리하여 이 학술대회에서는 현재 한국에서 시행되고 있는 각종 교육행정 교육 혹은 연수프로그램과 그 때 사용되는 각종 교재(교과서)에서 제공되는 교육행정 지식기반을 보다 면밀히 분석하여 그 실상과 문제를 검토하고, 이를 통해 한국교육행정학이 새로운 지식기반 창출과 활용을 위해 해결해야 할 과제가 무엇인가를 제시해 보고자 한다.

금번 정기학술세미나의 목적을 좀더 구체적으로 제시하면 다음과 같다.

첫째, 각종 교육행정 교육프로그램과 교재에 담겨져 있는 한국교육행정학의 지식기반 실태와 그 문제 및 향후 과제를 분석 · 제시한다.

둘째, 교육행정 지식기반의 새로운 개발과 활용에 대한 외국의 동향을 분석 파악하여 한국교육행정학 지식기반에서 받아들여야 할 시사점은 무엇인가를 탐색한다.

셋째, 한국교육행정학의 새로운 지식기반은 무엇이어야 하고, 나아가 이를 어떻게 창출하고 활용해야 하는가에 대한 과제를 제시한다.

여기서 필자가 맡은 부분은 '목적 1'에서 "저서(교재)로 본 지식기반의 실상과 과제"이다. 그런데 다른 주제의 하나인 '교육프로그램'과 '저서'는 밀접하게 관련되어 있기 때문에 이를 분리하여 검토하기는 극히 어렵다고 본다. 우리 나라 교육행정학 관련 발간 저서를 검토하여 우리 나라 교육행정학의 지식기반의 실상을 파악하고 앞으로의 과제를 제시해 보라는 특명을 받은 셈이다. 그런데 학술발표위원회에서 생각하는 '새로운 지식기반'과 발표자가 생각하는 '교육행정학 공통의 지식기반'의 생각과 다를 수 있다. 발표자는 '새로운' 지식보다는 '합의된' 지식을 강조하게 될 수 있음을 먼저 밝힌다. 단순한 '새로운' 지식이 아니라 지식의 '기반'이 강조되는 것이다.

여기서는 우선 (1) '지식기반'의 개념과, 지식기반 정립의 필요성과 문제점에 대하여 살펴보고 나서, 학술대회의 '목적 2'에 해당하는 (2) 외국의 지식기반 정립의 동향을 고찰해 보고, (3) 우리 나라 교육행정 관련 저서의 출판 현황을 검토해 보고, 정리에서 (4) 우리 나라 교육행정의 지식기반의 과제를 제시해 보고자 한다.

지식기반과 관련한 문헌과 외국 대학의 지도성과 학교행정가 양성 교육과정과 프로그램을 고찰해 보고, 우리 나라 교육행정 관련 저서의 현황을 파악하기 위하여 우리 나라 국회도서관에 소장하는 자료를 교육행정 주제어, 교육행정학회 회원을 중심으로 저자명으로 검색하여 752여 권의 저서 목록을 확인한 후 연구보고서 등을 제외하여 557권의 저서와 역서를 추출하였다. 이들 서적을 연도별, 김흥주(2000)의 "전문적 지식기반(교육행정 현장에 대한 행정적 지식기반)" 18~30항목과 미국의 ISLLC 6영역에 의하여 분류하여 보았다. 저서의 편수의 현황을 개략적으로 알아보는 데 그치고 저서의 내용까지는 검토하지 못하였다. 여기에서 빠진 저서들을 회원들이 보완해 주면 학회의 데이터베이스로 활용될 수 있을 것으로 본다.

II. 교육행정학의 지식기반의 개념과 문제점

1. 지식기반의 개념

베이컨(Sir Francis Bacon, 1561-1626)은 "아는 것(지식)이 힘(knowledge itself is power)"(1597)이라고 하였는데 이는 또한 "힘이 지식인(Power is knowledge)" 경우이다(Hoy & Miskel, 2006, 219). 지식정보사회에서 지식의 위력은 말로 표현하기 어려울 정도이다. 교육행정학도와 교육행정가에게도 지식은 힘이 되지 않을 수 없다. 지식이 기반이 되어야 한다. 우리는 여기서 지식기반에 대한 지식을 다루게 되는 셈이니 "지식에 대한 지식이 힘이라고(Knowledge about knowledge itself will be power)" 해야 될 것이다.

그러면 '지식기반(knowledge base)'이란 무엇인가? NPBEA(미국교육행정정책위원회)에 의하면 지식기반은 '지식과 기술의 공통 핵(common core of knowledge and skills)'(Scheurich, 1995)이다. 교육행정가와 교육행정학도에게 공통으로 요구된다고 교육행정학자와 교육행정가들이 동의하고 합의할 수 있는 지식과 기술의 공통의 핵이라는 뜻이다. 김흥주(2000)는 자신의 지식기반의 정의를 유보하는 대신 Hoyle(1991)의 정의 "학교 혹은 교육운영 개선을 위한 연구나 그 적용을 가이드하는 인간의 역사, 핵심적 제안, 보편적인 실천, 윤리적 선택 등으로부터 추출된 학문적 사고나 실험적 증거"를 인용하고 지식기반의 내용으로 요구되는 다음 네 가지를 들어 간접적으로 지식기반의 윤곽을 제시하고 있다.

첫째는 교육행정학 자체의 탐구 이론적 접근으로서 학문적인 요구이며, 둘째는 교육행정을 둘러싸고 있는 사회변화에서 나타나는 요구이다. 그리고 셋째는 한국의 교육행정가 자신들이 교육행정 현장에서 부딪히는 실제에서 나타나는 다양한 개인적 요구이며, 넷째는 교육행정 내용의 학습 효과의 극대화 내지는 파급 효과를 거둘 수 있는 전이 효과적인 요구가 그것이다.

결국 교육행정학의 지식기반은 분파학문(discipline)과 전문직(profession)으로서의 교육행정가에게 공통으로 요구되는 핵이 되는 지식과 기술이라고 할 수 있다. 학문지식(academic knowledge)과 전문지식(professional knowledge)이 중심을 이루고 여기에 기술(skill)까지 포함시켜야 할 것이다. 핵을 너무 넓히면 학문과 전문성의 정체성이 불분명해질 것이고 핵을 너무 좁히면 분파학문이나 전문직으로 인정받기 어렵게 될지 모르므로 그 범위와 깊이에 균형과 조화가 필요할 것이다.

전문직에서 지식기반이 하는 기능을 교육행정학 외부와 내부의 양 측면에서 생각해 볼 수 있다. 즉 (1) 외부에 대하여 전문적인 지식과 기능의 체계가 존재한다는 것을 증명으로 보여줌으로써 전문직에 종사하는 사람들에게 전문직으로서의 특별한 신분을 부여하는 기능을 한다. 그리고 (2) 내적으로 교육행정 구성원이 숙달하여 자격을 갖춰야 할 전문성을 표준화시키고 전문직의 구성원이 되도록 하는 훈련의 내용과 과정을 표준화한다(Scheurich, 1995, 17). 교육행정학의 지식기반을 이수하고 전공한 교육행정가들이 전문직으로 그 권위를 인정받을 수 있고, 또 이 지식기반이 교육행정 전문가로 길러내기 위한 근거와 기반이 되는 것이다.

그래서 앞에서 간단히 언급한 것처럼 외국에서는 1950년대부터 교육행정학의 이론화 운동과 지식기반 명료화와 표준화의 노력을 꾸준히 해온 결과 오늘날은 교육행정학이 하나의 성숙된 학문으로 인정받기 시작하고, 교육행정직이 전문직으로 인정받아 높은 수준의 자격증이나 면허증을 요구하게 되었다. 그러나 우리 나라에서는 이러한 노력이나 투쟁이 부족해서인지 교육행정학이 하나의 학문분야로 성숙해 가고 있을지는 모르나 교육행정 '교육'에 의하여 교육행정전문가를 양성하지도 못하고, 교육행정직에서 자격증도 요구하지 못하고, 교육행정직이 전문직으로 인정받지도 못하고 '일반직'이라고 부르고 있는 실정이다. 교육행정직은 여전히 일반직이고, 교원에게 반드시 요구되던 '교감자격증'과 '교장자격증' 마저 최근에 이를 폐지하고 교원자격증제 자체를 파괴하려는 '일반인 교장론 등 퇴보적 움직임으로 교육행정학의 지식기반을 제대로 형성해 보지도 못한 채 교육행정학이 파괴될 위기에 처해 있다고 할 수 있다. 일반직 주도의 우리 나라 교육행정과 전문성 무시의 교장임기제나 최근의 무자격 교장공모제 안은 교육행정학의 운명을 걸고 저지해야 할 일이다.

2. 교육행정학 지식기반에 대한 비판과 문제

Scheurich(1995)는 "교육행정학에 지식기반이 존재하는가?"라고 질문하고 나서 존재하지만 다른 관점이 있을 수 있다고 하면서 (1) 사회과학 지식 생산에 실증주의와 구조기능주의의 편파성이 있고, 비판이론, 해석학적 관점이 있는데 서로 보완적 입장이 될 수 있을 것이라고 하였다. 그리고 (2) 교육행정 지식에 남성 편향성이 있고, (3) 인종 편파성이 있어 지식기반을 확정하기 어려운 면이 있음을 지적한다. 교육행정학의 지식기반에 성, 인종, 상황과 문화의 편파성의 문제가 있을 수 있다고 한다(Ortiz & Ortiz, 1995).

Littrell과 Foster(1995)도 교육행정학에 적절한 지식기반을 정하기 어렵다고 한다. 교육행정은 'Art'이면서 'Science'이기 때문이라고 한다. (1) 사회과학에서는 예측성이 낮기 때문에 지식기반을 확정하기 어렵고, (2) 포스트모던의 주장에 의하면 ① 지식은 기초를 정하기 어렵고(nonfoundational), 보편적으로 알기 어렵고, 구체적인 상황(specific setting)에서나 알 수 있으며, ② 진정한 지식은 권한의 배분에 달려 있고, ③ 결과적 산물은 광범하게 받아들여지는 이야기, 거대 해설의 발전이라고 할 수 있다는 것이다. 구조주의자들은 체계적인 지식이 가능하다고 확신하지만 탈구조주의자들은 이 지식의 불가능성만을 알 수 있다고 주장한다. 행정을 재구성과 실제 행동을 보고 그리고 상황을 읽고 나서야 알 수 있다는 것이다. Littrell과 Foster(1995)의 포스트모던의 입장에서는 인간행동의 행정에 관한 가정은 보편적일 수 없고, 평가(시험)하거나 정의하기 어려워 행정행위의 '현실 세계'는 만족할만한 '지식기반'이 없고 '경쟁하는 배우들과 자원과 권력'이 있을 뿐이라고 한다.

Bredeson(1995)도 "교육행정의 지식기반이란 담장을 만들거나 고칠 것인가?", "개념적, 학문적, 전문적 지식기반의 담장을 건설"한다면 어디까지가 담장 밖이고, 어디까지가 담장 안일 것인가? 이런 질문과 함께 학교와 사회, 경제, 정치적 상황과, 전문적 실제의 현실이 변하고 있기 때문에 교육행정의 지식기반이라는 담장을 치기 어렵다고 한다. 또 교육행정의 지식기반은 경험적, 과학적, 사실에 근거한 일반화의 지식기반의 한 측면과 임시의 가치, 선호, 인간 의도에 의하여 사회적으로 이루어진 구성에 바탕을 둔 것이라는 다른 측면의 양론이 있다고 하면서도 이들을 포괄하는 지식기반의 구축을 시도한다.

구성주의 입장에서 학습은 지식 구성의 과정이고, 학습은 지식 의존적이고, 지식기반은 상황과 무관치 않으며 개인이 지식을 구성하므로 교육행정의 지식을 지식기반으로 고정시킬 수 없다(Prestine, 1995)고 보는 것이다. 또 교육행정에서 창의력 또는 발명적 사고력의 개발과 촉진이 필요하고 고전적 수사학, 대화법, 논쟁법 등도 필요한데(Lindle, 1995) 이들을 교육행정학의 지식기반으로 묶어 놓기 어려운 것이다.

교육행정학의 이론과 현실 사이의 괴리 때문에 지식기반을 구축하기 어려운 점도 생각할 수 있다. 이론에 약하나 경험이나 직관에 강한 사람도 있을 수 있다. 앞에서 말한 'Science'와 'Art'의 문제와도 같다. 교육행정의 아카데믹 학문 대 실제의 현장의 문제를 포괄하는 문제이다. 그리고 교육행정의 세 지식 범주 중 (1) 이론적 지식은 실용적 측면에서 효과가 적고, (2) 테크니컬한 지식은 의사들에게서 처럼 명확하게 열거하기 어렵고, (3) 경력적 지식을 오히려 많이 사용하게 된다. 아카데믹 학문과 실제 현장의 조화가 조직의 생산대체주의(Imber, 2005)라고 한다. Donmoyer(1995)도 지식의 종류를 (1) 학문적 지식(academic knowledge), (2) 사실과 방법, 내용적 지식(knowing that, knowing how, and knowing what), (3) 본능적 앎(visceral knowing)으로 나누었는데 이론과 실제가 일치 안 되고, 나쁜 이론도 때로는 유용하고, 성공적인 교장은 다른 사람의 감정을 잘 읽고 자기의 감정을 적절한 방법으로 암호화해서 전달하는 것(의사소통)이 중요하다고 하면서 지식기반의 상대적 교육적 가치에 의문을 제기한다.

Muth(1995)는 교육행정의 기예적 지식(craft knowledge)에 초점을 맞춰 지식기반의 형성과 실천의 제약을 (1) 기관의 지원 부족으로 코스 학점 정하기, 재정의 부족, 여전한 전통적 교수법, 계속고용과 정년보장, 승진 심사의 표준을 학문(40%), 교수(40%), 봉사 (20%)로 고정하는 점, 실습 부족, 시간 부족, 연구 대 봉사와 현장 활동의 부족, 도시대학화의 문제를 들고 있다. 그리고 (2) 현장과의 관계가 부족하여 장애가 되고, (3) 교수들의 직무 성격을 볼 때 교수들은 교실 수업을 편하게 생각하고, 문제해결도 교실에서 해결하려 하고, 현장수업에 협동이 요구되나 교수는 한 명 뿐이고, 대부분의 교수가 광범한 연구방법의 훈련을 받지 않았는데 현장 문제는 광범한 연구기반의 전문성을 요구하고, 현장 활동은 많은 시간을 요구하고, 촉진적 학습과 자료 근거 연습은 단순한 기법과 공식에 대하여 학습하는 것보다 덜 보급되어 있어 장애가 된다고 지적하였다. 그리고 (4) 권력 관계, (5) 수단주의의 만연이 장애가 되는데 이러한 제약과 장애를 제거해야 교육행정의 기예적 지식을 확립할 수 있다고 하였는데 이는 교육행정의 지식기반의 형성에 참고가 될 것이다.

이런 점을 감안하면 전문 학문과 전문직으로 인정받기 위하여 교육행정학의 지식기반을 형성한다 하더라도 많은 비판과 문제가 있다는 것을 알고, 이들 비판을 수용하는 지식기반을 형성해야 한다는 시사를 받을 수 있다.

첫째, 논리실증주의, 구조기능주의에 치우치지 말고, 비판론, 탈구조주의, 포스트모던, 해석주의, 주관주의, 여성주의, 상황 고려 주장 등 다양한 주장과 관점에서 지식기반을 고려해야 할 것이다.

둘째, 이론과 현실, 신봉하는 이론과 활용하는 이론(Osterman, 1989), 과학과 기예, 지식과 기술, 개인적 성향(disposition), 직무수행(performance)의 조화를 고려해야 할 것이다.

셋째, 지식의 시장성도 고려해야 할 것이다. 지식을 기반으로 하여 제한할 것이냐 아니면 시장성에 맡겨 필요에 의하여 지식이 창출되고 활용되게 할 것이냐의 문제이다. 지식을 만들어 줄 것이냐 스스로 만들어 쓰게 할 것이냐의 문제도 된다. 기반을 정한다는 것은 필연적으로 최소한의 선을 긋는 것이며 최저 선을 정한다는 것은 필연적으로 표준화의 길로 가게 된다. 표준화는 산업시대의 구시대 산물이라는 비난을 받기 쉽다.

III. 외국에서의 교육행정학 지식기반 정립 동향

1. 외국에서의 교육행정학 지식기반 정립 노력

대부분의 학자들은 교육행정학이 인정된(legitimate) 탐구분야라는 데 동의하고(Ikpa, 1995, 179) 많은 개혁자들과 연구자들 그리고 학자들은 성공적인 교육행정가들에게서 확인할 수 있는 구체적인 일단의 자질능력(competencies)이 있기 때문에 각 기관들은 적절하고 적합한 지식기반을 개발할 수 있다고 주장한다(Ikpa, 1995, 174). 그리고 Thomson(1992)은 교육행정에 적어도 (1) 모든 사람이 아는 것, (2) 실천가들이 수행으로 보여주는 것(demonstrate), (3) 권위자들이 말하는 것, (4) 연구에 의하여 확인된 것 이 네 가지의 지식의 근원이 있다고 주장한다. 이것을 중심으로 지식의 기반을 개발할 수 있다는 시사이다. 그래서 미국에서는 이런 생각으로 교육행정의 지식기반을 구축하려고 꾸준히 노력해 온 것을 알 수 있다.

미국중등교장회(NASSP)는 1990년에 (1) 기능적 지도성(① 지도성, ② 정보수집, ③ 문제분석, ④ 판단, ⑤ 조작적 기획, ⑥ 실천, ⑦ 위임), (2) 프로그램 영역(⑧ 수업 프로그램, ⑨ 교육과정 설계, ⑩ 학생상담과 발달, ⑪ 교직원 능력개발, ⑫ 측정과 평가, ⑬ 자원배분), (3) 대인관계 영역(⑭ 동기유발, ⑮ 감수성, ⑯ 구두 표현, ⑰ 서면 표현), (4) 상황적 영역(⑱ 철학적 · 문화적 가치, ⑲ 법과 규정의 적용, ⑳ 정책과 정치적 영향, ㉑ 대외 미디어 관계)에 걸쳐 네 영역 21개 세부영역의 교육행정의 지식기반을 설정하였다(Thomson, 1993). 그런데 최근의 연구는 효과적인 인턴을 강조하고 교육행정 관계자 간의 협동에 의하여 개발하고, 수행중심이라는 점이 특징이라고 한다(Reynolds, 1994).

Donaldson & Quaglia(1991)는 지도성의 지식기반으로 (1) 윤리/철학적 측면, (2) 교수학적 측면(pedagogical), (3) 조직적 측면, (4) 기술적 측면, (5) 대인관계적(interpersonal) 측면, (6) 내면적(intrapersonal) 측면이 제시되었다. 이는 주로 미국 메인대학(University of Maine)과의 협동적 노력에 의하여 개발되었는데 지식은 인지, 직관, 정서의 다양한 형태와 다른 혼합으로부터 나온다고 생각한 것이다.

미국교육행정정책위원회(The National Policy Board for Educational Administration, NPBEA)의 1989. 5. 보고서 "학교행정가 준비교육의 개선 : 개혁 아젠다(Improving the Preparation of School Administration)"에서 학교행정가에게 필요한 지식기반으로 7영역을 확인하였는데 NPBEA의 권고에 의하여 UCEA는 1992년과 1993년 두 단계에 걸쳐 이 일곱 영역을 조정하고, 각 영역의 지식을 확충하여 결과적으로 (1) 학교교육에의 사회문화의 영향, (2) 교수학습의 과정, (3) 조직연구, (4) 지도성 및 관리의 과정, (5) 정책과 정치연구, (6) 학교교육의 법적, 윤리적 측면, (7) 학교교육의 경제적, 재정적 측면으로 조정 · 확정하였다(Donmoyer, Imber, & Scheurich, 1995). 이 당시의 지식기반은 주로 전통적 실증주의이거나 구조기능 중심적이었는데 지식기반에 있어서 어떤 철학에 의한, 예를 들면, 행위론적 지식이냐 아니면 인지론의 지식이냐, 구성주의적 지식이냐의 문제와, 이론적인 지식과 실제적인 지식 중에서 무엇이 강조되느냐에 문제가 있다고 하였다. 또 교육행정가에게 필요한 지식이냐 교육행정학 교수에게 필요한 지식이냐, 어느 각도에서 지식기반을 볼 것이냐의 문제(perspectives)가 있는 것이다.

이외에 NCPEA(미국교육행정교수협의회)는 교육행정학의 지식기반으로 (1) 교육사 및 철학, (2) 연구방법, (3) 학습이론, (4) 교육과정, (5) 학생 서비스, (6) 특수교육행정, (7) 인사의 이슈, (8) 교육경영, (9) 교육 지도성, (10) 인간관계, (11) 체제분석과 설계, (12) 단위기관 지도성, (13) 학교법과 정책개발, (14) 학교재정, (15) 학교 PR, (16) 학교시설, (17) 교육청과 지역사회 지도성을 정하여 34개 논문을 다루기도 하였다(Wildman, 1997).

1994년부터 2년여에 걸쳐 미국 24개 주가 협동하고 많은 교육단체들이 협동하여 미국 학교행정가(교육청의 교육장과 교육과정과장, 장학사와 학교의 교장과 교감)를 위한 지도성의 표준을 개발하였는데 이제는 거의 모든 주(35개 주)에서 학교행정가의 자격증에 반영하고 많은 대학에서 이 표준에 의하여 교육과정을 짜서 학교행정가를 양성하고 있다. 그리고 미국교원교육평가인정기구(NCATE)도 이 표준에 의하여 교원양성기관을 평가하고 있어 이제는 미국교육행정의 지식기반이 되고 있다고 하여도 지나치지 않은 말이 되었다(www.ccsso.org/content/pdfs/isllcstd.pdf#search=ISLLC).

이 직무수행 표준은 6개 영역으로 되어 있는데 6개 영역에 공통되는 문장은 "학교행정가(교육행정가 지원자)는 모든 학생의 성공을 증진시키는 교육지도자이다(A school administrator is an educational leader who promotes the success of all students by……)"이고 그 뒤의 문장은 각 영역의 표준을 제시하고 있는데 첫째 표준은 '비전'에 관한 것으로 "학교지역사회와 공유하고 지역사회의 지지를 받는 학교나 교육청의 학습비전을 개발하고, 상세화 하고, 실행하고, 봉사(stewardship)하는 것을 촉진한다."고 하여 (1.1) 비전 개발, (1.2) 비전 상세화, (1.3) 비전의 실행, (1.4) 비전을 위한 봉사, (1.5) 지역사회의 참여 촉진이다.

둘째 표준은 '학교문화와 수업프로그램'에 관한 것인데 "학생의 학습과 교직원의 전문적 성장에 도움이 되는 학교문화와 수업프로그램을 신봉하고, 북돋우고, 유지한다."고 해 놓고, (2.1) 긍정적인 학교문화의 증진, (2.2) 효과적인 수업프로그램의 제공, (2.3) 학생의 학습에 최선의 실천 적용, (2.4) 종합적인 전문적 성장을 위한 계획의 설계로 나누어진다.

셋째 표준은 '관리'에 관한 것인데 "안전하고 효율적이며, 효과적인 학습 환경을 위한 조직과 운영, 자원의 관리를 보장한다."고 해 놓고, (3.1) 조직 관리, (3.2) 운영 관리, (3.3) 자원 관리의 구체적 관점이다.

넷째 표준은 '학부모와 지역사회와의 관계'인데 "다양한 지역사회의 이익과 욕구를 반영하고 지역사회의 자원을 활용하기 위하여 교육가족과 지역사회 구성원과 협동한다."로 되어 있는데 (4.1) 교육가족과 지역사회 구성원과의 협동, (4.2) 지역사회의 이익과 욕구의 반영, (4.3) 지역사회 자원의 활용의 세 관점이다.

다섯째 표준은 '행정가의 윤리'에 관한 표준인데 "성실 · 정직하고, 공정하고, 윤리적으로 해동한다."로 되어 있어 (5.1) 성실 · 정직한 행동, (5.2) 공정한 행동, (5.3) 윤리적 행동이 구체적 표준이다.

여섯째 표준은 '정치, 사회, 경제, 법, 상황 인식'에 관한 것으로 "보다 광범한 정치, 사회, 경제, 법, 상황적 맥락을 이해하고, 이에 알맞게 반응하고, 영향력을 행사해야 한다."는 것인데 구체적으로는 (6.1) 광범한 상황의 인식, (6.2) 광범한 상황에 대한 대응, (6.3) 광범한 상황에 대한 영향으로 나누어 보게 된다.

이 표준을 보면 (1) 비전, (2) 학교문화와 수업프로그램, (3) 관리, (4) 학부모와 지역사회 관계, (5) 행정가의 윤리, (6) 광범한 상황적 맥락의 6개 영역에 걸쳐 학교행정가는 무엇을 알아야 하고(knowledge), 무슨 기술을 가져야 하고(skills),

무엇을 할 수 있어야 하며(ability), 어떤 성향(disposition)과 자질과 능력을 갖춰야 하고(competences, proficiencies), 무엇을 어떻게 직무수행으로 보여줘야 하는지를(job performance, acting ethically) 분명히 밝혀 놓고 있다.

앞에서도 말한 것처럼 이 표준은 미국 거의 대부분의 주와 대학에서 쓰이고 있는데 하나의 예를 들면, Indiana University Northwest의 교육지도자 프로그램은 완전히 ISLLC에 의하여 구성하여 교육하고, 이 표준에 의하여 평가하도록 하고 있다(www.iun.edu/edu`/docs/EL_knowlbase.pdf).

NCATE(2000)도 (1) 전략적 지도성, (2) 수업 지도성, (3) 조직 지도성, (4) 정치적 공동체 지도성, (5) 실습의 5영역에서 12 지도성 표준을 개발하였는데 이제는 ISLLC의 표준에다 실습(internship, 앞의 4영역에 대한 실습)만 추가하여 평가인정의 표준으로 삼고 있다.

영국에서는 National College of School Leadership(NCSL, 2002)이 교육행정가의 표준을 개발하였는데 10개의 명제가 미국의 것과 거의 비슷하다. 학교 지도자는 (1) 유목적이고 통합적이며 가치 지향적이고, (2) 학교 상황의 독특성과 통합성이 있고, (3) 학습의 적극적 관점을 증진하고, (4) 수업에의 초점, (5) 학교 지역사회와 공유하고, (6) 공동체로서의 학교 개발에 의한 역량 형성, (7) 미래지향적이고 전략적이고, (8) 경험과 혁신적인 방법으로 발전적이고, (9) 일관되고, 체계적이고, 실천적인 정책상황과 지원적으로 봉사하고, (10) NCSL의 지원을 받아야 한다고 되어 있다(Aitken, Bedard, & Darroch, 2003).

캐나다에서도 지도성의 표준을 설정하려고 노력해 왔는데 그 동안에 연구된 것을 종합하여 Begley(1994, 1995)는 (1) 관리자, (2) 수업지도자/프로그램 촉진자, (3) 학교와 지역사회의 촉진자, (4) 비전 제시자(visionary), (5) 문제해결자로 하여 교장의 표준을 설정하였다(Aitken, Bedard, & Darroch, 2003).

호주에서는 The Australia Principals Centre(2003)가 4영역에 걸쳐 20개의 자질능력(competencies)을 확인하였는데 여기에는 구체적인 지식과 기능, 태도가 포함되어 있다.

지금까지 주로 미국에서 교육행정의 지식기반 형성을 위한 노력을 소개하였는데 지식기반이란 이름을 사용하지는 않았지만 지식을 포함하고 있는데 교육행정의 공통분모로 가장 많이 받아들여지고 활용되는 것은 미국의 ISLLC라고 할 수 있다. 이는 지금까지 있었던 교육행정의 지식기반에 대한 여러 비판이론을 수용하여 표준을 설정하려 하였고, 지방교육자치를 하는 미국에서 여러 주의 협동과 여러 교육단체와 교육행정학 단체의 협동적 노력으로 합의를 도출하였다는 점에서 큰 의미를 갖는다고 할 수 있다.

2. 외국에서의 교육행정학 지식기반 연구의 동향

Murphy(1992)는 미국 교육지도자 준비교육의 발전 과정을 (1) 이데올로기 시대(1820-1900), (2) 처방 시대(1900-1945), (3) 행동과학 시대(1946-1985), (4) 변증법적 시대(1986-)로 구분하였는데 이 변증법적 시대는 반성, 대응성, 탈규제, 재구성으로 특징지어진다고 하였다. 이런 관점에 의하면 지식기반은 인식론의 문제이기는 하지만 공공가치와 사회의 본질, 학교교육의 목적에 대한 여러 각각 다른 아이디어에 의해서 나온 이데올로기적, 정치적 산물로 볼 수 있다는 것이다. 지금까지 앞에서 조금씩 열거했던 종래의 교육행정학 지식기반의 약점으로 지적되었던 논리실증주의, 행동주의, 구조기능주의, 남성 중심성, 백인 중심성, 가치 배제성, 상황 배제성 등을 극복하고 다양한 비판론을 수용하려고 하는 경향을 파악할 수 있다.

Ogawa(1995)는 (1) 상황조건이론(contingency theory), (2) 제도이론(institutional theory), (3) 거래비용이론(transaction-cost theory), (4) 공공관료제이론이 새로 대두 되고 있는데 조직구조의 변화 같은 교육개혁과, 시장경제로의 변화와 같은 환경의 변화 등이 항상 교육행정의 지식기반에 반영되어야 한다고 주장한다(Capper, 1995). 그리고 비판이론, 여성주의 이론, 탈구조주의 이론, 다른 탈구조주의 이론과 상대주의 바다(sea of relativism), 지방 특수주의와 대해설적 전체화(totalizing grand narratives), 관련부속 지식(subjugated knowledge)들을 받아들여야 한다고 주장한다.

그래서 외국에서는 이러한 요구를 받아들여 교육행정학의 지식기반은 첫째, 다양한 관점에서 교육행정학의 지식기반을 형성하려고 하는 경향이라는 것을 말할 수 있다.

둘째, 그러면서도 뚜렷한 또 하나의 경향은 최근에 표준화 운동(standard movement)이 일고 있다는 점이다. Powers(1998)는 오늘날의 지식의 소재는 옛날의 것과 다르다(power shift)고 하면서 지성적 기반에 의한 지식과 정보의 '표준화를 위한 전쟁'으로 촉발되었다고 한다. 어떻게 보면 이러한 표준화 운동은 첫 번째의 경향과 모순을 일으키는 경향이라고 할 수 있다. 미국의 ISLLC 표준화 운동과 표준화 학력고사에 의한 책무성 추구 등이 그 증거가 될 것이다. 표준화와 표준 설정에 다양한 관점을 받아들이지만 이 표준을 강력하고 엄격하게 요구하는 것이다.

셋째, 교육행정에서 응용성이 많이 요구되기 때문에 실습과 현장성, 직무수행으로 보여주기, 전문적 기예가 많이 강조되는 경향이라고 할 수 있다. Anderson & Page(1995)는 교육행정의 이론화 운동 이전에는 교육행정이 도제식 교육이었다고 하면서 교육행정에서의 해설적, 메타해설적, 문제해결식, 표면화, 책무성의 메타해설식을 지식기반에 포함시켜야 한다고 주장한다. 과거의 지식기반이 대개 테크니컬 지식이었는데 새로운 접근으로 이를 덜 강조하게 되었다고 보면서 새로운 접근으로 (1) 로칼 지식, (2) 실천자가 오랜 동안 형성해 온 사례, 이미지, 이해의 레퍼토리로 구성된 기예적 지식, (3) 개인 특유의 개인적 지식, (4) 직관, '감 잡기(gut feeling)' 같은 암묵적 차원 등 비판적 지식을 북돋워야 한다고 하였다. 첫 번째 경향과 중복되는 점이 있지만 좀더 강조하기 위하여 하나의 경향으로 분리시켰다.

넷째, 교육행정학의 지식기반의 새로운 경향으로 '윤리와 가치', 학교의 사회적 상황성이 많이 강조되는 경향이다. 이것도 첫 번째 경향에 포함시킬 수 있으나 두드러지게 하기 위하여 떼어서 강조한다. ISLLC에서도 여섯 영역 중에서 '윤리와 가치'를 다섯 번째의 한 영역, '상황성'을 여섯 번째 한 영역을 따로 배정하여 두 영역을 여기에 배정할 정도로 이를 강조하고 있다.

다섯째, 지식기반 개발에 교수, 현장 교육행정가와 여러 교육기관과 교육행정학회와 교육행정 단체가 참여하여 협동과 합의를 바탕으로 한다는 것을 알 수 있다. 교육행정의 지식기반으로 개발해 놓아도 이것이 활용되지 않으면 의미가 없기 때문이다. 미국 ISLLC의 경우는 교원양성대학의 교육과정과 교수의 강의계획서에까지 반영되고, 교육행정 저서에 LSLLC의 표준과의 관련을 표시하거나 아예 이 표준에 맞춰 책을 쓰고 있으며, NCATE의 평가인정의 표준으로 쓰이고, 각 주에서는 교육행정가 자격증 표준으로 삼고 있는 것이다. 이는 모두 지식기반에 합의가 이루어졌기 때문에 가능하다.

IV. 저서로 본 우리 나라 교육행정학 지식기반의 현황

우리 나라에서 그동안 교육행정학의 연구분야나 전문영역을 분류한 연구는 있었으나 교육행정학의 지식기반으로 연구한 논문은 찾아보기 어려워 최근 김흥주(2000)의 연구가 돋보인다. 그래서 우리 나라에서 발행된 교육행정학의 저서를 지식기반과 관련시켜 보기 위해 김흥주가 개발한 지식기반의 분류를 여기에 인용하여 사용한다. 김흥주는 교육행정 지식기반으로 (1) 기초적 지식기반과, (2) 일반적 지식기반(교육현장에 대한 수업적 지식기반), (3) 전문적 지식기반(교육행정 현장에 대한 행정적 지식기반) 세 영역으로 나누어 〈표 1－1〉과 같이 30개의 세부 지식 구성을 제안하였다. 그러나 한국교육행정학의 지식기반을 구성하려고 노력하였다는 점에서는 의미가 크지만 자신이 제안한 지식기반 개발의 절차와 검증의 과정이 나타나 있지 않기 때문에 모든 사람의 동의를 받을 수 있을지는 의문이다. 그러나 지식기반 형성을 위한 좋은 시도라고 보아 교육행정학 관련 저서를 김흥주의 전문적 지식기반(교육행정 현장에 대한 행정적 지식기반)의 18~30 하위 분야에 의하여 저서를 분류해 보기로 한다.

〈표 1－1〉 지식기반사회에서의 한국 교육행정 지식기반 내용

교육행정 지식기반 분야		지식기반 하위 분야
기초적 지식기반	시대변화 지식기반	1. 미래 사회변화 지식 2. 국가발전과 개인발달 지식 3. 국제 관계 및 NGO 지식 4. 과학세계 발달과 정보 공학 발달 지식 5. 정보화 사회에서의 정보·통신 지식 6. 세계화 적응을 위한 외국문화 및 외국어 지식
	교육적 지식기반	7. 교육에 대한 역사적, 사회적, 문화적, 철학적 지식 8. 지식 습득 및 연구 방법 지식

일반적 지식기반 (교육현장에 대한 수업적 지식기반)	9. 교수 및 학습이론 지식 10. 교육과정 지식 11. 교직 이해 지식 12. 학생 서비스 지식 13. 특수 장애교육 지식 14. 영재교육 지식 15. 교수 및 학습 자료 지식 16. 교수공학 지식 17. 교육평가 지식
전문적 지식기반 (교육행정 현장에 대한 행정적 지식 기반)	18. 교육기획 지식 19. 교육조직 및 제도 지식 20. 교육인사행정 지식 21. 학교경영 지식 22. 장학 지식 23. 교육 지도성 및 인간관계 지식 24. 교육체제 분석 및 교육행정 평가 지식 25. 교육법규 및 교육정책 개발 지식 26. 교육재정 및 교육경제 지식 27. 교육에서의 공공관계 및 교육정치 지식 28. 교육시설 및 설비 지식 29. 교육구/지역사회관계 지도성 지식 30. 교육행정 사무관리 지식

그리고 외국의 것과 비교해 보기 위하여 미국 학교행정가 지식기반에 해당하는 ISLLC의 (1) 비전(① 비전 개발, ② 비전 상세화, ③ 비전의 실행, ④ 비전을 위한 봉사, ⑤ 지역사회의 참여 촉진, (2) 학교문화와 수업프로그램(① 긍정적인 학교문화의 증진, ② 효과적인 수업프로그램의 제공, ③ 학생의 학습에 최선의 실천 적용, ④ 종합적인 전문적 성장), (3) 관리(① 조직 관리, ② 운영 관리, ③ 자원 관리), (4) 학부모와 지역사회 관계(① 교육가족과 지역사회 구성원과의 협동, ② 지역사회의 이익과 욕구의 반영, ③ 지역사회 자원의 활용), (5) 행정가의 윤리(① 성실·정직한 행동, ② 공정한 행동, ③ 윤리적 행동, (6) 광범한 상황적 맥락(① 광범한 상황의 인식, ② 광범한 상황에 대한 반응, ③ 광범한 상황에 대한 영향)의 여섯 영역에 의하여 분류해 본다.

한국 교육행정학 관련 저서의 현황을 조사하기 위하여 우리 나라 국회도서관 데이터베이스를 검색하였다. 먼저 교육행정학회 임원과 학술발표자, 학회지 게재자를 중심으로 저서와 역서를 검색하였다. 다음에 "교육행정", 김흥주의 18~30의 하위분야를 키워드로 하여 저서와 역서를 검색하여 보완하였다. 그 중에서 연구보고서를 제외하여 557권을 확인하였다. 출판연도가 다른 같은 서명은 개정판으로 간주하여 각각 다른 책으로 다루었다. 국회도서관 외에 다른 도서관을 검색하지 못하고 교육행정학회 모든 회원을 다 검색하지도 못하여 완벽한 저서를 다 망라하지 못하였으므로 빠진 것은 이번 계제에 회원들이 입력하여 학회의 데이터베이스를 구축하면 좋을 것이다.

연도별 저서와 역서의 발행 현황은 〈표 1 - 2〉와 같고 이것을 그림으로 나타내면 [그림 1 - 1]과 같다.

〈표 1-2〉 연도별 한국 교육행정학 관련 저 · 역서 발행 권수

연도	저서	역서	계
1947		1	1
1954	1		1
1955-1959	4	1	5
1960-1964	6	1	7
1965-1969	6	1	7
1970-1974	15	1	16
1975-1979	26	4	30
1980-1984	53	7	60
1985-1989	49	19	68
1990-1994	60	11	71
1995-1999	99	18	117
2000-2004	149	10	159
2005-	15	1	16
계	482	75	557

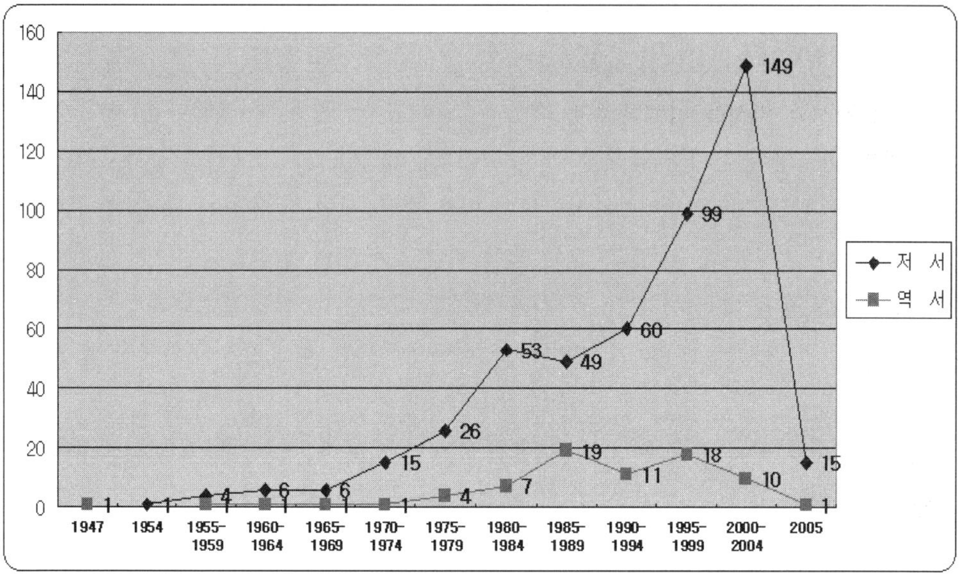

[그림 1-1] 연도별 한국 교육행정학 관련 저 · 역서 발행 권수

이 표에는 안 나타나 있지만 학회 창립의 해인 1967년까지 저 · 역서 합쳐 16권에 불과했으나 1970년대부터 5년마다 거의 배가하여 출판되다가, 1980년대에 본격적인 출판이 있었으나 85~94년 10년간은 증가추세가 둔화되었다가 2000년대 5년 사이에 전 5년간에 비하여 150% 증가하여 피크를 이루게 되었다.

외국 지식을 소개하는 역서는 전체 저서의 15% 수준이므로 많은 비중을 차지한다고 보기는 어렵다. 그러나 여기서 분석은 하지 못했지만 역서가 아닌 저서 속에도 외국 지식이 많이 들어 있을 것이라는 추정은 부인하기 어려울 것이다. 외국 지식의 경우 한국 교육행정학 지식기반의 상황성과 지역성에 직접 적용하기 어렵다는 비판이 제기될 수 있다.

그 동안 우리 나라에서 발행된 저 · 역서를 "김흥주의 전문적 지식기반"에 의하여 분류한 현황은 〈표 1-3〉과 같고 시각적으로 나타내면 [그림 1-2]와 같다. 교육행정학 박사과정 원생 5명이 1개조가 되어 모두 3개조가 앞에서 검색된 저서와 역서를 책이름만 보고 각자 분류하여 많은 사람이 분류한 쪽을 선택하였다.

〈표 1-3〉 김흥주의 교육행정 전문적 지식기반 범주에 의한 저 · 역서 발행 수

구분	기획	조직 · 제도	인사	경영	장학	지도성 · 인간관계	체제 · 평가	법 · 정책	재정 · 경제	공공 · 정치	시설	지역사회	사무	공통 · 기타
저	10	40	15	62	41	18	11	77	20	7	4	7	1	169
역	1	9	0	8	8	6	2	9	5	3	0	0	1	23
합계	11	49	15	70	49	24	13	86	25	10	4	7	2	192

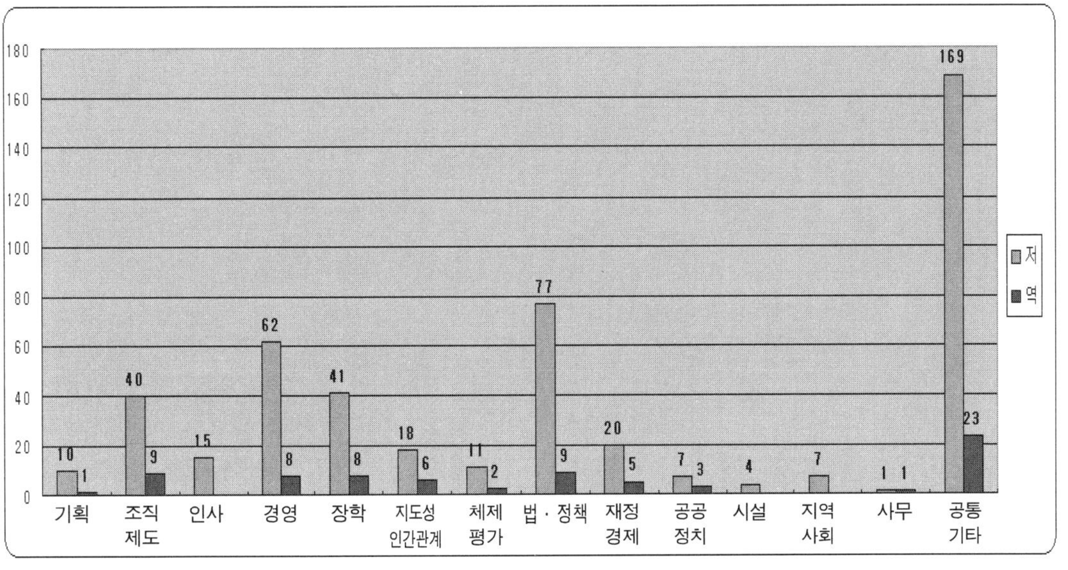

[그림 1-2] 김흥주의 교육행정 전문적 지식기반에 의한 저 · 역서 발행 수

여기서 보면 '법과 정책'에 86권으로 제일 많은데 '법'과 '정책' 성격이 좀 다른 두 분야가 합쳐진 이유도 있을 것이다. '사무'와 '시설', '공공과 정치', '지역사회', '기획', '체제와 평가' 분야에 저서가 적은 것으로 나타났는데 그 원인은 (1) 지식기반의 분류가 잘못되었거나 (2) 교육행정학자들이 이 분야를 경시했거나, (3) 분류자가 잘못 분류하였거나 셋 중의 하나일 것이다. '시설'과 '사무'는 주로 일반직이 담당하기 때문에 저서가 적을 수 있다는 이유도 생각할수 있다. '공통'에 분류된 약 35%에 해당하는 200여 권의 저 · 역서는 김흥주의 기초지식기반이나 일반지식기반, 그 외의 분야에 해당될 것이다.

지식기반 분류에 의하여 우리 나라 저서를 검토할 수도 있지만 반대로 출판된 저서를 통해서 우리 나라 교육행정학의 지식기반을 검토해 볼 수도 있다. 시장성에 의하여 필요하고 중요하여 책이 많이 출판되었을 것으로 본다면 책이 많이 출판된 분야를 지식기반에서 제외시키기는 어려울 것이다. 이렇게 본다면 (1) 법과 정책(86권), (2) 경영(관리)(70권), (3) 조직과 제도(49권), (4) 장학(49권), (5) 재정과 경제(25권), (6) 지도성과 인간관계(24권)의 여섯 영역은 우리 나라 교육행정학의 지식기반에 확실히 포함시켜야 할 것이다. 그런데 여기서 좀더 깊이 생각해 봐야 할 점은 출판된 책의 권수가 아니라 어떤 책이 얼마나 많이 팔리고 읽히느냐의 문제이다. 출판된 책의 수는 적지만 적은 수의 책이라도 많이 팔리고 사용되고, 읽히면 지식기반으로서의 영향은 크다고 볼 수 있다.

김흥주의 지식기반 하위 분야별 저서의 연도별 변화를 조사하였을 때 그 결과는 <표 1－4>와 같은데 여기서 특이점으로 밝힐만한 것은 별로 없다.

〈표 1－4〉 김흥주의 교육행정 전문적 지식기반 범주에 의한 연도별 저 · 역서 발행 수

연도	기획		조직제도		인사		경영		장학		지도성 인간관계		체제평가		법 정책		재정경제		공공정치		시설		지역사회		사무		공통기타		계
	역	저	저	역	저	역	저	역	저	역	저	역	저	역	저	역	저	역	저	역	저	역	저	역	저	역	저	역	
1947				1																									1
1954			1																										1
55-59							1																				3	1	5
60-64			1						1				1		1	1	1										1		7
65-69			1												2			1			1						2		7
70-74		1					3		1	1					4		1		1						1		3		16
75-79	1			1			2		3					1	6	1							1				14		30
80-84		1	3	1			7		3	3		1			9		1			1			3				26	1	60
85-89			5		1		6	2	3	2		3			12		2	1			1		1			1	18	10	68
90-94		2	7	4	4		2	1	7	1	1	1	2		5		2		1	1	1						26	3	71
95-99		4	13	2	3		9	2	10		1	1	5	1	13	3	5	3	3	1	1		1				31	5	117
00-04		2	9		4		27	3	11	1	15		2		24	3	8		2				1				44	3	159
2005					3		5		2		1		1		1	1											1		15
합계	1	10	40	9	15		62	8	41	8	18	6	11	2	77	9	20	5	7	3	4		7		1	1	169	23	
총합계	11		49		15		70		49		24		13		86		25		10		4		7		2		192		557

미국의 학교행정가 지식기반에 해당하는 'ISLLC'에 의해 분류해 봤을 때의 결과는 <표 1－5>와 같고 그림으로 나타내면 [그림 1－3]과 같다. 이 분류에 의하면 저서는 '관리'(184권)에 몰려 있고 '윤리'(13권)와 '학부모와 지역사회와의 협동'(12권)의 두

분야의 저서는 적게 나타나 있다. 이것이 미국과 한국의 지식기반의 차이일 수도 있다. 그러나 교육자치제가 활발해질수록 우리 나라에서도 "학부모와 지역사회와의 협동"이 강조되고, 앞으로 '행정가의 윤리'도 강조될 것으로 보아 이 영역에 관련된 많은 저서의 출판이 요구될 것이다. 1960연대 미국 교육(학교)행정가의 주 임무는 '관리'라고 보아 이것이 강조되었는데 이제는 한 영역의 표준으로 축소되고 대신 '비전', '윤리', '상황' 등이 강조되는 것을 보면 이러한 차이는 시간 차, 공간의 차로 볼 수도 있다. 비교적 새로운 분야인 '비전'에 관련되는 저서가 50여 권이 되는 것은 예상외라고 할 수 있다. 비전 지도성(visionary leadership)을 본격적으로 다룬 책은 거의 없고 '계획', '목표', '철학'과 관련되는 책이 여기에 분류되어 많아졌을 것으로 볼 수도 있다.

〈표 1-5〉 ISLLC의 분류에 의한 한국교육행정학 저서 발행 수

구분	비전	교육과정과 수업	관리	학부모와 지역사회	윤리	정치경제 사회문화상황	공통
저	42	58	162	11	6	51	152
역	9	4	22	1	7	9	23
합계	51	62	184	12	13	60	175

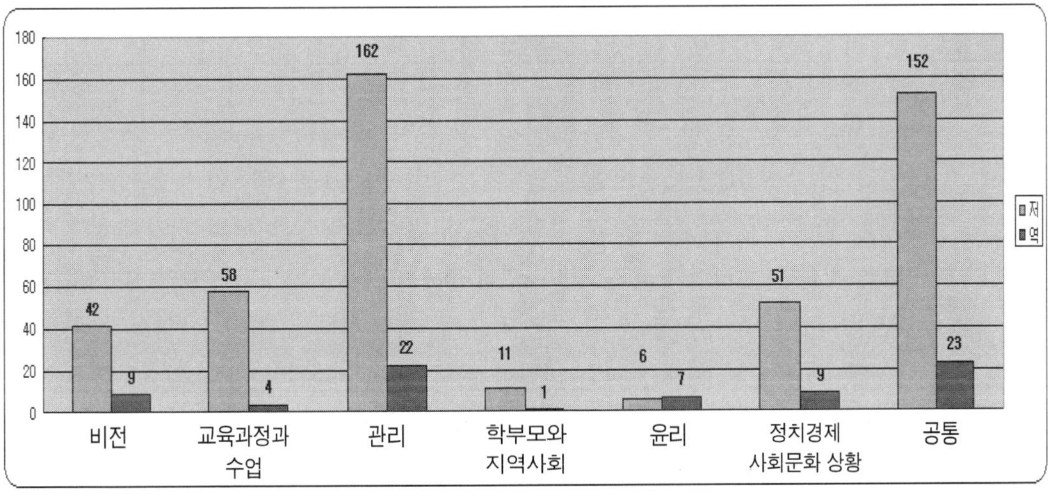

[그림 1-3] ISLLC의 분류에 의한 한국교육행정학 저서 발행 수

ISLLC의 영역별로 연도별 변화를 알아보려고 하였으나 특이점으로 지적할만한 것은 없다.

〈표 1-6〉 ISLLC의 분류에 의한 연도별 한국교육행정학 저서 발행 수

연도	공통		비전		교육과정과 수업		관리		학부모와 지역사회		윤리		정치경제사회문화상황		합계
	저	역	저	역	저	역	저	역	저	역	저	역	저	역	
1947		1													1
1954									1						1
55-59	3	1					1								5
60-64	1				1		3	1					1		7
65-69	2						4							1	7
70-74	3		1		1		8	1					2		16
75-79	12		1	3	6		6	1	1						30
80-84	21	1	6	1	7	2	12	2	3				4	1	60
85-89	17	9	3	0	4	2	17	5	2	1		2	5		67
90-94	25	3	7	0	8		13	4	1		1	2	5	2	71
95-99	28	5	13	4	11		30	4	1		1	2	15	3	117
00-04	39	3	11	1	15		61	4	2		4	1	17	1	159
2005	1				5		7						2	1	16
합계	152	23	42	9	58	4	162	22	11	1	6	7	51	9	557
총합계	175		51		62		184		12		13		60		

저자의 수를 조사하였더니 〈표 1-7〉과 같이 1권 출판 저자가 180명, 2권 36명, 3권 21명, 4권 10명, 5권 9명, 6권 8명, 7권 3명, 10권 1명, 11권 1명, 12권 1명, 13권 2명, 20권 이상 1명으로 모두 273명이 저작에 참여하여 저작자 1명 평균 2권을 저작한 셈이었다. 1권 저작자가 180명, 2권 이상 저작자가 약 100명이라고 보면 된다. 여기서 공저자는 그 수를 따로따로 세지 못하고 제1저자 1명으로 계산하였다. 273명의 저자 중에는 학회 회원이 아닌 사람과 기관 저자도 있으므로 저서를 낸 회원 저자를 약 200명으로 잡고 전체 학회 회원을 약 700명으로 본다면 약 28%가 저・역서에 참여한 것으로 볼 수 있는데 이는 높은 비율이라고 보아야 할 것이다.

〈표 1-7〉 저서 발행 권수별 저자 수

발행수	1권	2권	3권	4권	5권	6권	7권	10권	11권	12권	13권	20권 이상	계(권)
저자수 (명)	180	36	21	10	9	8	3	1	1	1	2	1	273

학회나 기관에서 저술한 것을 제외하고 개인들이 공동 저술한 책은 159권이었다. 이는 조사된 책 수의 27%에 해당된다. 이를 연대순으로 뽑아 보지는 못하였으나 점차 공동 저서가 늘어날 것으로 본다. 교육행정학의 범위도 넓어 여러 사람의 협동적 노력이 요구되기 때문이다.

이 학술대회의 주제 설정자들은 우리 나라에서 비슷한 내용의 책이 반복 출판되는 현상을 우려하였다.

실제 한국의 교육행정학자들이 교수하는 교육행정 혹은 유사과목의 내용을 보면 과거나 지금이나 별로 변한 것이 없다. 대부분의 교육행정학 저서들이 구성이나 체계를 약간 달리하고 있는 경우가 있으나 대부분 유사한 내용을 다루고 있다.

왜 우리는 과거나 지금이나 비슷한 내용체계를 갖고 있는 교육행정학 저서들만을 양산하고 있는가? 물론 시간 변화에 상관없이 고유하게 담겨져야 할 내용이 있기 때문에 그렇다는 자위가 가능하다. 그러나 예나 지금이나 한결같이 비슷한 지식만을 담고 있는 한국교육행정학 관련 저서들이 계속 출판되고 있는 원인은 대부분의 저자들이 새로운 지식기반 창출에 둔감 혹은 실패하고 있기 때문이라고 본다.

그래서 '교육행정 및 교육경영', '교육행정', '학교경영'의 제목이 붙은 책만 특별히 세어 보았더니 90권에 이르렀다. 교직과목에 '교육행정 및 교육경영'의 과목이 있기 때문인 것으로 볼 수밖에 없다. 그런데 진정으로 지식기반이 존재한다면 기반에 해당하는 책은 많이 출판될 수밖에 없다고 본다. 기반을 중심으로 교육과정이 구성되고 이를 중심으로 강의가 이루어지기 때문에 기반에 해당하는 저서가 많이 출판될 수밖에 없다. 물론 기반으로부터 새로운 지식이 창출될 수도 있다. 그래서 지식기반은 교육과정에 반영되어야 저서로 연결될 수 있는 것이다. 교육과정에 없는 책은 출판되기도 어렵다. 이것이 발표자가 앞에서 말한 '지식의 시장성'이라고 할 수 있다.

그래도 우리 학회에서 학회 발행 단행본 저서로 1985년 「교육행정의 연구와 과제」, 1992년 「한국교육행정의 발전과 전망」의 두 권을 발행하고, 현재 15권의 전문서를 간행한 것은 한국교육행정학의 지식기반 구축을 위하여 좋은 시도라고 보아 자랑으로 생각하지 않을 수 없다.

한국 교육행정 관련 저서의 현황 조사에서 질적인 지식기반의 조사는 엄두도 내지 못했다. 표본으로라도 조사할 생각도 해 봤으나 시간도 부족하였고 또 지식기반의 분석의 틀도 확고하지 못하여 다음 기회로 미루었음을 아쉽게 생각한다.

V. 우리 나라 교육행정학 지식기반의 과제

우리 나라 교육행정학의 '지식기반'과 관련한 과제도 학문적 특성이나 연구적 측면의 일반적 과제와 무관할 수 없다. 임연기(2003)는 한국 교육행정학의 취약점으로 (1) 외래 이론의 의존성 과중, (2) 교육행정 현장 및 실천과의 괴리, (3) 학문 활동의 편향성과 유행성, (4) 한국 교육행정의 특수성에 대한 연구 소홀, (5) 토론과 담론 및 논쟁의 부재를 지적하였다.

허병기(2003)도 한국교육행정학 연구의 문제점으로 (1) 이론화와 심층 담론의 부족, (2) 관심과 활동(영역)의 불균형, (3) 학문공동체의 문화와 규범의 미확립을 지적하고 발전 과제로 (1) 독자성과 정체성의 확립, (2) 교육학적 논의에의 충실, (3) 이론화에의 노력, (4) 연구 주제와 영역의 확대, (5) 교육활동 실제에의 접근, (6) 과학적 합리성 모델을 넘어선 대안적 모델의 개발과 적용을 제시하였다.

이일용(2003)도 한국교육행정학 연구방법의 과제로 (1) 다양한 연구방법의 적용, (2) 데이터베이스 구축, (3) 연구비 지원의 확대 및 관리, (4) 통계분석 방법의 다양화 및 그 한계의 극복, (5) 연구에서의 자료수집 방법의 다양화, (6) 연구영역별 연구접근의 다양화, (7) 연구방법에 대한 대학원 교육의 강화 및 학계의 노력, (8) 현실 문제를 해결할 수 있는 질 높은 공동연구 강화를 제시하였다.

그리고 1987년까지 여러 학자가 한국교육행정학 연구의 과제나 방향으로 제시된 것을 종합하면 (1) 한국 교육행정학의 토착화와 독자성, (2) 이론 정립과 이론연구 강화, (3) 교육의 본질 및 가치의 고려, (4) 연구 분야의 균형과 질 향상, (5) 연구방법의 과학성과 다양성, (6) 인접학문과의 협동적 연구, (7) 이론과 실제의 연결, (8)

교육행정가 양성과 전문화, (9) 연구 인력의 저변확대와 역할 분담, (10) 연구정보 교류 및 대학 간 협동, (11) 학회의 연구 활동 강화, (12) 연구자의 바른 자세, (13) 과학적 관리론과 인간관계론의 조화, (14) 사회과학과 행동과학 교과목의 개설(주삼환, 1987, 52)이었는데 여기에 주삼환(1987)은 (1) 논리실증주의와 현상학의 상호 보완적 접근, (2) 교육정치학 분야의 개척, (3) 연구영역 확대와 협동 노력의 셋을 더 제안한 바 있다.

지식기반과 관련한 과제도 여기에 나열된 과제나 문제와 중복되는 점도 있다. 교육행정학 지식기반과 관련한 일반적 과제와, 더 좁혀 들어가 저서와 관련한 과제로 나누어 생각할 수 있을 것이다.

첫째, 한국교육행정학의 지식기반을 밝히기 위한 연구를 하여야 한다. 이 학술발표를 계기로 하여 학회 차원에서 연구 팀을 구성하여 한국교육행정학의 지식기반을 보다 분명히 하기 위한 연구에 착수하기를 제안한다. 연구 팀에는 교육행정학자와 교육행정가, 교육행정기관과 연구기관, 대학(원), 교육연수원 등 관련자와 기관이 많이 참여해야 개발된 지식기반에 동의하고 이를 활용하게 된다. 협동적 노력이 요구되는 것이다. 그리고 앞에서 제기된 다양한 비판과 다양한 관점이 이 지식기반에 반영되도록 해야 한다. 현장성과 실용성을 중시하여 실습과 사례연구 등이 지식기반에 포함될 수 있도록 하여야 할 것이다.

둘째, 이렇게 하여 개발된 지식기반을 중심으로 대학(원)과 교육연수원의 교육과정을 구성하도록 해야 한다. 이 때에 미국의 UCEA나 NCPEA, NCATE, AASA, NAESP, NASSP 같은 우리 나라의 다양한 집단이 교육과정 구성에 참여하도록 해야 한다. 지식기반에 근거하여 교육과정이 구성되도록 해야 하는 것이다.

셋째, 무엇보다도 중요한 것은 교육행정직과 교육행정가에게 교육행정전문 자격증을 필수로 요구하도록 법적 조치를 하고 제도화해야 한다. 그래야 지식기반과 이를 중심으로 한 교육과정이 의미가 있고, 저서가 출판되고, 교육행정학 교수와 학자들이 더 필요하게 되어 한국교육행정학이 발전하는 계기가 될 수 있는 것이다. 교육행정 전공의 교육과정 이수자에게 교육(학교)행정 자격증을 부여하게 되어야 한다. 지식기반 → 교육(학교)행정가 교육과정 → 교육행정가자격증 → 강의 · 저술 활동 → 교수 필요라는 영향관계가 된다고 본다.

넷째, 첫째 과제에서 지식기반이 확인되면 각 분야별 저서를 조사하여 비어있는 분야의 저술을 학회 차원에서 지원해야 할 것이다. 예를 들면, 교육행정철학과 교육행정윤리, 비전 지도성 등의 서적 개발을 생각해 볼 수 있다. 저술에도 협동적 노력이 요구된다.

다섯째, 앞에서 이일용(2003)이 제안한 것처럼 교육행정학 저서의 데이터베이스의 구축이 필요하다고 본다. 그래야 관련 저서도 쉽게 찾아 활용할 수 있고 또 지식의 변화도 쉽게 파악할 수 있게 된다. 이 작업이 그렇게 어렵지는 않을 것으로 본다. 회원의 저서를 의무적으로 등록하게 하고 비회원의 저서는 학회에서 계속 업데이트하면 될 것으로 본다.

참·고·문·헌

김흥주(2000). 교육행정의 지식기반 분석과 그 함의 - 교육행정 지식 기반. 韓國敎育 27 : 1. 한국교육개발원.

노종희(1987). 한국교육행정학의 과제 : 기본개념과 내용. 교육행정학연구 5 : 1, 한국교육행정학회.

이일용(2003). 한국교육행정학 연구의 동향과 과제 : 연구방법 측면. 교육행정학연구 21 : 1, 한국교육행정학회.

임연기(2003). 한국 교육행정학의 학문적 특성과 과제. 교육행정학연구 21 : 1, 한국교육행정학회.

주삼환(1987). 교육행정학의 과제 : 한국교육행정학의 연구방향. 교육행정학연구 5 : 1, 한국교육행정학회.

허병기(2003). 한국 교육행정학 연구의 동향과 과제 : 연구내용을 중심으로, 교육행정학연구 21 : 1, 한국교육행정학회.

Donmoyer, Robert, Michael Imber, & James Josheph Scheurich(Eds.)(1995), The knowledge base in educational administration : Multiple perspectives. Albany, NY : The State University of New York Press.

Lindle, Jane Clark(1995). "Needed : A knowledge base that promoted creativity-toward a Rhetorical knowledge base for educational administration." In R. Donmoyer, M. Imber, & J. Scheurich(Eds.), The knowledge base in educational administration : Multiple perspectives. Albany, NY : The State University of New York Press.

Achilles, C. M. & DuVall, L.(1990). The knowledge base in Educational administration : Did NCATE Open a pandora's box ? ERIC# ED326991.

Aitken, Art, George Bedard, & Amber Darroch(2003). Designing a master program in educational leadership : Trends, reflections, and conclusions. ERIC# ED475008.

Anderson, Gary, & Page, Bonnie(1995). "Narrative knowledge and educational administration : The stories that guide our practice." In R. Donmoyer, M. Imber, & J. Scheurich(Eds.), The knowledge base in educational administration : Multiple perspectives. Albany, NY : The State University of New York Press.

Bates, Richard(1992). Knowledge in educational administration : An Austrian perspective. ERIC# ED347688.

Bedard, George J., & Aitken, Art(2004). "Designing a standard-based master's program in educational leadership : Trends, contexts, and adaptations." International Electronic Journal for Leadership in Learning, vol 8, no 9, May 2004.

Bredeson, Paul V.(1995). "Building a professional knowledge base in educational administration : Opportunities and obstacles," In R. Donmoyer, M. Imber, & J. Scheurich(Eds.), The knowledge base in educational administration : Multiple perspectives. Albany, NY : The State University of New York Press.

Capper, Colleen A.(1995). An otherist poststructural perspective of the knowledge base in educational administration." In R. Donmoyer, M. Imber, & J. Scheurich(Eds.), The knowledge base in educational administration : Multiple perspectives. Albany, NY : The State University of New York Press.

Donaldson, Gordon A., & Quaglia, Rusell J.(1991). "Preparing for action : The integration of knowledge for educational leadership." In Frederick C. Wendel(1991). Enhancing the knowledge base in educational administration. UCEA.

Donmoyer, Robert(1995). "A knowledge base for educational administration : Notes from the field." In R. Donmoyer, M. Imber, & J. Scheurich(Eds.), The knowledge base in educational administration : Multiple perspectives. Albany, NY : The State University of New York Press.

Educational Administration : The UCEA Document Base, 2004. 9. 24. www.mhhe.com/premis/ catalog/pcatalog/UCEA.htm.

Geel, Tyll van(1995). "The preparation of educational leaders and rational choice theory." In R. Donmoyer, M. Imber, & J. Scheurich(Eds.), The knowledge base in educational administration : Multiple perspectives. Albany, NY : The State University of New York Press.

Griffiths, Daniel E.(1995). "Theoretical pluralism in educational administration." In R. Donmoyer, M. Imber, & J. Scheurich(Eds.), The knowledge base in educational administration : Multiple perspectives. Albany, NY : The State University of New York Press.

Hoy. Wayne K. & Miskel, Cecil G.(2005). Educational administration : Theory, research, and practice, 7th ed. McGraw-Hill International Edition.

Ikpa, Vivian(1995). "Gender, race, ethnicity and the quest for a knowledge base in educational administration." In R. Donmoyer, M. Imber, & J. Scheurich(Eds.), The knowledge base in educational administration : Multiple perspectives. Albany, NY : The State University of New York Press.

Imber, Michael(2005). "Organizational counterproductivism in educational administration." In R. Donmoyer, M. Imber, & J. Scheurich(Eds.), The knowledge base in educational administration : Multiple perspectives. Albany, NY : The State University of New York Press.

Jackson, Barbara(2001). Exceptional and innovative programs in educational leadership. ERIC# ED461179.

Littrell, Janet & William Foster(1995). "The myth of a knowledge base in Administration." In R. Donmoyer, M. Imber, & J. Scheurich(Eds.), The knowledge base in educational administration : Multiple perspectives. Albany, NY : The State University of New York Press.

Murphy, Joseph(1995). "The knowledge base in school administration : Historical footings and emerging trends." In R. Donmoyer, M. Imber, & J. Scheurich(Eds.), The knowledge base in educational administration : Multiple perspectives. Albany, NY : The State University of New York Press.

Muth, Rodney(1995). "Craft knowledge and institutional constraints." In R. Donmoyer, M. Imber, & J. Scheurich(Eds.), The knowledge base in educational administration : Multiple perspectives. Albany, NY : The State University of New York Press.

Ogawa, Rodney T.(1995). Developments in theory and practice : An opportunity to examine the impact of the environment on school organization." In R. Donmoyer, M. Imber, & J. Scheurich(Eds.), The knowledge base in educational administration : Multiple perspectives. Albany, NY : The State University of New York Press.

Ortiz, Flora, & Ortiz, David Jude(1995). "How gender and ethnicity in the practice of educational administration : The case of Hispanic female superintendents." In R. Donmoyer, M. Imber, & J. Scheurich(Eds.), The knowledge base in educational administration : Multiple perspectives. Albany, NY : The State University of New York Press.

Osterman, Karen F.(1989). Case records : A means to enhance knowledge base in educational administration ? ERIC# ED320212. In Frederick C. Wendel(1991).

Enhancing the knowledge base in educational administration. UCEA.

Papalewis, Rosemary(1995). "Fe/male voices : Leadership and the knowledge base." In R. Donmoyer, M. Imber, & J. Scheurich(Eds.), Ibid.

Powers, P. J.(1998). Generating new knowledge bases in educational administration professional preparation programs. Presented to Northern Rocky Mountain Educational Research Association. ERIC# ED428442.

Prestine, Nona A.(1995). A constructivist view of the knowledge base in educational administration." In R. Donmoyer, M. Imber, & J. Scheurich(Eds.), Ibid.

Reynolds, Janice Carner(1994). The application of the knowledge base in the preparation of school leaders. ERIC# ED377558.

Sanford, Jayminn Sulir(1995). Lessons of leadership : A critique of the knowledge base on educational administration." In R. Donmoyer, M. Imber, & J. Scheurich(Eds.), Ibid.

Scheurich, J.(1995). "Knowledge base in education administration : Postpostivist Reflections". In R. Donmoyer, M. Imber, & J. Scheurich(Eds.), Ibid.

Shakeshaft, Charol(1995). "A cup half full : A gender critique of the knowledge base in educational administration." In R. Donmoyer, M. Imber, & J. Scheurich(Eds.), Ibid.

Thomson, S.(1992). School leadership. Newsbury Park, Cali. : Corwin Press.

Thomson, Scott, & others(1993). Principals for our changing schools : The knowledge and skill base. NPBEA.

Wendel, Frederick C.(1991). Enhancing the knowledge base in educational administration. UCEA.

Wildman, Lois, Ed.(1997). "School administration : The knowledge base. The fifth yearbook of the national council of professors of educational administration," Lancaster, PA : Technomic Publishing Company, Inc. ERIC# : ED 413666.

Young, Beth(1992). Not "there" yet : A Canadian perspective on the knowledge base in educational administration. Paper presented at the annual meeting of the American Educational Research Association. ERIC# ED349650.

Young, Beth(1994). An other perspective on the knowledge base in Canadian educational administration. Canadian Journal of Education 19 : 4.

Chapter 02

학교행정가의 직무수행 표준

이 장에서는 학교행정가의 직무와 리더십의 표준을 설정허기 위한 연구와 그 표준을 영역별로 알아보기로 한다. 여기서 주로 교장이란 말을 많이 쓰고 있으나 학교행정가를 포함하는 말로 쓰고자 한다.

I. 학교행정가와 학교행정가 직무표준의 중요성

1. 학교행정가의 중요성

운동 팀에 감독은 필요한가? 음악 합창단과 오케스트라 연주단에 지휘자는 필요한가? 배와 비행기에 선장이나 함장, 기장은 필요한가? 당연히 필요하니까 그런 직업이 있을 것인데 왜 우스꽝스럽게 이 같은 질문을 하느냐고 할 것이다. 그런데 무자격 일반인 교장공모제 등 학교행정가와 교장에 대한 최근의 무질서한 주장들을 보면 이 같은 근본적인 질문을 하게 한다. 운동 팀에서 감독은 팀을 승리로 이끄는데 결정적인 역할을 한다. 감독의 선수기용과 선수훈련, 전략과 전술이 팀의 승리를 위하여 필요하고 중요하다는 것을 부정할 사람은 아마 한 사람도 없을 것이다. 2002한일월드컵축구경기에서 히딩크 감독의 존재를 부정할 사람은 아무도 없을 것이다.

음악 연주단에 있어서의 지휘자의 존재도 마찬가지로 중요하고, 배나 비행기에 있어서의 선장이나 기장은 위기에서 수백, 수천 명의 생명을 좌우한다. 군대나 단체의 지휘관이나 지도자의 필요성이나 중요성을 부정할 사람도 없을 것이다. 마찬가지로 교육과 교육행정에서 교육행정가의 위치는 아주 중요하다. 교육행정은 최종적으로 학교행정가에 의하여 학교행정으로 학교에서 실현되어 학생과 학부모에 와 닿기 때문에 학생과 학부모, 국민의 입장에서 보면 교육부장관이나 교육감, 그 누구보다도 학교행정가가 중요하다. 교육행정은 대부분 학교행정이라고 해도 과언이 아니다.

학교행정가라고 하면 우선 대표적으로 교장과 교감이 이에 해당된다. 행정가(administrator)는 행정 단위의 책임자를 말한다. 행정단위를 책임지지 않으면서 행정적인 일을 할 경우는 행정직원(administrative staff)이라고 하고 행정가(administrator)라는 '家' 자를 붙여 주지 않는다. 최소한 과(department) 이상의 행정단위 책임자가 행정가이다. 우리 나라에서는 교감 이상을 학교행정가로 본다. 미국에서는 지역교육청(local school district)의 장학사(supervisor), 교육과정과장(curriculum department chair 또는 coordinator)과 교육장(superintendent)을 학교행정가(school administrator)에 포함시킨다. 그러나 여기서는 교장과 교감과 교육청 전문직을 학교행정가로 보기로 한다.

그런데 법적인 교감의 직무를 보면 교감은 교장의 직무를 모두 보좌해야 하고, 또 교장이 교무를 통할할 때 교감은 교무(校務)를 관리(管理)해야 하고, 때로는 교장을 대리(代理)해야 하고, 교장과 똑같이 학생을 교육해야 하기 때문에 역할에 있어서는 교장과 교감 사이에 차이가 있을 수 있으나 교장의 직무와 교감의 직무를 구별하기는 어렵다. 그리고 미국에서는 교감자격증을 따로 두지 않고 교장자격증 하나만 있고 이 자격증 하나를 가지고 부교장(associate principal)이나 조교장(assistant principal)도 하고 처음부터 교장(principal)을 하기도 한다. 그리고 한 학교에 부·조교장이 없는 경우도 있지만 큰 고등학교의 경우는 7, 8명이 있는 경우도 있는데 이런 경우 교장과 부·조교장을 합쳐 교장단(principals)으로 똑같이 소개되기도 한다. 이런 점을 고려하여 여기서는 '학교행정가'를 좁혀서 교감을 포함하여 주로 '교장'과 교육청 전문직으로 보기로 한다.

그리고 우리 나라에서는 초등학교와 중등학교 사이에 많은 차이를 두고 또 초등교장과 중등교장 사이에 많은 구별을 두고 있으나 외국에서는 학교의 장이란 면에서 큰 차이를 두지 않고 있는 경향이다. 미국의 경우를 보면 해당학교 학생의 연령에 해당하는 인간발달이나 심리발달 과목 1, 2과목만 수강하면(학점을 따면) 해당 학교급의 교장자격을 획득할 수 있게 되어 초등·중학·고등학교 교장자격(오히려 미국의 경우 중학과 고등학교를 중등으로 묶기보다는 구별하는 경향이 있다)을 동시에 획득하기 용이하게 되어 있다. 예를 들면, 미국 오하이오주립대학의 경우 대학원의 교장코스 중 II. 지도성 세미나(Leadership Seminars) 영역에서 12. 교육지도성과 학습·교수 : 유아교육(4학점) 과목의 학점을 따면 8~21세 학교의 교장자격증을 획득하고, 12. 교육지도성과 학습·교수 : 중학생 연령 청소년부터 청년 성인의 과목의 학점을 획득하면 이 연령층 학교의 교장자격을 획득할 수 있게 되어 있다. 미국은 초등과 중학, 고등학교의 교장자격증은 각각 다르나 중복하여 여러 개의 자격증을 따기는 쉽게 되어 있다. 일본의 경우도 교장의 경우는 초등과 중등을 쉽게 넘나들 수 있게 되어 있다. 그리고 초등 1학년부터 12학년까지 보통교육으로 연결되는(우리나라의 국민기본공통과정과 비슷한) 개념으로 보기 때문에 기본적으로 초등교장과 중등교장의 직무는 같다고 보아 여기서는 초등교장과 중등교장을 엄격히 구별하지 않기로 한다.

좋은 학교에는 반드시 좋은 교장이 있고(Daresh, 1997, p. xi), "좋은 교장을 가진 나쁜 학교가 있다는 말을 결코 들어 본 적이 없다."(Brown, 2005)고 하여 학교의 성패는 교장에 달려 있다고 할 정도로 학교에서 교장의 위치는 중요하다. 우리 나라 교육을 한 단계 끌어올리려면 무엇보다도 먼저 우수한 교장을 확보해야 한다고 본다. 그런데 문제는 어떻게 하면 교장직의 전문성과 지도력을 확보하게 하여 우수한 교장을 유치하고 이들의 능력을 계속 개발하여 성공적인 학교를 만들고 학생교육의 질을 높이느냐에 있다고 본다.

2. 학교행정가 직무표준의 중요성

그런데 학교행정가와 교장의 전문성을 개발하여 우수한 지도자와 교장을 확보하려고 해도 교육행정가와 교장의 전문성이 무엇인지 모르면 이들의 전문성을 개발하기 어렵다. 교장의 전문성은 교장의 직무를 잘 수행하는데 있다. 그래서 교장의 전문성을 신장시키려면 먼저 교장의 직무를 명료하게 밝히는 일부터 해야 한다. 그런데 지금까지 우리 나라에서 교장의 직무를 명료화하려는 노력이 부족하였다고 할 수 있다. 쉽게 말하면 교장 노릇을 어떻게 해야 하느냐에 대한 분명한 공통점이나 합의가 이루어지지 않았다는 것이다. 대한민국 교장이라면 최소한 이러한 직무를 이렇게 수행해야 한다고 명확히 밝혀 놓은 것이 없다는 것이다. 교장의 역할과 직무를 수행하기 위하여 교장은 무엇을 알아야 하고, 어떤 성향(disposition)을 갖고, 직무수행으로 무엇을 할 수 있고, 무엇을 수행으로 보여줘야 하는지를 명확히 밝혀 놔야 이런 사람을 선발하여 길러내는 교육행정가 양성교육이나 연수교육을 통하여 자격을 부여하고, 이런 사람을 임용하고, 능력개발을 하고, 평가하는 표준으로 삼을 수 있게 되는 것이다. 바꿔 말하면 교장의 직무명료화와 직무표준 개발이 되어야 후속 교장의 인사행정이 가능해지는 것이다. 그래서 교장의 직무표준 개발이 선행되어야 하고 이 선행 직무표준 개발이 중요한 것이다. 박영숙의 연구(1999)에서도 조사대상자의 83.6%가 학교행정가의 직무수행 표준 개발이 필요하다고 반응하였다. 이를 그림으로 나타내면 [그림 2-1]과 같다.

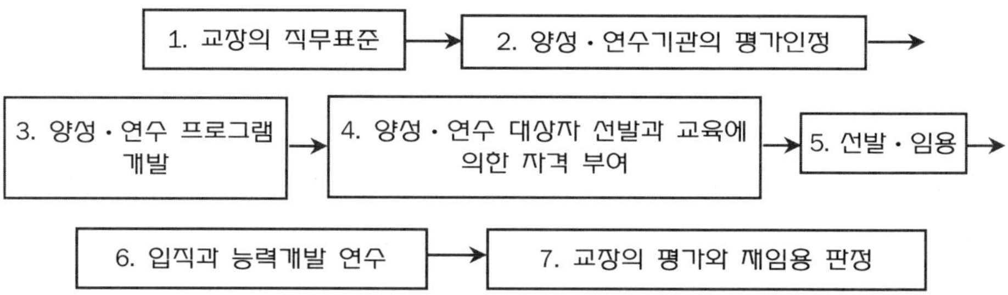

[그림 2-1] 교장의 직무표준에 의한 후속 교장 인사행정의 과정

II. 교장상과 교장의 역할

1. 교장상(像)

교장은 무엇 하는 사람인가? 교장을 보는 관점이나 교장에 대한 이미지, 교장에

대하여 그리는 상(像)이 사람에 따라 각각 다르게 생각하면 그 상에 따라 각각 다른 정책과 제도를 모색하게 된다. 필자가 그리는 교장상을 다른 사람이 이해하지 못하기 때문에 필자의 교장 제도에 대한 제안에 대하여 오해를 하는 경우가 많았던 경험이 있다. 필자는 교육행정 전공자로서 '전문가 교장'의 이상을 그리는 일종의 편견을 가지고 있을 수 있다. 현 상태의 교장직에 안주하기 보다는 교장직 전공의 이상적인 교장상을 그리려고 하는 것이다. 필자는 그 동안 교장은 교육에 있어서 가장 '중요한 인물(key person)'이라고 하였다. 학생과 교사에게는 교장이 교육인적자원부장관이나 교육감보다도 더 중요하게 여겨진다. 학생과 가장 가까이서 접하고 있고 그들의 행위에 직접적으로 영향을 주기 때문이다. 외국에서는 학교가 완전히 교장에게 맡겨져 있다시피 하고 있는 실정이다. 그런데 교장은 별로 할 일 없이 외로운 성과 같은 교장실이나 지키고 있으면 된다고 생각하는 사람이 있다면 이는 필자가 제시하는 교장제도에 대하여 반대할 수밖에 없을 것이다.

지금까지 있었던 우리 나라 교장 이미지의 하나는 우리 나라 초대 교육부장관이었던 오천석 박사가 붙인 '외로운 성주'이다. 교사도 학생도 교장과 가까이 하지 않고 대궐 같은 교장실에 외로이 앉아 있는 교장의 모습이다. 아무도 교장이 나타나는 것을 달가워하지 않는다. 기관장인 어른 교장이 늦게 출근하고 일찍 퇴근해야 직원들이 편하단다. 가르치는 일은 교사의 전유물이고 특권이니 교장은 가르치는 일에 참견하지 말라는 태도이다. 이렇게 교장 노릇을 해도 월급은 똑같이 나오니 '외로운 성주'의 교장을 하기는 아주 편하다. 외롭게 교장실에 앉아 있어도 월급은 또박또박 나오니 교장으로서는 얼마나 좋은가? 그런데 이러고도 학생과 학부모, 국민에게 최고의 교육서비스를 해줄 수 있다면 얼마나 좋을 것인가? 미국의 교장의 이미지와는 정반대이다. 물론 이 이미지도 시대가 변하면서 많이 달라졌을 것이다.

우리 나라에서 '제왕적 교장'이란 말이 있다. 교장이 옛날 임금처럼 독재를 한다는 것이다. 특히 사립학교에 이런 이미지의 교장이 많다고 한다. 인사, 재정을 교장 혼자서 처리하는데 합리적이지 못하기 때문에 이런 이미지가 나왔을 것이다. 독재를 하더라도 합리적으로 하면 제왕이란 이름을 붙이지는 않았을 것이다. 필자가 보기엔 우리 나라 공립학교 교장에게는 제왕 노릇할만한 권한도 없다고 본다. 제왕처럼 결정할 일이 별로 없는 것이다. 교직원을 채용하거나 채용을 추천할 권한도 없고, 재정이나 시설도 마음대로 할 수 있는 권한도 없고, 중요한 교육과정 결정권이나 수업방법을 교장 마음대로 다르게 할 수도 없다. 제왕이라고 한 것은 단지 교사에게 비친 허상의 교장 모습일 것이다. 학교가 완전히 교장에게 맡겨진 외국의 사례에 비추어 보면 우리 나라의 교장은 제왕 노릇할 권한 자체가 없는 것이다. 교육인적자원부와 교육청의 지시에 따르기 바쁘기 때문이다. 제왕적 교장은 적은 권한이라도 잘 사용하지 못하고 휘두르는 모습이 교사들에게 잘못 비친 허상일 것이다.

최근의 우리 나라 교장의 모습은 아무 일도 안하고 욕 안 얻어 먹기 위해 인심 쓰는 '마음씨 좋은(?)' 교장일 것이다. 교육이야 어떻게 되든 학생과 교사, 학부모가 좋다는 대로 하는 것이다. 어렵게 일할 필요도 없고, 신념이나 고집을 펼 필요도 없고, 싫어하는 일을 시킬 필요도 없다고 생각하게 하는 것이다. 전교조와 갈등을 일으키지 않고, 인터넷에 올라가지 않게 1년을 보내고, 정년을 맞으면 그만이라고 생각하게 하는 것이다. 이런 교장의 이미지일 경우 손해 보는 것은 결국 학생이고 학부모인 것이다.

미국에서는 교장을 배의 '선장(captain)'에 비유한다. 수많은 학생과 학부모, 교직원을 태우고 학교 비전과 교육목표라는 나침반을 쥐고 파도를 넘고 암초를 피해 멀고 먼 항해를 안전하게 하여 목적지 항구에 정박시키는 선장을 교장에 비유하는 것이다. 태평양 상에서 선상 반란이라도 일어나면 입법, 사법, 행정의 전권을 행사하고 총살이라도 하여 진압해야 하는 것이 선장이다. 파선 시에는 타이타닉호의 선장처럼, 위도 앞바다 서해페리호의 선장처럼 자기 사랑하는 애선(愛船)과 생의 최후를 같이해야 하는 것이 선장의 마지막 책임 윤리이다.

미국 교장의 별명은 아직도 'Key boy'이다. 학교의 살림을 도맡아 하자니 학교의 열쇠라는 열쇠는 다 가지고 다니는 데서 붙여진 별명이다. 이런 열쇠를 가지고 다니는 사람은 이 학교의 관리(청소)인과 교감, 교장 뿐이다. 이들 행정가와 관리인은 제일 일찍 출근해서 제일 늦게 퇴근한다. 하루를 계획하고 다른 사람에게 양질의 교육서비스를 제공하고 교육행정 지원을 하기 위해서이다. 학생들이 등교할 때 교장이 학교버스에서 내리는 학생들 하나하나의 이름을 부르며 인사를 나누며 맞이하고 학생들이 교실에 들어가면 교실입구에서 교사들이 학생들을 맞이한다. 마찬 가지로 학생들이 학교버스를 타고 하교할 때도 교장이 승차 지도를 하고 교장의 신호에 의하여 학교버스가 출발한다.

미국의 교장실은 우리 나라 교장실에 비하여 작고 초라하다. 책상과 의자뿐이고 소파도 없는 교장실에도 별로 앉아 있을 시간도 없다. 학생과 교사를 위해서 교장은 많이 돌아다녀야 하기 때문이다. 미국에서는 교장의 가시성(visibility)이 많이 요구된다. 미국 교장은 '외로울' 시간도 없고 그럴 공간도 없다. 학생과 교사가 필요로 할 때 교장이 그 자리에 있어 눈에 띄어야 하기 때문에 교장의 가시성을 요구하는 것이다. 미국 고등학교에서 학생들의 과외활동이 많은데 그 때마다 교장이 그 자리에 있어야 하기 때문에 미국 고등학교 교장의 연봉이 제일 높은 것이다.

미국 교장은 학생 교육의 책임자이기 때문에 전교생의 학생들 이름을 거의 다 외운다. 학생을 모르고 학생을 교육할 수 없기 때문이다. 학생 성적의 오르내림을 교장이 다 파악하고 학부모에게 전화하고 편지를 쓴다. 이런 교장이 'Goodbye Mr. Chips' 소설과 영화에 나온 'Mr. Chips 형'의 자상한 교장의 이미지이기도 하다. 교사들이 학생을 혼낼 일이 있으면 교사들은 학생을 교장실이나 교감실로 보낸다. 교장은 교실에서 이루어지고 있는 일을 거의 다 파악하고 있다. 어느 교사가 무엇을 어떻게 가르치고 있다는 것도 거의 다 파악하고 있다. 교장과 교사가 수십 년씩 같은 학교에서 같이 근무하고 거의 전교사를 교장이 직접 채용했거나 교장의 추천에 의하여 채용되었기 때문에 서로를 서로가 잘 알고 있다. 교장이 수업시간에 교실을 방문하는 것은 당연한 것으로 서로 받아들이고 인정한다. 학부모로부터 교사에 대한 공격을 받으면 교장은 교사에 대하여 알고 교사의 수업행위에 대하여 파악하고 있어야 교사를 방어해 줄 수 있는 것이다. 교장과 교사들 사이에 틈이 벌어지면 같이 파멸의 길로 가게 된다. 교장과 교사는 같은 배를 타고 있는 것이다.

교장은 오케스트라 단장, '지휘자'와 같다. 각각 다른 소리를 내는 악기와 각 파트를 다 파악하고 조화를 이룬다. 누가 지휘자를 맡느냐에 따라 악단의 칼라가 달라진다. 물론 악단원의 구성은 지휘자의 몫이다. 단원 한 사람을 뽑는 오디션을 위해서 지휘자는 같은 곡을 수 십 번씩 듣는다고 한다.

필자가 그리는 교장은 '히딩크 감독'과 같은 지도자 상이기도 하다. 감독이 선수를 선발하여 팀을 구성할 수 있어야 팀의 성과를 올릴 수 있다. 기능이 부족한 선수라도 능력 발휘할 수 있도록 개발하여 선수의 자아실현을 도와 주고 팀의 성과도 올리고 성과를 올리지 못하면 책임지고 물러나는 프로정신의 지도자 교장을 그리는 것이다. 선수로서 능력을 잘 발휘하는 사람도 있고 지도자로서 능력을 더 잘 발휘할 수 있는 사람도 있을 수 있다.

미국에서는 학교의 행정은 교장, 교감, 비서 몇 명이서 도맡아 다 처리하고 교사는 가르치는 일에 전념한다. 미국의 교사는 가르치는 일에만 교육과 훈련을 받았기 때문에 교사에게 교장의 일을 맡으라고 시켜줘도 못하겠다고 한다. 그래서 교사들이 지도자의 트랙으로 옮기고 싶으면 대학원 교장 코스에 입학하여 교장교육을 받아 교장자격증을 획득하고 초빙공모에 지원하여 선발돼야 한다. 교육지도자 뿐만 아니라 미국의 모든 지도자는 더 고달프고 더 많은 책임을 짊어져야 한다. 우리 나라에서 교사들이 교실에 남아 있어도 손해 볼 일이 별로 없고 교실에서 가르치는 일에 만족하고 행복할 수 있는 여건을 확보해 줘야 교사의 전문성과 교장의 전문성이 구별되는 바탕이 될 것이다.

자살하려면 교장을 하지 말아야 한다. 편안하고 대접받으려고 하는 사람도 교장이 되지 말아야 한다. 편하게 지내려고 하는 사람이 지도자가 되는 것은 모든 사람을 위해서 불행하다. 하는 일도 별로 없고 책임도 질 일이 없는 교장직이라면 국민의 세금을 주고 교장의 자리를 만들어 놓을 필요가 없다.

우리 나라에서 어떤 교장상을 그리고 어떤 교장을 그릴 것이냐에 대하여 합의나 공감대가 어느 정도 형성돼야 교장직 직무표준도 설정할 수 있고, 교장 연수와 자격부여, 임용, 평가의 정책 방향도 서게 된다. 다시 말하면 바람직한 교장 상(像)을 어느 정도 이상형(ideal)으로 그려 놓고 이를 중심으로 교장의 직무가 무엇이어야 하느냐(what ought to be)를 밝히기 위한 노력을 해야 할 것이라는 암시를 받을 수 있을 것이다. 교장들이 현재 하고 있는 실상, 또는 실태(real, what is)를 중심으로 직무를 밝히려고 한다면 직무명료화의 의의가 반감될 수밖에 없다.

2. 교장의 역할

역할이란 어떤 자리 또는 지위에 따라 수행해야 할 일련의 행위를 말한다. 그래서 역할은 대개 '…하는 사람', '…하는 자'로 진술된다. 교장의 역할은 교장직에 대하여 기대되는 행위로 (1) 교장 자신의 욕구와 태도, 역할에 대한 인식과, (2) 중요한 타인(학생, 교사, 학부모, 상급자)의 기대와, (3) 여러 가지 사회적 요인(인구학적 변화, 경제 상태, 정보의 영향, 뉴스매체와 교육공학과 기술) 등에 따라 크게 영향을 받는다(Gorton, 1983).

교장을 포함하여 행정가는 기본적으로 Mintzberg(1973)의 분류대로 크게 (1) 대인관계의 역할(명목상의 장, 지도자, 연락자), (2) 정보를 다루는 역할(청취자, 전파자, 대변자), (3) 결정자의 역할(최고결정자(변화촉진자), 혼란 처리자, 자원 배분자, 협상자)을 수행하게 된다. Blumberg와 Greenfield(1980)는 효과적인 교장의 역할로 (1) 행정가, (2) 조직자, (3) 가치 관리자, (4) 진정한 조력자, (5) 중개자, (6) 인본주의자, (7) 촉매자, (8) 합리주의자, (9) 정치가를 들고, 효과적인 교장의 3요소를 (1) 비전, (2) 주도성, (3) 자원 풍부성이라고 지적하고 이에 의하여 그의 「효과적인 교장」이란 책을 구성하고 있다. 이외에도 여러 학자의 여러 역할이 제시되고 있는데 교장은 너무 많은 역할(too many hats)을 수행해야 하기 때문에 슈퍼맨이 되고 원더우먼이 되어야 하는 실정이다.

우선 교장은 기본적으로 교육자이다. 교장의 말 한 마디 한 마디와 행동 하나하나가 다 학생에게는 교육이 되고 수업이 되기 때문에 교장은 모범적인 교육자가 되어야 한다. 그래서 교장은 교육자이기 때문에 교육에 대하여 알아야 한다. 교장도 교육자이기 때문에 교원에게 교원자격증을 요구하는 우리 나라에서는 교장도 자격증이 있어야 하고 자격증이 없는 일반인은 먼저 교장자격증을 따고서 교장을 해야 한다고 보는 것이다.

다음으로는 교장은 학교에서 최고집행자이다. 교육위원회나 학교운영위원회가 결정한 사항을 집행해야 하고, 교육감을 대신하여 학교에서 집행해야 한다. 또 자신의 집행에 대하여는 책임을 져야 한다. 집행하고 책임을 지기 때문에 학교의 대표자이고 기관장인 것이다. 학교의 창구는 교장 하나이고 결재권자도 교장 하나이다.

그리고 교장은 교육전문가이기 때문에 비전문가인 학교운영위원회로 하여금 교육적으로 결정하도록 학교운영위원회에 대하여 전문적 자문자의 역할을 수행해야 한다. 그리고 교사에게도 자문을 하고 필요한 자원을 제공을 제공해 줄 수 있는 자문과 자원제공자의 역할을 해야 한다.

교장은 교장 혼자서 학생을 교육할 수 없다. 학생과 학부모, 지역사회와 교직원을 하나의 팀으로 묶어 교육의 목표를 달성해야 하기 때문에 팀 형성자가 되어야 한다. 비전의 형성, 학교 공동체와 학교문화의 형성, 협동적 지역사회의 형성을 모두 이 역할에 포함시키고 싶다.

이러한 기본적인 교장의 역할에 대하여 어느 정도 합의를 해야 이 역할 수행을 위한 구체적인 교장의 직무를 밝힐 수 있게 된다.

III. 학교행정가 교장의 직무

그러면 교장은 무엇을 하는 사람인가? 교장이 하는 일이 무엇이라고 규정하느냐에 따라 일반인이 교장을 할 수 있느냐, 교사가 교사를 했다 교장을 했다 전문성 없이 왔다 갔다 할 수 있느냐가 결정될 수 있을 것이다. 그리고 이것이 제1장에서 다룬 교육행정의 지식기반과 비슷하다.

Sergiovanni(2006)는 그의 「교장론」(The Principalship)이란 책에서 교장의 직무에 관한 관점 몇 가지를 제시하고 있는데 네 가지 접근 정도로 요약할 수 있는데 그 첫째가 교장직의 이상적 개념으로 미국초등교장회(NAESP)가 1997년 제정한 것인데 (1) 지도적 행동, (2) 의사소통 기능, (3) 집단과정, (4) 교육과정과 수업, (5) 평가, (6) 조직관리, (7) 재정관리, (8) 정치적 관리의 8영역에 걸친 96 항목의 기능을 들고 있는 것이다.

둘째는 가치근거접근(value-based approach)으로 비전의 실천에 초점을 맞춘 것이다. 예를 들면, 미국중등교장회(NASSP)는 교수향상 카네기재단과의 협동에 의하여 (1) 협동적 지도성과 효과적 학습공동체, (2) 개성화, (3) 교육과정과 수업, 평가의 3영역에 걸쳐 비전에 의한 고등학교 혁신을 위한 31개의 직무영역을 권고한 것이다.

세 번째 접근은 직무표준 접근으로 대표적인 것이 ISLLC와 ELCC인데 뒤에 자세히 소개하게 된다. 또 종교계통 학교에서 교장직을 표준화시킨 ICEL(The Institute for Catholic Educational Leadership)이 있는데 이는 (1) 성장에의 개방, (2) 학업적 전문직적 능력, (3) 종교적 지도자, (4) 공동체형성자, (5) 정의의 실현자의 5영역에 걸쳐 표준화시킨 것이다.

네 번째가 교장의 실제 직무 세계를 교장의 근무 중 시간 사용 조사, 여러 대상자를 통한 지각 조사, 교장 자신을 통한 이상과 현실의 차, 우수 교장과 평균 교장, 미흡

교장 세 집단의 비교에 의한 차 등을 조사하여 교장의 직무를 밝히려는 접근 등이 있다.

그리고 교장의 직무를 규정하기 위하여 그 동안 (1) 법적인 접근, (2) 역사적인 접근, (3) 교장의 실제 활동 분석, (4) 교장 역할 정의와 기대에 의한 접근, (5) 직무기술에 의한 접근, (6) 교장의 과업영역과 기능 명료화에 의한 접근, (7) 행정과정에 의한 접근, (8) 자질능력(competence) 접근 등이 있었는데(주삼환, 1983), 최근에 미국에서 (9) 직무수행 표준 접근을 강조하고 있다. 이에 대하여는 좀더 자세히 살펴보기로 한다.

1. 법적인 접근

법적인 접근은 특히 성문법을 강조하는 동양 쪽에서 많이 하는 것으로 교장의 직무를 법에 명시된 것을 중심으로 교장의 직무를 살펴보는 것이다. 우리 나라에서 초·중등교육법에 "교장은 교무를 통할하고 소속 교직원을 지도·감독하며, 학생을 교육한다"고 규정해 놓고 있다. 여기서 '교무를 통할'한다는 것은 학교의 모든 업무[校務]를 교장이 책임지고 수행한다는 의미로 가르치는 업무[敎務] 뿐만 아니라 학교경영의 모든 업무를 책임져야 하므로 가르치는 일만 훈련받은 교사가 특별한 훈련과 교육 없이 이 일을 담당하기는 어렵다고 본다. 현재 우리 나라의 교장들도 가르치는 일 이외의 경영과 관리에 더 어려움을 느끼고 여기에 더 많은 시간을 빼앗기고 있다는 것이다. '소속 교직원을 지도·감독'하는 직무에는 교사뿐만 아니라 일반 행정직원도 포함되고, 또 지도·감독에는 수업과 교사에 대한 '장학'이 대부분의 비중을 차지하는데 이 '장학'도 전문적 교육과 훈련을 요하는 것으로 일반인이나 교사가 교육과 훈련 없이 곧바로 하기 어려운 직무에 속한다. '학생교육'의 직무는 교장도 교사와 똑같이 학생교육의 직무를 수행한다는 의미이다. 직접 수업을 안 하더라도 교장의 한 마디 한 마디 말과 행동 하나하나가 다 직접 학생에게는 교육이 된다. 여기서 모든 교사에게 교사자격증을 필수로 요구하고 있는 우리 나라에서는 교사 자격증이 없는 일반인은 교장이 될 수 없다는 조건이 된다.

2. 역사적 접근

역사적으로 볼 때도 교장의 이미지는 변해 왔다. 우리 나라에서는 교장의 이미지가 어떻게 변해 왔는지 시대별로 자세히 연구된 것이 없으나 권위적 교장에서 민주적 교장으로 변해 오고 있는 것만큼은 분명한 사실일 것이다. 최근에는 민주적 교장시대라기보다는 오히려 교장 수난시대라는 표현이 더 적절할지도 모른다. 그러나 미국에서는 시대에 따라 약간씩 교장의 이미지가 바뀌어 온 기록이 있다. 처음으로 학년제 학교가 설립되면서부터 전임 교장이 생기게 되었는데 이 당시 교장이 하는 일은 학생의 출석 기록, 학생 수 보고, 학교 재정, 회계 등 교장의 직무는 서기적인 일이었다. 차츰 학교가 커짐에 따라 학년제가 되고 분과제가 됨에 따라 교장의 직무 중 관리적 측면이 강조되었다. 이어서 19세기 말에 와서 교장은 장학의 책임과 수업 개선의 책임이 주어지게 되었다. 그리고 20세기에 접어들어 교장직은 급성장하게 되었다(주삼환, 1986).

앞의 교장의 상에서 언급된 것과 중복되지만 교장 직무를 ① Mr. Chips(소설 속의 교장 이름을 따서)의 이미지, ② 수석교사의 이미지, ③ 행정가로서의 이미지, ④ 변화 촉진자로서의 이미지, ⑤ 지도자로서의 이미지로 분류하여 볼 수 있다.

첫째, Mr. Chips의 이미지란 앞에서 말한 것처럼 교장이 학생 개개인에 대하여 잘 알고 개인적 관심을 갖는 친절하고 이해심 많고 체계적인 교장의 이미지로 조그마한 안정된 학교 상황에 알맞다. 미국에서도 오늘날 교장에게서는 이러한 이미지를 찾기는 어렵다.

둘째, 수석교사의 이미지는 교육과정이 단순하고 교사교육이 엉성하여 교장이 수업・장학만 했던 시절로 교장이 모든 과목에 대하여 교사보다 더 잘 알고 다른 교사보다 더 잘 가르치는 교사라는 데서 나온 이미지다. 지식의 폭발과 교수 전문가로서의 교사 양성교육이 이루어짐에 따라 이런 개념은 시대에 뒤떨어지게 되었다. 특히 영국을 비롯한 유럽에서는 아직도 교장에게는 수석교사의 이미지가 많이 남아 있다. 우리 나라에서 교장 외에 별도로 수석교사를 둬야 한다는 주장이 있으나 필자는 교장이 바로 수석교사이기 때문에 수석교사제에 대하여 반대하는 입장이다. 원래 교장은 'Principal Teacher'라고 하여 우리 나라 말로 바로 '수석교사'였었는데 여기서 뒤의 'Teacher'가 떨어져 나가 줄여서 교장을 'Principal'이라고 부르게 된 것이다. 그리고 한 조직이나 기관에 교장과 수석교사의 수석, 머리가 둘이 있을 수 없는 것이다. 수석교사가 필요하다면 수석교사 외에 다른 이름을 사용해야 할 것이다.

셋째, 행정가로서의 이미지는 20세기 초 도시가 커지고 교육구가 점점 커짐에 따라 학생과 교사, 재정 공급 등에 관하여 많은 자료를 수집・처리하고, 통계 자료를 교육청과 교육위원회에 보고해야 했으므로 교장은 많은 시간을 행정적인 일로 보내야 했었다. 미국에서 1960연대는 주로 관리적인 일을 하는 이 이미지가 강했으나 이제는 학교를 통째로 책임지라는 쪽으로 바뀌어 60연대의 교장 시절이 행복했다고 하는 교장들도 있다. 오늘날도 행정업무를 교장의 본업으로 아는 교장이 많다.

넷째, 변화촉진자로서의 이미지는 1960년대 교육혁신과 개혁이 강조된 이래 중요한 개념으로, 교장이 새로운 아이디어를 소개하고 실제로 운영하기 위하여 전문인력을 채용하고, 기존 직원을 재훈련하고, 충분한 자원을 공급하며, 시설을 고치고 예산을 마련하며, 적절한 평가절차를 마련해야 했는데 이 개념이 더 계속되어야 할 것인지는 아직 미지수이다.

다섯째, 지도자로서의 이미지는 교장의 지도성 역할에 관하여 지난 50년 동안 계속되었으며 앞으로도 최소한 50년은 더 계속될 것이지만 지도자로서의 교장의 개념을 어떻게 분명히 하느냐가 문제시 되고 있다. 역사적으로 교장의 직무를 고찰해 볼 때 교장직은 더욱더 전문성을 요구하고 전문화의 방향으로 가게 되지 전문성 없이 일반인이나 교사가 담당하는 쪽으로 퇴보하는 방향으로 갈 수는 없다는 것을 알 수 있다.

3. 실제 활동 분석 접근

교장의 실제 활동을 분석하여 교장의 직무를 밝히려는 것으로 실제 관찰이나 교장의 자기보고에 의하여 연구하는 방법이다. 교장이 출근하여 퇴근하기까지의 실제 활동과 시간을 분석하는 방법이다. 이런 방법에 의한 연구도 많은데 최근의 것을 예로 들면(California Principals, 1998), 교장이 실제 시간을 사용한 비율은 (1) 수업과 교육과정 14.5%, (2) 기획, 평가, 개혁 11.3% , (3) 예산, 행정, 유지 15.4%,

(4) 학부모 참여와 관계 13.3%, (5) 학생 접촉과 기강 18.5%, (6) 직원 감독과 평가, 지역사회 관계 27%로 나왔다.

4. 역할 정의와 기대에 의한 접근

교장의 역할 정의와 기대에 의한 접근은 앞의 교장의 역할에서 언급한 것 외에 Gorton(1983)의 (1) 관리자, (2) 수업지도자, (3) 기강 확립자, (4) 인간관계 촉진자, (5) 평가자, (6) 갈등 해소자의 역할 분류가 있고, Hencley와 McCleary, McGrath(1970)는 수업지도자, 생활 지도자 등 14개의 역할로 분류하고 있다.

5. 직무기술서에 의한 접근

직무기술서에 의한 접근은 미국의 경우 대부분 계약시에 이 직무기술서에 상호 서명하게 되는데 예를 들면, Lake Oswego 고등학교 교장의 경우 책임으로 "교장은 학교의 최고책임자로 임명된다. 학교의 행정과 장학의 장(head)으로서 주법과 교육위원회의 방침, 그리고 교육장과 그의 위임받은 참모의 관할 범위 내에 있는 교육청의 행정규칙과 규제와 일치하는 모든 학교프로그램의 운영에 대한 책임을 지고 또 행정적 권위를 수행한다."고 일반적인 기술을 해 놓고, (1) 일반적 행정책임 5, (2) 교육청의 기대 6, (3) 인사담당자의 기대 12, (4) 지역사회의 기대 6, (5) 수업프로그램 관련 기대 4, (6) 학생의 기대 5, (7) 관리적 기대 8, (8) 책임위임에 대한 기대 등 여러 세부 항목을 상세하게 기술해 놓고 있다(주삼환, 1983).

6. 과업과 기능 명료화에 의한 접근

교장의 과업영역과 기능 명료화에 의한 접근은 교장의 과업이 무엇인지 알아보려는 것으로 과거에 여러 학자가 교장론의 교과서에 담고 있는 내용은 〈표 2-1〉을 참고하기 바란다. 이 표에서 여러 학자가 공통적으로 다루고 있는 교장의 직무영역은 (1) 수업과 교육과정, (2) 교직원 인사, (3) 학생 인사, (4) 재정과 사무 관리, (5) 시설과 건물 관리, (6) 지역사회와 대외관계라고 할 수 있다. (4)와 (5)를 합쳐 '재정·시설·사무관리'로 묶을 수도 있을 것이다. (1) 수업과 교육과정이 교육의 본질이고 핵심에 해당하는 것으로 일반인이 하기 어려운 영역이고, (2), (3), (6)이 교육본질과 행정을 모두 알아야 할 영역으로 역시 고도의 훈련을 요하는 영역이고, (4)와 (5)가 지원체제로 역시 교사에게는 특별한 교육과 훈련을 요하는 영역이다. 교장의 과업영역 접근으로 볼 때도 교장직을 잘 수행하려면 교장 자격을 위한 교육이나 훈련 없이 일반인이나 교사가 직접 교장직을 담당하기는 어렵다는 것을 인정하지 않을 수 없을 것이다.

7. 행정과정에 의한 접근

행정과정에 의한 접근은 교장이 행정을 해나가는 과정을 중심으로 교장의 직무를 살펴보려는 접근인데 일반적인 행정의 과정은 문제해결에 초점을 맞춰 문제의 확인, 진단, 목표설정, 의사결정, 계획, 실행, 조정, 위임, 주도(initiative), 의사소통, 집단활동, 평가, 문제해결의 과정으로 볼 수도 있고, 의사결정에 초점을 맞춰 불만족의 의식, 문제의 정의, 대안 형성, 대안에 대한 비중 매기기, 의사결정, 실행으로 볼 수도 있다. 교장은 행정을 해나가는 과정에서 이런 일을 하고 있을 것으로 보는 것이다.

8. 자질능력 접근

자질능력(competence) 접근은 교장에게 요구되는 자질능력을 밝혀 놓고 이를 확인하려는 것으로 교원양성에서 자질능력근거접근(Competence-Based Teacher

Education, CBTE), 교장양성교육의 자질능력접근(CBPE)이 유행한 때도 있다. 예를 들면, Sergiovanni(1984)는 교장의 자질능력으로 (1) 교육 지도성 영역에 7, (2) 장학 지도성 영역에 8, (3) 조직 지도성 영역에 7, (4) 행정 지도성으로 분류하고, 미국 플로리다 주에서는 (1) 목적과 방향 설정, (2) 인지적 기술, (3) 합의과정 관리, (4) 질 향상, (5) 조직, (6) 의사소통의 6영역에 걸쳐 직무수행 수준(높은 수준, 기본의 두 수준), 자질능력, 이 능력을 측정하고 확인할 수 있는 구체적인 행동지표를 제시하고 있다(주삼환 1983, 193-198 참조).

Lipham과 Hoeh(1974)는 교장의 과업 영역별로 요구되는 구체적인 자질능력을 제시하고 있는데 (1) 수업개선에 요구되는 자질, (2) 직원인사에 요구되는 자질, (3) 학생인사 개선에 요구되는 자질, (4) 재정과 시설 개선에 요구되는 자질, (5) 학교와 지역사회 관계 개선의 6영역으로 나누고 각 영역에 또 다시 작은 영역이나 단계로 나누어 요구되는 자질을 구체적으로 제시하고 있다(주삼환, 1983, 198-201 참조).

9. 직무수행 표준 접근 : 미국 교장의 직무표준

직무수행 표준 접근은 최근에 미국에서 열을 올리고 있는 것으로 교장의 직무수행을 위한 기준과 표준을 정해 놓고 이를 중심으로 교장양성을 하고, 능력개발을 하고, 직무수행을 평가하려는 직무수행 표준(standards) 접근이라고 할 수 있다. 그래서 이를 보편화된 미국 교장의 직무표준이라고 해도 크게 벗어나지 않는다고 볼 수 있고 우리 나라 교장의 직무표준 개발에도 많은 참고가 될 수 있을 것으로 본다. 지금 미국은 모든 면에서 쥐어짜는 'Standard'가 강조되고 있다고 할 수 있는데 지금 미국의 40여개 주가 이에 참여하고 있다고 한다(Norton, 2005 : 64 ; Young & Lopez, 2005 : 337). Standard를 정해 놓고 학생, 교사, 교장, 학교, 교육청 모두 Standard에 도달하라는 것이다. Standard에 도달하지 못하면 책임지고 물러나라는 정책이라고 할 수 있다. 이렇게 숨통을 조이고 있어 이에 대한 반발도 심하다.

1994년부터 미국 24개 주가 참여하고 여러 교육전문단체가 참여하여 "Interstate School Leaders Licensure Consortium(ISLLC) Standards"를 1996년에 개발하

여 사용하던 것을 다시 미국교사교육평가인정협의회(National Council for the Accreditation of Teacher Education ; NCATE)와 협동 노력에 의하여 ISLLC표준을 약간 수정하여 교장양성기관평가인정 표준에 초점을 맞춰 "Educational Leadership Constituent Council(ELCC) Standards"를 정해 놓고 교장 양성교육과 연수, 평가의 표준으로 삼게 된 것이다. 그래서 이제는 「교장론」(The Principalship)의 교과서도 이 표준(ISLLC나 ELCC)에 맞춰 쓰여 지고(Wilmore, 2002 ; Seifert & Vornberg, 2002 ; Hoy & Miskel, 2005 ; Hoy & Tarter, 2004 ; Green, 2001 ; Norton, 2005 ; Cunningha & Cordeiro, 2003 ; Sergiovanni, 2006 ; Lunenburg & Irby, 2006), 각 대학원의 교장 양성코스도 이 표준에 맞춰 제정되고, 심지어는 교수의 강의계획서의 교수요목이 어느 표준과 관련되는지 명시하고 있으며, 기성 교장의 연수도 이 표준에 맞추고, 교장 평가기준, 교장교육기관평가인정 표준도 이 표준에 맞춰가고 있는 실정이다.

이 직무수행 표준은 6개영역(ELCC는 교장양성의 인턴의 표준을 추가하여 7개영역으로 함)으로 되어 있는데 6개영역에 공통되는 문장은 "학교행정가(ELCC는 교육행정가 지원자(Candidates)라고 표현함)는 모든 학생의 성공을 증진시키는 교육지도자이다(A school administrator is an educational leader who promotes the success of all students by……)"이고 그 뒤의 문장은 직무영역별 방법을 제시함으로써 표준으로 정하고 있다. 여기서 '모든 학생의 성공'은 모든 학교행정가와 교육지도자의 목표라고 할 수 있다. 그리고 구체적으로는 교장의 표준과 교육장의 표준으로 나누어 제시하고 있다.

첫째, 표준은 비전에 관한 것으로 "학교지역사회와 공유하고 지역사회의 지지를 받는 학교나 교육청의 학습비전을 개발하고, 상세화하고, 실행하고, 봉사(stewardship)하는 것을 촉진한다."고 하여 (1.1) 비전 개발, (1.2) 비전 상세화, (1.3) 비전의 실행, (1.4) 비전을 위한 봉사, (1.5) 지역사회의 참여 촉진의 관점에서 교장양성교육을 하고, 평가하게 되어 있다.

둘째, 표준은 학교문화와 수업프로그램에 관한 것인데 "학생의 학습과 교직원의 전문적 성장에 도움이 되는 학교문화와 수업프로그램을 신봉하고, 북돋우고, 유지한다."고 해 놓고, (2.1) 긍정적인 학교문화의 증진, (2.2) 효과적인 수업프로그램의 제공, (2.3) 학생의 학습에 최선의 실천 적용, (2.4) 종합적인 전문적 성장을 위한 계획의 설계로 나누어 평가한다.

셋째, 표준은 관리에 관한 것인데 "안전하고 효율적이며, 효과적인 학습 환경을 위한 조직과 운영, 자원의 관리를 보장한다."고 해 놓고, (3.1) 조직 관리, (3.2) 운영 관리, (3.3) 자원 관리의 구체적 관점에서 평가한다.

넷째, 표준은 학부모와 지역사회 관계인데 "다양한 지역사회의 이익과 욕구를 반영하고 지역사회의 자원을 활용하기 위하여 교육가족과 지역사회 구성원과 협동한다."로 되어 있는데 (4.1) 교육가족과 지역사회 구성원과의 협동, (4.2) 지역사회의 이익과 욕구의 반영, (4.3) 지역사회 자원의 활용의 세 관점에서 교육하고 평가한다.

다섯째, 표준은 행정가의 윤리에 관한 표준인데 "성실 · 정직하고, 공정하고, 윤리적으로 행동한다."로 되어 있고, (5.1) 성실 · 정직한 행동, (5.2) 공정한 행동, (5.3) 윤리적 행동이 구체적 표준이다.

여섯째, 표준은 정치, 사회, 경제, 법, 상황 인식에 관한 것으로 "보다 광범한 정치, 사회, 경제, 법, 상황적 맥락을 이해하고, 이에 알맞게 반응하고, 영향력을 행사해야 한다."는 표준인데 구체적으로는 (6.1) 광범한 상황의 인식, (6.2) 광범한 상황에 대한 반응, (6.3) 광범한 상황에 대한 영향으로 나누어 보게 된다.

마지막으로 ELCC에서는 행정가 양성을 위한 인턴훈련에 관한 것을 추가하였는데 "대학원 학점을 위하여 대학과 교육청 인사담당이 협동적으로 계획하고 지도하는 실제 상황에서의 본질적이고, 지속적이고, 표준에 근거한 경험을 한다."로 되어 있는데 행정가를 위한 인턴과정을 (7.1) 본질성, (7.2) 지속성, (7.3) 표준 근거성, (7.4) 실제 상황성, (7.5) 협동적인 계획과 지도, (7.6) 학점의 구체적인 여섯 표준으로 인턴 영역을 평가하게 되어 있다.

이 표준을 보면 교장의 직무영역은 (1) 비전, (2) 학교문화와 수업프로그램, (3) 관리, (4) 학부모와 지역사회 관계, (5) 행정가의 윤리, (6) 광범한 상황적 맥락(ELCC는 인턴과정을 추가) 6개 직무영역에 걸쳐 교장은 무엇을 알아야 하고(knowledge), 무슨 기술을 가져야 하고(skills), 무엇을 할 수 있어야 하며(ability), 어떤 성향(disposition)과 자질과 능력을 갖춰야 하고(competences, proficiencies), 무엇을 어떻게 직무수행으로 보여줘야 하는지를(job performance, acting ethically) 분명히 밝혀 놓고 있다. 이런 표준을 보면 일반인이나 교사가 상당한 훈련과 교육 없이 감히 교장을 하겠다는 주장을 할 수 없게 되는 것이다. 그러다 보니 앞에서 언급한 것처럼 미국에서는 교장을 하겠다는 지원자가 부족할 것으로 예상되어 오히려 문제가 되고 있는 실정이다. 앞으로 우리 나라에서도 적당히 자리나 차지할 교장은 많을 수 있으나 21세기 경쟁력 있는 한국 교육을 이끌 능력 있는 지도자 교장을 확보하기는 그리 쉽지 않을 것으로 본다.

1) ISLLC의 교장의 직무표준과 구체적인 지표

ISLLC는 각 표준별로 도달해야 할 구체적인 지식과 성향, 직무수행의 지표를 제시하고 있는데 이를 인용하면 다음과 같다(Council of Chief State School Officers, 2000). 여기에 포함되는 182 항목에 4점 척도(1 부족, 2 보통, 3 충분, 4 모범)를 붙여 자기평가(ISLLC School Leadership Self Inventory) 도구로 직접 사용하여 6표준별로 평균을 내어 그래프를 그려 보면 자기 직무수행의 포로파일이 되는데 이 프로파일을 자기반성과 자기향상의 도구로 삼으면 유용할 것이다.

(1) 표준 1

'학교 비전'에 관한 것으로 "(학교 행정가는) 학교지역사회와 공유하고 지역사회의 지지를 받는 학교나 교육청의 학습비전을 개발하고, 상세화하고, 실행하고, 봉사(stewardship)하는 것을 촉진한다.(함으로써 "모든 학생의 성공을 증진시키는 지식과 능력을 갖춘 교육지도자이다."는 모든 표준에 공통)"고 하여 (1.1) 비전 개발, (1.2) 비전 상세화, (1.3) 비전의 실행, (1.4) 비전을 위한 봉사, (1.5) 지역사회의 참여 촉진이다.

1 지식(knowledge)

행정가는 다음의 지식(knowledge)과 이해력을 가져야 한다.

① 다원 사회에서의 학습목표(learning goals)

② 전략기획의 개발 원리와 실천 원리

③ 체제 이론

④ 정보의 출처, 자료 수집, 자료 분석 전략

⑤ 효과적인 의사소통

⑥ 효과적인 합의 도출과 협상 기술

2 성향(dispositions)

행정가는 다음에 신념을 갖고, 가치를 두고, 헌신한다.

① 모든 학생을 교육시킬 수 있다(educability).

② 높은 표준의 학습에 대한 학교 비전

③ 계속적인 학교 발전

④ 학교 지역사회의 모든 구성원의 참여

⑤ 모든 학생이 성공적인 성인으로 성장하는데 필요한 지식과 기능, 가치를 가지고 있다.

⑥ 기꺼이 자신의 가정, 신념, 실천을 계속적으로 숙고한다.

⑦ 높은 수준의 개인적 직무수행과 조직의 직무수행에 필요한 일을 한다.

3 직무수행(performances)

① 행정가는 다음을 보장하는 활동의 과정을 촉진하고 참여한다. 학교의 비전과 사명(mission)에 대하여 교직원과 학부모, 학생, 지역사회인과 효과적으로 의사소통한다.

② 학교 비전과 사명을 상징물과 의식, 이야기, 유사 활동을 통해 의사소통한다.

③ 학교 비전에 대한 핵심 신념을 모든 이해당사자의 모델이 되게 한다.

④ 이해당사자와 함께 그리고 이들 속에서 비전을 개발한다.

⑤ 비전의 실현을 위한 지역사회의 공헌에 대하여 이를 인정해 주고 축하해 준다.

⑥ 비전과 사명에 대한 진척 사항을 모든 이해당사자에게 알린다.

⑦ 학교 발전을 위한 노력에 지역사회를 참여시킨다.

⑧ 비전을 교육 프로그램과, 계획, 활동에 스며들게 한다.

⑨ 비전과 목표 달성을 위한 구체적인 목표와 전략을 분명하게 상세화(articulated)하는 실천계획을 개발한다.

⑩ 학교 비전과 목표를 개발하기 위해 학생 학습과 관련된 평가 자료를 활용한다.

⑪ 학교 비전과 목표를 개발하기 위하여 학생과 가정에 해당하는 인구학적 자료를 활용한다.

⑫ 학교 비전 달성에 있을 수 있는 장애물을 확인하고, 명료화하고, 발표한다.

⑬ 학교 사명과 목표의 실천을 지원하는데 필요한 자원을 발굴하고 확보한다.
⑭ 학교 비전과 목표를 지원하기 위해 현존 자원을 활용한다.
⑮ 비전과 사명, 실천계획을 정기적으로 검토, 평가, 수정한다.

(2) 표준 2

'학교문화와 수업프로그램'에 관한 것인데 "학생의 학습과 교직원의 전문적 성장에 도움이 되는 학교문화와 수업프로그램을 신봉하고, 북돋우고, 유지한다."고 해 놓고, (2.1) 긍정적인 학교문화의 증진, (2.2) 효과적인 수업프로그램의 제공, (2.3) 학생의 학습에 최선의 실천 적용, (2.4) 종합적인 전문적 성장을 위한 계획의 설계로 나누어 진다.

1 지식(knowledge)

행정가는 다음의 지식(knowledge)과 이해력을 가져야 한다.

① 학생의 성장과 발전
② 응용 학습이론
③ 응용 동기이론
④ 교육과정의 설계와 실행, 평가, 정교화
⑤ 효과적인 수업원리
⑥ 측정, 평가, 사정의 전략
⑦ 교육 프로그램의 다양성과 다양성의 의미
⑧ 성인학습과 전문직적 능력개발의 모형
⑨ 체제와 조직, 개인의 변화과정
⑩ 학생학습과 전문직적 성장을 위한 기술공학의 역할
⑪ 학교문화

2 성향(dispositions)

행정가는 다음에 신념을 갖고, 가치를 두고, 헌신한다.

① 학교 교육의 궁극적 목적으로서의 학생학습
② 모근 학생이 다 학습할 수 있다는 명제

③ 학생들이 학습할 수 있는 방법의 다양성

④ 자신과 타인의 평생학습

⑤ 학교 개선의 통합체로서의 전문직적 능력개발

⑥ 학교 지역사회의 다양성이 가져오는 혜택

⑦ 안전하고 지원적인 학습 환경

⑧ 학생들로 하여금 사회에 공헌하는 성원이 되도록 하는 준비

3 직무수행(performances)

행정가는 다음을 보장하는 활동의 과정을 촉진하고 참여한다.

① 모든 개인을 공정하게, 품위 있게, 존중하여 대한다.

② 전문직적 능력개발로 학교 비전과 목표에 맞게 학생학습에의 초점을 증진시킨다.

③ 학생과 교직원이 가치 있고 중요한 사람이라고 느낀다.

④ 각 개인의 책임과 공헌을 인정받는다.

⑤ 학생학습의 장애물을 확인하고, 명료화하고, 발표한다.

⑥ 학습경험의 개발에 있어서 다양성을 배려한다.

⑦ 평생학습을 격려하고 모형화한다.

⑧ 자신과 학생, 교직원의 직무수행에 대하여 높은 기대를 하는 문화가 있다.

⑨ 교수학습에 기술공학을 활용한다.

⑩ 학생과 교직원의 성취를 인정하고 이를 축하한다.

⑪ 모든 학생에게 복합적 학습기회를 제공한다.

⑫ 성공을 위한 학교로 조직하고 조정한다.

⑬ 교육과정, 공유교육과정, 특별교육과정의 프로그램을 설계, 실행, 평가, 정교화한다.

⑭ 연구와, 교사의 전문성, 학습사회의 권고에 근거하여 교육과정 결정을 한다.

⑮ 정기적으로 학교문화와 풍토를 평가한다.

⑯ 의사결정을 하기 위하여 다양한 정보의 출처를 활용한다.

⑰ 다양한 기법을 활용하여 학생학습을 평가한다.

⑱ 교직원과 학생이 직무수행에 관한 다양한 정보출처를 활용한다.

⑲ 다양한 장학과 평가 방법을 적용한다.

⑳ 학생과 가정의 요구에 부응하기 위하여 학생 인사 프로그램을 개발한다.

(2) 표준 3

'관리'에 관한 것인데 "안전하고 효율적이며, 효과적인 학습 환경을 위한 조직과 운영, 자원의 관리를 보장한다."고 해 놓고, (3.1) 조직 관리, (3.2) 운영 관리, (3.3) 자원 관리의 구체적 관점이다.

1 지식(knowledge)

행정가는 다음의 지식(knowledge)과 이해력을 가져야 한다.

① 조직 이론과 모형, 조직발전(OD)의 원리
② 학교와 교육청 수준에서의 운영(operational) 절차
③ 학교 안전과 보안에 관한 원리와 이슈
④ 인적자원관리(HRM)와 개발(HRD)
⑤ 학교 경영을 위한 재정운영에 관한 원리와 이슈
⑥ 학교 시설과 공간 활용에 관한 원리와 이슈
⑦ 학교 운영에 영향을 주는 법적 이슈
⑧ 관리기능을 지원하는 최신의 기술공학

2 성향(dispositions)

행정가는 다음에 신념을 갖고, 가치를 두고, 헌신한다.

① 학습과 교수 향상을 위한 관리적 의사결정
② 학교 개선을 위한 모험 감행
③ 사람과 그 사람의 판단에 대한 신뢰
④ 책임 수용
⑤ 높은 수준의 질적 표준과 기대, 직무수행
⑥ 경영 과정에의 이해당사자 참여
⑦ 안전한 환경

3 직무수행(performances)

행정가는 다음을 보장하는 활동의 과정을 촉진하고 참여한다.

① 경영적 결정을 위한 정보를 얻기 위하여 학습, 교수, 학생 발달에 관한 지식을 활용한다.

② 성공적인 학습의 기회를 극대화하기 위하여 운영 절차를 설계하고 관리한다.

③ 최근의 동향을 인식하고, 연구하고, 적절히 적용한다.

④ 학교의 비전과 목표를 달성하기 위한 운영계획과 절차를 수립한다.

⑤ 학교와 관련된 집단협상과 계약 합의를 효과적으로 관리한다.

⑥ 학교 시설, 설비, 지원체제를 안전하고, 효율적, 효과적으로 운영한다.

⑦ 조직목표의 달성을 극대화하기 위하여 시간을 잘 관리한다.

⑧ 일어날 수 있는 문제와 기회를 확인한다.

⑨ 시의적절하게 문제에 대처하고 해결한다.

⑩ 학교목표 달성에 맞게 재정적, 인적, 물적 자원을 잘 배분한다.

⑪ 계속적인 학교 발전을 지원하기 위하여 학교를 기업정신으로 운영한다(acts entrepreneurally).

⑫ 조직 체제를 정기적으로 확인(monitored)하고 필요시 수정한다.

⑬ 학교에 영향을 주는 결정을 할 때 이해당사자를 참여시킨다.

⑭ 주인의식과 책무성을 극대화하기 위하여 책임을 공유한다.

⑮ 효과적 문제의 틀과 문제해결 기술을 활용한다.

⑯ 효과적인 갈등해소 기술을 활용한다.

⑰ 효과적인 집단과정과 합의도출 기술을 활용한다.

⑱ 효과적인 의사소통 기술을 활용한다.

⑲ 학교 운영을 관리하기 위하여 기술공학을 효과적으로 활용한다.

⑳ 학교의 재정적 자원을 대응적으로, 효율적으로, 효과적으로 관리한다.

㉑ 안전하고, 청결하고, 심미적인 학교 환경을 창조하고 유지한다.

㉒ 학교목표 달성을 위하여 인적자원 기능을 지원한다.

㉓ 학교 기록의 비밀성과 프라이버시를 유지한다.

(4) 표준 4

'학부모와 지역사회와의 관계'인데 "가정과 지역사회 구성원과 협동하고, 다양한 지역사회의 이익과 요구를 반영하고, 지역사회의 자원을 활용한다."로 되어 있는데

(4.1) 교육가족과 지역사회 구성원과의 협동, (4.2) 지역사회의 이익과 욕구의 반영, (4.3) 지역사회 자원의 활용의 세 관점이다.

1 지식(knowledge)

행정가는 다음의 지식(knowledge)과 이해력을 가져야 한다.

① 학교 지역사회에 영향을 줄 가능성이 있는 새로운 이슈와 동향

② 다양한 학교 지역사회의 조건과 역동성

③ 지역사회 자원

④ 지역사회 관계와 시장 활동의 전략과 과정

⑤ 학교, 가정, 기업체, 지역사회, 정부, 고등교육 간의 파트너 관계의 성공적 모형

2 성향(dispositions)

행정가는 다음에 신념을 갖고, 가치를 두고, 헌신한다.

① 광범한 지역사회의 통합체로서의 학교 운영

② 가정과의 협력과 의사소통

③ 학교의 의사결정 과정에의 가정과 이해당사자들의 참여

④ 다양성이 학교를 풍요롭게 한다는 명제

⑤ 학생 교육의 파트너로서의 가정

⑥ 가정이 자녀에 대하여 마음 속에 최대의 이해관계를 가지고 있다는 명제

⑦ 학생 교육에 영향을 주는데 필요한 가정과 지역사회의 자원

⑧ 공공에 대한 정보 제공

3 직무수행(performances)

행정가는 다음을 보장하는 활동의 과정을 촉진하고 참여한다.

① 광범한 지역사회에의 높은 가시성, 적극적 참여, 의사소통에 우선순위를 둔다.

② 지역사회 지도자들과의 관계성이 확인되고 증진되고 있다.

③ 가정과 지역사회의 관심과 기대, 요구에 대한 정보를 규칙적으로 활용하고 있다.

④ 다른 기업체, 종교계, 봉사 기관과 조직에까지 영향이 뻗치고 있다.

⑤ 가치와 의견이 갈등하게 되는 개인과 집단에도 신용을 준다.

⑥ 학교와 지역사회는 서로 자원을 제공한다.

⑦ 학교가 문제를 해결하고 목표를 달성할 수 있도록 이용 가능한 지역사회의 자원을 확보한다.

⑧ 프로그램을 강화하고 학교목표를 지원하기 위하여 인근 기업체와 고등교육기관, 지역사회 집단과 파트너 관계를 맺는다.

⑨ 지역사회 청소년 가족 봉사활동을 학교 프로그램과 통합한다.

⑩ 지역사회 이해당사자를 공평하게 대한다.

⑪ 다양성을 존중하고 가치를 둔다.

⑫ 효과적인 미디어와의 관계를 개발하고 이 관계를 유지한다.

⑬ 지역사회 관계의 종합 프로그램을 수립한다.

⑭ 공적 자원과 자금을 적절하게 그리고 현명하게 활용한다.

⑮ 교직원을 위하여 지역사회 협동을 모델로 삼는다.

⑯ 교직원으로 하여금 협동 기술을 개발할 수 있는 기회를 제공한다.

(5) 표준 5

'행정가의 윤리'에 관한 표준인데 "성실·정직하고, 공정하고, 윤리적으로 해동한다."로 되어 있어 (5.1) 성실·정직한 행동, (5.2) 공정한 행동, (5.3) 윤리적 행동이 구체적 표준이다.

1 지식(knowledge)

행정가는 다음의 지식(knowledge)과 이해력을 가져야 한다.

① 현대 사회에서의 교육의 목적과 지도자의 역할

② 여러 가지 윤리적 틀과 윤리적 관점

③ 다양한 지역사회의 가치

④ 전문직의 윤리강령

⑤ 교육의 철학과 역사

2 성향(dispositions)

행정가는 다음에 신념을 갖고, 가치를 두고, 헌신한다.

① 공동선의 이상

② 인권법(권리장전)의 원리

③ 모든 학생의 무상교육과 질 높은 교육에 대한 권리

④ 의사결정 과정에의 윤리적 원리의 도입

⑤ 학교 지역사회의 공동선을 위하여 자기 이익의 양보

⑥ 자신이 옹호한 원리와 행동의 결과에 대한 수용

⑦ 모든 학생과 가정을 위한 봉사에 자기 지위의 영향을 건설적이고 생산적으로 활용

⑧ 배려하는 지역사회의 발전

3 직무수행(performances)

행정가는 다음을 보장하는 활동의 과정을 촉진하고 참여한다.

① 개인적인 가치와 전문직적인 가치를 검토한다.

② 개인적 윤리와 전문직적 윤리강령을 실천한다.

③ 다른 사람으로 하여금 더 높은 수준의 직무수행을 하도록 격려하는 가치, 신념, 태도를 보여준다.

④ 역할 모델로 봉사한다.

⑤ 학교 운영을 위한 책임을 떠맡는다.

⑥ 다른 사람에 대한 자신의 행정 실제의 영향을 심사숙고한다.

⑦ 개인적 이익보다는 교육 프로그램을 향상시키기 위하여 지위의 영향력을 활용한다.

⑧ 다른 사람을 공정하게, 동등하게, 품위 있게, 존중하여 대한다.

⑨ 학생과 교직원의 권리와 비밀을 보호한다.

⑩ 학교 지역사회의 다양성에 대한 존중과 민감성을 보여준다.

⑪ 다른 사람의 정당한 권위를 인정하고 존중한다.

⑫ 다양한 지역사회의 우세한 가치를 검토하고 배려한다.

⑬ 지역사회의 다른 사람이 성실하고 윤리적 행동을 할 것으로 기대한다.

⑭ 공공적 감사를 위하여 학교를 개방한다.

⑮ 법적 의무와 계약적 의무를 수행한다.

⑯ 공정하게, 현명하게, 세심하게 법률과 절차를 적용한다.

(6) 표준 6

'정치, 사회, 경제, 법, 상황 인식'에 관한 것으로 "보다 광범한 정치적, 사회적, 경제적, 법적 상황적 맥락을 이해하고, 이에 알맞게 반응하고, 영향력을 행사해야 한다."는 것인데 구체적으로는 (6.1) 광범한 상황의 인식, (6.2) 광범한 상황에 대한 반응, (6.3) 광범한 상황에 대한 영향으로 나누어 보게 된다.

1 지식(knowledge)

행정가는 다음의 지식(knowledge)과 이해력을 가져야 한다.

① 국가 학교 제도를 떠받치고 있는 대의(표) 정부(지배제도)의 원리

② 민주사회의 발전과 쇄신과 경제적으로 생산적인 국가를 위한 공교육의 역할

③ 교육과 학교제도 관련 법규

④ 학교에 영향을 주는 정치적, 사회적, 문화적, 경제적 체제와 과정

⑤ 학교를 둘러싼 보다 광범한 정치적, 사회적, 문화적, 경제적 상황에 적용되는 변화와 갈등해소의 모형과 전략

⑥ 교수학습에 영향을 주는 범지구적 이슈와 동향

⑦ 민주적 정치체제 하에서의 정책 개발과 정책 주장의 역동성

⑧ 민주사회의 다양성과 형평성의 중요성

2 성향(dispositions)

행정가는 다음에 신념을 갖고, 가치를 두고, 헌신한다.

① 기회와 사회적 이동성의 열쇠로서의 교육

② 아이디어와 가치, 문화의 다양성 인정

③ 교육에 영향을 주는 다른 의사결정자와의 계속적인 대화의 중요성

④ 교육 서비스를 위한 정치적 맥락과 정책결정 맥락에의 적극적 참여

⑤ 학생의 권리를 보호하고 학생의 기회를 개선하기 위한 법체계의 활용

3 직무수행(performances)

행정가는 다음을 보장하는 활동의 과정을 촉진하고 참여한다.

① 학생과 가정을 위하여 학교운영의 환경에 영향을 준다.

② 학교운영의 환경의 어떤 동향, 이슈, 있을 수 있는 변화에 대하여 지역사회와 의사소통을 한다.

③ 다양한 지역사회 집단의 대표자들과 계속적인 대화를 한다.

④ 지역, 지방, 중앙 당국이 제정하는 정책, 법률, 규정의 틀 내에서 지역사회가 활동한다.

⑤ 학생에게 질 높은 교육을 제공하기 위하여 공공 정책을 형성한다.

⑥ 외부 지역사회 의사결정자와 함께 의사소통 통로를 개발한다.

2) ELCC의 교장후보자의 직무 표준과 구체적 지표

ELCC는 주로 교장양성기관의 평가인정에 초점을 맞추고 있는데 주로 수행지표로 표현하고 있다. 교장양성기관의 이수자가 구체적으로 수행으로 보여주는 행위를 평가할 때에 확인하려는 의도라고 볼 수 있다. ELCC의 표준과 지표는 다음과 같다.

(1) 표준 1 : 비전 촉진

학교지역사회와 공유하고 지역사회의 지지를 받는 학교의 학습비전을 개발하고, 상세화하고, 실행하고, 이를 위하여 봉사(stewardship)하는 것을 촉진함으로써 모든 학생의 성공을 증진시키는 지식과 능력을 갖춘 교육지도자이다(A school administrator is an educational leader who promotes the success of all students by……).

요소(elements)	교장의 리더십 표준
1.1 비전 개발	1. 모든 학생의 성공을 증진하는 학교의 학습비전을 개발한다. 2. 이 비전은 다원적 사회, 학습자와 학습자 요구의 다양성, 사회와 문화의 체계와 상호작용하는 학교, 사회와 조직의 변화에 맞는 학습목표에 한정하지 않고 이를 포함하여 지식과 이론에 적합하도록 해야 한다.
1.2 비전 상세화	1. 학교 비전의 구성요소를 상세화하고, 이 비전을 실천하고 지원하는데 필요한 지도력의 과정을 상세화할 수 있는 능력(ability)을 보여줘야(demonstrate) 한다.

1.2 계속	2. 학생평가 결과, 학생과 가정의 인구학적 자료, 지역사회 요구의 분석과 같은 적합한 정보를 도출하여 비전을 개발에 정보를 주는 학생학습에 초점을 맞춘 자료에 근거한 연구전략과 전략적 기획과정을 활용할 수 있는 능력을 보여줘야 한다. 3. 상징, 의식, 이야기, 기타 활동을 통하여 직원, 학부모, 학생, 지역사회 구성원과 비전에 대하여 의사소통할 수 있는 능력을 보여줘야 한다.
1.3 비전의 실행	1. 학교 비전을 달성하기 위하여 직원, 학생, 가정들을 동기유발시키는데 필요한 주도력을 발휘할 수 있다. 2. 비전 실행에 필요한 계획과 그 과정을 개발하고 수립할 수 있다(예, 비전과 관련 목표의 상세화, 도전적 표준을 개발하도록 격려, 동료의식과 팀워크의 촉진, 의미 있는 중요한 작업의 구조화, 학생평가의 적절한 활용의 보장, 자율성 보장, 혁신을 위한 지원, 책임의 위임, 다른 사람의 지도성 개발, 필요한 자원의 확보 등)
1.4 비전을 위한 봉사	1. 비전을 위하여 공유적 헌신을 하도록 하는데 중요한 역할을 하는 효과적인 의사소통 기술에 대하여 이해하고 있다는 것을 보여줄 수 있어야 한다. 2. 비전을 규칙적으로 확인하고, 평가하고, 수정하기 위하여 자료근거 연구를 활용하기 위한 설계를 하거나 채택할 수 있어야 한다. 3. 다양한 방법으로 비전을 위한 봉사를 떠맡을 수 있어야 한다.
1.5 지역사회의 참여 촉진	1. 비전을 실현하고 또 학교개선을 위한 노력을 하는데 있어서 지역사회 구성원을 참여시킬 수 있는 능력을 보여줘야 한다. 2. 비전 실행과 이해관계가 있는 모든 사람들과 효과적으로 의사소통하는데 필요한 기술을 갖고 있어야 하고 또 이를 보여줘야 한다.

(2) 표준 2 : 학교문화와 수업프로그램

긍정적인 학교문화를 증진시키고, 효과적인 수업프로그램을 제공하고, 학생학습에 최선의 실천을 적용하고, 직원에게 종합적인 전문적 성장을 위한 계획을 설계함으로써 모든 학생의 성공을 증진시키는 지식과 능력을 갖춘 교육지도자이다.

요소(elements)	교장의 리더십 표준
2.1 긍정적인 학교문화의 증진	1. 학교 프로그램과 문화를 개선하기 위하여 복합적 방법을 활용하여 학교문화를 평가하고, 학교 지역사회의 다양성(예 ; 인구, 언어, 장애, 성, 인종, 사회경제적 지위 등)을 고려하는 상황적합 전략을 수행한다.

2.2 효과적인 수업 프로그램의 제공	1. 수업의 실제와 교육과정 자료를 개선하기 위하여 효과적인 수업 원리를 적용하는 활동을 촉진하는 능력을 보여 준다. 2. 학습자의 다양한 요구를 완전히 수용하는 교육과정을 설계하고, 실천하고, 평가하기 위한 권고를 할 수 있는 능력을 보여 준다. 3. 교육과정과 수업을 풍부하게 하고, 수업 실제를 확인하고, 개선을 위하여 필요한 조력을 직원에게 제공하기 위하여 기술과 정보체제를 활용하고 촉진하는 능력을 보여 준다.
2.3 학생의 학습에 최선의 실천 적용	1. 학생 학습을 위하여 최선의 실천을 이해하고 적용하도록 직원들을 도와줄 수 있는 능력을 보여 준다. 2. 인간발달 이론과 검증된 학습과 동기이론을 적용하고, 학습 과정에 다양성에 관심을 보인다. 3. 향상된 학생의 성취를 할 수 있는 환경을 제공하기 위하여 적절한 연구 전략 방법을 이해하고 있다는 것을 보여 준다.
2.4 종합적인 전문적 성장을 위한 계획의 설계	1. 학교 비전과 목표와 일치하는 학생학습에 관한 연구를 설계할 수 있고, 반성적 실천에 근거한 잘 계획된 상황적합 전문적 능력개발 프로그램을 실천할 수 있는 능력을 보여 준다. 2. 교사와 또 다른 교직원과 함께 종합적 전문적 성장 계획을 수립하기 위하여 수업관찰, 협동적 반성, 성인학습 전략 등과 같은 전략을 활용할 수 있는 능력을 보여 준다. 3. 평생학습의 약속을 반영하는 개인적 전문적 성장 계획을 개발하고 실천한다.

(3) 표준 3 : 조직관리

안전하고 효율적이며, 효과적인 학습 환경을 조성하기 방법으로 조직과 운영, 자원을 관리함으로써 모든 학생의 성공을 증진시키는 지식과 능력을 갖춘 교육지도자이다.

요소(elements)	교장의 리더십 표준
3.1 조직 관리	1. 형평성과 효과성, 효율성에 초점을 맞춰 연구와 자료에 근거한 의사결정하는 것을 표함하여 조직개발과 관리에 합당한 모형과 원리를 적용하여 모든 학생의 학습 환경을 적정하게 조성하는 능력을 보여 준다.

3.1 계속	2. 학생 학습과 안전, 교육과정, 수업에 최우선 순위를 두고 재정적, 인적, 물질적 자원의 효과적인 조직과 관리에 초점을 맞춘 행동계획을 개발한다. 3. 학생의 학업성취를 증진하기 위한 방법으로 효과적으로 시간을 관리하고, 재정적, 인적 자원을 배분하는 능력을 보여 준다.
3.2 운영 관리	1. 조직 비전에 맞게 자원을 배분하기 위하여 합의를 도출하고 이를 의사소통하고, 갈등을 해소하는 적절하고 효과적인 요구사정, 연구에 근거한 자료, 집단과정 기술을 활용하여 직원을 조직 운영과 우선순위 설정에 참여시키는 능력을 보여 준다. 2. 교직원이 가정과 지역사회와 협동하는 기술을 개발할 수 있는 기회를 갖게 하는 등 직원을 위한 의사소통 계획을 개발한다. 3. 교육의 형평성을 증진하고, 안전하고 효과적이고 효율적인 시설을 제공하기 위한 법적 원리를 적용하는 방법에 대한 이해력을 보여 준다.
3.3 자원 관리	1. 교수학습에 초점을 맞춰 재정적, 인적·물적 자원을 배분, 배정하는 효과적, 합법적, 형평성에 맞게 활용하기 위한 문제해결 기술을 활용하고,전략기획과 장기계획, 운영계획(기술 공학의 적용을 포함하여)의 지식을 활용한다. 2. 학습을 촉진하기 위한 새로운 자원을 창의적으로 탐색한다. 3. 학교 관리와 사업 절차, 스케줄 세우기를 위하여 최근의 공학기술을 적용하고 평가한다.

(4) 표준 4 : 협동과 지역사회 참여

다양한 지역사회의 이익과 요구를 반영하고 지역사회의 자원을 활용하기 위하여 가정과 다른 지역사회 구성원과 협동함으로써 모든 학생의 성공을 증진시키는 지식과 능력을 갖춘 교육지도자이다.

요소(elements)	교장의 리더십 표준
4.1 교육가족과 지역사회 구성원과의 협동	1. 가정과 지역사회의 자원을 학생의 학습에 긍정적으로 영향을 주도록 결합시키는 능력을 보여 준다. 2. 가정이 자녀에 대하여 마음 속에 최대의 이해관계를 가지고 있다는 신념에 근거하여 가정을 교육에 참여시키는 능력을 보여 준다. 3. 가정과 지역사회와 협동하는 최근의 이슈와 동향에 대하여 공적인 정보와 연구근거 지식을 활용하는 능력을 보여 준다.

4.1 계속	4. 학교와 가정, 기업체, 지역사회, 정부, 고등교육과 파트너의 틀을 맺기 위한 지역사회 관계 모형, 시장 활동 전략과 과정, 자료근거 의사결정, 의사소통 이론에 대한 이해력을 적용한다. 5. 기업체, 종교계, 정치조직, 봉사조직에 모적을 둔 다양한 방법의 원조 계획을 개발한다. 6. 학교는 더 광범한 지역사회의 하나의 통합적 부분이라는 이해를 반영하여 가정과 다른 이해 당사자를 학교의 의사결정의 과정에 참여시키는 능력을 보여 준다. 7. 건강과 사회, 기타 봉사 기능을 통합하기 위하여 지역사회 기관들과 협동하는 능력을 보여 준다. 8. 지역사회 관계에 대한 종합적 프로그램을 개발하고, 미디어 매체와 함께 일하는 능력을 보여 준다.
4.2 지역사회의 이익과 욕구의 반영	1. 갈등적인 과점을 가진 개인이나 집단과 상호작용하는 일을 포함하여 지역사회에 적극적으로 참여하는 것을 보여 준다. 2. 다양한 학교와 지역사회의 조건과 역동성을 이해하고 수용하기 위하여 적절한 평가 전략과 연구방법을 활용하는 능력을 보여 준다. 3. 특별하고 예외적인 요구를 가진 학생에게 제공하는 프로그램에 대하여 지도력을 제공한다. 4. 학교 프로그램을 개선하고, 모든 학생의 다양한 요구에 충족하기 위한 학교 지역사회의 다양성을 활용하는 능력을 보여 준다.
4.3 지역사회 자원의 활용	1. 학생의 학업성취를 위하여 지원하고, 학교의 문제를 해결하고, 학교 목표를 달성하기 위하여 지역사회 청소년 프로그램 등 지역사회 자원에 대한 이해와 이를 활용하는 능력을 보여 준다. 2. 지역사회에 봉사하기 위하여 학교자원과 사회봉사 기관을 활용하는 방법을 보여 준다. 3. 지역사회로 하여금 대두되는 학생문제에 대처하기 위하여 새로운 자원을 제공하도록 촉구하기 위하여 적절하고 효과적으로 공적 자원과자금을 활용하는 방법을 이해하고 이를 행동으로 보여 준다.

(5) 표준 5 : 윤리와 성실성

성실 · 정직하고, 공정하고, 윤리적으로 행동함으로써 모든 학생의 성공을 증진시키는 지식과 능력을 갖춘 교육지도자이다.

요소(elements)	교장의 리더십 표준
5.1 성실 · 정직한 행동	· 비밀 보장과 위신의 관점에서 다른 사람을 존중하는 것을 보여주고, 정직한 상호작용을 한다.
5.2 공정한 행동	· 학생의 다양성에 대하여 공정성과 민감성의 조화를 이루고, 자른 사람과의 상호작용에 있어서 윤리적 배려를 하는 능력을 보여 준다.
5.3 윤리적 행동	· 윤리적, 합법적 원리에 입각하여 의사결정을 하고 이를 설명한다.

(6) 표준 6 : 공공에 대한 이해

보다 광범한 정치, 사회, 경제, 법, 상황적 맥락을 이해하고, 이에 알맞게 반응하고, 영향력을 행사함으로써 모든 학생의 성공을 증진시키는 지식과 능력을 갖춘 교육지도자이다.

요소(elements)	교장의 리더십 표준
6.1 광범한 상황의 인식	1. 학교 상황에 알맞은 교육 이론과 개념을 잘 아는 사람으로 행동하고, 학교 상황에 알맞은 적절한 연구 방법을 적용하는 능력을 보여 준다. 2. 특정 학교의 학생과 가정에 활용 가능한 기회는 말할 것도 없고 법적 체제와 정치적 체제와 학교의 제도적 틀이 학교와 지역사회의 모습을 어떻게 형성해 왔는지 설명할 수 있는 능력을 보여 준다. 3. 빈곤과 불리한 조건의 복합적 원인과 이들의 가정과 지역사회, 학생, 학습에 미친 영향을 분석할 수 있는 능력을 보여 준다. 4. 학교에 영향을 주는, 특히 교육적 기회와 사회적 기회를 개선해 줄 것 같은 지역, 지방, 중앙 당국이 제정하는 정책과 법률, 규정에 대하여 이해하고 있다는 것을 보여 준다. 5. 지역사회에 영향을 주는 경제적 요인을 기술하고, 학교에 영향을 주는 경제적 요인을 기술하는 능력을 보여 준다. 6. 학교 지역사회의 문화적 다양성을 분석하고 기술하는 능력을 보여 준다. 7. 지역사회의 규범과 가치를 기술할 수 있고, 이들 규범과 가치가 사회정의의 향상을 위한 학교의 역할과 어떻게 관련되는지 기술할 수 있다. 8. 다양한 변화이론과 갈등해소이론과 이들 이론 모델의 특정 지역사회에의 적절한 적용 방법에 대하여 설명할 수 있는 능력을 보여 준다.

6.2 광범한 상황에 대한 반응	· 다양한 지역사회 집단의 대표자와 계속적인 대화를 유지하는 것을 포함하여 학교가 그 안에서 운영되고 있는 환경의 동향, 이슈, 변화 가능성에 대하여 학교 지역사회 구성원과 의사소통할 수 있는 능력을 보여 준다.
6.3 광범한 상황에 대한 영향	1. 학생, 학부모, 다른 지역사회 구성원으로 하여금 개선된 정책과 법률을 채택하도록 변호하게 하는 능력을 보여 준다. 2. 학생과 가정에게 유리한 활동과 정책을 개발하기 위하여 보다 공범한 정치적, 사회적, 경제적, 법적, 문화적 상황에 대한 이해를 적용한다. 3. 학생의 사회경제적 배경이나 인종, 성, 장애, 기타 개인적 특성에 상관없이 평등한 학습기회를 제공하고 모든 학생을 성공으로 이끌 수 있는 정책과 프로그램을 옹호할 수 있다.

* 표준 7은 인턴에 관한 것으로 생략한다.

IV. 우리 나라 교장의 직무표준 개발에의 시사

1. 한국 교장의 직무 연구

우리 나라에서도 교장·교감의 직무 영역 또는 내용을 밝히려는 노력도 많이 있었다. 그러나 직무 영역이나 내용까지는 제시하였으나 직무수행으로 무엇을 보여줘야 하느냐 하는 수준으로 구체적인 표준이나 최소한의 표준으로 밝히지는 못한 것 같다. 예를 들면, 진동섭 외(1995)는 교장 및 교감의 직무 활동 영역으로 (1) 학교경영계획 수립(학교교육목표, 학교경영계획), (2) 교육과정 운영(교과지도 운영, 특별활동 운영, 생활지도 운영, 교육평가 운영), (3) 교내 자율장학, (4) 교직원 인사관리(교직원 인사배치, 교직원 복무관리, 교직원 근무조건 및 복지), (5) 학교관리(학교시설관리, 학교 재무관리, 학교 사무관리), (6) 학교와 지역사회 관계(학부모와의 관계, 지역사회와의 관계, 동창회와의 관계), (7) 전문성 개발의 7영역을 제시하고 있는데 앞에서 살펴본 과업·기능적 접근과 비슷하다. 종래에는 이런 접근을 많이 하였던 것이 사실이다.

정태범(2000)은 관리적 직무에만 초점을 맞춰 (1) 교육목표 관리, (2) 교육조직 관리, (3) 교육과정 관리, (4) 교육조건 관리, (5) 교육성과 관리의 5영역으로 나누어 보고 있는데 이는 주로 ISLLC의 표준 3에 해당하고 미국에서 1960연대는 교장의 직무를 주로 관리에 치중할 때 교장의 주요 직무에 해당되었다.

남한식(1991)은 여러 학자와 교육 연구 기관의 교장의 직무 내용에 대한 논의를 참고로 하여 10개 영역, 100개 항으로 그 직무 내용을 분류하였다. 교장의 직무 내용 분석 결과는 〈표 2-1〉과 같다.

〈표 2-1〉 교장의 직무 분석 내용

구 분	구체적인 직무
가. 전반적 기획에 관한 사항	(1) 직원회의(정기, 임시)의 기획 (2) 교육 목표, 경영 목표 및 방침 등의 기획 (3) 교직원의 교무 분장, 학년 학급 배당 등의 기획 (4) 교사 증·개축 등 시설에 관한 기획 (5) 학생 생활 지도 및 건강 교육에 관한 기획 (6) 보건 위생, 급식, 안전에 관한 기획 (7) 기획을 위한 각종 정보 자료의 관리
나. 교직원의 인사 관리에 관한 사항	(1) 교직원의 이동, 임면에 관한 관리 (2) 교직원의 복무에 관한 전반적인 감독(일상 근무, 출장, 휴가 등) (3) 신임 교원의 지도와 지원 (4) 교직원의 근무 평정 및 보고 (5) 교직원의 보수 및 제급여에 대한 관리 (6) 교직원의 복지 후생에 관한 관리 (7) 휴가 교직원의 동태 파악 (8) 교직원에 대한 개인 지도 조언 (9) 교직원의 연수에 대한 개인 지도 조언 (10) 교직원 사고의 처리 (11) 교직원에 대한 각종 증명서의 발부
다. 학생 관리에 관한 사항	(1) 학생의 입(퇴)학, 편입, 전학, 진급, 휴학, 복학, 및 졸업의 관리 (2) 지도 요목의 작성 및 관리 (3) 학생의 출결에 관한 관리 (4) 학생에 관한 각종 증명서의 발부 (5) 학생 자치 활동 조직과 그 운영의 지도 (6) 학생 상담 지도 활동의 지도 관리

다. 계속	(7) 교외 활동에 대한 학생 조직의 편성 (8) 학생 봉사 활동 등 교외 활동의 지도 (9) 학생 관계 제기록 서류(학교 일지, 신체 검사표, 건강 진단, 학생 통계 및 학생에 관한 보고 등)의 지도 감독 (10) 학생 출석 정지(전염병, 비상시 등)와 보고 (11) 조회, 종례 등의 지도 또는 전교생에 대한 훈화 (12) 학생의 직업 및 진학 지도(내신 포함)의 관리 (13) 학생의 복지, 후생, 급식의 실시 (14) 아동, 학생에 대한 징계 (15) 아동, 학생에 대한 표창
라. 교무에 관한 사항	(1) 교무 사무에 관한 각종 표부(학교일지, 생활기록부, 가정연락부 등)의 관리 (2) 교과서 및 부교재 등에 관한 관리 (3) 수업 시종 시각 결정 (4) 수업의 감독과 지도 (5) 학급 편성 및 특별 활동 조직의 편성 (6) 도서실, 시청각실, Computer 및 각종 특별실의 운영 관리 (7) 민방공 및 제 비상 훈련의 감독 (8) 교육 과정 운영의 관리 (9) 학예회, 음악회, 운동회 등의 실시 지도 감독 (10) 학사 보고 사무
마. 시설 및 설비 관리에 관한 사항	(1) 학교의 담장, 울타리 및 출입문의 관리 (2) 화재 도난 방지의 관리 단속 (3) 파괴, 누수, 위험 장소의 발견과 개수 관리 (4) 청소, 미화, 환경 정화에 대한 관리 (5) 운동장, 실습지, 학교림 학습원 등 옥외 시설의 관리 (6) 일반 비품, 기구 및 기계의 관리 (7) 보건 위생 및 급식 시설의 관리 (8) 각종 교육 기기 및 교육 자료의 일반 관리 (9) 도서실, 시청각실, Computer실, 그 외의 특별실 등의 일반 관리
바. 서무, 회계 사무에 관한 사항	(1) 학교 요람, 학칙, 사무규정 등 각종 내규의 제정 및 정비 (2) 공인(직인, 교인)의 보관 (3) 공문서의 접수, 발송, 처리 보관, 보존 등의 관리 (4) 관계 법규의 가제, 편철, 보관 및 보존 관리

바. 계속	(5) 각종 인사 관계 장부의 관리 (6) 재산 대장의 가제 정리 (7) 예산, 결산의 관리 평가 (8) 기부금, 학교 징수금 등의 관리 (9) 회계에 관한 제장부의 관리 (10) 사무 및 그 관리의 효능 방안 연구
사. 학부모 및 대외 방문객의 응접에 관한 사항	(1) 학교 시찰, 참관에 대한 응접 (2) 지도 감독상의 내방자에 대한 응접 (3) 학부모의 내방 참관에 대한 응접 (4) 기타 방문객에 대한 응접
아. 학부모 및 대외 연락, 협조, 섭외에 관한 사항	(1) 육성회 등 학부모 조직 관계의 기획과 사무의 관리 (2) 가정 방문의 지도 관리 (3) 학부모와의 협조 상담 (5) 교직원 인사에 관한 섭외 연락 (6) 학교 예산에 관한 섭외 연락 (7) 기타 전반적 학교 운영에 관한 섭외 연결 (8) 지역 사회 각 기관과의 연락 협조 활동 (9) 사회 교육에의 협조 활동 (10) 문화 단체 및 교직 단체와의 협력 활동 (11) 지역사회에의 홍보 활동 (12) 교장회에의 홍보 활동 (13) 교장회의 활동 (14) 동창회 및 사회단체와의 협조 활동
자. 교장 자신의 연수에 관한 사항	(1) 연수회, 연구회, 강습회 등에 참석 (2) 개인적 자기 연수 (3) 타교 및 타지역의 참관 시찰 (4) 해외 연수 시찰 (5) 국내외 유학
차. 학교 경영 평가에 관한 사항	(1) 학교교육 계획에 대한 평가 (2) 학교 경영 조직에 대한 평가 (3) 교직원 수에 대한 평가 (4) 교직원 회의와 인간관계에 대한 평가 (5) 교직원 인사 관리에 대한 평가 (6) 학년, 학급 경영에 대한 평가

차. 계속	(7) 교육과정 운영에 대한 평가 (8) 교수－학습 지도에 대한 평가 (9) 생활 지도에 대한 평가 (10) 학교 예산 및 결산에 대한 평가 (11) 학교 사무 관리에 대한 평가 (12) 학교 환경 및 시설에 대한 평가 (13) 교육 효과 측정, 평가에 대한 평가 (14) 학부모와의 협동에 관한 평가 (15) 대외 연락, 협조, 섭외 활동에 대한 평가

우리 나라 학자들이 교장의 과업 영역 내용으로 제시한 것을 종합하면 〈표 2－2〉와 같이 요약될 수 있을 것이다.

〈표 2-2〉 우리 나라 교장의 과업 영역 분류

강 길 수	김 종 철	김 윤 태	주 삼 환	남 한 식
① 장학	① 교육 목표 ② 교육과정 ③ 교과서와 교육 자료 ④ 장학 ⑩ 연구	① 교육과정과 수업 관리 ② 평가, 연구, 책무성	① 수업 프로그램	① 기획 ④ 교무 ⑧ 연수 ⑨ 학교 평가
② 조직 운영 ③ 인사 관리	⑤ 인사 행정	③ 조직 발전과 유지 ④ 교직원 인사	② 교직원 인사	② 교직원 인사
	⑥ 학생 행정	⑤ 학생 인사	③ 학생 인사	③ 학생 관리
④ 시설 관리 ⑤ 재정 관리 ⑥ 사무 관리	⑦ 학교 시설 ⑧ 교육 재정 ⑨ 사무 관리	⑥ 교육 재정과 경영 관리 ⑥ 학교 시설 관리	④ 재정과 시설	⑤ 시설, 설비 ⑥ 서무, 회계
⑦ 지역 사회 관계	⑪ 홍보	⑦ 학교와 지역 사회 관계	⑤ 학교와 지역 사회 관계	⑦ 학교와 지역 사회 관계

* ○안의 번호는 그 책의 장의 순서임.

KEDI 2005 연구팀이 구상하고 있는 학교행정가 직무 영역 및 내용(안)도 (1) 교육과정 및 수업관리(학교교육과정 편성・운영 관리, 수업 지도 관리), (2) 학생 지도 관리(학업성적 관리, 생활 지도), (3) 학급 경영 관리(학급 경영 지원, 학급

환경 조성 지도), (4) 학교 경영 관리(학교운영위원회 지원 관리, 학교예산 회계 관리, 시설・설비 관리, 학사 관리, 보건 관리, 사무 관리, 학교교육평가 및 성과 관리), (5) 교직원 관리(교무 운영 조직, 복무 관리, 인사 관리), (6) 학부모 및 대외 협력 관계(학부모 참여 지원, 지역사회 협력, 다른 학교 협력 지원, 교육청 협력 지원, 교직/교육단체 협력 지원), (7) 전문성 신장(교직원 연수 관리, 연구 활동 지원, 학교 행정가 전문성 신장)의 7영역으로 나누어 상세한 요소와 직무내용을 제시하고 있는데 대부분 관리라는 명칭을 붙이고 있어 우선 학교행정가를 관리자로 규정하고 있다는 인상을 준다. 관리자와 지도자는 구별되어야 하는데 현대의 교장은 지도자로 보는 경향이 있다는 점을 고려하여야 할 것이다. 학교행정가를 관리자로 규정한다면 차라리 ISLLC에서처럼 조직관리, 자원(인적 자원 – 교직원, 학생 포함, 물적 자원 – 시설・설비, 환경, 재정 자원) 관리, 운영 관리의 셋이면 여기서 제시하고 있는 학교행정가 직무의 대부분이 포함된다고 볼 수 있다.

앞에서 언급된 것처럼 결국 학교행정가를 어떻게 보고 어디에 강조점을 두느냐에 따라 그 직무도 달라진다는 것을 알 수 있다. 그리고 외국의 학교행정가와 우리 나라의 학교행정가의 직무의 차이도 영역에서의 차이라기보다는 영역은 비슷해도 영역별 비중과 강조점의 차이가 있을 뿐이라는 것을 알 수 있을 것이다. 또 한국에서는 교장의 직무를 주로 과업적 접근으로 명료화하려고 노력해 왔다는 사실도 알 수 있다.

2. 직무표준 개발 연구 방법

1) 직무의 내용과 영역

교장의 직무영역을 과업 중심으로 하여 (1) 수업과 교육과정, (2) 교직원 인사, (3) 학생 인사, (4) 재정, 시설, 사무 관리, (5) 지역사회와 대외관계로 하든지 아니면 미국 ISLLC를 참고하여 직무수행표준 영역의 (1) 비전, (2) 학교문화와 수업프로그램, (3) 관리, (4) 학부모와 지역사회 관계, (5) 행정가의 윤리, (6) 광범한 상황적 맥락(공공에 대한 이해)을 종합하여 우리 나라의 직무영역을 정하고, 각 영역별로 중요한 요소(elements) 3~5개씩을 추출하고, 한 단계 더 들어가 직무수행을 알아볼 수 있는 직무표준이나 지표를 제시하면 될 것이다. 직무영역 – 직무요소 – 직무표준(직무지표)의 3단계 정도로 개발하면 좋을 것으로 본다.

학교행정가의 직무표준 개발시에도 행정가의 평가기준(MacPhail-Wilcox & Forbs, 1990) 개발과 비슷하게 (1) 특성, (2) 과정, (3) 행동, (4) 산출을 중심으로 나누어 볼 수 있을 것이다. 특성은 ISLLC의 성향(disposition)과 비슷하게 성격, 신념, 태도 등을 중심으로 볼 수 있을 것이다. 과정은 앞에서 말한 행정의 과정을 중심으로 보는 것인데 기획, 지도, 의사소통, 의사결정 등을 중심으로 직무표준을 연구하는 것이다. 행동(behavior)은 눈으로 관찰할 수 있는 학교행정가의 행동을 중심으로 직무표준을 설정하려는 연구라고 할 수 있다. 산출중심의 연구는 앞에서 말한 특성, 과정, 행동의 결과로 나타난 교사의 사기, 학교풍토, 학생의 성과 등을 중심으로 직무수행의 결과 중심으로 보는 것이다. 초점은 학교행정가가 무엇을 성과나 업적, 수행, 행동으로 보여줘야 하는지를 중심으로 직무표준을 개발해야 이를 중심으로 학교행정가 교육을 하고 또 최종적으로는 평가도 할 수 있게 되는 것이다.

2) 연구의 대상

다음으로 누구를 대상으로 하여 이 연구를 할 것이냐를 생각할 때, 현재 학교행정가의 직무수행을 밝히려는 목적이 아니고 보다 나은 학교행정가를 발굴하고 양성하기 위하여 직무표준을 개발하려 한다면 좀 이상을 지향해야 할 것으로 본다. 그렇다면 현실이나 실태(Real, What is)보다는 이상(Ideal, What ought to be)을 지향하여야 할 것이다. 그래서 연구 대상을 학교행정 전문가, 우수하게 직무수행을 하고 있거나 우수하게 직무수행을 했던 전·현직 학교행정가, 성공적인 학교, 학생 성취가 높았던 학교의 학교행정가를 면접하거나 방문하는 방법이 더 적절할 것으로 본다. 이 연구가 연구로 끝나는 것이 아니라 이 직무표준이 보편화되고 활용되기 위해서는 학자, 교육부와 교육청 담당자, 각 교육연수원 책임자, 교원단체, 초·중등교장회 등의 동의와 합의가 있어야 하므로 이들이 자문 형식으로라도 이 연구에 참여하게 하고 가능하면 이 표준을 사용하겠다는 서명을 받아 놓는 것이 좋을 것으로 본다.

3. 개발된 직무표준의 활용

학교행정가의 직무표준은 앞에서도 이미 여러 번 언급된 것처럼 관련 부서와 단체의 합의만 이루어질 수 있다면 그 활용가능성이 높다고 본다.

1) 연수대상자 선발과 연수 프로그램 개발, 연수, 자격부여

우선 학교행정가의 직무수행 중심의 직무표준이 개발되면 우리 나라에서 현재 적용하고 있는 교감자격연수 대상자와 교장자격연수 대상자 선발시에 이 표준에 도달할 가능성이 있는지를 확인하여 연수대상자를 선발하는 잣대로 유용하게 쓰일 수 있을 것이다. 현재 연수대상자 선발 표준이 주로 (1) 경력평정, (2) 근무성적평정, (3) 연수성적, (4) 가산점이 되고 있는데 이는 교사의 직무수행에 필요한 것이었지 학교행정가에게 필요한 것이 아니었다는데 문제가 있었던 것이었다. 훌륭한 교사가 반드시 훌륭한 학교행정가가 된다는 보장이 없기 때문이다. 교사의 전문성과 학교행정가의 전문성은 다르다고 보는 관점이 강하게 나타나고 있다. 앞으로는 교감이나 교장자격연수대상자 선발시에 학교행정의 능력 가능성을 중심으로 선발하여야 할 텐데 이때 교장의 직무수행표준은 중요한 선발표준으로 사용될 수 있을 것이다. 앞에서도 언급된 것처럼 미국에서는 ISLLC에 의하여 교장 양성교육을 하고 학교행정가 전공과목시험 Praxis II("코드번호 10410 교육지도성 : 행정과 장학")과 학교행정가 자격시험(School Leaders Licensure Assessment, 코드번호 1010, Arkansas 등 11개 주에서 적용)도 이 ISLLC 표준에 맞추고 있다(www. ets.org/sls). 미국의 대부분의 주에서 자격표준을 ISLLC로 하고 있다(미국 오하이주의 경우 〈www. ode.state.oh.us〉 참고).

학교행정가 직무표준이 개발되고 이 표준에 동의한다면 학교행정가 자격을 부여하기 위한 연수 프로그램은 당연히 이 표준에 맞춰 연수프로그램을 개발하고 이 프로그램에 의하여 연수를 하고 자격을 부여하게 될 것이다. 현재의 교감, 교장자격 프로그램은 교육인적자원부에서 임의적으로 제정한 표준교육과정의 틀에 의하여 각 연수기관이 임의적으로 과목 설정을 하고 있는 실정이다.

2) 연수기관 평가인정

학교행정가 양성 및 연수기관이 질 관리를 잘할 수 있는지 평가하고 인정하는 표준도 역시 이 학교행정가 직무표준이 된다. 미국에서 NCATE가 이 ELCC를 평가인정의 표준으로 삼고 있다. 우리 나라에서도 교감자격 연수를 담당하고 있는 15개 시·도 교육연수원과 교장자격 연수를 담당하고 있는 한국교원대학교 종합교원 연수원과 서울대와 서울교대 연수원의 질 관리 평가의 표준으로 활용될 수 있을 것으로 본다.

3) 직무 연수

자격연수 뿐만 아니라 직무수행 중 현직 직무연수시에도 이 표준에 의하여 연수하는 것도 당연하다. 미국초등교장회(www.naesp.org)와 미국중등교장회(www.nassp.org)도 ISLLC에 의하여 연수하고(예를 들면, ISLLC Standards for 21st Century School Leaders), CCSSO도 이 표준에 의하여 Collaborative Professional Development Process for School Leaders(2000) 전문적 연수를 하고 있다. 미국 오하이오 주의 경우도 이 ISLLC의 표준에 의하여 초임교장 연수 프로그램(EYP, Entry Year Program)을 운영하고 있었다(주삼환, 2005). 우리 나라에도 학교행정가의 직무표준이 개발되면 이 직무표준을 충족시키고 계속 유지하고 더욱 향상시키기 위하여 이 표준을 적용하여 직무연수를 하게 될 것이다.

4) 교장·교감 평가, 중임 평가, 성과급 평가

학교행정가의 직무표준이 개발되면 학교행정가의 직무수행을 평가하기 위하여 이 표준을 적용하게 된다. 미국에서는 이미 ISLLC의 6개 표준에 의한 지식, 성향, 수행의 182개 지표에 의하여 자기평가(self inventory)와 선발, 재계약, 자격갱신을 위한 평가 표준으로 삼고 있다(CCSSO, 2000).

우리 나라의 경우도 교장·교감의 평가, 교장 중임을 위한 평가, 성과급을 위한 평가에 이 직무표준을 활용할 수 있을 것이다.

참·고·문·헌

김종건, 김명수, 유위준, 김동엽(2003). 학교 경영 혁신을 위한 교장 자격 연수 프로그램 개발, 연구보고서, 한국교원대학교.

박영숙 외(1999). 학교급별, 직급별, 자격취득별 교원 직무수행 기준에 관한 연구. 한국교육개발원.

서정화, 서성옥, 김동희, 이수임(2002). 교장학의 이론과 실제. 서울 : 교육과학사.

서정화, 이윤식, 이순형, 정태범, 한상진(2003). 교장론. 한국교육행정학회.

정태범(2000). 학교경영론. 서울 : 교육과학사.

주삼환(1983). 장학 · 교장론 : 교육의 질 관리. 서울 : 성원사.

주삼환(1985). 교장의 직무 명료화를 위한 하나의 시도. 충남대 교육발전연구소

주삼환(1986), 장학 · 교장론 특강. 서울 : 성원사.

주삼환(2005). 미국의 교장. 서울 : 학지사.

진동섭 외(1995). 중동학원교원 평가 · 보상 및 연수 체제 연구. 미출판의 보고서, 서울대학교 교육연구소.

Blumberg, Arthur and William Greenfield(1980). The Effective Principals : Perspectives on School Leadership. Boston : Allyn and Bacon.

Brown, John Y. Jr(2005). "Boot camp for principals", www.ketucky.com/mld/kentucky/living/education/12241508.htm ? template=c.

California Principals : At the Center of School Improvement Efforts by EdSource Report, March 1998, Palo Alto, CA : EdSource.

Council of Chief State School Officers(1996). Interstate School Leaders Licensure Consortium : Standards For School Leaders.

Council of Chief State School Officers(2000). Collaborative Professional Development Process for School Leaders : The Interstate School Leaders Licensure Consortium. CCSSO & NPBEA.

Cunningham, William G and Paula A. Cordeiro(2003). Educational Leadership : A Problem-Based Approach(2nd ed). Boston : Allyn and Bacon.

Daresh, John C. & Playko, Marsh A.(1997). Beginning the principalship : A practical guide for new school leaders. Thousand Oaks, CA : Corwin Press, Inc.

English, Fenwick W.(2005). The SAGE Handbook of Educational Leadership : Advances in Theory, Research, and Practice. Thousand Oak : Sage Publications.

Gorton, Richard A.(1983). School Administration and Supervision : Leadership Challenges and Opportunities, Dubuque, IA : WM. C. Brown.

Green, Reginald Leon(2001). Practicing the Art of Leadership : A Problem-Based Approach to Implementing the ISLLC Standards. Upper Sadle River, New Jersey : Merrill Prentice-Hall.

Hoy, Wayne K. and Cecil G. Miskel(2005). Educational Administration : Theory, Research, and Practice(7th ed). McGraw-Hill International.

Hoy, Wayne K. and C. John Tarter(2004). Administrators Solving the Problems of Practice : Decision-Making Concepts, Cases, and Consequences(2nd ed.). Boston : Pearson Education, Inc.

MacPhail-Wilcox, Bettye and Roy Forbs(1990). Administrator Evaluation Handbook : How to Design a System of Administrative Evaluation. Phi Delta Kappa.

Mintzberg, Henry(1973). The Nature Do Managerial Work. New York : Harper and Row.

National Policy Board For Educational Administration(2002). Standards for Advanced Programs in Educational Leadership for Principals, Superintendents, Curriculum Directors, and Supervisors.

Norton, M. Scott(2005). Executive Leadership for Effective Administration. Boston : Allyn and Bacon.

Seifert, Edward H. & Vornberg, James A.(2002). The new school leader for the 21st century : The principal. Lanham, Maryland : The Scarecrow Press, Inc.

Sergiovanni, Thomas J.(2006). The Principalship : A Reflective Practice Perspective(5th ed.) Boston : Allyn and Bacon.

Ubben, Gerald C., Larry W. Hughes, and Cynthia J. Norris(2001). The Principalship : Creative Leadership for Effective Schools(4th ed.) Boston : Allyn and Bacon.

Wilmore, Elaine L.(2002). Principal leadership : Applying the new Educational Leadership Constituents Council(ELCC) Standards. Thousand Oaks, CA : Corwin Press, Ins.

Young, Michelle D. and Lopez, Gerardo R(2005). "The Nature of Inquiry in Educational Leadership" in Fenwick W. English ed. The SAGE Handbook of Educational Leadership : Advances in Theory, Research, and Practice. Thousand Oak : Sage Publications.

www.npbea.org/ELCC/ELCCStandards%20_5-02.pdf

www.ccsso.org/content/pdfs/isllcstd.pdf#search='ISLLC'

www.nassp.org

www.naesp.org

www.ets.org/test-sls

www.ascd.org

Chapter 03

교장의 양성제도와 승진제도

여기서는 주로 미국의 교장 양성제와 우리 나라의 교장 승진제도를 비교하여 우리 나라 교장제도의 발전에의 시사점을 찾고자 한다. 이 논문은 '교원교육연구'지에 게재되었었다.

I. 서 론

최근에 우리 나라에서 교장공모제, 선출제 등의 주장이 나와 논란이 많다. 특히 무자격교장제, 교사자격증도 없는 일반인교장제 등 무리한 주장이 나와 혼란이 일고 있다. 교사직과 교장직을 분리할 필요도 없다는 것이다. 그러면 축구팀에는 축구감독이 필요한 것인가? 필요하다면 축구감독을 선수들이 선수들 중에서 뽑아서 하게 하면 어떨까? 음악연주자들이 민주적으로 지휘자를 선출해서 운영하면 어떨까? 선장이나 기장도 선원이나 승무원들이 투표해서 민주적으로 뽑아서 시키면 어떨까? 우리는 아직 이런 나라가 있다는 말을 들어 보지 못했다. 그런데 교장을 교사들이 민주적으로 선출하자는 논리는 무슨 논리인가? 교육행정가는 인기대회(popularity contests)에서 승리하라고 봉급을 주는 게 아니다(Administrators aren't paid to win popularity contests)(Daresh, 1997, p. xi). 억눌렸던 세상에서 일시에 모든 것이 풀리면서 이런 터무니없는 질문과 주장이 지금 우리 나라에서 쏟아져 나오고 있는 상황이다. 한동안 이런 질문과 주장으로 우리의 교육현장에 혼란을 일으켰으면 이제는 좀 기본으로 돌아가 차분하게 이성으로 판단해야 할 때라고 본다.

선수를 하다가 감독이 되는 것은 좋으나 반드시 지도자 수업이 있어야 하고, 음악에서 지휘자가 되기 위해서는 지휘 전공 공부를 해야 하는 것이다. 선장이나 기장이 되기 위해서는 어렵고 험난한 과정을 거쳐야 하는 것을 누구나 잘 알고 또 그것을 당연시 하고 있다. 군대에서 지휘관이 되는 장교교육은 별도로 사관학교에서 시키고 있는 것을 누구나 잘 알고 있으며 이를 인정하고 있다.

그런데 유독 교장만은 아무나 할 수 있는 것으로 깔보고, 일반인교장론, 교장선출보직제를 들고 나오는 것은 우리 나라 교육에 불행한 일이라 하지 않을 수 없다. 그것도 학교나 교육행정조직에 몸담고 있는 사람들이 그런 주장을 할 때는 심히 유감스럽고 그가 지금하고 있는 전문성까지 의심하게 된다. 교사가 그런 주장을 한다면 교사도 아무나 할 수 있다는 의미요, 행정관료가 그런 주장을 한다면 그가 지금 아무나 할 수 있는 별 볼일 없는 일을 하고 있다는 증거일 것이다. 선수로서 성공할 수 있는 사람이 있는가 하면 지도자로서 성공할 수 있는 사람이 있는 것이다. 물론 둘 다 잘 할 수 있는 사람도 더러는 있을 것이다. 또 선수로서 공은 잘 못 찼어도 감독으로 성공할 수 있는 사람도 있을 것이라 봐야 할 것이다. 교장직이 따로 필요 없거나 교사면 아무나 할 수 있다고 주장하다가는 어떤 사람이 교사도 누구나 할 수 있다고 공격해 올 때 이를 방어할 논리를 잃게 된다. 교장자격을 무시하다보면 교사자격 자체도 무시받게 된다. 이제는 서로가 서로를 존중하고 전공을 인정해야 하고 전공을 무시하기 보다는 전공을 더 강화할 때리고 본다. 히딩크 감독의 전문성과 지도력을 인정하고 존중해서 선수 선발권과 훈련, 전략과 작전, 팀 운영 일체를 그에게 맡겼듯이 교장의 전문성을 신장시키고 전문성을 인정하여 교사추천권과 능력개발, 학교운영 일체를 교장에게 맡기는 방향으로 가야 할 것이다. 물론 교장에게는 대신 엄중한 책임을 요구하는 것을 전제로 해야 한다. 그리고 교사의 가르치는 전문성을 인정하여 가르치는 문제를 전적으로 교사에게 맡기는 것은 너무나 당연하다.

지금 교장양성제를 하고 있는 미국에서는 교장 자원(pool)과 교장 지원자가 부족하여 문제가 제기되고 있고, 교장승진제를 하고 있는 한국에서는 교장선출보직제와 교장임용제도의 다양화 문제가 제기되고 있다. 교장양성제와 승진제를 비교하면서 교장직의 전문성 신장 방안을 모색하는 것은 이 시점에서 의미가 있을 것으로 보아 여기서는 주로 이 문제를 다루고자 한다.

최근 미국에서는 수년 내에 현재 교장의 반 이상이 정년퇴직하거나 스스로 그 직을 떠날 예정인데 이 자리를 채울 자격을 갖춘 지원자가 없을 것으로 예상되어 심각한 문제로 대두되고 있다(Daresh, 1997, p. 2). 편부모 가정의 학생과 영어를 국어로 하지 않는 학생이 늘어나고, 교육청 직원이나 지역교육위원이 참고 기다려 주지 않고, 교장의 "완벽한 직무수행(perfect performance)"을 요구하고(Daresh, 1997, p. 2), "표준미달학생제거법(No Child Left Behind, 낙제방지법이라고 번역하는 사람도 있다.)"으로 학생의 성적이 표준 미달일 경우 교장이 책임을 지고 물러나야 하는 무서운 스트레스에 비하여 이에 상응하는 보상이 교장에게 따라붙지 않기 때문에 교장 희망자나 지원자가 적다는 것이다. 이제 미국에서는 어려운 환경에서 교장직(principalship)이 어떻게 살아남느냐(survivorship) 하는 문제가 되고 있다. 교장을 교사의 종점으로 생각하고 모두가 교감, 교장이 되고자 하는 우리 나라에서는 교감, 교장으로 승진하고자 하는 사람이 많아 아직 우리 나라에서는 교장, 교감 부족현상은 당분간 없을 것이다. 심지어 교장직의 전문성을 인정하지 않고 또 승진으로 인정하지도 않아 교사직과 교장직을 수평으로 생각하여 일종의 보직과 선출직으로 보고 선출에 의하여 왔다갔다하게 하자는 주장도 나오고 있는데 그러면 그런 전문성도, 자격도 없는 교장직은 구태여 왜 둘 필요가 있는가? 이제 우리 나라에서도 머지않아 교장 기피현상이 나타나지 않으리라는 보장이 없다고 본다. 이미 일부 젊은 층에서는 교장해서 뭐하느냐는 분위기가 형성되고 있다. 열 내서 뭐하느냐는 분위기는 우리 나라 교육에 밝은 전망은 못 되고 있다.

좋은 학교에는 반드시 좋은 교장이 있다(Daresh, 1997, p. xi)고 하는데 문제는 어떻게 하면 교장직의 전문성과 지도력을 확보하여 우수한 교장을 유치하고 이들의 능력을 계속 개발하여 성공적인 학교를 만들고 학생교육의 질을 높이느냐에 있다.

여기서는 (1) 교장직의 직무와 책임에 대하여 개괄적으로 살펴보고, (2) 미국의 교장양성제도를 소개하면서 한국의 교장승진제도와 조금씩 비교하고 그로 인하여 나타난 현상에 대하여 기술하고, (3) 교장제도의 다양화와 교장직의 전문성과 지도력의 확보방안을 모색해 보고자 한다.

II. 교장직의 직무와 책임

그러면 교장은 무엇을 하는 사람인가? 교장이 하는 일이 무엇이라고 규정하느냐에 따라 일반인이 교장을 할 수 있느냐, 교사가 교사를 했다 교장을 했다 전문성 없이 왔다갔다할 수 있느냐가 결정될 수 있을 것이다. 교장의 직무를 규정하기 위하여 앞의 장들에서 살펴본 것처럼 그 동안 (1) 법적인 접근, (2) 역사적인 접근, (3) 업무, 과업적인 접근이 있었는데, 최근에 미국에서 (4) 직무수행 표준 접근 등이 있었다.

이 중에서 미국의 학교행정가 표준을 한 번 더 회상해 보면 (1) 비전, (2) 학교문화와 수업프로그램, (3) 관리, (4) 학부모와 지역사회 관계, (5) 행정가의 윤리, (6) 광범한 상황적 맥락의 6개 영역에 걸쳐 교장은 무엇을 알아야 하고(knowledge), 무슨 기술을 가져야 하고(skills), 무엇을 할 수 있어야 하며(ability), 어떤 성향(disposition)과 자질과 능력을 갖춰야 하고(competences, proficiencies), 무엇을 어떻게 직무수행으로 보여줘야 하는지를(job performance, acting ethically) 분명히 밝혀 놓고 있는 것을 우리는 알았다. 이런 표준을 보면 일반인이나 교사가 상당한 훈련과 교육 없이 감히 교장을 하겠다는 주장을 할 수 없게 되는 것이다. 그러다 보니 앞에서 언급한 것처럼 미국에서는 교장 하겠다는 지원자가 부족할 것으로 예상되어 오히려 문제가 되고 있는 실정이다. 앞으로 우리 나라에서도 적당히 자리나 차지할 교장은 많을 수 있으나 21세기 경쟁력 있는 한국 교육을 이끌 능력 있는 지도자 교장을 확보하기는 그리 쉽지 않을 것으로 본다.

이 외에도 미국 장학교육과정개발학회(ASCD, 1989)는 교장의 중요한 지도력의 기능으로 (1) 학교에 비전감(sense of vision) 제시, (2) 실질적 의사결정으로 참여적 경영을 하게 하는 것, (3) 수업에 지원을 하는 것, (4) 수업에 개인적 지도를 하는 것(mentor), (5) 자원제공자가 되는 것을 들고 있고, 원칙 중심의 지도자(Principle-Centered Leaders, Covey, 1991)는 (1) 계속적으로 배우고, (2) 봉사중심적이고, (3) 긍정적 정열을 발산하고, (4) 다른 사람을 신뢰하고, (5) 균형잡힌 삶을 유도하고, (6) 모험적이고 개척적인 삶을 추구하고, (7) 통합적이고, (8) 자아혁신적이라고 하면서 미국에서는 이러한 교장을 기대하고 있는데 우리에게 참고가 될 수 있다. 그리고 Bennis(Bennis & Nanus, 1985)는 지도자에게 중요하게 요구되는 것으로 (1) 비전을 통한 주의집중의 형성, (2) 의사소통에 의한 의미감 부여, (3) 자리매김에 의한 신뢰 부여, (4) 긍정적 자아관심을 통한 자아의 개발과 계속적인 자아개발의 네 관리능력, 즉 주의집중의 관리, 의미의 관리, 신뢰의 관리, 자아 관리의 능력을 지도자의 중요한 관리능력으로 들고 있다. 이러한 관리능력 없이 지도자가 된다면 그 피해는 돈으로 계산하기 어려울 정도로 막심하다 하지 않을 수 없다.

미국 교육부에서는 우수학교와 우수교장을 뽑아 표창하는데 여기 뽑힌 효과적인 학교에 상호 관련된 14요인으로 (1) 수업지도자가 되는 교장, (2) 안전하고 질서정연한 학교풍토, (3) 기초 기능에의 강조, (4) 학교 성과를 측정하고 평가하는 체제, (5) 모든 학생의 성취도에 대하여 높은 기대를 하는 교사, (6) 명확한 학업목표의 선언, (7) 학교에서의 행동에 대한 교사 효능감, (8) 개개 교사와 학생에 대한 보상과 유인가, (9) 학교에 대한 지역사회의 지원, (10) 주요 학업에 대한 학습시간에의 집중, (11) 빈번한 숙제와 검사에 대한 강조, (12) 조정된 교육과정, (13) 다양한 수업전략의 사용, (14) 학교 일에 관한 학생의 책임의 기회 제공을 들고 있는데 우수한 학교에는 반드시 우수한 교장이 있다는 것이다. 우수한 교장을 확보하지 못하고 교육의 질을 높이기 어렵고, 우수한 교육지도자 없이 교육개혁을 하고 교육의 문제를 해결한다는 것은 연목구어와 같다.

앞장에서도 말한 것처럼 줄여서 말하면 교장은 (1) 교육자이고, (2) 최고집행자이고, (3) 전문적 자문자라고 할 수 있다. 교장은 우선 교육자이고 학생교육의 책임자이다. 그래서 교장은 교육지도자이고, 장학지도자이며, 수업지도자이기 때문에 학생교육이 잘못 되고 성적이 표준에 미달될 때 교장은 책임을 져야 하는 것이다. 학부모와 국민은 교사 이전에 교장을 믿고 학생을 학교에 보내는 것이다. 학생교육에 책임을 지지 못하는 교장직을 둘 필요는 없다고 본다. 그래서 관리와 경영을 강조하는 미국에서도 교장에게 최소한의 교사경력을 필수로 하고 있고 미국 교장의 평균 교사경력은 14년 이상이다. 교장은 교육자이기 때문에 일반인은 교장이 될 수 없다.

교장은 최고집행자이다. 학교운영위원회와 교육위원회가 결정한 사항을 책임지고 집행해야 하는 것이다. 물론 대부분이 교직원의 손과 발을 통해서 집행되어야 하나 어디까지나 책임은 교장에게 있다. 집행력이 없는 지도자에게는 책임도 없다. 지도자는 집행할 수 있고 또 무서운 책임도 질 수 있어야 한다. 교장은 자신의 집행에 대하여 학교운영위원회와 임명권자, 학부모와 교육위원회, 세금을 내는 국민에게 책임을 져야 한다. 교사는 학교 전체의 집행에 대하여 교육과 훈련을 받지 않았고 책임을 질 수 있는 입장에 있지 않다. 교장은 교사에 비하여 Specialist이기 보다는 Generalist이다. 교사는 Specialist이기 때문에 특정 부분에 대하여만 책임을 지지만 교장은 Generalist로서 전체에 대하여 일반적인 책임을 져야 한다.

교장은 전문적 자문자이어야 한다. 특히 학교운영위원회가 교육적으로 올바른 결정을 할 수 있도록 교육적으로 전문적인 자문을 해야 한다. 학교운영위원이 모두 항상 교육전문가일 수는 없으므로 교육전문가인 교장이 충분한 자료와 정보를 가지고 최고의사결정기구에 자문을 해야 정치적이 아니라 교육적으로 학생들에게 유익한 결정을 할 수 있고, 그래야 이어서 교장도 그 결정을 교육적으로 집행할 수 있는 것이다. 물론 교장이 전문적 자문을 잘 해야 학교운영위원회도 교장의 전문성을 존중하는 결정을 하게 된다.

III. 미국의 교장양성 프로그램과 한국의 연수 프로그램

교원제도와 교장제도는 각 나라마다 다를 수 있는데 그 나라의 역사와 문화, 전통의 산물이라고 할 수 있다. 그렇기 때문에 어느 나라의 제도가 무조건 좋다거나 나쁘다고 말할 수는 없다. 각 나라의 제도가 얼마나 그 나라의 역사와 문화, 전통에 잘 맞느냐가 좋고 나쁨의 척도가 될 수 있을 것이다. 또 제도를 고칠 때도 항상 먼저 그 나라의 역사와 전통, 사회, 문화, 상황을 우선적으로 고려해야 할 것이다. 각 나라마다 교장의 이미지, 역할, 책임도 약간씩 다를 수도 있다. 거의 공통적이라고 생각했던 교장의 직무가 앞에서 살펴본 바와 같다고 할 뿐이다. 지금 우리 나라에서 교장제도의 다양화 문제가 제기되고 있는데 일단 '다양화'는 좋은 시도라고 본다. 다양한 시도 속에서 최선의 제도가 살아남을 수 있기 때문이다.

교장제도의 대표적인 것이 (1) 영·미계통의 양성제도와 (2) 한·일계통의 승진제도라고 할 수 있다. 초빙제니 선출보직제니 하는 것은 큰 두 제도 안에서 구체적인 교장임명 방법에 해당하는 것이라고 할 수 있다. 예를 들면, 미국은 교장양성·초빙제라고 할 수 있다. 우리 나라 교장제도의 장·단점에 대하여는 대부분 독자가 잘 알고 있을 것이므로 여기서는 양성제도로 미국의 예를 들면서 가끔 우리 나라의 경우와 비교해 보고자 한다.

양성제도와 승진제도 간의 교장제도의 차이는 근본적으로는 역사와 문화, 여건의 차이에서 오겠지만 교장직을 무엇으로 보느냐 하는 시각 차이에서 오는 것이기도 하다. 승진제도는 교사를 오래, 잘 하면 교장도 잘 할 것이라는 가정과 교사와 교장 간의 상·하 개념의 관료적 색채가 들어 있다고 볼 수 있다. 그런데 양성제도를 채택하는 나라에서는 교사가 하는 일과 교장이 하는 일은 서로 다르고 다른 전문성을 요구하기 때문에 교사교육과 경험에 더하여 교장교육을 별도로 받아야 한다는 시각의 차이라고 볼 수 있다. 그래서 경쟁욕과 승진욕이 강한 한국에서는 지금 교장의 전문성을 무시하고 모두가 교장으로 승진하려는 상황이 벌어지고, 전문성과 책임을 강조하는 미국에서는 교장 기피현상이 지금 전개되고 있는 것이다.

미국은 자치제가 발달하여 주마다, 교육청마다 약간씩 다를 수 있으나 교장양성교육의 출발은 현재 앞에서 말한 ISLLC와 ELCC Standards(교장직무수행표준)라고 할 수 있다. 이 직무수행표준을 충족시킬 수 있다고 인가받은 대학원이나 교장센터(교장 아카데미)에서 양성교육과 실습을 마치고 ETS에서 시행하는 교장자격시험(PRAXIS II)에 통과하여 주교육부에서 발행하는 2년 유효의 예비자격증(Provisional Certification)을 획득하고, 교감이나 교장을 초빙하는 학교나 교육청에 응모하여 선발되면 1년 계약에 의하여 임명되고, 1년을 성공적으로 마쳐야 다시 1년 더 계약하여 근무하게 된다. 2년간 멘터를 정하여 개인 지도를 받으며 포트폴리오를 작성하여 제출해서 평가에 통과해야 5년 유효의 전문교장자격증(Professional Certification)을 받고 계속 연수를 받아야 5년씩 자격증을 갱신할 수 있다. 대개 계약 만료 전 평가에 의하여 계속 채용 여부가 결정되는데 교장은 대개 2년이나 3년씩 계속 계약을 해나가는 것으로 기본 줄거리를 잡을 수 있다. 양성, 자격취득 – 모집 – 선발 – 임명 – 능력개발(연수)의 교장인사제도라고 할 수 있다.

1. 교장양성 교육과 자격 취득

미국에서 교장을 하기 위해서는 교장자격증이 있어야 하는데 교장자격증을 획득하려면 주교육부와 미국교사교육평가인정기구(NCATE)의 인가를 받은 대학원이나 교장센터에서 양성교육과 실습을 받고 미국교육평기구(ETS ; Educational Testing Service)의 시험에 통과하여 이 모든 서류를 주교육부에 제출하여 통과해야 한다. 그리고 미국에는 교감자격증이 따로 있는 것이 아니라 교장자격증을 가지고 조교장(assistant principal)이나 부교장(associate principal)을 거쳐 교장이 될 수도 있고 직접 교장으로 임용될 수도 있는 것으로 봐야 한다.

교육행정 전공이 있는 대부분의 주요대학에는 교장과 교육장자격 프로그램이 있는데 예를 들면, 오하이오주립대학의 경우 입학자격은 (1) 석사학위가 있어야 하고, (2) 해당 급별 학교(3~14세 학교, 8~21세 학교) 교사자격증을 갖고 3년 이상의 교사경력(교육장은 해당 행정가 자격증을 갖고 3년 이상의 행정경력)이 있어야 한다. 석사와 박사를 겸하여 자격증 과정을 충족시키게 할 수도 있다. 교장자격의 경우 55학점(쿼터), 교육장의 경우 76학점 이상을 이수하고 오하이오주 교육부에서 실시하는 PRAXIS II 시리즈 시험에 통과해야 한다(ETS에서 실시, 주교육부가 합격여부 결정, 현재 610점이 합격점). 이 과정에서 지도교수의 지도를 받고 (교장)자격위원회의 심의를 거치게 된다.

3~14세 학교(우리 나라의 유치원 · 초 · 중학교에 걸친)의 교장자격 이수과목을 보면 I. 교육행정역동성(Administrative Dynamics) 영역에 1. 교육행정학개론(3학점), 2. 미국교육의 정치성과 정치적 지도성(3학점), 3. 교육의 변화(3학점), 4. 교육에서의 집단협상과 행정(3학점), 5. 직원인사행정(3학점), 6.학교재정(3학점), 7. 학교경영(Business Administration of School)(3학점), 8. 학교행정의 법적 측면(3학점), 9. 특수교육행정의 법적 측면(3학점), 10. 학교와 지역사회의 관계(3학점), 11. 교육시설계획(3학점), II. 지도성 세미나(Leadership Seminars) 영역에서 12. 교육지도성과 학습 · 교수 : 유아교육(4학점)(8~21세 학교 교장자격증의 경우는 12. 교육지도성과 학습 · 교수 : 중학생청소년부터 청년성인으로 되어 있어 이 과목만

다르게 되어 있다), 13. 교육지도성과 조직역동성 · 학교문화(4학점), 14. 수업지도성과 장학(4학점), 15. 교육지도성 탐구와 윤리(4학점), III. 계획적인 현장실습과 포트폴리오 개발(Planned Field Experience and Portfolio Development) 영역에서 16. 계획적인 현장실습(4학점), 17. 교육지도성 포트폴리오 개발(2학점)인데 이상 55학점이 모두 필수가 되는 셈이다. 1학점이 시험시간 빼고 11시간이므로 55학점이면 시간 수만으로 605시간이 되는데 실습과 포트폴리오 개발은 시간으로 계산하기 어렵다. 그리고 오하이오주립대학 대학원의 교육학과목은 교사들을 위해서 대부분 오후 4시 이후에 열린다. 교장자격증을 획득하기 위해서는 우선 시간과 노력, 돈을 투자해야 한다는 것을 알 수 있다.

교육청이 필요해서 특별히 지명하고 완전히 전일제로 교장교육을 위해 시간을 확보해 주는 사람들을 위해서 15개월 가속(accelerated)교장자격 프로그램(여름, 가을, 봄, 여름학기 연속 5학기)이 있는데 학점수와 과목은 앞에서 제시된 내용과 거의 같은 것으로 봐야 한다.

우리 나라와 달리 미국에는 교육장자격증이 따로 있고 교육청에 근무하는 장학사나 장학관에 해당하는 각종 행정전문가자격증(The Administrative Specialist Licence)이 따로 있다. 이는 하는 일과 요구되는 전문성이 다르다고 판단하기 때문이다. 교장이나 교육장, 학무국장, 초등교육과장이 하는 일과 책임은 교장의 것과 분명히 서로 다르다고 보는 것이다.

Praxis II시험은 주교육부소관이지만 전문교육평가기구인 ETS에 응시료를 내고 등록하여 시험을 보고 ETS에서 점수를 주교육부에 통보하여 주교육부에서 합격 여부를 결정한다. Praxis시험에 대하여는 ETS 〈www.ets.org/praxis〉 와 오하이오 주교육부 〈www.ode.state.oh.us〉 홈페이지에서 좀더 자세히 알아볼 수 있는데 실제 응시해 본 사람들의 말을 들어 보면 상당히 종합적이고 어려우며 주로 객관식이라고 한다. 교장자격에 필요한 과목은 '코드번호 10410 교육지도성 : 행정과 장학'으로 시험 시간은 2시간이고 응시료는 2004년 현재 70달러이다.

첫 예비자격증(Provisional Certification)은 2년 유효인데 이 자격증을 갖고 공개 초빙에 선발되어 120 근무일을 교장이나 교감으로 근무한 후(타 주에서 온 사람은 3년 내) 멘터 지도로 되어 있는 '초임지도프로그램(Entry-Year Program : EYP)'을 받고 포트폴리오를 작성하고 앞에서 말한 ELCC표준에 의하여 직무수행을 평가하여 통과해야 다시 5년 유효의 전문자격증(Professional Certification)을 획득하고 매 5년마다 연수를 받고 자격증을 갱신하게 된다. 물론 교사자격증도 유효기간이 있으며(대개 4, 5년) 그 기간 내에 연수를 받고 갱신해야 하는 것은 마찬가지다. 그리고 미국에서 교육의 책임은 주정부에 있고 주단위에서 일단 자치를 하기 때문에 모든 교원자격증도 한 주 안에서만 효력을 갖는 것으로 봐야 하는데 수준이 비슷할 때 다른 주의 자격증을 상호 인정해 주기도 한다. 물론 인정 못받을 경우 다른 주에 가서는 그 주가 요구하는 자격증을 다시 따야 한다.

우리 나라의 경우는 교감에서부터 행정가 교장의 길로 가는 것으로 봐야 하는데 교사, 또는 부장교사로서 학생을 가르친 경험과, 교감과 교장의 행정행위를 교사로서 옆에서 지켜보고, 접촉하고, 행정(교무분장) 사무를 맡아본 것을 합친 행정경험이 교감, 교장의 행정가가 되는 바탕이라고 보고 이를 중시하는 셈이다. 우리 나라 초등교감 자격표준을 보면 독자들이 잘 아는 것처럼 (1) 초등학교 정교사(1급)자격증을 가지고 3년 이상의 교육경력과 소정의 재교육을 받은 자, (2) 초등학교 정교사(2급)자격증을 가지고 6년 이상의 교육경력과 소정의 재교육을 받은 자, (3) 특수학교의 교감자격증을 가진 자이고, 초등교장의 자격표준은 (1) 초등교감자격증을 가지고 3년 이상의 교육경력과 소정의 재교육을 받은 자, (2) 학식 · 덕망이 높은 자로서 대통령령이 정하는 표준에 해당하는 자로서 교육인적자원부장관의 인정을 받은 자, (3) 특수학교의 교감자격증을 가진 자로 되어 있다. 그래서 2급 정교사 6년, 1급 정교사 3년 이상의 정교사이면 행정가로 가는 재교육을 받을 수 있는 기본 자격을 갖춘다고 볼 수 있다. 여기에다 경력평정, 근무평정, 연수점수, 부가점수 등을 모두 점수화하여 교감승진후보자를 선발하여 필요한 인원 수 만큼 교감자격연수(재)교육을 시켜 순서에 따라 본인의 임지선택의 여지없이 교감으로 승진임명받게 된다. 그러니까 일단 일정 교사경력만 있으면 모든 교사가 다 교감이 될 수 있는 기본 자격표준에 포함되는 셈이다. 교육행정가의 길로 진로를 잡고 있느냐고 희망 여부를 일일이 본인에게 물어 볼 필요도 없이 넓게는 2급 정교사 6년 이상이면 모든 교사가 교육행정직으로의 승진을 원하는 것을 전제로 하고 있는 셈이다.

교감자격연수 대상자에게 1개월여의 180시간 정도의 자격연수교육에 의하여 교감자격증을 획득하게 된다. 어떤 경우는 제도가 바뀌는 바람에 교감이 되기를 거의 포기하고 있던 사람까지 연수를 받게 되어 있어 무의지로 거의 자동으로 교감이 되는 경우도 있을 수 있다.

교장연수대상자도 교감 중에서 거의 비슷한 방법으로 선발하여 역시 비슷한 과정의 180시간 연수 후에 교장자격증을 획득하게 된다. 우리 나라의 교감, 교장 두 자격연수의 과정표를 여기에 예시하는데 미국의 교장자격과목과 간접적인 비교가 될 것이다.

〈표 3-1〉 초등교감 자격연수 교과목 편성표

영역	교과목	시간	교수방법				시책 및 추진방법
			참여토론식	강의식	원격	평가행정	
교양	특강 1	2	·	2	·	·	
	특강 2	2	·	2	·	·	
	특강 3	2	·	2	·	·	
	미래사회와 교육의 방향	2	·	2	·	·	
	국가경제와 경제교육	3	1	2	·	·	
	기초교육과 평생교육	2	·	2	·	·	
	비상대비교육 및 보안업무	2	·	·	2	·	비상대비
	환경교육의 방향	3	1	2	·	·	
	양성평등교육의 이해	2	·	·	2	·	양성평등
	ICT활용교육	2	·	·	2	·	정보윤리
	현장방문연수	6	6	·	·	·	통일교육
	환경보전체험활동	6	3	3	·	·	
	현대인의 건강관리	3	1	2	·	·	
	건전한 여가생활	3	3	·	·	·	
	소계	40	15	19	6	·	
교직	학교교육과정 편성 · 운영	3	·	3	·	·	제7차과정
	특별활동과 재량활동 운영의 실제	3	1	2	·	·	제7차과정
	학교도서관 운영의 실제	3	·	3	·	·	학교도서관
	국어과 수업원리와 수업모형	3	2	1	·	·	
	수학과 교육동향과 수업이론	3	1	2	·	·	
	사회과 교육동향과 수업이론	3	·	3	·	·	
	과학과 교육동향과 수업이론	3	·	3	·	·	
	통합교과교육	2	·	2	·	·	
	초등영어교육의 이해	2	·	·	2	·	
	예체능 교과교육	2	·	2	·	·	

	우리고장의 전통음악	2	1	1	·	·	
	수행평가의 대안적 접근	3	2	1	·	·	
	유아교육의 이해	2	·	2	·	·	
	특수교육의 이해	2	·	·	2	·	특수교육
	소계	36	7	25	4	·	
전공	학교경영과 교감의 역할	2	·	2	·	·	
	의사결정유형과 전략	3	·	3	·	·	
	리더십과 인간관계	3	·	3	·	·	
	상담의 이론과 실제	3	·	3	·	·	
	토의, 토론, 회의진행	3	1	2	·	·	
	바람직한 교감상	3	·	3	·	·	
	충남초등장학의 방향	2	·	2	·	·	
	교내장학의 실제	3	1	2	·	·	
	수업관찰과 수업분석	4	2	2	·	·	
	현장연구와 연구학교 운영	3	·	3	·	·	
	주5일제 수업운영의 실제	2	·	2	·	·	
	교원단체의 올바른 이해	2	1	1	·	·	교원단체
	공무원 연금제도의 이해	2	1	1	·	·	
	생활지도의 실제	3	·	·	3	·	생활지도
	아동 및 청소년 문제와 대책	2	1	1	·	·	
	MBTI를 활용한 학생지도	3	1	2	·	·	
	소방 및 안전사고관리	2	·	2	·	·	학교안전
	학교안전공제회 제도의 이해	2	·	2	·	·	학교안전
	교육법규의 이해	3	·	3	·	·	
	교원 인사 실무 1	2	·	2	·	·	
	교원 인사 실무 2	4	2	2	·	·	
	교내인사관리	2	·	2	·	·	
	학교사무관리	3	1	2	·	·	
	학교운영위원회 운영	2	1	1	·	·	
	학교행사관리	4	2	2	·	·	
	행정서비스헌장제의 이해	2	·	2	·	·	
	학교회계제도의 이해	3	·	3	·	·	
	회계 실무	3	1	2	·	·	
	학교 시설 관리	2	1	1	·	·	
	학교급식 및 보건환경관리	2	·	2	·	·	
	시각 디자인의 이해	3	·	3	·	·	

	학교평가의 이해	2	·	2	·	·	
	감사업무의 이해	3	1	2	·	·	
	학교방문연수	6	3	3	·	·	
	교감의 효과적인 직무 수행 방안	8	4	2	2	·	
	소계	101	24	72	5	·	
평가	지필평가	2	·	·	·	2	
	논술평가	1	·	·	·	1	
	소계	3	·	·	·	3	
행정	개강식	1	·	·	·	1	
	수료식	1	·	·	·	1	
	소계	2	·	·	·	2	
총계		182	46	116	15	5	

〈표 3-2〉 교장자격연수 표준과정표

영역	과목	시간수
【교양영역】 32시간	21세기와 한국의 좌표	4
	우리의 전통과 문화	4
	정보화 사회와 기술 혁신	4
	인간과 환경	4
	레크레이션	4
	건강관리	4
	선택 교과 (연수 기관 자유 선택)	8
【교직영역】 48시간	세계의 교육 개혁 동향	6
	한국 교육 정책의 이해	8
	교육 현장의 문제와 대책	8
	교육과정의 편승과 운영	6
	학교 교육과 지역 사회	4
	교과 교육의 새로운 동향	8
	선택 교과 (연수 기관 자유 선택)	8
【전공영역】 100시간	교육 행정의 철학적 기초	4
	학교 경영과 교장의 역할	6
	수업 장학의 이론과 실제	6
	학교 지도의 이론과 실제	6
	교내 의사 결정의 이론과 실제	6

【전공영역】 계속	교내 의사소통의 이론과 실제 교내 갈등 관리의 이론과 실제 교육 지도성의 이론과 실제 학교경영의 실제 – 교육 계획, 사무 관리 (사무 자동화) 인사 관리, 재무 관리, 시설 관리, 교육 법규 연구와 실습 선택 교과 (연수 기관 자유 선택)	6 6 4 34 8 14
총계		180시간

미국과 같은 교장양성교육과정과 우리 나라와 같은 교장연수교육과정에 모두 장·단점이 있을 수 있다. 교육과정 시간으로만 보면 외형적으로 미국의 예시 대학의 교장코스가 605시간인데 비하여 우리 나라 교감·교장자격연수 시간을 다 합친 360시간은 너무 적다고 할 수 있다. 우리 나라에서는 교감·교장자격연수를 합쳐 360시간이라는 적은 시간의 연수시간이라 하더라도 교감·교장직무와 직접 관련이 있는 전공에 연수시간을 집중하여 프로그램을 짤 필요가 있다는 것을 느낄 것이다. 미국의 교장과정은 교장의 직무를 분석하고 직무수행표준(ISLLC와 ELCC)에 충실하려고 하고 있는데 우리 나라의 경우 교직·교양이라 하여 잡다한 데 시간을 낭비하는 경향이 있다는 것을 느낄 것이다. 그러나 미국에서 실습과 인턴을 아무리 많이 강조한다고 하더라도 2년을 넘지 못 할 텐데 우리 나라에서는 교감기간이 어떻게 보면 모두 교장실습기간이 될 수 있으므로 우리 나라에서 실습경험을 더 하게 된다고도 볼 수 있다(물론 미국에서도 교장이 되려면 대부분 조교장이나 부교장을 거치지만). 다음에 또 논의되겠지만 지금 미국에서는 교장의 연령으로 볼 때 30세에서 65세에 분포되어 있고, 평균 연령이 공립학교 1988년 47.8세에서 2000년 49.3세로, 사립 1988년 46세에서 2000년 49.9세로 점점 높아지고, 공립에서 교장의 수가 46세~55세에 몰려 있고 조기퇴직으로 재임기간이 점점 더 짧아지고 있는 것이 문제로 지적되고 있는데(Gates, 2003) 우리 나라의 경우는 교감경력부터 친다고 해도 출발이 너무 늦고 교장재임기간도 너무 짧다고 볼 수 있다. 그리고 교장임기제에 의하여 능력 있는 우수한 교장까지도 8년 이상 교장을 못하게 인위적으로 가로막아 놓고 있다. 교장직은 골고루 나눠먹는 자리가 아니다.

2. 모집, 선발과 임명 : 초빙제

미국에서는 교사를 비롯한 거의 모든 분야에서 직원채용은 원칙적으로 공개자유경쟁체제라고 할 수 있다. 우리 나라 시 · 군 · 구 단위에 해당하는 기초단위 지역교육청에서 교장 자리가 빌 것으로 예상되는 자리를 놓고 교육청 관 내외 전국에서 교장자격증 소지자를 공개 모집(recruitment)하고 그 중에서 최우수자를 선발(selection)하여 그 빈자리 학교로 임명(appointment)하는 것으로 봐야 한다.

여기서 모집은 우수한 지원자로 하여금 가능한 한 많이 지원하게 하는 단계이다. 이 모집단계는 전적으로 지역교육청(school district)의 책임에 속한다. 그런데 앞에서 말한 것처럼 자격을 갖춘 지원자 자원(pool)을 많이 확보하는 것이 미국에서 우선 제일 큰 문제로 지적되고 있는 것이다. 자격증을 가진 사람의 수를 많이 확보하기 위하여 대학에만 맡겨 두지 않고 오하이오주립대학에서처럼 지역교육청과 협력하여 가속프로그램을 운영하기도 하고, 텍사스 샌안토니오의 한 교육청(The North East Independent School District ; NEISD)에서처럼 행정가양성프로그램(Administrator Training Program)을 운영하기도 하고(Skrla, 2001, p. 97), 켄터키 제퍼슨(Jefferson) 카운티에서처럼 '내일의 교장(Principals for Tomorrow)' 프로그램을 운영하여 교장 후보자 군을 넓혀 긍정적인 효과를 보고 있다는 보고도 있다(Skrla, 2001, p. 97).

또 하나 교장후보군을 늘리는 방법으로 조교장으로 하여금 교장직을 맡을 수 있도록 자극하고 훈련을 시키는 방안을 제시하고 있다(Skrla, 2001, p. 98). 미국에서는 조교장이 특별 교과나 특별 활동에 국한된 일만 하는 경향이 있는데 이들에게 담당 영역을 넓혀 주고 교장직을 맡을 수 있도록 자극하고 훈련하는 방안을 제시하는 것이다. 미국의 한 고등학교에는 조교장이 8명, 중학교에는 3명, 초등학교에는 1명이 있는 경우도 있고 하나도 없는 경우도 있다. 조교장과 부교장은 차이가 없고 학교에 따라 이름 붙이기 나름이다. 우리의 생각으로는 조교장이면 당연히 교장으로 가는 자동적인 정거장으로 생각하게 되는데 여기서는 역시 승진 개념보다는 전문영역으로 생각했었기 때문에 이런 방안까지 나오는 것 같다.

위의 두 방안이 주로 지역교육청 안에서 후보군을 늘리는 방안이었는데 이제는 인터넷의 발전으로 교육청 밖에서 널리 후보자를 모집할 수 있게 되었다. 미국교육행정가협의회(AASA, www.aasa.org), 미국초등교장회(NAESP, www.naesp.org), 미국중등교장회(NASSP, www.nassp.org)의 웹 사이트와 신문, 월간지, 계간지에는 항상 교장, 교육장 모집광고가 떠 있다. 물론 다른 교육 잡지와 신문, 홈페이지에도 교장모집 광고가 있는 것은 말할 필요도 없다. 각 대학 게시판에 게시되기도 한다. 반대로 교장이 되기를 희망하는 사람이 자신의 이력서를 이런 교육전문단체나 광고물에 올려놓고 제의가 오면 제일 유리한 조건을 골라 찾아갈 수도 있다.

교장모집 광고의 주요내용에 포함되는 것을 보면 (1) 교육청이나 학교의 지역 위치, 환경, 수준, 학생 수, 학교의 특색과 강조사항, 여건 등을 먼저 밝혀 주고, (2) 교장에게 요구되는 조건을 제시한다. 교직경력연수, 행정경력연수 등의 조건과, 넓게 보면 앞에서 제시된 ELCC표준에 해당되는 것과, 특별히 그 학교, 그 교육청에서 요구하는 조건이 제시된다. 어떤 곳에서는 교장이 갖춰야 할 구체적인 지식과 기술이 상세하게 명시되기도 한다. 어쨌든 이 조건들이 나중에 선발시에 심사, 평가기준이 될 것이다. 그리고 (3) 근무 개시일, 예상되는 연봉의 범위가 제시된다. 2003. 9. 24일자 "Education Week"의 광고에서 보면 초등교장의 경우 연봉 91,150~95,886$와 77,000~88,000$ 짜리 광고가 있는 것을 볼 수 있다. 이 범위에서 경력에 따라 연봉을 조정하겠다는 것이다. 그리고 (4) 제출 서류로 교육철학이 담긴 편지, 이력서, 자격증사본, 성적증명서, 3인의 추천서 등이 거의 공통적으로 요구된다. 여기에서 (1)과 (3)은 교장의 학교 선택표준이고, (2)는 학교의 교장 선택표준이 되어 미국에서는 직장을 찾는 쪽이나 사람을 찾는 쪽이나 모두 선택의 자유가 보장된다. 학생과 학부모의 학교 선택과 교사, 교장의 선택의 폭을 자꾸 넓히려 하고 있는 현상이다.

모집 기간이 지나면 선발 작업에 들어가는데 학교개혁의 필요성과 책무성에 대한 공공의 요구 증대로 인하여 우수한 교장을 선발해야 할 필요성이 어느 때 보다도 더 중요해졌다고 할 수 있다(Skrla, 2001, p. 100). 훌륭하지 못한 교장을 잘못 뽑으면 경제적, 조직적 측면에서 큰 손실의 결과를 가져오는데 (1) 연봉 수 만 달러의 손실을 볼 뿐만 아니라 (2) 비효과적인 지도자로 인하여 수많은 학생과 교사에게 기회손실의 비용까지 부담하게 하는 것이다(Wendell, 1992). 그리고 (3) 뽑히지 못한 우수한 교장지원자에게서 결과적으로 선발될 수 있는 기회를 뺏은 셈이 된다.

일차적으로 접수된 서류에 의하여 교육청 인사부서에서 부자격자를 추려낸다. 모든 지원자를 다 면접할 필요와 능력이 없기 때문이다. 교육청에서는 이 정도면 누구를 고용해도 문제가 없다는 수준에서 채용할 학교로 넘긴다. 그러고 나서 본격적인 선발절차에 들어가는데 전체적으로 초빙하는 학교의 팀과 지역사회대표의 참여가 많아짐에 따라 여기에 혼잡과 정치성이 개입되기 쉬운데(Skrla, 2001, p. 97) 이를 배제하려고 노력하는 것이다. 채용할 학교별로 면접에 들어가는데 이에 참여하는 사람들은 교육청에 따라 다르겠지만 대개 학교운영위원 대표나 PTA 대표(미국에는 영국과 달리 학교운영위원회 없는 곳이 많다. 이런 경우 미국 모든 학교에 있는 PTA 대표가 참여한다), 교사대표, 지역사회대표, 인사담당 교육위원, 교육청인사담당자가 될 수 있다.

미국 Ohio주 Hilliard시 교육청에서는 학교로 넘기지 않고 학교와 교육청으로 하나의 선발 면접 팀을 구성하여 선발작업에 들어간다. 우선 교육청 인사부서에서 선별하여 면접대상자 6명을 선발하여 학교별 면접 팀에게 넘긴다. 6명에 대한 면접 팀은 (1) 해당학교 교사대표 1명(같이 거의 평생 근무하게 될지도 모르기 때문에), (2) 교육청 내 같은 수준의(초등, 중학, 고등학교) 다른 학교 교장 1명(동료교장의 입장에서), (3) 교육청 인사담당 국(부, 과)장 1명, (4) 조(부)교육장 3명(행정가의 입장에서), (5) 교육위원 2명(사용주이기 때문에 2명이나 배정된 것으로 사료됨), (6) 해당학교 PTA대표(학부모대표) 1명, 계 9명이 된다. 면접 팀의 결과에 의하여 6명의 후보자 중에서 3명을 선발하여 교육장에게 넘긴다. 교육장은 3명을 면접하여 1명을 선발하면 거의 확정되지만 형식적으로라도 최종적으로 교육위원회에 넘겨 교육위원회의를 통과하여 교육위원회가 사용(고용)주가 되어 임명하게 된다(2003. 12. 10 교육청 방문 면접 확인). 교사대표는 교장선발 과정에 일부 참여하는 것이지 교사에 의한 교장 선출은 있을 수가 없다. 교장도 교사도 한 학교로 채용되고 이동하는 경우가 거의 없기 때문에 선발에 참여한 사람도 나중에 같이 선발된 교장에 대하여 책임지는 결과가 되어 제1급의 교장을 뽑기 위해 최선을 다하지 않을 수 없다. 여기서 우리가 분명히 알아야 할 것은 교사도, 교장도 사용주는 주민이고, 국민이라는 사실이다. 우리는 국민에 대하여 봉사해야 하는 똑같은 공직자 머슴 신분인 것이다.

미국에서 선발과 면접의 객관성을 유지하기 위해서 최선의 노력을 다하는 것을 볼 수 있는데 초점은 교육청이 추구하는 지도성의 능력에 있다. 여러 교육청과 지도성 센터에서 개발한 지도성측정도구를 사용하기도 한다(예, Leadership Practices

Inventory, Van Vesor & Leslie, 1991). 이때 지필검사를 하기도 하고, 전문평가센터(Assessment Center)의 도구를 사용하거나 여기에 아주 의뢰하기도 하고, 지원자에게 작문과제를 내기도 하여 지원자의 철학을 알아보려고도 한다. 그리고 '교육연구소(The Office of Educational Research)'에서 개발한 교장선발지침서(The Principal Selection Guide, 1987)를 활용하여 구조화된 면접을 하려고도 하고, 선발 전문회사(Selection Research Incorporated, 1989)가 개발한 교장 생활과 관련된 '교장인식조사'(헌신, 자아추진력, 성취자, 개발자, 개별화 인식, 관계자. 자극자, 팀, 배정자, 지휘자, 기강, 개념의 12주제 60항목에 걸친 인식)를 하기도 하는 것을 볼 수 있다. 특히 교장 선발 면접을 전문으로 잘 할 수 있도록 면접 참여자를 훈련시키기까지 하는 것을 보면 우리가 흔히 생각하기 쉬운 그런 비전문가에 의한 감정적, 인상에 의한 주관적인 면접이 아니라는 것을 짐작할 수 있을 것이다. 그런데 이제는 앞에서 말한 학교행정가 직무표준인 ISLLC가 곧 교장 선발의 표준이 되고 있다. 이렇게 선발을 하니까 또 교장양성교육기관에서는 이 면접에 대비하여 준비교육을 하는 것은 너무나 당연하다.

이런 과정을 거쳐 우수한 지원자가 가려지면 학교 수준에서 추천하여 주민의 대표기관이고 사용주인 교육위원회의장 명의로 초빙한 학교로 계약기간 동안 임용되는 것이다. 교육청 관내 학교에 처음 임명될 때에는 1년씩 계약을 하고 최소한 2년을 성공적으로 마쳐야 그 다음부터 2, 3년씩의 계속계약으로 들어가게 된다. 오하이오 주에는 행정가는 정년보장의 개념 자체가 없고 단지 2, 3년의 계속계약의 개념만 있다. 그리고 최근 뉴욕 시에서는 정년보장 대신 연봉을 올려 주는 정책을 쓰고 있다. 교장을 처음 시작하는 교장의 첫 시보기간은 자격증 유효기간이 2년인 것으로 보아 2년으로 보고, 교사의 경우는 대개 1년씩 3번 시보 계약기간을 성공적으로 마치고나서 정년을 보장받게 된다. 물론 이 정년보장기간이라고 하더라도 교사는 계속 연수를 받아 교사자격증을 4, 5년마다 계속 갱신해야 한다. 교장도 교사도 교원의 사용주는 어디까지나 납세자와 주민을 대표하는 교육의 주인인 교육위원회이지 교육청이나 교육장이 아니라는 것을 알아야 한다. 교육감이나 교육장도 어떻게 보면 우리와 똑같은 상머슴인 셈이다. 교육의 주인이 자꾸 주인노릇을 제대로 하려고 하면 주인에 의하여 고용된 머슴들은 더욱 괴로워질 수밖에 없다.

교육청 수준에서는 (1) 문서화된 인사방침을 개발하고, (2) 자질과 자격을 갖춘 많은 지원자 자원을 만들고, (3) 상세한 교장초빙 계획을 밝히고, (4) 널리 모집광고를 하고, (5) 선별, 선발과정에 널리 사람을 참여시키고, (6) 교장 선발과정에 참여하는 사람을 훈련시키고, (7) 다양한 평가도구를 활용하도록 하고, (8) 지원자에 대한 다양한 정보 출처를 고려하는 것이 모집과 선발 단계에서 중요한 활동이 된다 (Anderson, 1991).

교장의 모집과 선발임용은 우리 나라로 치면 교감자격연수 대상자와 교장자격연수 대상자 선발과정에 해당된다. 그리고 일부 연수 후 임용발령 과정에 해당된다. 이 과정에서 우리 나라에서는 앞에서 말한 것처럼 경력평정과 근무평정, 연수점수, 부가점수 등을 모두 점수화하여 무료로 재교육을 시켜 본인의 희망학교와 상관없이 발령을 받게 된다. 우리 나라에서는 교원도 학교도 선택의 자유가 보장되지 않는다. 우리 나라의 경우 우선 폐쇄성을 지적할 수 있다. 제한된 지역 안에서 제한된 자료를 가지고 기계적으로 연수 대상자를 선발하다 보니 지도성과 경쟁력과 상관없이 지도자의 자리를 차지하게 된다. 민주주의 공개자유경쟁의 원칙에는 많이 어긋난다고 할 수 있다.

우리 나라에서는 교장선발 과정에 많은 사람, 특히 고용주에 해당하는 납세자와 주민의 참여 기회가 전적으로 배제되는 약점을 갖고 있다. 주민이 전적으로 교육감에게 믿고 맡겼다고 좋게 볼 수도 있다. 학부모와 지역사회인이 자기 자녀교육과 지역사회교육을 책임질 교사와 교장을 선택할 수 있어야 한다. 또 미국에서는 희망하는 한 학교나 좁은 지역교육청으로 공개모집하고 채용하기 때문에 해당학교나 교육청에 적합한 지도자를 뽑을 수 있고 선발된 지도자도 원하는 곳에서 맘껏 능력발휘 할 수 있다는 장점이 있는 반면 경쟁력이 없는 곳에서는 상당한 보상책을 마련하지 못하면 교사와 교장을 확보하기 어려울 것이라 예상할 수 있다. 지금 우리 나라 지방에서 교사를 확보하기 어려운 것과 똑같은 현상이 벌어질 것이다.

그리고 학교단위로 교장을 선발임용하기 위해서는 학생과 학부모, 지역사회, 교사가 많은 이동 없이 한 학교에 안정적으로 있어야 한다. 교장선발에 참여한 사람들이 교장을 선발해 놓고 다른 곳으로 이동해 버리면 교장선발에 참여한 의미가 상실되고 또 무책임해지기 때문이다. 그래서 미국에서는 교사도 한 학교로 임용하게 된다. 또 그렇기 때문에 같이 팀으로 근무하게 될 교장선발에 교사대표가 참여하게 되고 대신 교사 채용시에는 교장의 추천이 절대적인 영향력을 갖게 된다. 히딩크 감독이 자기 선수 팀을 구성하는 것과 같다. 교장이 교사 팀을 구성할 수 있어야 가르친 것에 대하여 교장이 책임도 질 수 있는 것이다. 한 학교로 교사와 교장을 임용하면 책임 소재가 항상 분명해진다.

지금 미국에서는 교장 자원이 없어서 문제인데 우리의 경우는 교장 희망자가 넘쳐서 오히려 문제이다. 문제는 미국에서나 한국에서나 얼마나 자질 높은 인재 자원을 확보하느냐에 있다. 결론적으로 우리 나라의 현제도도 많은 장점을 가질 수 있으므로 (1) 전문 인력의 확보, (2) 공개경쟁의 원칙과, (3) 교장의 근무지 선택권 확대, (4) 사용자의 입장에서 교장 선택권을 부분적으로라도 확보해 주기 위한 주민 참여의 기회를 좀더 넓히는 방향에서 개선책을 찾아야 할 것이다.

3. 입직지도와 계속적인 능력개발

우수한 교장을 선발하여 임용했어도 초기에 입직(induction)을 잘못하면 실망을 느끼고 교장직을 포기하거나 심지어는 교사직으로 되돌아가버리고(한 연구에 의하면 37%가 교장을 포기하고 교사로 돌아가는 것으로 나타나 있다), 계속 능력개발(professional development)을 하지 못하면 시대에 뒤떨어지고 무능한 교장으로 변하게 된다. 그래서 교장의 입직지도와 계속적인 능력개발을 위한 연수가 뒤따라야 한다.

미국 교장의 경력발전 과정을 보면 (1) 1~2 년간의 교육위원회 드나들기의 생존기, (2) 성공의 추구기, (3) 외부 살펴보기의 여유기, (4) 10년 후쯤의 지난날에 대한 성공감 느끼는 시기, (5) 경력정리의 정년준비기로 나누어질 수 있는데 우리 나라의 경우는 이미 정년이 보장되어 생존기에 생존을 두려워할 필요도 없고, 최대 8년의 임기제로 재임기간이 짧아 성공을 추구하거나(성공추구기) 외부를 살펴보거나(여유기) 성공감을 느끼고, 정년을 준비할(정년준비기) 겨를이 없다고 봐야 할 것이다. 교장을 어떻게 잘해 볼까 구상할 겨를도 없이 정년을 맞게 되는 경우도 많다.

가르치는 교사 전문가로부터 행정을 전공으로 하는 전문 지도자로 변신했을 때의 입직지도가 중요한데 우리 나라에서는 아직 이에 대하여 많은 신경을 못 쓰고 있는 셈이다. 물론 교사의 입직지도도 1주일 정도의 오리엔테이션으로 끝나버려 입직지도라는 개념자체가 우리 나라 교육계에 형성되지 못했다고 볼 수 있다. 기업체의 경우 신입사원 등 새 식구를 뽑으면 완전히 자기 회사가족으로 만들고 받아들여 새로운 환경에 적응하여 그들의 능력을 최고도로 발휘하게 하는 기업교육을 오히려 우리 교육 쪽에서 배워 와야 할 것이다.

신임교장 'Rookie Principal'의 입직지도에 가장 많이 사용되는 방법이 동료코치(peer coaching)와 멘토링(mentoring)이라고 할 수 있는데 교사들에게 주로 적용되던 것을 교장에게 적용하고, 입직지도에 주로 활용되던 것을 이제는 전체 능력개발 프로그램에서 많이 활용하고 있다. 신임교장들은 (1) 사회성(social), (2) 자아인식(self-aware), (3) 기술과 관리 영역의 순서로 입직의 곤란을 호소하는데 비하여 교육장은 (1) 자아의식, (2) 사회성, (3) 기술과 관리의 순서로, 교장을 양성하는 대학 쪽에서는 (1) 기술과 관리, (2) 사회성, (3) 자아인식 영역의 순서로 강조하여 서로 간에 인식의 차이를 볼 수 있는데(Daresh & Playko, 1997) 교장의 입직지도에 참고가 될 것이다.

동료코치(peer coaching)는 교장의 특정 지도성 기능과 스타일의 개발에 대하여 동료 상호간에 평가하고 조력하게 하는 것인데 샌프란시스코 'Far West Laboratory'에서는 동료조력 리더십 훈련프로그램에서 동료 간에 비평가적 피드백을 제공하고 신뢰에 근거하여 공개적 정보교환을 하도록 하기도 한다(Barnett, 1989). 나머지는 교사 장학에서 동료코치하는 것과 같다고 생각하면 된다.

멘토링도 동료코치와 비슷한데 교사에게 적용하던 것을 교장의 입직지도에 활용하는 것으로 보다 공식적이고 교육청 수준에서 지원하는 경우가 많다. 참여하는 개인의 다양한 경력단계와 서로 묶어서 발전적 관계성을 맺을 필요가 있는 활동으로 서로 아이디어를 나누는 것이다. 멘터가 멘토를 받는 사람(Mentee)을 격려, 지원하고, 안내하며, 촉진하는데 양방적 의사소통을 하는 것이다. 교장의 멘터제도는 여러 주에서 공식화하고 있다.

교장의 능력개발로 중요한 방법이 네트워킹이라고 할 수 있다. 다른 학교와 교육청 동료 교장 간에 구조적으로 네트워킹을 만들어 정기적으로 만나 서로 경험을 나누고, 서로 지원하고, 질의응답하고, 공동으로 문제를 해결하고, 피드백을 제공하는 것이다. 예를 들면, 1991년에 설립된 The Texas Mentor School Network은 130명 이상의 교장이 매년 참여하고 더 작은 집단으로 나누어 활동한다고 한다. 또 'Annenberg

Institute for School Reform'(Mohr, 1998)은 6~15명씩 네트워킹을 조직하여 활동하는데 집단이 작을수록 성공적이더라는 것이다. 텍사스 휴스턴의 Fort Bend 교육청의 경우 8~10명이 한 집단을 이뤄 최소한 한 달에 한번 씩은 만나는데 전문단체나, 대학, 주교육부가 많이 개입하지 않고 비공식적인 것이 더 좋다고 한다(Skrla, 2001, p. 124).

능력개발의 패러다임도 (1) 결과지향 교육, (2) 체제(시스템)적 사고, (3) 구성주의의 관점으로 바뀌었다는 것이다(Sparks, 1994). 첫째, 능력개발 연수도 결과로 보여줘야 한다는 것이다. 학생도 결과로 보여주기 위해서 수행평가를 해야 하듯이 교원의 능력개발 연수도 결과로 나타내야 한다는 방향이라고 할 수 있다. 둘째, 체제적 사고는 Senge(1990)의 생각에 근거하여 전체로 종합적, 상호관련적으로 보고 정체적이 아니라 동태적으로 보고, 직선이 아니라 순환적으로 봐야 한다는 것으로 능력개발이 중심역할을 해야 한다는 것이다. 셋째, 구성주의 철학은 연수자도 지식과 이론을 구성해낼 수 있다는 점에서 연수계획과 활동에 연수자를 적극 참여시켜야 한다는 변화를 가져왔다.

이런 패러다임의 전환으로 능력개발의 표준 설정, ELCC표준 같은 교장직무수행표준 개발, 성인학습이론에 근거하여 최선의 실천(best practices)에 능력개발의 초점을 맞추고 있다. '최선의 실천(best practices)'으로 (1) 직무를 통한 학습(job-embedded learning), (2) 실천에의 반성(reflection-on-practice), (3) 전문적 포트폴리오(professional portfolios), (4) 개인적 일지(journals) 방법을 택한다.

첫째, 일과 동떨어지는 연수가 아니라 직무상황에서의 연수가 직무를 통한 학습인데 스터디그룹, 현장연구, 동료코치, 교육과정개발, 사례연구와 토론이 예시가 이에 포함될 수 있다. 우리 나라 교감, 교장연수프로그램 운영에 참고가 될 것이다.

둘째, 실천에의 반성은 Schon(1987)에 의하여 개발되고 인기를 끌게 된 것으로 교장의 실제 경험과 지식에 근거하여 연수프로그램을 짜는 것으로 The Harvard Principals' Center에서 경험학습(experiential learning)의 질을 높이려는 반성적 실천에 초점을 맞춘 프로그램을 예시로 들 수 있다. 이는 교장이 믿고 있다고 말하는 신봉이론(espoused theory)과 실제 행동하는 활용이론(theory-in-use) 사이의 갭을 줄이려는 것이다.

셋째로 많이 사용하는 교장능력개발의 실제는 전문적 포트폴리오의 개발이다. 지금 우리 나라에서도 학생의 수행평가에 많이 활용되고 기업체에서 많이 활용되는 방법이다. 앞에서 말한 오하이오주립대학 교장양성과정에 이 과목이 들어 있던 것을 기억할 것이다. 이 포트폴리오는 발전의 과정과 반성의 과정 양 측면을 알 수 있게 한 것으로 현재의 이력서, 교육적 신념 진술서, 참고인의 추천서, 성적증명서, 개인적 반성 내용, 개인적 미션 진술서, 개인과 조직(학교)의 최종 목표, 중요한 능력개발 아이디어, 연설문, 직원 평가서, 학교에 관한 신문 기사, 회의록 의제, 학생과 학부모, 직원으로부터 받은 편지, 학생의 작품, 참석한 워크숍과 학회 기록 등이 포함되어 정리한 것이다. 참고서로 Brown & Irby(1997)의 「The Principal Portfolio」란 책이 있다.

넷째, 개인적 일지는 교장으로서의 실천을 반성적 관점에서 하나의 일지로 기록해 나가는 것이다. 직무실천과 관련된다는 점에서 일반 개인 일기와 다른 것이다.

한번 교장은 영원한 교장이 될 수 없다. 계속 능력을 개발해야 교장을 할 수 있는 것이다. 그래서 대개 미국에서는 교장의 능력개발 여부를 매 4, 5년마다 평가하여 교장자격증을 갱신해야 한다. 이는 교사도 예외일 수 없다. 우리 나라에서 교사자격증은 영원하여 한번 교사는 영원한 교사가 되는데 미국에서는 주기적으로 교사자격증을 갱신하지 않으면 교사를 할 수 없게 된다. 한번 교사는 영원한 교사일 수 없고 한번 교장은 영원한 교장일 수 없다. 이 원칙은 모든 사람에 똑같이 적용되어야 한다.

우리 나라에서는 능력개발을 위해서 교감직무연수, 교장직무연수가 고작인데 이외에 개인적 제도적으로 교감, 교장의 능력개발에 더 노력하게 해야 한다. 특히 교장회가 교장의 전문적 능력개발에 집중 노력해야 하는 것은 너무나 당연하다. 미국의 NAESP(미국초등교장회)처럼 말이다. 그래야 교장직이 전문직으로서 확고한 위치를 확보할 수 있게 되는 것이다. 지금은 전문성이 없어 보이니까 아무나 교장을 할 수 있다고 일반인과 교사들을 교장 스스로가 믿게 만들어 놓은 결과가 되었다.

4. 교장양성-초빙제와 승진제도의 결과 : 미국과 한국 교장의 인구학적 구성 현황

여기서는 한국의 교장과 미국 교장의 인구학적 구성을 비교하면서 우리 나라 교장의 현실을 파악하고자 한다. 미국이 교장양성－초빙제를 해오고 한국에서 교장 승진제를 해온 결과 현재 어떤 사람들이 교장을 하고 있는지 잠깐 비교하여 살펴볼 필요가 있다. 한국의 2003교육통계연보와 미국의 Gates and others(2003)의 "Who Is Leading Our Schools？"를 주로 참고하였다.

1) 교장 대 교사 수

먼저 교장 대 교사 수를 비교해 보면 한국의 경우 전체 교원 중 교장·교감의 비율을 보면 초등교장 5,422명으로 3.5%, 초등교감 5,938명으로 3.9%, 교장·교감계 11,360명으로 7.4%이고, 교사 143,715명(시간강사 제외)이므로 초등교장 1명당 교사 약 26.5명이고, 초등교감 1명당 교사는 24.2명이고, 교장·교감 합친 교유행정가 1인에 교사 12.7명의 비율로 담당하게 되어 있다. 중등의 경우는 교장이 1.5%, 교감이 1.6%, 교장과 교감을 합쳐 3%이고 교장 1명당 교사 46.7명, 교감 1명당 교사 44.6명, 교장·교감 교육행정가 1명당 교사 22.8명으로 나타났다. 초·중등 전체로 보면 교장이 2.7%, 교감이 2.9%, 교장과 교감을 합쳐서 5.5%이고 교장 1명당 교사 35.6명, 교감 1명당 교사 수는 33.1명, 교장·교감 교육행정가 1명당 교사는 17.2명의 비율로 되어 있다.

미국의 경우 1999~2000학년도 공립 교사 3,004,611명에 교장(principals에는 assistant와 associate가 다 포함된 것으로 봄) 83,909명으로 교장 1명에 교사의 수는 평균 공립 35.8명이고, 사립은 449,057명의 교사에 26,231명의 교장으로 교장 1명에 교사 17.1명이다(Gates & Others, 2003, p. 12).

이 통계로 보면 미국의 교장이 우리 나라에 비하여 교사에 대한 부담을 더 갖는다고 할 수 있다. 미국에서는 감독하고, 관리하고, 책임져야 할 직원의 수가 많을 경우 지도자는 많은 책임과 부담감을 느낀다.

2) 교장의 연령

교장의 연령을 볼 때 우리 나라 초등교장은 55~59세에 51.8%, 60~64세에 37.7%가 분포되어 있어 55~64세 10년 사이에 89.5%가 분포되어 있는 것으로 나타나 우리 나라 초등 교장의 대부분이 55~62세라고 할 수 있다. 초등 교감의 연령은 교장보다 5년 정도 빨라 50~54세 50.7%, 55~59세 32.6%가 분포되어 있어 역시 50~59세 10년 사이에 83%가 분포되어 있고, 교감과 교장을 합쳐 50~62세에 93.5%가 몰려 있어 우리 나라 초등학교에서는 50세에서 교감을 시작하여 62세까지 약 10~12년 동안 교감 · 교장으로 교육행정을 하고 퇴임한다고 할 수 있다.

우리 나라 중등 교장은 55~59세에 42.7%, 60~64세에 43.3%, 55~64세 10년 사이에 86%가 분포되어 있고, 교감은 교장보다 5년 빨라 50~54세에 57%, 55~59세에 39.2%, 50~59세 10년 사이에 96%가 분포되고 교장 · 교감을 합쳐 50~62세에 91.9%가 몰려 있어 대부분이 50세에서 교감이 되어 최대 12년 교육행정을 하고 퇴임한다고 할 수 있다.

미국 교장의 경우 30~65세에 고루 분포되어 있는데 평균연령은 공립 49.3세, 사립 49.9세로 우리 나라보다는 젊은데도 불구하고 미국에서는 최근에 점점 더 노령화 되고 재임기간은 점점 더 짧아지고 있다는 점이 문제로 지적되고 있다. 공립은 46~55세의 10년 사이에 53%의 교장이 몰려 있는데 사립은 35~65세에 비교적 골고루 분포되어 있다.

3) 교사경력과 교장경력

교장경력을 보면 우리 나라의 경우는 임기 4년에 1회 중임할 수 있어서 최대 8년이다. 초등교장의 교직경력연수를 보면 30~35년에 20.5%, 35~40년에 44.4%, 40~45년에 33%가 분포되어 있어 30~45년의 약 15년 사이에 98% 몰려 있는 셈이다. 초등교감의 경우는 한 5년 정도 앞당겨지는 데 교직경력 25~30년에 21.2%, 30~35년에 54%, 35~40년에 20.5%가 분포되어 있고 25~40년 15년 사이에 96%가 모여 있어 교장보다 5년 앞당겨진다. 교장 · 교감을 모두 합쳐 교직경력 25~45년 약 20년에 99%가 포함되어 있다.

우리 나라 중등 교장의 경우는 교직경력 30~35년에 39%, 35~40년 40.3%로 30~40년에 10년 사이에 79.5%가 분포되어 있고, 교감은 교장보다 5년 빨라 25~30년에 33.4%, 30~35년에 44%, 25~35년 10년 사이에 77.5%가 분포되어 있고 교장과 교감을 합쳐 88.6%가 교직경력 25~40년 사이에 해당된다.

미국에는 교감자격증이 따로 없고 교장자격증 하나 가지고 교감도 하고 교장도 하기 때문에 교장경력에는 교감경력도 포함되는 것으로 봐야 하는데 초·중·고 교장의 평균 교장경력은 공립 9년, 사립 10.2년인데 극단의 경우 30대 초부터 65세까지 교장을 한다면 30~35년을 할 수 있는데 우리 나라에서 교장직에만 임기제를 적용하여 최대한 8년으로 막아 놓고도 한번 교장은 영원한 교장이라고 표현하는 것은 많은 대조를 이룬다.

미국에서 1999~2000학년도에 공립 99%, 사립 90% 이상의 교장이 교사경력을 가지고 있는데 평균 교사경력은 공립 14년, 사립 14.5년인데 교장양성대학원 입학자격이 교직경력 3년이라고 해서 3, 4년 교직경력 가지고 곧바로 교장이 되는 것으로 오해해서는 안 되고, 우리 나라에서 교직경력 25년이 넘어서 교감이 되는 실정과 비교가 될 것이다. 새로 학교행정가(교장, 교육장, 교육과정 전문가 등 행정전문가)가 되는 거의 50%가 바로 전해에 교사였고, 교육행정직을 떠나는 37%가 교사로 다시 돌아가고 있다(Gates, 2003, p. 25)는 보고를 보면 미국에서 교장의 입구는 모두 교사직이고 출구는 교사직과 퇴직, 전직이라고 할 수 있다.

4) 여자교장의 비율

여자교장 비율을 보면 우리 나라 초등 교장의 경우 377명으로 약 7%, 초등교감 727명으로 약 12%, 교장·교감을 합쳐 1,104명 9.7%인데 여자교사의 비율이 73%인 것에 비하면 극히 낮다고 하지 않을 수 없다. 현재 우리 나라의 교감승진 가능 교직경력연수인 25년 이상의 여자교사 비율만 보면 교사는 42%인데 여자교감의 비율은 12%이고, 25~45년 경력의 여자교사 비율은 40%인데 25~45년의 여자교장·교감의 비율은 9.6%인 것으로 보아도 여자 행정가의 비율은 낮다고 할 수 있다.

우리 나라 중등 여자교장 비율은 7.8%, 여자교감 비율은 9.4%이고 교장과 교감을 합친 비율은 8.6%인데 여자교사의 비율은 49.5%인 것을 봐도 여자 행정가의 비율은 여전히 낮다고 할 수 있다.

미국 여자교장 비율은 공립 43.7%, 사립 54.6%로 나타나 있는데 공립 1987~1988학년도 25%, 1993~1994학년도 35%이고, 1999~2000학년도 신임교장의 경우 공립에서 54%, 사립에서 60% 이상이 여자교장인 것을 보면 과거에 비하여 미국에서도 점점 더 여자교장의 비율이 증가하고 있다는 것을 알 수 있다.

5) 보 수

인적 구성은 아니지만 경력과 연결되기 때문에 교장의 보수 면에서 볼 때 우리나라의 경우 교장·교감과 교사 간의 보수 차이는 경력이 같을 경우 본봉은 같고 수당에서만 약간의 차이가 있을 뿐이다. 수당의 차이를 서울의 한 초등학교에서 조사한 결과 요약한 〈표 3-3〉에서 보면 초등교장은 월 816,240원, 연 9,794,880원, 교감은 월 173,380원, 연 2,080,560원을 담임교사보다 더 받는 것으로 나타났다. 연 약 1천 만 원 정도가 교장의 위험 보험금이 되는 셈이다.

〈표 3-3〉 초등교장 · 교감 · 부장교사 · 교사의 수당 비교(서울시내 한 초교 조사예시)

	교장*	교감	부장교사	담임교사
관리업무수당	47호봉/256,380			
교통보조비	200,000	140,000	130,000	130,000
직급보조비	400,000	250,000		
특정업무 추진비	300,000			
직책 연구비				
정근수당 가산금	130,000	130,000	130,000	130,000
보전수당	8,000	8,000	8,000	8,000
보전수당가산금	67,000	67,000	67,000	52,000
시간외 근무수당		46호봉/123,520	115,140	115,140
주임 교사수당			70,000	
담임업무수당				110,000
계	1,361,380	718,520	520,140	545,140
수당 차이	+816,240	+173,380	-25,000	표준(0)

* 경조사에 월 30만원 범위 내에서 청구할 수 있음.
· 본봉은 모든 교원이 단일 호봉으로 동일함.
· 현재 모든 교원에게 월 교직수당 25만 원, 정액 급식비 9만원이 지급됨.

미국에서는 교감 · 교장 등 교육행정가의 봉급체계는 교사의 것과 별도로 되어 있으며 행정경력에 의해서만 새 출발한다. 초 · 중 · 고 교장 평균연봉은 공립 66,487달러, 사립 41,656달러로 나타나 있다(SASS, Gates, 2003, p. 13). 조교장의 경우 초등 56,306달러, 중학 59,238달러, 고등학교 62,691달러로 교장보다 15~19% 낮은 것으로 나타나 있다. 미국 교사는 연 180~190일 근무인데 비하여 교장은 220일, 교육청 행정가는 260일 이상을 근무해야 하고 막중한 책임과 골치 아픈 일을 해야 하고, 대부분 교장은 비노조원이라 때로는 직장도 잃을지 모르는데(Ferrandino & Tirozzi, 2000) 교장을 할 필요가 없다는 것이다. 봉급도 시간당, 일당, 주간 당으로 따지면 교장이 약간 많을 수도 있고 심지어는 같은 경력의 교사보다 적을 수도 있다는 것이다. 뉴욕 시에서는 26,000달러를 인상하여 합계 109,937~111,867달러에 달하게 하는 대신 교장에게 정년을 보장해 주지 않겠다는 방침을 내놓기도 하여 "Tenure or High Salary- Which Would You Take ? " 묻고 있다(Hopkins, 1999). 봉급을 올려주는 대신 생산성을 올리라는 것이고 생산성을 올리지 못하면 그만두라는 정책이다.

두 나라 교장의 현황을 교장의 수, 연령, 경력, 여교장 비율, 보수의 면에서 비교해 본 것을 요약하면 〈표 3 - 4〉와 같다.

〈표 3-4〉 한국과 미국 교장의 현황 비교

	한국	미국
교장 1인당 교사 수	초등교장 26.5, 중등 46.7명 초등교감 24.2, 중등 44.6명 초등교장·교감 12.7명, 중등교장·교감 22.8명 초·중등교장 35.6, 교감 33.1명 초·중등교장·교감 17.2명	교장 · 교감 1인당 : 공립 35.8명, 사립 17.1명
연령	초등교장 55~62세 89.5%, 중등 86% 초등교감 50~62세 93.5% 중등 50~59세 96% 초등교장 · 교감 50~62세 93.5% 중등교장 · 교감 50~59세 91.9% *50에 교감 시작 12년 행정가	30~65세에 걸쳐 골고루 분포 공립 : 46~55세 53% 평균 49.3세 사립 : 35~65세 골고루 분포 평균 49.9세

교직 및 행정경력	*초등교장 교직 30~45년 98% 중등 30~40년 79.5% *초등교감 교직 25~40년 96% 중등 25~35년 77.5% *초등 장·감 25~40년 99% 중등 장·감 25~40년 88.6% *긴 교사경력 – 짧은 행정경력	*공립 평균 교장경력 9년, 평균 교사경력 14년 *사립 평균 교장경력 10.2년 평균 교사경력 14.5년 *신행정가의 직전 경력 : 50%가 교사 *행정가 직후 경력 : 37%가 교사로 *짧은 교사경력 – 긴 행정경력, 젊음
여교장 비율	*초등교장 7%, 중등 7.8% *초등교감 12%, 중등 9.4% *초등 장·감 9.7%, 중등 8.6% *25년 경력초등여교사 40%, 중등 여교사 비율 49.5%	*공립 43.7%(1988년 25%, 1994년 35%, 2000년 신임 54%) *사립 54.6%(2000년 신임 60%)
보수	*본봉은 교사와 동일, 초·중·고 동일 수당에서만 차이 *초등교장 담임보다 연 9,794,880원, 교감은 2,080,560원 더 받음	*교장 공립 평균 66,487달러 *교장 사립 평균 41,656달러 *교감 초 : 56,306달러 중 : 59,238달러 고 : 62,691달러 *교사는 연 180~190일 근무, 교장은 220일 이상 근무해야 하므로 일당으로 치면 교사보다 낮아

이상의 우리 나라 교장 현황으로 보면 (1) 교장 · 교감의 수는 전체적으로 적은 편은 아니나 중등의 경우는 학교가 크고 교사 수가 많은데 교장 · 교감 교육행정가의 수는 적은 편이라고 할 수 있다. (2) 우리 나라 교장은 교사의 경력과 연령이 많고, 교육행정 경력과 행정 수명이 짧다고 할 수 있다. 교장의 일을 가르치는 일의 연장으로 보는 셈이다. (3) 우리 나라 여자 교장의 비율은 낮은데 교장 · 교감이 되는 연령대의 교사 수에 비교해 볼 때도 낮다고 할 수 있다. (4) 보수 면에서 우리 나라에서는 교사와 교장, 초등과 중등이 모두 단일호봉제라 본봉에는 차이가 없으나 수당에서만 교사보다 교장이 많이 받는다. 교사의 봉급체계와 교장 · 교감 교육행정가의 봉급체계를 달리할 필요가 있다. 미국의 경우는 교사와 교장의 봉급체계가 다르고 초등과 중학, 고등학교의 학교 급에 따라, 그리고 교장과 교감 사이에도 다르다. 이는 직무의 곤란도와 책임, 근무부담이 다르기 때문인데 예를 들면, 교사는 연 180~190일 근무

계약인데 비하여 교장은 220일 이상이 된다.

5. 미국 교장의 생활

한국에서나 미국에서나 교장의 생활도 최근에 많이 바뀌고 있다. 대내외적으로 교육환경이 급격히 바뀜에 따라 교장에 대한 요구와 압력이 거세지고 있다.

한국에서는 학교 외의 압력 못지않게 교육 내부의 압력과 교원 간의 갈등이 교장에게 큰 부담으로 작용하는 반면 미국에서는 주로 외부로부터 오는 압력과 요구가 교장에게 스트레스로 작용하고 있다. 한국에서는 교장보고 아무 일도 하지 말고 가만히 있고 교장의 힘을 빼라는 압력이 많고, 미국에서는 많이 일하고 책임지라는 압력이 크고 많다고 할 수 있다. 한국에서는 학생의 성적에 관심을 갖지 말고 시험도 보지 말라는 압력인데 미국에서는 학생의 성적에 교장이 책임을 지라는 압력이다. 한국에서는 교사들에게 간섭하지 말라는 압력인데 미국에서는 수업과 교사에 대하여 교장이 지도력을 발휘하여 성과를 올리라는 압력이 더 많다. 그래서 한국에서는 자살하는 교장이 나오고 미국에서는 스트레스로 교장직을 떠나거나 유능한 교장 지원자가 없을 것으로 예상되어 교장 부족 현상으로 문제가 되고 있다(Fenwick, 2001 ; Ferrandino & Tirozzi, 2003 ; Hopkins, 2003).

미국에서 교장 부족의 원인을 조사한 한 연구에 의하면 응답자의 (1) 60%가 책임에 비하여 불충분한 보상, (2) 32%가 지나친 스트레스를 받는 직무, (3) 27%가 너무나 많은 시간의 요구, (4) 14%가 충족시켜 주기 어려운 학부모와 지역사회의 요구, (5) 13%가 수업에 초점을 맞추지 못하게 하는 사회문제, (6) 12%가 경험 있는 교사의 적은 관심, (7) 7%가 테스트와 책무성에 대한 심대한 압력, (8) 6%가 전보다 만족하기 어려운 직무를 들고 있다(Hopkins, 1998). 그러나 근본적인 것은 (1) 어려운 일을 하는 만큼 존경과 경제적 보상이 따라주지 않는다는 것과, (2) 스트레스가 많고 점점 더 교장을 하기가 어렵고 직장이 보장되지도 않고, (3) 자격증 따기가 어렵다는 점으로 압축될 수 있다.

그런데 한국에서는 교장과 교감이 힘이 없고 단일호봉제로 보수도 같은데 서로 하겠다고 경쟁과 점수관리에 신경을 집중하는 사람들이 많고 반대로 교장·교감을 일찌감치 포기한 교사들은 통제 불능인 경우가 많다고 하니 두 나라 사이에 차이가 나도 많이 난다.

미국 교장에게는 교직원 선발권이나 추천권이 주어져 자기 학교 교직원을 직접 채용하거나 선발해야 하는데 여기에 교장의 어려움이 많고 시간을 많이 빼앗긴다고 호소하는데 우리 나라에서는 순환근무제라는 이름으로 교장의 의사와는 상관없이 소속직원과 교장 본인까지도 학교를 소속감과 주인의식 없이 무상출입하게 되어 있다. 교장에게 자기 학교 교사에 대한 채용권을 주면 교장의 리더십은 강화되지만 교장의 책임과 직무는 그 만큼 많아지게 되는 것이다.

한국의 교장은 늦게 출근하고 일찍 퇴근해야 교사들이 좋아하고 대 교장, 명 교장 소리를 듣는데 미국에서 교장은 교사보다 최소한 30분 내지 1시간은 일찍 출근하고 또 그만큼 늦게 퇴근해야 한다. 한국에서 교장은 미국에 비하여 대궐 같은 교장실에 '외로운 성주'처럼 하루 종일 앉아 있어야 좋아하는 사람들이 많은데 미국에서는 쪽방 같은 좁은 방에도 앉아 있을 시간 없이 학생과 교사를 보살피고 시설을 관리하면서 돌아다녀야 하는 가시성(visibility)이 강조된다. 한국 교장은 출장과 회의로 많은 시간을 보내야 하는데 미국 교장은 학생들 이름을 외우고 개별 학생의 성적의 오르내림을 파악하고 학부모에게 교장이 직접 편지를 써야 한다. 한국 교장은 교실에 들어가기는 고사하고 복도에 돌아다니기만 해도 욕을 얻어먹는데 미국 교장은 교실에 수시로 드나들어도 환영을 받는다. 한국 교장은 교사의 근무평정의 근거를 안 남기고 비밀로 해도 되는데 미국 교장은 교사평가에 근거가 있어야하고 평가결과를 교사 당사자가 확인하고 서명을 하기 때문에 교장은 이에 많은 시간을 빼앗긴다.

한국 교장은 큰 학교에서는 여러 명의 행정직원에다 교감까지 모시고 있어도 행정 일을 교무분장으로 교사들에게 모두 맡기는데 미국 교장은 비서와 교감과 함께 행정적인 일을 모두 처리해야 한다. 한국의 교사는 일찍부터 교무분장 담당과 부장교사의 행정경험으로 교사시절부터 많은 행정경험을 하는데 비하여 미국 교사는 우리 나라에서와 같은 교무분장의 경험도 없고 부장교사의 경험도 없어 교장양성교육 없이는 교장을 시켜줘도 못하겠다고 한다. 특히 재정문제는 전적으로 교장의 몫이다.

미국 교장들은 격무에 시달린다고 한다. 미국 교장은 너무 많은 서류작업과 너무 많은 법적 요구(mandates)를 처리해야 한다. 보고서, 서식, 조사지, 기강문제, 학생 등록, 물품주문과 구입, 교사채용과 평가, 건물과 시설관리, 학부모의 요구 처리,

각종 회의로 교장은 초영웅(superhero), 초인간(superman)이 되어야 한다고 비명을 지르고 있다(Hopkins, Education World, 2003. 5. 19). 한 연구에 의하면 전형적인 미국 초등교장은 44명의 교직원(일반직원 초함)을 지도·감독해야 하고, 하루 9시간을 일을 해야 하며, 여기에 추가하여 학교 관련 활동으로 주당 8시간을 더 일해야 하며, 평균 425명 학생의 학업성취에 대한 법적 책무성이 증대되어 스트레스는 증가하는데 이에 대한 보상은 불충분하다는 것이다(Million, 2003). 그래도 과거에는 교장의 철학대로 학생을 교육하고 학교집단을 이끌어 나갈 수 있어 나름대로 보람을 찾을 수 있었는데 이제 연방정부와 주정부, 지역사회에서 법적으로 강제하고 요구하는 것이 많아지고, 간섭이 심해지다 보니 그런 보람을 찾기도 어려워져 자꾸 회의를 느끼는 것 같다.

미국 교장에게 더욱 불리하게 작용하는 한 요인은 교육예산의 삭감이다. 주정부나 지방정부로부터의 재정지원을 삭감하고 주민들의 세금 저항으로 예산은 줄이면서 학부모와 주민들, 정부에서는 더 질 높은 교육을 해달라고 교장에게 요구하고 압력을 행사하는 것이다. 과외 프로그램과 시설을 먼저 줄이고 다음으로 교직원을 해고해야 하는데 무엇보다 사람 줄이는 일이 교장에게는 가장 어려운 일이라는 것이다.

미국 교장의 별명은 '키 보이'인데 이는 학교 살림을 실지로 하다 보니 학교의 열쇠를 다 가지고 다니는 전통에서 온 이름이다. 그런데 이제는 매스터 키 하나만 가지고 다니면 학교의 모든 자물쇠를 다 열 수 있게 되어 있다. 교장은 학교의 실질적인 살림꾼인 것이다.

한국과 미국 교장의 생활을 대비시켜 보면 〈표 3-5〉와 같다.

〈표 3-5〉 한국과 미국 교장의 생활 비교

한국의 교장 생활	미국의 교장 생활
*교내·외 압력(내적 압력과 갈등 많음).	*주로 외부의 압력(정부, 주민)
*교장의 힘 빼기	*강력한 민주적 교장 요구
*학생 성적 등 본질에 덜 관심 가짐	*학생의 성취도에 책임 요구
*교사에 간섭 말라고 함	*수업 지도력으로 학력 성과 고양
*자살하는 교장 있어도 교장 희망자 많음	*떠나는 교장 많고, 교장 지원자 부족

*교장, 교사 모두 순환근무제(무상출입)	*교장의 교직원 추천권 또는 채용권(책임감)
*늦게 출근 – 일찍 퇴근해야 명 교장	*교사보다 일찍 출근 – 늦게 퇴근해야 함.
*방학 때 출근해야 함	*교사보다 연 30-50일 더 근무해야 함
*2, 3층 넓은 교장실에 '외로운 성주'	*현관 입구 좁은 교장실에 가시성 요구
*출장과 회의로 바쁨	*개별 학생 파악과 수업관찰, 교사평가로 바쁨
*교사에 근무평정 비밀로 함	*교사평가 근거 확보해야 – 본인에 공개
*교감과 행정직원 있어도 교사에 교무분장 부담시킴	*교장이 비서와 교감과 행정 모두 처리 (교사는 가르치는 일만)
*주어진 재정 내에서만 일함	*예산 삭감하면서 질 높은 교육 요구

미국 교장이 가장 신경 쓰는 것 중의 첫째는 아마도 '안전문제'일 것이다. 학생들이 학교에 공부하러 오기도 하지만 이보다 먼저 학생들이 학교에서 살고 있는 것이다. 학생들이 학교에 있는 동안 삶의 장소를 가정에서 학교로 옮긴 것이다. 학생들이 살고 있는 학교가 이 지구상에서 가장 안전하고 안락한 곳이어야 한다. 학교에서 아무리 공부를 잘 가르쳐도 학생에게 안전사고가 있으면 모든 것이 수포로 돌아가는 것이다. 사회가 불안하고 가정이 불안할수록 학교는 더욱 안전에 힘써야 한다. 우선 대부분의 학생들이 학교버스를 이용하여 통학하기 때문에 교통안전에 교장은 신경을 써야 한다. 미국에서 노란색 학교버스는 최우선순위의 차량이다. 학교 인근의 '스쿨존'도 최우선 안전지대에 속한다. 학생과 학부모로 구성된 '교통순찰대'의 활동도 교장·교감의 우선순위 직무이다.

걷거나 자전거로 통학하는 학생들도 정해진 시간에 등교해야 한다. 학교에 일찍 도착해도 학교 건물 안에 들어갈 수 없다. 밖에서 기다리다 시간이 되어야 교실로 들어갈 수 있는데 일기가 불순할 때는 강당에서 대기하고 교장이나 교감이 관리한다. 교사가 없는 상태에서 학생들은 교실에 들어갈 수 없다. 하교시에도 현관까지 안내하는 것은 교사의 책임이지만 현관서부터 버스에 타기까지는 교장 책임하의 교통당번 교사의 책임이 된다. 점심시간 운동장 이용시에도 마찬가지이고, 식당 이용시의 책임도 교장, 교감, 식당 감독 교사의 책임이 된다.

학생들은 위험한 장난감을 학교에 가지고 올 수 없게 되어 있다. 딱딱한 공도 가져올 수 없고 학교가 정해준 학년별 색깔의 공을 가지고 놀아야 한다. 각각 연 10회 정도의 엄격한 소방훈련과 '폭풍 · 번개대피훈련'도 하고 최근에 어떤 학교에서는 4회 정도의 '낯선 사람 훈련'도 한다. 그래서 학교의 모든 방문자는 현관 입구에 있는 학교 사무실에 신고하고 방문자 표시를 해야 한다. 학교에 방문자 표시가 없는 낯선 사람이 돌아다니면 즉각 신고가 들어간다. 학생들의 등교가 끝나면 모든 현관문이 잠기고 주 현관문 하나만 출입이 가능한데 이것도 카메라가 설치되어 교장과 비서가 출입자를 확인하게 된다. 이렇게 하여 최소한 학교 안에서라도 학생들의 안전을 확보하려고 하는데 그래도 학교 안에서도 총기 사건이 일어난다는 소식을 많이 들었을 것이다. 심지어는 초등학교 안에서도 끔찍한 총기 사건이 있었으니 교장이 안전에 최우선순위를 두지 않을 수 없다는 것을 아마 이해할 수 있을 것이다.

이런 미국의 현실에 비하면 우리 나라의 학교는 거의 안전 무방비 상태라고 할 수 있다. 학교는 사람들이 가장 밀집되어 있는 곳이다. 대구 지하철 같은 화재와 폭발사건이 학교에서 안 일어난다는 보장이 없다. 정신이상자가 무기를 가지고 학교에 침입하지 않는다는 보장도 없다. 성폭력자가 어린 학생과 여학생, 여교사만 있는 연약한 학교에 침입하지 않으리라 생각하고 방심할 수도 없다. 러시아에서와 같은 무장단체가 학교에 침입하지 않으리라는 확신도 갖기 어렵다. 이제 우리 나라 학교에서의 안전에 대하여 학교 관계자 모두가 경각심을 가져야 할 것이다.

미국 교장뿐만 아니라 모든 국민이 가장 우려하는 것은 둘째, 학생들의 훈육과 풍기의 문제이다. 성적이나 학력보다 이것이 더 우선이다. 흡연은 말할 것도 없고, 약물중독, 성폭력, 학교폭력, 파괴, 갱 싸움 등 많은 문제가 있는 것은 미국 빈곤층 학교의 오랜 전통이라고 할 수 있다. 미국의 중학교와 고등학교에서는 여학생이 임신하고, 애기를 낳고 학교에 나오기도 한다. 중학교와 고등학교에는 거의 모든 학교에 정규 경찰이 주재하는 '경찰실(police office)이 있어서 사건을 처리한다. 정규 교실(학급)에서 다른 학생들과 함께 수업할 수 없는 문제의 학생들을 별도로 지도하는 정학실이 있어서 별도의 감독 교사가 따로 지도하고 있었다. 여기서도 문제가 해결되지 않으면 다음 단계는 학교에 나오지 못하게 하는 진짜 정학의 단계로 넘어가게 되는 것이다. 중학교와 고등학교에서 학생의 기강과 훈육, 풍기, 사건처리는 거의 교감의 전담 직무라고 할 수 있다.

이 기강 · 훈육 · 생활지도와 관련하여 강조하는 것 중의 하나가 학생의 출석이다.

학생의 출석률은 학교 평판의 중요한 지표의 하나로 주교육부의 웹 페이지에 공개해 놓는다. 결석이 만병의 원인으로 보기 때문이다. 대개의 중·고등학교에는 학생 출·결석을 전담하는 사무실과 직원이 따로 있고 초등학교에서는 학교비서가 이를 처리한다. 첫 시간 출석이 확인되면 출석사항을 이 사무실로 보내면 즉각 컴퓨터에 입력되어 교육청 전체의 통계가 나오고, 무단결석자는 직원이 일일이 부모에게 전화를 걸어 확인한다. 확인이 안 되면 경찰에 수배의뢰를 하게 된다. 학생이 학교에 오는 동안 유괴되거나 사고가 난 것으로 추정하기 때문이다. 결석하는 학생은 범죄의 대상이 될 수도 있고 범죄를 저지르는 사람이 될 수도 있기 때문에 초동 단계에서 철저히 관리해야 하는 것이다. 물론 지각과 조퇴도 엄격하게 통제된다. 이런 점을 생각하면 우리 나라에서도 학생의 출·결에 대하여 좀더 세심한 관리가 요구된다.

셋째, 학생의 성취도에 대한 책무성을 들 수 있다. 지금 미국에서는 모든 것을 자꾸 표준화시키려고 하고 있다. 뒤쳐진 학생 없이 모두 표준 이상으로 끌어올리려는 것이다. 그래서 최소한의 표준은 모든 학생이 뛰어 넘어야 하고 이를 교장이 책임져야 한다는 것이다. 매년 4학년, 6학년, 9학년의 국어, 수학, 과학, 시민정신(사회)의 표준화학력고사를 치러 그 성적을 교육청별, 학교별로 누적하여 웹 페이지에 탑재해 공개하고 있다. 그리고 오하이오 주의 경우는 주 졸업시험(OGT)을 실시하여 이에 통과한 사람에게만 고등학교 졸업장을 줄 수 있게 하고 있다. 우리 나라에서 학생 성적에 대하여 교사가 전적으로 책임질 테니 교장은 수업에 참견하지 말라고 한다면 우리 나라 교장은 너무나 행복에 겨운 것이고 이런 나라의 교장을 미국 교장들은 몹시 부러워할 것이다. 학생을 잘못 가르친 것에 대하여 책임을 묻지 않는 우리 나라의 납세자와 국민은 참으로 너그러운 국민들이고, 여기서 학생을 가르치는 우리 나라 교원은 그야말로 해먹을만한 직업일지도 모른다. 미국 교장은 학생들의 성취도를 높이기 위해 유능한 교사를 확보하고 이들의 능력을 최대한 발휘할 수 있도록 하고, 시설과 교재를 마련해야 하고, 교육과정과 수업 프로그램을 연구·개발해야 한다. 교과서와 교재선택도 교장의 몫인데 이것도 교장에게 무거운 짐이 된다. 잘못 선택하면 학생, 학부모, 주민이 금방 항의하기 때문이다. 우리 나라에서 국사 교과서 선택의 문제 정도가 아니다. 교장은 수업에서 지도력을 발휘해야 하는 것이다.

넷째, 교장이 수업에서 지도력을 발휘하기 위하여 교사 팀을 구성(채용)하고, 수업을 관찰하고, 교사를 평가하는 교원인사는 교장에게 무거운 책임이 된다. 미국 교장과 교사는 앞에서 말한 것처럼 대개 한 학교로 임명되기 때문에 교장은 자기 학교의 교사를 거의 채용하거나 채용을 교육청에 추천하여 교사 팀을 구성할 수 있는 권한을 갖게 된다. 교사 채용의 권한을 갖게 되면 좋은 점도 있지만 채용을 위한 서류심사, 면접의 짐을 지게 되고 그 교사에 대하여 책임져야 하기 때문에 교장에게는 큰 부담이 된다. 권한에는 반드시 책임이 따른다는 것을 미국 교장들은 실감한다. 교사를 채용했기 때문에 그 교사의 수업과 행동에 대하여도 교장은 책임져야 하는 것이다. 교사 채용이 불공정하다고 느끼는 사람은 소송으로 가게 되기 때문에 여간 철저하지 않으면 안 된다. 교장은 교사의 수업을 관찰하고 평가를 해야 한다. 학기 초에 만족스럽게 평가되지 못한 항목에 대하여는 일정한 기간을 정하여 반드시 개선 · 시정하고 교육청에 보고해야 하는 것이다. 초임 1년, 2년은 대개 시보기간으로 교장의 평가를 잘 받지 못하면 교사를 그만 둬야 하고, 시보기간이 지나도 교사의 계속계약을 안 하게 되기 때문에 교장의 교사평가는 교장에게 가장 큰 부담의 하나이다. 미국에서의 교사평가를 우리 나라에서의 근무평정 정도로 생각하는 것은 큰 오산이다. 교사를 해고하거나 계속계약을 안 하려면 상당한 근거가 있어야 하고 교원단체를 설득시킬 수 있어야 하기 때문이다. 무능교사를 그냥 놔두고 있으면 세금을 내어 고용하는 교육위원회나, 주민, 학부모가 또 교장을 그대로 놔두지 않기 때문에 교장은 적당히 넘어갈 수 없게 된다.

다섯째, 미국 교장에게 어려움은 줄어드는 재정에 있다. 주민이 세금을 올려주지 않고, 주정부나 연방정부의 교육재정을 줄이면서 정부와 학부모는 좋은 교육과 높은 성적을 요구하기 때문에 미국 교장들은 재정에 골머리를 앓는다고 한다. 학교마다 바자회를 열고 기부금 모금에 열을 올리고 있다.

미국 교장제도와 관련하여 가장 이슈가 되고 있는 것은 심각한 교장부족(a severe principal shortage) 현상이라고 할 수 있다. 2000학년도 10월에 많은 학교가 교장 없이 개학했다고(9월 개학) 하고, Vermont에서 5명 중 1명이, Washington 주에서 15%의 교장이 지난 학기말에 퇴직하거나 사퇴하고, New York 시에서 163학교가 임시지도자(대리교장) 상태로 개학하여 미국 전체로 교장자리가 비어 있어 교장이 부족한데 이를 채울 지원자가 없다는 것이다(Ferrandino & Tirozzi, 2000). 한 조사에 의하면 응답자의 (1) 52%가 시골학교에서, (2) 45%가 교외학교에서, (3) 47%가 도시학교에서, (4) 50%가 모든 지역의 학교에서, (1) 55%가 초등학교에서,

(2) 55%가 중학교에서, (3) 47%가 고등학교에서, (4) 50%가 모든 학교 수준에서 교장 부족이라고 응답하여 미국 전역, 모든 학교 수준에서의 부족현상이라고 말할 수 있다(Hopkins, 1998).

이런 교장 부족의 원인은 여러 가지가 있겠지만 한 조사에 의하면 응답자의 (1) 60%가 책임에 비하여 불충분한 보상, (2) 32%가 지나친 스트레스를 받는 직무, (3) 27%가 너무나 많은 시간의 요구, (4) 14%가 충족시켜 주기 어려운 학부모와 지역사회의 요구, (5) 13%가 수업에 초점을 맞추지 못하게 하는 사회문제, (6) 12%가 경험 있는 교사의 적은 관심, (7) 7%가 테스트와 책무성에 대한 심대한 압력, (8) 6%가 전보다 만족하기 어려운 직무를 들고 있다(Hopkins, 1998). 그러나 근본적인 것은 (1) 어려운 일을 하는 만큼 존경과 경제적 보상이 따르지 않는다는 것과, (2) 스트레스가 많고 점점 더 교장을 하기가 어렵고 직장이 보장되지도 않고, (3) 자격증 따기가 어렵다는 점으로 압축될 수 있다.

첫째, 앞에서 말한 것처럼 미국 교장들이 격무에 시달리는 것 같다.

둘째, 미국 교장은 많은 스트레스를 받는다. 앞에서 말한 것처럼 학생 성적의 표준 도달, 기강문제 등으로 재계약이 불투명할 수도 있기 때문이다. 미국 교장이 도전해야 할 것들로 (1) 흑백통합을 위한 교통대책, (2) 교내외, 인근에서의 위법 · 위반, (3) 요구되는 사회복지서비스의 절대적 부족, (4) 40퍼센트에 달하는 탈락률, (5) 교장이 해야 할 수업지도력과 행정 서비스에 대한 실용적 기술의 부족, (6) 학생의 본질적 문제에서 오는 낮은 학업성취, (7) 영어를 제2외국어로 쓰는 학생인구의 증가, (8) 남녀 성 간의 격차 증가, (9) 평등성의 문제(Cooke, 2000, p. xi) 등 우리 나라에서와 다른 많은 문제가 쌓여 있다. 미국 교장들은 이런 스트레스를 감내하기 어렵다고 느끼고 교사들도 이를 느끼고 또 인정하고 있기 때문에 교장이 교사에게 교장되는 공부를 하라고 권하면 "왜 내가 교장을 하느냐?"고 반문을 받게 된다. 한국 교장의 스트레스도 만만치 않을 것으로 본다. 오죽하면 자살까지 하겠는가?

셋째, 교장 지원자가 없는 또 하나의 중요한 요인의 하나가 교장자격증을 따기 어렵다는 점이 지적되고 있다. 우리가 앞에서 이미 살펴보고 또 언급된 것처럼 교장을 비롯한 행정가 자격증을 따기가 어렵다. 최소한 석사와 박사의 중간 정도의 공부를 하고, 실습을 하고, Praxis II의 시험에 통과해야 하고, 2년, 5년마다 자격증을 갱신해야 하고, 또 우리가 선발과정에서 살펴본 것처럼 어려운 선발과정에 통과해야 하는데 보상은 신통치 않기 때문에 교장 지원자가 줄 수밖에 없는 것이다. 교장뿐만 아니라 미국에서 지도자의 위치에 오르려면 아주 험난한 과정을 거쳐야 하고 공증을 받아야 한다는 것을 우리는 깊이 인식해야 한다. 그래서 지도자들이 지금까지 이에 상응하는 존경을 받아왔던 것이다. 1999년 늦은 여름 미국 교육부장관 Riley도 그 심각성을 인식하고 50개주와, D.C, 괌, 버진 아일랜드 교장대표 115명과 회의를 갖고 "교장사관학교(West Point for Principals)"를 설립하겠다고 선언했는데 이것이 "미국학교지도자사관학교(a National Academy for School Leadership)"가 될 것이라고 한다(Ferrandino & Tirozzi, 2000). 여기에 Gates재단 등 기업체도 교육지도자양성에 수백만 달러를 배정하고 있다고 한다. 그리고 대학에서 양성하는 것이 이론에 치우친다고 하여 지역교육청에서 자신들의 교장을 길러내기에('Growing their own') 이른 것이다. Idaho 교육청에서는 교육청 관내 유망한 젊은 교사를 유치하여 학위를 받도록 격려하고, 인턴을 받을 수 있도록 해 주고, 보조행정가로 채용하기도 한다고 한다(Hopkins, 2003). 또 앞에서도 언급한 것처럼 몇 개 교육청이 협동하여 교장센터나 지도자센터를 직접 설립하여 운영하기도 한다. 우리 나라의 각 시도교육청연수원과 비슷한 셈이다.

IV. 교장제도의 다양화와 교장직의 전문성과 지도력의 확보

교장 양성제와 승진제의 결과로 나타난 현재의 상황을 앞에서 아주 개략적으로라도 살펴본 것은 앞으로 우리 나라에서 교장제도를 어떻게 다양화할 것이냐에 참고하고 시사점을 얻기 위해서이다. 결국은 다양화한다고 해도 양성제와 승진제에다 초빙제, 국가고시제 등을 조합해 볼 수 있는 정도이다. 선출-보직제란 말이 있으나 그 정체가 아직 확실치 않아 단정적으로 말하기 어려우나 우선 교장직은 선출직이나 보직이 아니기 때문에 곤란하다고 하지 않을 수 없다. 기관장은 보직이 아니다. 기관 내 기관의 직무수행을 위한 조직상의 자리가 보직이 된다. 보직은 기관장이 임명하는 것으로 대개 임기가 없다. 학교를 하나의 기관으로 보지 않고 교육청만을 하나의 독립된 기관으로 보고 학교를 교육청의 하나의 부서로 본다면 교장을 교육청의 보직으로 볼 수 있을지 모르나 이것도 좀더 검토해 볼 일이다. 그렇게 되면 학교의 독립성은 더욱 없어질 것이다.

교장이 선출직이 되려면 우선 학교가 주민의 독립된 자치의 단위가 되어 인사, 재정, 법제정 등 학교운영을 학교단위에서 독립적으로 할 수 있어야 한다. 그렇다고 하더라도 교장선출권자는 학교를 운영하는 학교의 주인인 마을 주민이 되지 주민에 의하여 고용된 교사가 될 수는 없다. 물론 교사 선발권도 주민에게 있게 된다. 교장도 교사도 한 학교로 마을 주민에 의하여 고용되는 것이다. 직접민주주의를 하는 스위스에서 마을 사람들이 교장을 선임하는 경우가 있다. 주민이 모든 교사를 먼저 다 선발하여 임용했다면 교사 중에서 교감 정도는 자치적으로 선발해서 교사의 대표 역할을 해보라고 할 수 있을 것도 같다. 교장은 교사의 대표만은 아니다. 스위스에서도 교사가 아닌 마을 농부가 교장을 하는 경우가 있다.

여기서 선발(selection)과 선출(election)의 용어를 구별해서 사용할 필요가 있다. 앞에서 살펴본 미국의 초빙제나 독일에서 교장을 임용하는 방법은 모두 교장 선발방법이지 지자체단체장이나 의원들을 뽑는 것과 같은 순수한 선출이 아니다. 대학총장도 보직이 아니며 선출이 아니라 선발이고 어디까지나 임명직이다. 원래 민주주의에서 선출직은 위에 책임질 사람이 없으며 투표권자인 주민, 시민, 국민에 대하여 책임을 져야 하고 이들이 책임을 묻는 것인데 이것이 주민의 Recall제가 된다. 임명직은 일단 임명권자에게 책임을 지고 임명권자에게 사표를 내야 한다. 교장 선발 과정에 교사나 학부모 대표가 참여하는 것은 미국제도에서 본 것처럼 있을 수 있으나 교사가 이동 없이 한 학교에 고정 근무해야 논리에 맞다.

교장양성제는 교장직을 전문직으로 보고 전문성 확보에 중점을 두는 제도라고 할 수 있다. 계층이나 서열이 아니라 가르치는 교사와 전공이 다르다고 보는 것이다. 나이를 중시하는 우리 나라에서는 어려운 점이 있을 수 있다. 젊은 지도자를 키우고 지도자를 중심으로 뭉칠 수 있는 나라에서 가능하다.

교장승진제는 대상자가 많아서 자원의 부족 문제가 없어서 좋을 것이다. 그런데 승진에 대한 인센티브가 없다면 승진 지원자는 급격히 줄어들 것이다. 현재처럼 승진대상자를 모두 점수화하여 기계적으로 선발하는 데는 문제가 있다.

교장을 국가고시제로 하여 자격증을 주고 임용하는 방안도 있는데 태국에서 시행하고 있다. 교직경력 5년 이상이면 교장 시험을 치를 수 있는 기본자격을 갖추게 되고 실제 5년 만에 교장이 되어 25년 간 교장을 하고 있는 태국 교장을 필자가 직접 만나보기도 하였다. 한때 우리 나라에서 교감을 시험을 봐서 승진대상자를 선발했던 적이 있는데 그때 우수한 교감을 선발할 수 있었다고 본다. 그러나 시험 준비의 폐해로 폐지되었다. 이제도도 이제 다시 전면적으로 실시하기는 어려울 것이다.

교장제도를 어떻게 다양화하든 첫째, 초점은 자질 높은 우수한 사람을 어떻게 선발하고 확보하느냐에 맞춰야지 골고루 나눠 먹기 식이나 경쟁완화, 인사정책의 편의성에 중점을 둬서는 안 된다는 점을 유념해야 한다. 교장직의 전문성과 지도력 확보가 우선되어야 한다. 여기에 초점이 안 맞춰질 경우 그 피해는 곧바로 학생, 학부모, 국민 그리고 교사 자신에게로 돌아가게 된다.

둘째, 교장이 전문성과 지도력을 발휘할 수 있는 여건을 마련해줘야 한다. 무법천지에서는 아무리 실력 있는 사람도 실력발휘를 못하고 오히려 열심히 실력발휘를 안 하려고 하게 만들고 또 그래야 이익을 보게 된다. 역시 그 피해는 학생과 국민에게로 돌아간다.

셋째, 실력 있는 우수한 교장에게 이에 상응하는 충분한 보상책을 마련해 주고, 대신 또 교장에게도 충분한 무서운 책임을 물어야 한다. 이것은 교사에게도 똑같이 적용되어야 한다.

마지막으로 교장제도를 다양화하려는 시도는 현시점에서 충분한 이유와 필요성이 있다고 보나 일시에 전면적으로 한 제도로 획일화하는 것은 또 다른 부작용과 문제점을 낳는다는 점을 고려하여 이를 경계해야 한다.

그래서 (1) 일정 비율의 교장을 엘리트 양성교육을 할 수 있도록 추가하고, 또 (2) 소수는 지금의 장학사 시험처럼 국가고사로 선발하기도 하여 젊은 교사로 하여금 지도자로 갈 수 있는 길을 조기에 터 줄 필요가 있다고 본다. 또 (3) 초빙제를 원칙과 본래의 취지대로 확대 실시하고, (4) 교사들이 원한다면 교육청과 학교운영위원회가 협동하여 교사를 먼저 선발하여 교사를 한 학교로 고정(순환근무가 아니라) 근무하게 하고 교사로 하여금 교장 선발에 참여하게 하는 방안도 제한적으로 시도해 볼 수 있고, (5) 반대로 학교운영위원회가 교장을 먼저 선택하고 교장으로 하여금 교사진을 구성하게 하는 방안도 시도할 수 있다고 본다. 그러나 현재대로 점수화로 획일화하는 제도는 보완을 요한다.

참·고·문·헌

김종건, 김명수, 유위준, 김동엽(2003).학교 경영 혁신을 위한 교장 자격 연수 프로그램 개발, 연구보고서, 한국교원대학교.

서정화, 서성옥, 김동희, 이수임(2002). 교장학의 이론과 실제. 서울 : 교육과학사.

서정화, 이윤식, 이순형, 정태범, 한상진(2003). 교장론. 한국교육행정학회.

Anderson, M.(1991). Principals : How to train, recruit, select, induct, and evaluate leaders for America's schools.(ERIC Document Reproduction Service No ED 337 843).

ASCD(1989). Instructional leadership[Videotape]. Alexandria, VA : ASCD.

Barnett, B. G.(1989). Using peer observation and feedback to reduce principals' isolation. Journal of Educational Administration, 27(2), 46-56.

Beck, Lynn G., Murphy, Joseph & Associates(1997). Ethics in educational leadership programs : Emerging models. Colombia, MO : UCEA.

Bennis, W. & Nanus, B.(1985). Leaders : The strategies for taking charge. New York : Harper & Row.

Brown, G. & Irby, B. J.(1997). The principal portfolio. Thousand Oaks, CA : Corwin Press.

Cooke, Gwendolyn J.(2000), Keys : To success for urban school principals. Arlington Heights, IL : Sky Light Professional Development.

Daresh, John C. & Playko, Marsh A(1997). Beginning the principalship : A practical guide for new school leaders. Thousand Oaks, CA : Corwin Press, Inc.

Drake, Thelbert L. & Roe, William H.(2003). The Principalship, 6th ed. Columbus, Ohio : Merril Prentice-Hall.

Dunklee, Dennis R.(2000). If you want to lead, not just manage : A primer for principals. Thousand Oaks, CA : Corwin Press, Inc.

Fenwick, L. T. & Pierce, M. C.(2001) "The principal shortage : Crisis or opportunity ? " Principal, 80(4), 24-28.

Ferrandino, Vincent L. and Tirozzi, Gerald N.(2003). "The Principal, Keystone of a

High-Achieving School : Attracting and Keeping the Leaders We Need" Principals' Perspective, Education Week, November 5, 2003.

Ferrandino, Vincent L. & Tirozzi, Gerald N.(2000). "The Shortage of Principals Continues" Principals' Perspective, Education Week, October 18, 2000.

Gates, Susan M., Jeanne S. Ringel, Lucrecia Santibanez, Karen E. Ross & Catherine H. Chung(2003). Who is leading our schools? : An overview of school administrators and their careers. Santa Monica, CA : RAND.

Hopkins, G.(2003). The principal shortage : Why doesn't anybody want the job? Education World, 2003. 5. 19.

Hopkins, G.(2003). The principal shortage--What can schools do to attract a new generation of school leaders? Education World, 2003. 5. 19.

Hopkins, G.(1999). Tenure or higher salary-Which would you take? Education World, 1999.

Hopkins, G.(1998). Help wanted : Qualified principals. Education World, 1998.5.25.

Keil, Virginia & Czerniak, Charlene(2003). "The Urban Principal Leadership Program." Connections, Vol. 5, Online publication, October 1, 2003.

Lindley, Frederick A(2003). The Portable Mentor : A Resource Guide for Entry-Year Principals and Mentors. Thousand Oak, California : Corwin Press, Inc.

Million, June(2003)."School Principals' Paychecks Reflect Cost of Living Increases " NAESP Press ReleaseApril 11, 2003.

Million, J.(1998). "Where have all the principals gone?" NAESP Communicator, 21(4), 5.

Paistash, Sharon H.(2002). What people think principals do. Lanham, Maryland : A Scarecrow Press, Inc.

Potter, L.(2001). "Solving the principal shortage." Principal, 80(4), 34-37.

Ribbins, Peter(2002). "Regarding Principals : Leadership Effectiveness and Improvement of Schools"

Richardson, L.(1999). "Principal : A tougher job, fewer takes." The Los Angeles Times, June 23, p. A1.

Seifert, Edward H. & Vornberg, James A.(2002). The new school leader for the 21st century : The principal. Lanham, Maryland : The Scarecrow Press, Inc.

Senge, P.(1990). The fifth discipline : The art and practice of the learning organization. New York : Doubleday.

Sergiovanni, Thomas J.(2001). The principalship : A reflective practice perspective. Boston : Allyn and Bacon.

Sergiovanni, Thomas J. "Moral authority, community and diversity : leadership challenges for the twenty-first century" in Kam-cheung Wong& Colin W. Evers(Eds.)(2001). Leadership for quality schools : International perspectives. London ; New York : Routledge/Falmer.

Skrla, Linda, David A. Erlandson, Eileen M. Reed & Alfred P. Wilson(2001). The emerging principalship. Larchmont, NY : Eye on Education.

Sparks, D. (1994). A paradigm shift in staff development. Journal of Staff Development, 15, 26-29.

Study warns of shortage of qualified candidates for principalship(1998, May). Copy Editor, 55. 1.

Tirozzi, Gerald N. &Ferrandino, Vincent L.(2003). "Leadership is Crucial," Education Week, November 5, 2003.

Ubben, Gerald, Hughes, Larry W. & Norris, Cynthia J.(2001). The principal : Creative leadership for effective schools, 4th ed. Boston : Allyn and Bacon.

US Bureau of Labor Statistics. Education Administrators. 2000-01 Occupational Outlook Handbook. Retrieved November 26, 2001 from 〈http : // www.bls.gov/〉.

Van Vesor, E. & Leslie, J. B.(1991). Feedback to managers. Volume II : A review and comparison of sixteen multi-rater feedback instruments, Greensboro, NC : Center for Creative Leadership.(ERIC Document Reproduction Service No. ED 351 391).

Wendel, F. C., Schmit, A. H. and Loch, J.(1992). Measurements of personality and leadership : Som relationships. Lincoln, NE : University of Nebraska.(ERIC Document Reproduction Service No. ED 350 694).

Wilmore, Elaine L.(2002). Principal leadership : Applying the new Educational Leadership Constituents Council(ELCC) Standards. Thousand Oaks, CA : Corwin Press, Ins.

Wong, Kam-cheung & Evers, Colin W.(ed)(2001). Leadership for quality schools : International perspectives. London ; New York : Routledge/Falmer.

Chapter 04

교장직의 전문성 제고를 위한 정책방향

I. 교육의 주인과 권한 관계

민주주의 국가에서 모든 권한은 국민으로부터 나온다. 교육에 관한 모든 권한도 국민으로부터 나온다. 그러므로 교육의 주인은 국민임에 틀림없다. 지방교육자치를 하고 있는 우리 나라에서 지방교육에 관한 권한은 시 · 도 주민에게 있고 시 · 도교육의 주인은 시 · 도 주민이다. 시 · 도 주민이 시 · 도 교육에 관한 의사결정에 다 참여할 수 없기 때문에 그 대표자를 뽑아 그 권한과 책임을 맡긴 것이 시 · 도교육위원회와 시 · 도교육감이다. 외국에서는 교육위원회 밑에 교육감이 들어가게 되어 있는데 우리 나라에서는 시 · 도교육위원회와 시 · 도교육감이 시 · 도 주민으로 부터 각각 권한을 독립적으로 직접 받아온 독립기구로 되어 있다. 그래도 시 · 도교육위원회는 최고의결기구(governing body)이고 시 · 도교육감은 집행기구(chief executive)이다. 교육위원회는 주민의 대표성이 강조되어 비전문인의 최고통제기구(lay control)인데 우리 나라에서는 일정 수의 교육위원에게 교육 경력을 요구하고 있다. 교육감은 집행관으로서 교육전문가인 것은 외국이나 우리 나라나 공통이다. 시 · 도 주민이 이런 교육을 원한다고 대표자 교육위원회에서 결정을 하면 집행관인 교육감은 교육전문가로서 시 · 도주민이 원하는 교육을 해내야 하는 체제이다. 주민이 내 발에 맞는 구두를 지어달라고 발을 내밀면 구두장이 전문가 교육감은 주민의 발에 맞는 구두를 지어 내듯이 시 · 도 주민에 맞는 교육을 해내야 하는 것이다.

시 · 도교육감은 시 · 도교육의 책임자로서 시 · 도 내 모든 학교의 학생 교육을 혼자서 다 해낼 수 없기 때문에 학교장을 임명하여 한 학교의 책임을 맡긴 것이다. 학교장은 한 학교 교육의 책임자이다. 교장도 혼자서 모든 과목, 모든 학년의 학생 교육을 혼자서 다 할 수 없기 때문에 교육감이 제공해 준 교직원에게 부분적으로 위임하여 학교교육을 하게 되는 것이다. 권한관계가 주민 → 교육감 → 교장 → 교사로 이어져 내려온 것이다. 관료제라고 할지 모르지만 엄연한 권한의 위임관계와 흐름이다. 권한관계를 그림으로 다타내면 [그림 4-1]과 같다.

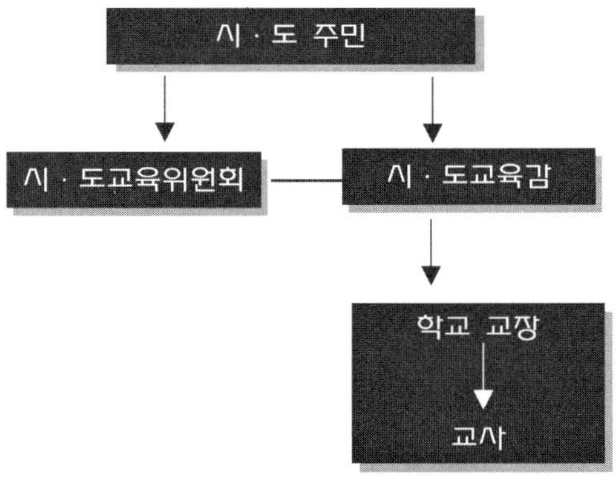

[그림 4-1] 교육자치제에서의 권한의 위임 관계

여기서 논리적으로 모순이 되는 점은 첫째, 시 · 도 주민이 권한을 시 · 도교육위원회와 시 · 도교육감에게 동시에 나누어 주었다는 점이다. 즉 시 · 도 주민은 시 · 도교육위원회에만 권한을 주고 시 · 도교육감은 시 · 도교육위원회로부터 권한을 받아왔어야 하는 것이다. 즉 시 · 도교육감은 시 · 도교육위원회에 책임을 져야 하는 것인데 지금은 권한을 받아온 시 · 도 주민에 대하여 직접 책임을 지게 되어 있는 것이다.

둘째, 그리고 현재 학교운영위원이 시 · 도교육위원과 시 · 도교육감을 선출하게 되어 있는데 학교운영위원이 주민 전체도 아니고 시 · 도 주민의 대표자도 아니라는 점이다. 시 · 도교육은 학부모나 학교운영위원의 것이 아니라 시 · 도 주민 전체의 것이다.

셋째, 학부모는 학교 가까이 있고 교사와 가까이 있지만 교사와 직거래 하지 않았다는 점이다. 학부모가 자신의 자녀를 특정 교사에게 가르쳐 달라고 직접 부탁하지도 않고 부탁할 수도 없는 것이다. 반드시 교육위원회와 교육감을 통해서 그리고 교장을 통해서 권한을 부여했다는 점을 유의해야 한다. 그렇기 때문에 학부모는 자기 자녀를 가르치는 교사에게 문제가 있어도 교육감을 통해서 교장에게 책임을 물어야 한다. 학부모는 교사에게 직접 책임을 물을 수도 없고 교사가 학부모에게 책임을 질 수도 없다. 교사는 교장에게 책임을 지고 최종적으로는 교육감에게 책임을 져야 한다. 학교의 창구는 교장 하나이다. 교사에게는 가르칠 권한이 있지만 학생과 교과, 교육과정을 교사가 임의로 선택해서 가르칠 수는 없다.

넷째, 여기서 문제는 학교가 자치를 할 수 있는 자치의 단위가 아니라는 점이다. 우리 나라에서 자치의 단위는 시・도교육청이다. 학교에는 인사권도 재정권도 없다. 교장이 학교교육에 대하여 책임자라면 최소한 교직원 임명권이 있어야 하는데 교육감이 임의로 교직원을 임명해 놓고 교장이 어떻게 그 교사에 대하여 책임을 지고 학생교육에 대하여 책임을 질 수 있겠는가? 거기다 교장도 교직원도 수시로 무책임하게 순환근무제로 학교를 이동한다는 데에 우리 나라 교육의 무책임성이 드러나고 있다. 또 교사도 원하는 학교와 교장을 선택해서 책임지고 근무할 수 있어야 하고 교장과 학교도 교직원을 선택해서 팀을 구성할 수 있어야 한다. 지금은 학교도 교직원 선택권이 없고 교직원에게도 학교 선택권과 교장 선택권이 없다. 학교의 주인인 주민들이 주인 노릇을 안 하거나 못하고 있는 셈이다. 주민으로부터 권한을 받아온 교육감이 임의로 또는 기계적으로 교직원을 순환시키고 있는 것이다. 교장이 학교교육에 책임자가 되려면 최소한 교직원 임명권이나 추천권이 있어야 하고 교장도 교직원도 한 학교로 임명을 받고, 사고가 있으면 전보를 할 것이 아니라 교직을 떠나게 하여야 한다.

다섯째, 형식상으로는 시・도 단위 지방교육자치를 하게 되어 있으면서 교원의 신분이 국가교육공무원이라는 점이다. 시・도 주민이 자신들의 세금으로 임용한 사람들이라야 교직원에 대하여 실질적인 주인 노릇을 하고 자신들이 고용한 사람들에 대하여 책임도 물을 수 있고 보상책과 유인책도 쓸 수 있는 것인데 지금은 시・도교육의 주인인 시・도 주민들이 교직원에 대하여 인사권을 가지지 못하기 때문에 시・도 단위 자치도 못하고 이것이 학교단위 행정에도 영향을 주고 있는 것이다. 돈이 있어 교원 수를 늘리고 싶어도 늘려서 좋은 교육을 할 수도 없고 보상을 많이 해줘서 우수한 교직원을 확보하고 싶어도 그럴 수 없게 되어 있는 것이다.

어쨌든 교장, 교사를 포함한 모든 교직원은 형식상으로라도 시 · 도 주민에 의하여 고용당한 사람으로 봐야 한다. 일단 모든 교원은 기본적으로 주인을 섬기는 자세로 임해야 할 것이다. 교장직에 관한 정책도 이해집단의 이익보호를 위해서가 아니라 어떻게 하면 주인인 국민을 위해서 잘 봉사할 것인가에 초점을 맞춰 모색될 것이 전제되어야 한다.

미국에서는 학교의 행정은 교장, 교감, 비서 몇 명이서 도맡아 다 처리하고 교사는 가르치는 일에 전념한다. 미국의 교사는 가르치는 일에만 교육과 훈련을 받았기 때문에 교장의 일을 하라고 시켜줘도 못하겠다고 한다. 그래서 지도자의 트랙으로 옮기고 싶으면 대학원 교장코스에 입학하여 교육받아 교장자격증을 획득하고 공모에 지원하여 선발돼야 한다. 미국의 지도자는 고달프고 많은 책임을 짊어져야 한다. 교사들이 교실에 남아 있어도 손해볼 일 없고 교실에서 만족하고 행복할 수 있는 여건을 확보해 줘야 한다.

자살하려면 교장을 하지 말아야 한다. 편안하고 대접받으려고 하는 사람도 교장이 되지 말아야 한다. 편하게 지내려고 하는 사람이 지도자가 되는 것은 모든 사람을 위해서 불행하다. 하는 일도 별로 없고 책임도 질 일이 없는 교장직이라면 국민의 세금을 주고 자리를 만들어 놓을 필요가 없다.

우리 나라에서 어떤 교장 상을 그리고 어떤 교장을 그릴 것이냐에 합의나 공감대가 어느 정도 형성돼야 교장 정책의 방향도 서게 된다. 먼저 현재 어떤 사람들이 교장을 하고 있는지 알아볼 필요가 있다. 정책 방향을 모색하는데 도움이 될 수 있기 때문이다. 우리 나라 교장의 인적 구성의 현실을 개략적으로라도 살펴보려는 것이다.

II. 현행 우리 나라 교장제도의 문제

우리 나라 현행 교장제도는 우리가 잘 아는 것처럼 교사 – 교감 – 교장으로의 승진 임명제라고 할 수 있다. 교사직을 오래 하면(경력), 그리고 수업을 잘하면(우수교사) 교육행정도 잘 할 수 있다는 전제가 밑바탕에 깔려있는 승진제도이다. 이런 가정이 언제나 진(眞)이었다면 현 제도에 문제가 없어야 한다. 그러나 문제가 있기 때문에 개선 방안이 요구되는 셈이다.

우리는 교장제도에 대하여만 논의를 많이 하는데 사실은 교감으로의 승진에서부터 다뤄야 한다. 교감 승진이 가르치는 전문으로부터 행정하는 전문으로 전공을 바꾸는 아주 중요한 시기이기 때문이다. 미국의 경우는 교감자격증이 따로 없고 교장자격증 하나 가지고 교감도 하고 교장도 할 수 있고 교감과 교장을 합쳐서 'Principals'라고 하여 거의 동급으로 다룬다.

현재 우리 나라에 교장 초빙 임용제도가 있기는 하지만 교장 임기제 때문에 생긴 임기 연장을 위한 편법으로 운영되어 이는 별로 교장제도에 기여를 못하고 있다.

교장임기제는 여러 사람에게 교장의 기회를 주기 위한 수단으로 이용되었기 때문에 이 제도는 논리도 없고 여기서 다루는 전문성에도 역행하는 일종의 편법이라고 할 수 있다. 교장도 똑같은 교원이고 교육공무원인데 왜 하필이면 교장에게만 임기제를 적용해야 하는지 설명할 길이 없다. 임기제가 좋으면 모든 직급에 동일하게 적용되어야 할 것이다. 교장의 전문성이 필요하다고 생각하면 최소한 연임제로 계속할 수 있어야 논리에 맞을 것이다.

선행 연구에서 한만길(2004)은 현행제도의 문제점으로 (1) 교장의 자질 적합성을 검증하는 기능 취약, (2) 경력 중심의 자격 요건, (3) 상급자 중심의 승진임용으로 인한 관료주의 행정 풍토, (4) 승진평정 및 승진절차의 문제, (5) 교사들이 승진에 집착하는 경쟁 풍토, (6) 임기제 연장의 수단으로 이용되고 있는 초빙제, (7) 자격연수 시간의 부족 및 내용의 부적절 등을 지적하고, 김명수(2004)는 (1) 경력중심의 자격 요건과 승진임용 평정의 타당성에 관한 문제, (2) 학교경영자로서 전문성 확보의 문제, (3) 교장자격연수 기간과 내용의 적합성 문제, (4) 교장의 능력 활용 문제(규제), (5) 교사들의 승진 집착 경쟁 풍토에서 오는 문제, (6) 교장의 학교경영 전문성과 교사의 학급경영 전문성 및 수업전문성 차이, (7) 인재발굴에 직면한 초빙교장제의 문제를 지적하고 있는데 이외에도 더 많은 문제점이 제기될 것이다.

그러나 장점도 있을 수 있다. 우리 나라의 경우 초임교사 시절부터 교무분장 또는 사무분장이란 이름으로 젊은 시절부터 사무와 서기적인 일로 행정 냄새를 맡고, 부장교사를 거치면서 학교의 중요한 실질적인 행정의 경험을 하게 된다. 이런 일을 미국의 경우는 교감이나 비서, 교장이 다 처리할 일이다. 그리고 교감으로 근무하면서 행정 실습을 충분히 갖추게 되는 셈이다. 이런 경험이 어떻게 보면 미국의 경우로 치면 교장자격 과정의 인턴이나 실습에 해당될 것이다. 연령과 경력을 중시하는 우리 나라 과거의 풍토에는 맞는 제도였을지 모르나 그 틀을 깨려는 현재와 미래 지향적으로 보면 연령과 경력에 의한 학교행정이 맞지 않기 때문에 문제로 지적되고 있는지도 모른다.

미국의 경우는 주마다 다르지만 교사경력 3년 이상에 석사학위 소지자가 교장양성 교육의 허가를 받은 대학원에 진학하여 졸업하면서 주교육부 발행의 2년 유효의 임시교장자격을 받고, 공모에 선발되어 멘터의 지도를 받으며 2년간 근무하면서 평가를 받아 통과해야 5년 유효의 교장자격증을 받고 계속 연수에 의하여 자격증을 갱신하고, 2, 3년씩 계속계약을 받아 근무하게 된다. 그래서 미국의 교장제는 양성공모(초빙)제라고 할 수 있다.

III. 교장직의 직무 명료화와 전문성

교장은 무엇을 하는 사람인가? 교장이 하는 일이 무엇이라고 규정하느냐에 따라 교장의 양성교육이나 연수교육의 내용, 자격 조건, 선발과 임용의 모든 정책이 달라질 수 있다. 일반인이 교장을 할 수 있느냐, 교사가 교사를 했다 교장을 했다 전문성 없이 왔다갔다할 수 있느냐 하는 결정도 할 수 있을 것이다.

앞 장들에서 이미 소개된 것처럼 교장의 직무를 규정하기 위하여 그 동안 (1) 법적인 접근, (2) 역사적인 접근, (3) 업무, 과업적인 접근이 있었는데, 최근에 미국에서 (4) 직무수행 기준 접근이 널리 적용되고 있다. 교장의 전문성은 바로 교장의 직무수행에서의 전문성이라고 할 수 있다. 교장의 직무를 얼마나 잘 수행할 수 있느냐가 바로 교장의 전문성이라고 할 수 있다.

법적인 접근은 특히 성문법을 강조하는 동양 쪽에서 교장의 직무를 법률로 명시하는 것이다. 우리 나라에서 초·중등교육법에 "교장은 교무를 통할하고 소속 교직원을 지도·감독하며, 학생을 교육한다."고 규정해 놓은 것이 법적인 접근의 한 예이다. 여기서 '교무를 통할'한다는 것은 학교의 모든 업무(校務)를 교장이 책임지고 수행한다는 의미로 가르치는 업무(教務) 뿐만 아니라 학교경영 모든 업무를 책임져야 하므로 가르치는 일만 훈련받은 교사가 특별한 훈련과 교육 없이 이 일을 담당하기는 어렵다고 본다. 현재 우리 나라의 교장들도 가르치는 일 이외의 경영과 관리에 더 어려움을 느끼고 여기에 더 많은 시간을 빼앗기고 있는 것이다.

'소속 교직원을 지도 · 감독'하는 직무에는 교사뿐만 아니라 일반 행정직원도 포함되고, 또 지도 · 감독에는 수업과 교사에 대한 '장학'이 대부분의 비중을 차지하는데 이 '장학'도 전문적 교육과 훈련을 요하는 것으로 일반인이나 교사가 교육과 훈련 없이 곧바로 하기 어려운 직무에 속한다.

'학생교육'의 직무는 교장도 교사와 똑같이 학생교육의 직무를 수행한다는 의미이다. 직접 수업을 안 하더라도 교장의 한 마디 한 마디 말과 행동 하나하나가 다 직접 학생에게는 교육이 된다. 모든 교사에게 교사자격증을 필수로 요구하고 있는 우리 나라에서는 교사자격증이 없는 일반인은 교장이 될 수 없다는 조건이 된다. 교사자격증 없이 자립형 사립고등학교 교장을 하게 되어 있는 현 제도는 법률적으로 모순을 일으키고 있는 셈이다.

우리 나라 교장의 직무를 명확히 밝혀 직무수행의 정도를 확인하고 책임도 분명하게 밝혀 놓을 필요가 있다.

역사적인 접근으로 볼 때도 교장의 이미지는 변해 왔다. 우리 나라에서는 교장의 이미지가 어떻게 변해 왔는지 시대별로 자세히 연구된 것이 없으나 권위적 교장에서 민주적 교장으로 변해 오고 있는 것만큼은 분명한 사실일 것이다. 최근에는 민주적 교장시대라기 보다는 오히려 교장 수난시대라는 표현이 더 적절할지도 모른다. 그러나 미국에서는 시대에 따라 약간씩 교장의 이미지가 바뀌어 온 기록이 있다. 처음으로 학년제 학교가 설립되면서부터 전임 교장이 생기게 되었는데 이 당시 교장이 하는 일은 학생의 출석 기록, 학생 수 보고, 학교 재정, 회계 등 교장의 직무는 서기적인 일이었다. 차츰 학교가 커짐에 따라 학년제가 되고 분과제가 됨에 따라 교장의 직무 중 관리적 측면이 강조되었다. 이어서 19세기 말에 와서 교장은 장학의 책임과 수업 개선의 책임이 주어지게 되었다. 그리고 20세기에 접어들어 교장직은 급성장하게 되었다(주삼환, 1986).

교장 직무를 ① Mr. Chips(소설 속의 교장 이름을 따서)의 이미지, ② 수석교사의 이미지, ③ 행정가로서의 이미지, ④ 변화 촉진자로서의 이미지, ⑤ 지도자로서의 이미지로 분류하여 볼 수 있다.

첫째, Mr. Chips의 이미지란 앞에서 잠간 언급된 것처럼 교장이 학생 개개인에 대하여 잘 알고 개인적 관심을 갖는 친절하고 이해심 많고 체계적인 교장의 이미지로 조그마한 안정된 학교 상황에 알맞다. 미국에서도 오늘날 교장에게서는 이러한 이미지를 찾기 어렵다.

둘째, 수석교사(principal teacher)의 이미지는 교육과정이 단순하고 교사교육이 엉성하여 교장이 수업・장학만 했던 시절로 교장이 모든 과목에 대하여 더 잘 알고 다른 교사보다 더 잘 가르치는 교사라는 데서 나온 이미지다. 지식의 폭발과 교수 전문가로서의 교사 양성교육이 이루어짐에 따라 이런 개념은 시대에 뒤떨어지게 되었다. 수석교사가 곧 교장인데 교장의 'Principal Teacher'에서 'Teacher'가 떨어져 나가 교장을 그냥 'Principal'이라고만 불러도 된다. 교장이 아닌 수석교사를 두자는 안이 나오고 있으나 한 학교에 두 수석이 있을 수 없다고 보기 때문에 필자는 이 안에 반대 입장이다.

셋째, 행정가로서의 이미지는 20세기 초 도시가 커지고 교육구가 점점 커짐에 따라 학생과 교사, 재정 공급 등에 관하여 많은 자료를 수집・처리하고, 통계 자료를 교육청과 교육위원회에 보고해야 했으므로 교장은 많은 시간을 행정적인 일로 보내야 했었다. 오늘날도 행정업무를 교장의 본업으로 아는 교장이 대다수이다.

넷째, 변화촉진자로서의 이미지는 1960년대 미국에서 교육혁신과 개혁이 강조된 이래 중요한 개념으로, 교장이 새로운 아이디어를 소개하고 실제 운영하기 위하여 전문 인력을 채용하고, 기존 직원을 재훈련하고, 충분한 자원을 공급하며, 시설을 고치고 예산을 마련하며, 적절한 평가절차를 마련해야 했는데 이 개념이 더 계속되어야 할 것인지는 아직 미지수이다. 우리 나라에서 교육개혁이 강조되고 있으나 교장은 변화촉진자는 고사하고 변화에 끌려가기도 바쁜 실정이라고 봐야 할 것이다.

다섯째, 지도자로서의 이미지는 교장의 지도성 역할에 관하여 지난 50년 동안 계속되었으며 앞으로도 최소한 50년은 더 계속될 것이라지만 지도자로서의 교장의 개념을 어떻게 분명히 하느냐가 문제시되고 있다. 역사적으로 교장의 직무를 고찰해 볼 때 교장직은 더욱더 전문성을 요구하고 전문화의 방향으로 가게 되지 전문성 없이 일반인이나 교사가 담당하는 쪽으로 퇴보하는 방향으로 갈 수는 없다는 것을 알 수 있다.

세 번째 교장의 직무가 무엇인지 명확히 밝히려는 접근으로 교장이 실제하고 있는 업무와 과업이 무엇인지 알아보려는 것으로 과거에 여러 학자가 「교장론」(The

Principalship)의 교과서에 담고 있는 내용을 종합해 보면 (1) 수업과 교육과정, (2) 교직원 인사, (3) 학생 인사, (4) 재정과 사무 관리, (5) 시설과 건물 관리, (6) 지역사회와 대외관계라고 할 수 있다. (4)와 (5)를 합쳐 '재정 · 시설 · 사무관리'로 묶을 수도 있을 것이다. (1) 수업과 교육과정이 교육의 본질이고 핵심에 해당하는 것으로 일반인이 하기 어려운 영역이고, (2), (3), (6)이 교육본질과 행정을 모두 알아야 할 영역으로 훈련을 요하는 영역이고, (4)와 (5)가 지원체제로 역시 교사에게는 교육과 훈련을 요하는 영역이다. 교장의 과업영역 접근으로 볼 때도 교장직을 잘 수행하려면 교장자격을 위한 교육이나 훈련 없이 일반인이나 교사가 직접 교장직을 담당하기는 어렵다는 것을 인정하지 않을 수 없을 것이다.

네 번째로 최근에 미국에서 열을 올리고 있는 교장의 직무수행을 위한 기준과 표준을 정해 놓고 이를 중심으로 교장양성을 하고, 능력개발을 하고, 직무수행을 평가하려는 직무수행 기준(standards) 접근이라고 할 수 있다. 지금 미국은 모든 면에서 쥐어짜는 Standard가 강조되고 있는 셈이다. Standard를 정해 놓고 학생이고, 교사고, 교장이고, 학교고 모두 Standard에 도달하라는 것이다. Standard에 도달하지 못하면 책임지고 물러나라는 정책이라고 할 수 있다. 이렇게 숨통을 조이고 있어 이에 대한 반발도 심하다.

1994년부터 시작하여 2년여에 걸쳐 미국 24개 주가 참여하고 여러 교육전문단체가 참여하여 "Interstate School Leaders Licensure Consortium(ISLLC) Standards"를 개발하여 1996년부터 사용하던 것을 다시 미국교사교육평가인정협의회(National Council for the Accreditation of Teacher Education ; NCATE)와 협동 노력에 의하여 ISLLC기준을 약간 수정하여 "Educational Leadership Constituent Council(ELCC) Standards"를 정해 놓고 교장 양성교육과 연수, 평가의 기준으로 삼게 된 것이다. 그래서 이제는 「교장론」(The Principalship)의 교과서도 이 기준에 맞춰 쓰여 지고(Wilmore, 2002 ; Seifert & Vornberg, 2002), 각 대학원의 교장 양성코스도 이 기준에 맞춰 제정되고 심지어는 교수의 강의계획서에 교수요목이 어느 기준과 관련되는지 명시하고 있으며, 기성 교장의 연수도 이 기준에 맞추고, 교장 평가기준, 교장교육기관평가 기준도 이 기준에 맞춰가고 있는 실정이다.

이 기준은 제2장에서 자세히 제시한 것처럼 (1) 비전, (2) 학교문화와 수업프로그램, (3) 관리, (4) 학부모와 지역사회 관계, (5) 행정가의 윤리, (6) 광범한 상황적 맥락, (7) 인턴과정의 7개영역에 걸쳐 교장은 무엇을 알아야 하고(knowledge),

무슨 기술을 가져야 하고(skills), 무엇을 할 수 있어야 하며(ability), 어떤 성향(disposition)과 자질과 능력을 갖춰야 하고(competences, proficiencies), 무엇을 어떻게 직무수행으로 보여줘야 하는지를(job performance, acting ethically) 분명히 밝혀 놓고 있다. 이런 기준을 보면 일반인이나 교사가 상당한 훈련과 교육 없이 감히 교장을 하겠다는 주장을 할 수 없게 되는 것이다. 그러다 보니 앞에서 언급한 것처럼 미국에서는 교장을 하겠다는 지원자가 부족할 것으로 예상되어 오히려 문제가 되고 있는 실정이다. 앞으로 우리 나라에서도 적당히 자리나 차지할 교장은 많을 수 있으나 21세기 경쟁력 있는 한국 교육을 이끌 능력 있는 지도자 교장을 확보하기는 그리 쉽지 않을 것으로 본다.

이외에도 미국 장학교육과정개발학회(ASCD, 1989)는 교장의 중요한 지도력의 기능으로 (1) 학교에 비전감(sense of vision) 제시, (2) 실질적 의사결정으로 참여적 경영을 하게 하는 것, (3) 수업에 지원을 하는 것, (4) 수업에 개인적 지도를 하는 것(Mentor), (5) 자원제공자가 되는 것을 들고 있고, 원칙중심의 지도자(Principle-Centered Leaders, Covey, 1991)는 (1) 계속적으로 배우고, (2) 봉사중심적이고, (3) 긍정적 정열을 발산하고, (4) 다른 사람을 신뢰하고, (5) 균형잡힌 삶을 유도하고, (6) 모험적이고 개척적인 삶을 추구하고, (7) 통합적이고, (8) 자아 혁신적이라고 하면서 미국에서는 이러한 교장을 기대하고 있는데 우리에게 참고가 될 수 있다. 그리고 Bennis(Bennis & Nanus, 1985)는 지도자에게 중요하게 요구되는 것으로 (1) 비전을 통한 주의집중의 형성, (2) 의사소통에 의한 의미감 부여, (3) 자리매김에 의한 신뢰 부여, (4) 긍정적이고 계속적인 자아관심을 통한 자아의 개발의 네 관리능력, 즉 주의집중의 관리, 의미의 관리, 신뢰의 관리, 자아 관리의 능력을 지도자의 중요한 관리 능력으로 들고 있다. 이러한 관리능력 없이 지도자가 된다면 그 피해는 돈으로 계산하기 어려울 정도로 막심하다 하지 않을 수 없다.

줄여서 말하면 교장은 (1) 교육자이고, (2) 최고집행자이고, (3) 전문적 자문자라고 할 수 있다. 교장은 우선 교육자이고 학생교육의 책임자이다. 그래서 교장은 교육지도자이고, 장학지도자이며, 수업지도자이다. 그래서 학생교육이 잘못 되고 성적이 기준에 미달될 때 교장은 책임을 져야 하는 것이다. 학부모와 국민은 교사 이전에 교장을 믿고 학생을 학교에 보내는 것이다. 학생교육에 책임을 지지 못하는 교장직을 둘 필요는 없다고 본다. 그래서 관리와 경영을 강조하는 미국에서도 교장에게 최소한의 교사경력을 필수로 하고 있고 미국 교장의 평균 교사경력은 14년 이상이다. 교장은 교육자이기 때문에 일반인은 교장이 될 수 없다.

교장은 최고집행자이다. 학교운영위원회와 교육위원회가 결정한 사항을 책임지고 집행해야 하는 것이다. 물론 대부분이 교직원의 손과 발을 통해서 집행되어야 하나 어디까지나 책임은 교장에게 있다. 집행력이 없는 지도자에게는 책임도 없다. 지도자는 집행할 수 있고 또 무서운 책임도 질 수 있어야 한다. 교장은 자신의 집행에 대하여 학교운영위원회와 임명권자, 학부모와 교육위원회, 세금을 내는 국민에게 책임을 져야 한다. 교사는 학교 전체의 집행에 대하여 교육과 훈련을 받지 않았고 책임을 질 수 있는 입장에 있지 않다. 교장은 교사에 비하여 Specialist이기 보다는 Generalist이다. 교사는 Specialist이기 때문에 특정 부분에 대하여만 책임을 지지만 교장은 Generalist로서 학교 전체에 대하여 일반적인 책임을 져야 한다.

교장은 전문적 자문자이어야 한다. 특히 학교운영위원회가 교육적으로 올바른 결정을 할 수 있도록 교육적으로 전문적인 자문을 해야 한다. 학교운영위원이 모두 항상 교육전문가일 수는 없으므로 교육전문가인 교장이 충분한 자료와 정보를 가지고 최고의사결정기구에 자문을 해야 정치적이 아니라 교육적으로 학생들에게 유익한 결정을 할 수 있고, 그래야 이어서 교장도 그 결정을 교육적으로 집행할 수 있는 것이다. 물론 교장이 전문적 자문을 잘 해야 학교운영위원회도 교장의 전문성을 존중하는 결정을 하게 된다.

우리 나라에서 제일 먼저 해야 할 일은 교장의 직무를 명료화하는 작업이라고 본다. 교장의 직무가 분명해야 이 직무를 충실히 해낼 수 있는 전문성 높은 교장을 길러내기 위한 정책을 수립할 수 있는 것이다. 교장의 직무가 분명히 밝혀지지 않고 합의가 이루어지지 않은 상태에서 이해집단에 따라 각각 다른 주장을 하고 충돌하는 것은 비생산적이라고 본다.

IV. 교장 임용정책의 방향

필자가 그리고 있는 교장 상과 교장의 직무를 염두에 두고 앞으로 지향해야 할 정책의 방향을 모색하고자 한다. 먼저 몇 가지 기본 전제가 있어야 한다.

첫째, 일시에 전국 획일의 혁명적 변화는 조심해야 한다. 수십 년 동안 굳어져 있는 제도를 일시에 바꾸면 부작용이 우려될 뿐만 아니라 새로운 제도에 의하여 희생되고 피해를 보는 사람들이 많이 생길 수 있기 때문이다.

둘째, 우리 나라는 지방교육자치제를 하는 나라이므로 교장제도도 시・도교육청별로 달라야 한다. 시・도교육청에 교장제도 선택권을 줘야 한다.

셋째, 교장제도보다 교감제도를 먼저 고려하거나 동시에 고려해야 한다. 교감이 되면 거의 교장이 될 수 있고, 교감서부터 교사로부터 교육행정가로 전환하는 시기로 보기 때문이다.

넷째, 교장의 전문성을 높이고 교육의 주인인 국민에게 봉사를 잘하여 교육의 질을 향상시킬 수 있는 전문성을 갖춘 우수한 교장을 확보하기 위한 교장제도와 정책이어야 한다는 점이다. 골고루 나누어 먹기식 교장직을 위한 교장 정책을 생각해서는 안 된다. 교장의 전문성을 강화하려면 최소한 교장 연임금지 규정은 폐기되어야 한다.

다섯째, 교사, 교감, 교장, 일반직에게 같은 원칙이 적용되어야 한다는 점이다. 교장에게 임기제를 적용하려면 교사, 교감, 일반직에도 똑같이 임기제를 적용하고, 교장 선출제를 하려면 교사, 교감, 일반직도 모두 선출제를 하고, 일반인 교장제를 하려면 교사, 교감, 일반직도 모두 일반인에게 개방하고, 초빙제, 공모제를 하려면 교사, 교감, 일반직도 모두 초빙제, 공모제를 적용하라는 것이다. 학부모나 국민의 입장에서 보면 교장에게 불만이 있는 것이 교사, 교감, 일반직에게도 똑같이 있다는 것이다. 국민과 학부모는 지금 교사, 교감, 일반직 공무원에게 만족해서 말을 안 하고 참고 있는 것으로 착각해서는 안 된다. 교장이 권위적이라면 교사, 일반직은 더 권위적일 수 있고, 교장이 무능하다면 교사도 일반직도 무능하다는 비난을 안 받는 것으로 오해해서는 안 된다. 같은 교원이거나 교육공무원이고 국가공무원이거나 지방공무원이기 때문에 교장제도만 떼어서 생각하지 말고 통합적으로 고려해야 한다.

여섯째, 교사가 교장, 교감으로 승진하지 않아도 손해볼 것이 없도록 교사 우대책이 선행되어야 한다. 교원이 가르치는 데서 보람을 찾을 수 있도록 하는 일이 선행되어야 교장제의 문제도 해결될 수 있다고 본다. 교사직열과 교장직열을 분리하는 것도 연구할 필요가 있다.

일곱째, 교사는 가르치는 전문가로서 가르치는 일에만 전념할 수 있게 하고, 교감,

교장은 교육행정 전문가로서 학교의 모든 행정은 교장, 교감, 행정직원이 다 처리하는 방향에서 교장제의 개선 방향도 모색되어야 할 것이다. 어른이라는 상징적인 교장, 교감이 아니라 실무형 교육행정가와 행정직원이 되도록 하여야 한다.

이런 전제와 원칙에 의하여 교장 정책을 고려해야 할 것이다.

첫째, 현재의 교장 승진제에는 문제가 있으므로 다양한 제도를 열어 놓고 시・도교육청에서 선택해서 새로운 제도를 부분적으로 사용하거나 현재의 제도를 혼용해서 쓸 수 있도록 하는 것이다. 그래서 점차 효과적인 제도로 확대해 나가도록 하는 것이다.

둘째, 부분적으로 '교육행정대학원'에서 교감, 교장, 교육행정가를 양성하여 교감자격을 획득하게 하여 30대 후반 40대 초반에서부터 교감을 거쳐 교장이 될 수 있는 교감양성제를 도입할 것을 권고한다. 교사경력 10년 정도면 지도자 교육을 거쳐 젊은 유능한 교원에게 지도자의 지위에 오를 수 있는 길을 열어줘야 발전이 있을 수 있다. 전문 교감, 교장제가 되려면 논리에도 없는 교장임기제는 폐지되어야 한다. 지도자가 될 사람은 본인의 의지가 선행되어야 한다. 본인의 의지와 상관없이 경력이 차서 교감과 교장이 되고 임의의 학교에 배정되는 것은 불합리하다. 교사로서 교실에서 행복을 찾을 사람과 지도자로서 가르치는 교사를 지원하고 봉사하는 데서 행복을 찾을 사람을 가능한 한 조기에 구별하는 것이다. 교사직과 교장・교감 행정직의 트랙을 달리하는 것이다.

셋째, 교장, 교감, 교사 초빙제나 공모제(필자는 같은 것으로 보는데)를 다 같이 부분적으로 실시하여 한 학교에 계약제로 임명하여 우수한 직무수행자는 계속계약을 해나가고 미흡자는 계약 만료로 교직을 떠나게 하는 제도를 도입할 필요가 있다고 본다. 교장만의 초빙제나 공모제가 아니라 도입하려면 교사, 교감, 교장 모두 똑같이 적용해야 하고 물론 자격증 소지자를 전제로 한다. 일반인 교육 외 외부자는 이에 포함시키지 않는다. 공모의 주체는 자치의 단위인 시・도교육청이어야 한다. 지원자에게는 모험이 따르기 때문에 상당한 인센티브가 있어야 성공할 수 있다. 교장, 교감, 교사 선발에 참여할 수 있는 사람은 학교 운영에 책임을 질 수 있는 사람이어야 한다. 해당 학교에서 참여한다면 이동하지 않고 같은 학교에서 계속 근무할 수 있는 사람이어야 한다. 경쟁력이 적은 학교나 경쟁력이 아주 높은 학교에서부터 적용해 나가야 할 것이다. 예를 들면, 벽지 교장으로 평생 봉사하겠다고 결심한 사람에게는 일찍 그 특정 학교의 교장을 할 수 있도록 길을 터주는 것이다. 물론 직무수행 미흡자는 계약 기간 이후 그 학교를 떠나는 것이 아니라 교직 자체를 떠나야 하는 것이다. 그리고 이에 맞춰 교원의 순환근무제는 점차 줄여 나가야 한다. 학교가 교장, 교감, 교사, 교직원을 선택할 수 있는 직원 선택권을 확대해 나가고 교원의 학교 선택권도 확대해 나가야 한다.

넷째, 교장 선출제가 가능하려면 교육의 주인이고 사용주인 주민이 선출해야 한다. 주민이 교장을 고용하고 사용하는 것이기 때문이다. 교사의 경우도 마찬가지로 주민이 교사를 선출하고 뽑을 수 있는 것이다. 직접민주주의를 하는 스위스에서 마을 사람들이 교장을 선임한다. 민주주의는 공무원이 주인이 아니라 국민이 주인인 것이 민주주의라는 것을 잊지 말아야 한다.

교사가 교장을 선출하려면 교사들이 출자하여 공동으로 세운 학원이나 학교에서 가능할 것이다. 사립학교에서 이미 채용한 교사를 신뢰하고 교사들에게 자율적으로 교장을 선임하라고 법인이사회가 선발권이나 추천권을 교사들에게 위임한다면 가능할 수도 있다. 그러나 그런 학교법인을 기대하기란 어려울 것이다.

그리고 사용주가 교사들을 먼저 한 학교로 고정 임용하고 교장을 교사들이 스스로 뽑아서 학생을 가르쳐 달라고 사용주가 교사에게 교장 선발권을 위임한 경우에 가능할 것이다. 이 때도 어디까지나 선발이지 선출이 아니다. 교사와 교장이 수시로 이동하는 순환근무제의 공립학교 현 상황에서는 교육의 주인들이 그들의 권한을 포기하지 않는 한 상당한 어려움이 예상된다. 학교가 자치의 단위가 되면 선출제나 추천제의 가능성은 높아진다. 공립학교의 경우도 교사나 교장, 직원이 한 학교로만 임명받게 되면 자치의 가능성이 높아진다. 교직원들이 단결하여 성과를 올리고 주민의 신뢰를 받게 되면 주민의 대표기관인 교육위원회나 교육감이 그 학교의 교직원의 신뢰를 못받거나 검증되지 않은 인물을 교장으로 임명할 논리가 없어질 것이다. 미국의 어떤 교육청에서는 공모제 교장 선발 면접시 그 학교의 관리인까지 참여시키는 예를 보았다. 관리인이 한 학교에서 평생을 근무했고 또 관리인이 앞으로 교장과 밀착해서 수십 년을 같이 근무하게 되기 때문이다.

국가(지방정부) 공공기관의 장을 공무원들이 직접 선출하기는 어렵다. 경찰들이 경찰서장을 선출하기 어렵고 교육인적자원부장관을 교육인적자원부 직원들이 선출할 수는 없다. 군수를 군청 직원이 뽑는 것이 아니라 군민들이 뽑을 수 있는 것이다.

배의 선장을 선원들이 선원들 중에서 선출할 수 없고, 오케스트라 지휘자를 단원들이 단원들 중에서 선출하기 어렵고, 축구선수들이 선수들 중에서 축구 감독을 선출할 수는 없다. 그 반대는 보편화되어 있다. 선장이나 지휘자, 감독이 선원과 단원, 선수를 선발할 수는 있다.

교장 초빙제나 공모제에서 교사가 교장의 선발에 참여하는 경우는 있고 또 가능하다. 먼저 임용된 교사 입장에서 어쩌면 선발하게 될 교장과 평생 같이 근무하게 될 수도 있기 때문에 교사의 대표자로서 교장 선발에 교사의 의견을 반영할 수 있다. 이런 경우도 어디까지나 교장 선발 또는 선발(selection)이지 선출(election)이 아니다. 교장 임명권자는 사용자를 대표하는 교육감이고 교육위원회이다.

오히려 교육의 주인이고 사용주인 주민은 교장에게 교사 선발권이나 추천권을 주는 경우가 많다. 교장으로 하여금 교사 팀을 구성하여 책임지고 성과를 올리라는 경우가 많다. 교사의 교장 선택권보다 교장의 교사 선택권에 비중이 더 간다고 볼 수 있다.

학교는 하나의 기관으로서 교장직은 기관장의 자리이지 참모가 아니기 때문에 보직이 아니다. 보직은 기관장이 기관을 운영하기 위하여 기관장이 보하는 자리이다. 학교에서 부장교사의 자리가 보직이 될 것이다. 교감도 보직이 아니다. 그리고 교장은 선출직이 아니다. 학교를 하나의 기관으로 보지 않고 교육청의 부속기관이나 하급조직으로 보아 교장직을 '초등교육과장'과 같은 교육감의 참모로 보면 교육청의 보직으로 보게 되는데 이 때도 교육감이 임명하게 되지 선출직이 될 수 없다.

앞에서도 말한 것처럼 교장의 선출제를 적용하려면 교사, 교감, 행정직원도 모두 적용해야 형평에 맞을 것이다. 주민들이 모든 공무원을 직접 선출하여 봉사하게 한다면 우수한 공무원을 선발할 수 있는 가능성도 있지만 이렇게 되면 정치적이기 쉽고 그만큼 안정성을 잃는 어려움을 겪게 될 것이다.

다섯째, 일본에서 일반인교장제를 하고 있다고 하여 우리 나라에도 일반인교장제를 도입해야 한다는 주장이 있으나 이것도 불가능하다고 본다. 우선 교장은 '학생교육'을 하게 되었는데 학생을 가르치는 사람에게 교사자격증제를 채택하고 있는 우리 나라에서는 교사자격증이 없는 일반인이 교장이 되면 학생교육을 할 수 없게 되어 불가능하다. 현재 자립형사립고의 교장을 일반인이 할 수 있게 되어 있는 것도 법률간 모순을 일으키고 있다. 만일 일반인교장제를 꼭 해야 한다면 우리 나라에서 교사자격증제를 모두 없애야 할 것이다. 자격증 없이 학생을 가르치게 하는 나라도 있을 수 있기 때문에 교사자격증을 없앤다고 해서 전연 불가능한 것은 아니다. 우리 나라 대학 교수에게도 교수자격증이 없다. 스위스에서는 마을의 이장과 같은 농부 교장도 있다. 다만 어느 것이 더 우수하고 전문적인 교원을 확보하는 데 도움이 되느냐를 따져봐야 할 것이다.

학교에 교육 이외에 그렇게 전문 경영인이 나서서 경영할만한 것은 별로 없다고 본다. 그리고 진짜 유능한 경영인이라면 기업을 맡아서 경영하지 공립학교를 맡으려고 하지는 않을 것이다. 미국에서 불실 공립학교를 주정부가 회수하여 민간 기업체에 경영권을 넘기는 경우가 있는데 이것은 최악의 경우이고 이런 경우 기존의 교직원은 직장을 잃고 새로 채용하는 교사들은 회사원의 개념이 된다.

그리고 일본의 경우도 소수의 고등학교에서 일반인 교장을 채용하는 실험을 하고 있는데 아직 이 실험이 성공적이라는 결론이 나오지 않고 있다. 일반인 교장이 자살한 사건도 있었다.

여섯째, 현재의 교감자격연수와 교장자격연수를 어쩔 수 없이 운영한다고 하더라도 자격연수 교육과정을 학교행정과 리더십에 초점을 맞추는 방향에서 강화되고 개선되어야 할 것이다. 특히 가르치는 전문가 교사에서 교육행정 전문가로 전환하는 교감자격연수에서 교육행정 전문성을 높이기 위하여 개선되어야 할 것이다. 행정실습, 인턴과정, 행정철학과 지도자 윤리 등이 강조되어야 한다.

교장의 직무와 교감의 직무에 큰 차이가 없다면 교감자격증을 없애고 교장자격증 하나 가지고 교감을 거쳐 교장이 되게 하면 융통적일 것이다. 임용 후에도 교장, 교감의 연수는 계속되어야 한다.

물론 연수대상자 선발 방법도 개선되어 최소한 30대 후반, 40대 초반의 젊은 지도자가 선발되어 잘하는 지도자는 수십 년씩 지도자가 될 수 있어야 전문성도 확보될 수 있다고 본다.

일곱째, 앞에서 이미 언급된 것처럼 교사, 교감, 교장의 직무를 명확하게 밝히는 연구부터 착수해야 한다. 이 직무가 명확해야 자격, 선발, 연수, 평가, 정책과 제도의 문제가 이 직무명료화(표준화)에 의하여 해결될 수 있다. 교원의 각 직급별로 직무규정에 합의를 보는 일이 선행되어야 한다. 교장의 직무를 모두 다르게 규정하고 해석하는 상황에서는 불필요한 논쟁과 갈등만 일으키게 된다.

V. 결 론

현행 교장 승진임용제는 전문성의 측면에서 많은 문제점을 내포하고 있다. 또한 현재의 교감과 교장의 인구적 구성으로 볼 때, 교감과 교장의 수가 적은 편은 아니고, 연령이 많은 편이고, 교직경력은 많은 반면 행정경력이 적어 교육행정 전문성에 역행하고, 여교감, 여교장의 비율이 낮고, 행정가인데도 교사와 동일 보수체계를 갖고 있다.

이러한 문제들을 해결하기 위해, 먼저 선행되어야 하는 일은 교장 상(像)에 공감대와 동의 내지 합의가 이루어지는 것이다. 그러고 나서 교장의 직무, 책임한계를 명확히 하는 일이다. 이때, 교장제도만 생각해서는 안 되고 교사, 교감 때로는 일반직까지 연계해서 또는 동일한 원칙을 적용할 수 있는 정책을 고려해야 한다.

교장제도의 정책방향은 우선 교장의 전문성, 우수 교장 확보에 정책의 초점을 맞춰야 한다. 그러기 위해서는 교장으로의 승진보다 교감으로의 승진이 더 중요하다. 왜냐하면 수업 전공에서 행정 전공으로 전환하는 시점이고 교감에서 교장 승진은 비교적 용이하기 때문이다. 전국 획일의 혁명적 정책 변화보다는 다양한 교감, 교장 임용 방안 중 각 시와 도가 선택해서 시 · 도 별로 다른 제도를 적용할 수 있게 해야 한다.

교육행정 지도자의 전문성과 젊은 지도자 확보를 위하여 교육행정가 양성제의 길을 터놓는 방향을 모색해야 한다. 교사, 교감, 교장 초빙제, 또는 공모제를 확대하여 한 학교로 임용함으로써 책무성을 강화하는 방안도 고려할 수 있다. 학생과 학부모, 주민의 선택의 자유를 주고 교직원의 임지 선택권, 학교 선택권도 열어줘 순환근무제의 무책임성을 보완하고자 하는 것이다. 무엇보다 교사 우대책이 강구되고, 교사는 수업에만 전념하고 교감과 교장은 행정에 전념하게 하는 수업과 행정의 직렬 분리의 방안도 열어 놓을 수 있다.

교장은 교육기관의 장으로서 선출직도 아니고 보직도 아니며, 선출 참여자가 사용주도 아니고, 선출 참여자가 고정된 구성원도 아니기 때문에 선출보직제는 적절한 용어의 선택이 아니라고 본다. 그러나 초빙제나 공모제에서 교장 선발에 교사 대표가 참여하는 것은 필요하다고 본다. 또한 공모제에서 언급된 것처럼 일반인교장제는 불가능하다. 교장이 가르치는 자격증 없이 학생교육을 할 수 없기 때문이다. 일반인교장제를 하려면 일반인 교사, 일반인 교감, 일반인 직원으로 똑같이 적용하여 자격증제도 자체를 없애야 할 것이다. 그렇게 되면 교대나 사대, 교육대학원을 별도로 둘 필요가 없게 된다. 교수를 하고, 장관을 했더라도 교장의 전문성을 인정한다면 교장자격증을 별도로 따야 한다고 본다. 교수가 하는 일과 장관이 하는 일은 교장의 직무와 분명히 다르다고 본다. 장관은 일반인이 할 수 있어도 교장은 일반인이 제대로 할 수 없다고 본다. 우리 나라에 지금도 「교장론」(The Principalship)이라는 책과 학문이 있는 줄도 모르고 교장을 하고 있는 사람들이 많을 것이다. 어쩔 수 없이 지금과 같이 교감연수제, 교장연수제를 할 수밖에 없다면 각 직급의 직무수행에 필요한 전문성을 갖출 수 있도록 연수를 강화할 필요는 여전히 남아 있다.

참·고·문·헌

김명수(2004). 교장임용제도의 쟁점과 개선 방안. 교육행정학연구 vol. 22, no. 4, 한국교육행정학회.

주삼환(2005). 미국의 교장. 서울 : 학지사.

주삼환(1986). 장학 · 교장론 특강. 서울 : 성원사.

한만길(2004). 교장 임용제도의 다양화 방안. 한국교육개발원.

한만길, 박상철(2004). 교원 인사제도의 쟁점과 대안. 한국교육개발원.

Anderson, M.(1991). Principals : How to train, recruit, select, induct, and evaluate leaders for America's schools.(ERIC Document Reproduction Service No ED 337 843).

Cooke, Gwendolyn J.(2000), Keys : To success for urban school principals, Arlington Heights, IL : Sky Light Professional Development.

Daresh, John C. & Playko, Marsh A(1997). Beginning the principalship : A practical guide for new school leaders. Thousand Oaks, CA : Corwin Press, Inc.

Dublin 2004 Administrative Salary Schedule(2004.8.1).

Faber, Charles and Shearron, Gilbert(1970). Elementary school administration : Theory and practice. NY : Holt, Rinehart and Winston.

Fenwick, L. T. & Pierce, M. C.(2001) "The principal shortage : Crisis or opportunity ? " Principal, 80(4), 24-28.

Ferrandino, Vincent L. and Tirozzi, Gerald N.(2003). "The Principal, Keystone of a High-Achieving School : Attracting and Keeping the Leaders We Need" Principals' Perspective, Education Week, November 5, 2003.

Gates, Susan M., Jeanne S. Ringel, Lucrecia Santibanez, Karen E. Ross & Catherine H. Chung(2003). Who is leading our schools ? : An overview of school administrators and their careers. Santa Monica, CA : RAND.

Hopkins, G.(2003). The principal shortage : Why doesn't anybody want the job ? Education World, 2003. 5. 19.

Hopkins, G.(2003). The principal shortage--What can schools do to attract a new

generation of school leaders? Education World, 2003. 5. 19.
Hopkins, G.(1999). Tenure or higher salary-Which would you take? Education World, 1999.
Lindley, Frederick A(2003). The Portable Mentor : A Resource Guide for Entry-Year Principals and Mentors. Thousand O만, California : Corwin Press, Inc.
Million, June(2003)."School Principals' Paychecks Reflect Cost of Living Increases" NAESP Press Release April 11, 2003.
Paistash, Sharon H.(2002). What people think principals do. Lanham, Maryland : A Scarecrow Press, Inc.
Potter, L.(2001). "Solving the principal shortage." Principal, 80(4), 34-37.
Seifert, Edward H. & Vornberg, James A.(2002). The new school leader for the 21st century : The principal. Lanham, Maryland : The Scarecrow Press, Inc.
Sergiovanni, Thomas J.(2006). The principalship : A reflective practice perspective. Boston : Allyn and Bacon.
Skrla, Linda, David A. Erlandson, Eileen M. Reed & Alfred P. Wilson(2001). The emerging principalship. Larchmont, NY : Eye on Education.
Study warns of shortage of qualified candidates for principalship(1998, May). Copy Editor, 55. 1.
US Bureau of Labor Statistics. Education Administrators. 2000-01 Occupational Outlook Handbook. Retrieved November 26, 2001 from 〈http : // www.bls.gov/〉.
Van Vesor, E. & Leslie, J. B.(1991). Feedback to managers. Volume II : A review and comparison of sixteen multi-rater feedback instruments, Greensboro, NC : Center for Creative Leadership.(ERIC Document Reproduction Service No. ED 351 391).
Vernhardt, Victoria L(2002). The school portfolio toolkit. NY : Eye on Education.
Wendel, F. C., Schmit, A. H. and Loch, J.(1992). Measurements of personality and leadership : Some & relationships. Lincoln, NE : University of Nebraska.(ERIC Document Reproduction Service No. ED 350 694).
Wilmore, Elaine L.(2002). Principal leadership : Applying the new Educational Leadership Constituents Council (ELCC) Standards. Thousand Oaks, CA : Corwin Press, Ins.
AASA : www.aasa.org
ETS : www.ets.org/praxis
NAESP : www.naesp.org
NASSP : www.nassp.org
Ohio State Department of Education : www.ode.state.oh.us

Chapter 05

미국 초등학교장의 생활

I. 다양성의 미국 교육

다른 나라의 교육행정제도와 교육자의 생활에 대하여 소개하는 일은 상당히 조심스러운 일이다. 사실에 근거하고 객관성을 유지하기 어렵고 소개자와 관찰자의 편견이 개입되기 쉽기 때문이다. 특히 미국과 같이 주마다 그리고 교육구마다 각각 다른 다양한 교육행정을 하고 있는 나라를 한두 지역에서 살펴보고 이러쿵저러쿵 하면 코끼리의 한 다리를 보고 전체를 말하는 격이 되기 쉽다. 필자의 박사과정 3년과 방문교수 1년의 관찰과 참여, 그리고 20여 년의 장학론과 교장론에 관한 독서만으로 편견 없이 미국의 교장의 역할과 생활을 정확하게 사실대로 소개할 수 있는 시간으로 충분하다고 보기는 어렵다고 보아 사뭇 조심스럽다.

그리고 어느 나라의 교육행정제도와 생활이 좋다거나 나쁘다고 말하기도 어렵다. 행정과 제도도 그 나라의 역사와 전통, 사회, 문화에서 나온 산물이고 나라마다 이에 맞는 행정과 제도를 채택하고 있기 때문이다. 자칫 남의 나라의 교육행정제도를 소개하면 마치 소개자가 그 나라의 제도를 좋다고 찬양하는 것으로 오해받기도 쉽다. 미국의 제도는 미국에 좋고 미국에 맞는 것이고 동시에 한국의 제도도 강점과 약점의 양면을 동시에 가지고 있는 것으로 이해해야 한다.

미국에서 교육에 대한 책임은 중앙, 연방정부에 있는 것이 아니고 전적으로 주정부에 있다는 것을 먼저 알아야 한다. 일단 미국에서는 50개 주마다 다른 교육과 교육행정을 하고 있다고 봐야 한다. 그리고 같은 주 안에서도 기초단위 교육구마다 각각 다른 교육자치를 하기 때문에 교육구마다 또 다른 교육과 행정을 하고 있다고 극단적으로 말할 수 있다. 교육구의 크기도 아주 다양하여 1000여 개의 학교로 구성된 교육구가 있는가 하면 고등학교 하나 중학교 2개, 초등학교 4, 5개로 구성된 작은 교육구도 있다. 이 교육구 단위로 교장의 선발방법, 계약, 봉급도 모두 다르다고 할 수 있다. 미국은 이렇게 교육구 단위로 모든 것이 다른 것을 인정하면서도 미국 전체적으로는 또 통일성이 있는 것이 사실이어서 미국 전체적으로는 통일성과 조화를 이루며 교육과 교육행정이 이루어지고 있는 것이다.

한국에서와 마찬가지로 미국에서도 학교는 자치의 단위가 아니다. 오히려 미국에서 학교 단위에서의 자율권은 상당히 제한되어 있는 것으로 봐야 한다. 이 점이 한국에서 많이 오해하고 있는 점이다. 교육구 단위로 자치를 하는 것이지 학교 단위로 자치를 하는 것이 아니다. 그래서 미국에서 거시적으로 말하면 공립학교 학교교육의 책임자는 교육감이지 교장이 아니라고 할 수 있다. 교장은 학교에서 교육감을 대신해서 교육과 교육행정을 집행하고 책임을 지는 것이다. 학교 단위에서는 우리 나라에 있는 학교운영위원회와 같은 의결기구가 없는 경우가 많다. 교육구가 작아서 몇 개의 학교가 같이 묶여서 하나의 학교체제로 돌아가기 때문에 학교 단위로 자치를 할 필요도 없고 또 할 수도 없는 것이다. 학교에는 PTA(O) 정도가 있을 뿐이다. 학교운영위원회와 같은 것은 오히려 영국 쪽에서 발달하였다. 미국에서 학교체제(School System)라고 하면 학교 안에서의 한 학교의 체제를 말하는 것이 아니라 몇 개의 학교가 묶인 교육구체제가 되는 것이다. 공립학교체제(Public School System 또는 Public Schools)라고 하는 것도 곧 교육구를 의미하고, 'School District'라는 것도 학(교)구가 아니라 몇 개의 학교가 묶인 교육구가 된다. 대신 사립학교는 재정, 인사, 규칙제정의 권한이 전적으로 학교에 주어져 있어 전적으로 학교자치를 하기 때문에 교육구와 교육감의 관할 밖이다. 사립학교는 교육구에 속하지 않는다.

이러한 대강의 미국 교육과 교육행정에 대한 이해를 갖고 미국 초등학교장의 역할과 직무, 생활에 대하여 좀더 자세히 알아보기로 한다.

II. 미국 초등학교장의 역할

미국에서는 어느 나라보다도 특히 지도자를 중시하여 지도자를 키우고 지도자를 중심으로 뭉치는 특성을 갖고 있는 나라이다. 그래서 미국은 영웅 만들기를 잘 하고 영웅 밑으로 들어가 뭉치기를 잘한다고 한다. 평소에는 정부에 대하여 불평도 하고 반대도 하다가 국가가 위기나 어려움에 처할 때는 지도자를 중심으로 그 다양한 민족으로 구성된 나라이지만 한 덩어리로 뭉치는 특성을 갖고 있다. 교육에서도 마찬가지이다. 교사도 학생을 지도하는 지도자이지만 교장 또한 교직원을 이끄는 지도자이다.

그래서 교장을 '지도자의 지도자(A Leader of Leaders)'라고 하는데 학교에서도 지도자인 교장을 중심으로 뭉치는 것이다. 교육자들이 갈라지면 학부모와 지역사회의 압력으로부터 교육자들이 살아남지 못하고 모두 공멸할 수도 있기 때문이다.

우선 학교장은 지도자의 역할을 한다. 지도자는 현상유지는 기본이고 현상유지를 바탕으로 성장·발전의 변화를 이끄는 사람이다. 학교를 어느 방향으로 어떻게 이끌고 가느냐는 전적으로 교장에게 달려 있다. 물론 그 과정에서 교사들의 도움을 받고 교사들과 상의하지만 학교라는 기관을 이끌어 가는 것은 교장이라고 교사들도 인정하는 것이다. 미국에서 교장은 행정하는 전문가이고 교사는 교장의 방향에 맞춰 가르치는 전문가인 것이다.

교장은 행정하는 전문가이라고 보기 때문에 교육대학이나 사범대학에서 하는 교사양성교육에 더하여 전공으로 연수의 수준이 아니라 대학원 수준에서 교육행정교육, 교장교육, 교장양성 전문교육을 별도로 하는 것이다. 교감자격증이 따로 있는 것이 아니라 대학원 교육에서 받은 교장자격증 하나 가지고 교감도 하고 교장도 한다. 교사를 하다가 지도자가 되고 싶은 사람은 대학원에서 지도자 수업을 별도로 받아 지도자의 길로 트랙을 바꿔야 하는 것이다. 교사로서 교사를 하면서 교장 옆에서 곁눈질로 선배 교장이 하는 행정의 일을 지켜 본 것만으로 지도자 수업 없이 감히 교장을 할 수 있다고 나서는 사람은 최소한 미국에서는 없는 것이다. 미국에서 교사는 우리 나라 교사처럼 행정적인 사무조차도 해본 경험이 없고 오로지 가르치는 일만 해온 사람들이기 때문에 교사가 교육행정 전공교육도 받지 않고 교장을 감히 할 수 있다고 생각하는 사람은 없다고 봐야 한다. 그만큼 지도자의 일이 어렵고 책임이 무겁다는 의미도 된다. 미국에서 교사와 교장은 상·하 개념 보다는 전공과 길(트랙)이 다르다는 개념이 강하다. 학급과 전공 교과목, 학생을 가르치는 일이 좋다고 생각하는 사람은 전공을 교육행정으로 바꾸지 않고 교사로 남고, 하나의 기관과 교직원을 이끌고 나가고, 교직원과 학생을 위한 지원과 서비스를 해보겠다고 도전하는 사람은 전공을 수업에서 교육행정과 지도성으로 바꾸기 위해 대학원 교장자격과정에 등록하여 자격증을 따고 교장 초빙의 공개경쟁에 지원하여 선발되면 교장이 되는 것이다. 그래서 27세, 30여세에서부터 교장을 하기 시작하여 30년 이상을 교장을 하기도 하는 것이다. 그리고 미국에서 교사가 교장이 안 되고 교사로 남아 있어도 크게 손해 보거나 실패한 교육자라는 의식이나 인식은 거의 없는 문화이기 때문에 이런 제도가 가능하다는 것도 우리는 이해해야 한다. 그래서 어떤 제도는 문화의 산물이고 제도가 성공하기 위해서는 그 나라 문화에 맞아야 한다고 하는 것이다. 교사의 전공과 교장의 전공이 다르다고 보기 때문에 필자는 시종일관 교장임기제도가 잘못된 것이라는 논리를 전개해 왔던 것이다. 잘 하는 교장은 평생 교장을 할 수 있어야 한다. 우수한 교장까지 4년, 8년 임기로 잘라 내는 것은 국가의 인적 낭비이다. 한번 교사는 영원한 교사일 수 있다면 한번 교장은 영원한 교장일 수 있어야 한다. 교장에게 임기가 필요하다면 교사에게도 임기가 필요하다.

미국에서 교감·교장이 되면 교사와 다른 새로운 연봉체계를 갖게 되는데 행정경력에 의하여 본인과 교육감(형식적으로는 교육위원회) 사이의 2, 3년 계약에 의하여 결정되게 된다. 무슨 일이 있으면 2, 3년 계약으로 임기가 끝나거나 심한 경우는 계약기간 내에도 교장은 책임을 지고 물러날 생각과 각오를 해야 한다. 그 만큼 지도자에게는 책임과 모험이 따른다고 봐야 한다. 그러나 미국도 인간사회이고 인정이 있는 사회이기 때문에 특별한 잘못이 없는 이상 계속적인 재계약은 가능한 것이다. 교육감이나 교육위원회가 재계약을 안 하려면 상당한 이유와 적법 절차가 있어야 하는 것이다. 교감·교장의 봉급체계는 교사의 봉급체계와 다른데 이는 일반 사기업체에서 과장급 관리자 지위에서부터는 봉급체계가 일반 사원과는 다른 것과 같고, 관리자는 노조활동도 못하는 것과 같다.

앞에서 학교교육의 책임자는 교육감이라고 하였는데 교육의 주인인 교육구 내

주민을 대표하는 교육위원회가 교육감에게 교육구 내 교육을 맡겼기 때문이다. 미국에서 교육과 학교의 주인은 세금을 내어 학교를 짓고 운영하는 주민인 것이다. 많은 세금을 내어 교사에게 높은 봉급을 주며 비싼 교육을 할 것이냐 적은 세금을 내고 싸구려 교육을 할 것이냐는 전적으로 주민의 의사결정에 달려 있다. 교장의 임명은 교육구의 교육을 책임지고 있는 교육감에게 달려 있으나 최종적으로는 교육의 주인의 대표기관인 교육위원회의 결정 사항이다.

학교장은 교육감을 대신하여 학교 내 교육을 집행하는 최고집행관의 역할을 한다. 교육의 주인을 대표하는 교육위원회의 결정 사항을 교육감을 대신하여 학교 내에서 집행하고 이에 책임을 진다. 학교 재정은 전적으로 교장의 책임이다. 교장이 비서 1명을 데리고 처리한다. 그리고 작은 교육구에서는 거의 재정적인 큰일은 교육구에서 학교 내 재정까지 다 처리하기도 한다. 교장은 재정과 회계에 대하여 잘 알아야 한다. 학교 내 인사도 교육감을 대신하여 교장이 집행해야 한다. 교사의 채용도 최종적으로는 교육감과 교육위원회의 몫이지만 거의 교장의 추천에 달려 있다. 학교 교육의 책임을 교장에게 맡긴 이상 교사의 팀 구성을 교장에게 맡기는 것이다. 이는 축구 감독이 선수를 선발하여 자기 팀을 구성하는 것과 같다. 대신 팀의 성적이 나쁘면 감독이 책임지고 물러나듯이 학교 성적이 나쁘면 교장은 이에 책임지고 물러나야 하고 교육위원회는 더 좋은 교장감을 계약 만료시에 물색하게 된다. 학교교육의 책임을 주민 → 교육위원회 → 교육감 → 교장 → 교사의 순서로 맡긴 것이기 때문에 교장이 교사를 선발할 수는 있지만 거꾸로 교사가 교장을 선발할 수 없는 것이다. 만일에 교장을 선발한다면 교육의 주인인 주민이 할 수 있는 것이다. 그래서 필자는 교장선출보직제가 논리에 맞지 않는다고 해왔던 것이다. 교사나 직원의 능력 발휘가 기대에 못 미칠 때는 학생을 보호하기 위하여 교직원의 재계약을 하지 않도록 교장은 교육감이나 교육위원회에 권고해야 하므로 교직원에 대한 평가 근거를 마련해야 한다. 더구나 노조를 설득하기 위해서는 상당한 근거가 있어야 하기 때문에 인사에 있어서 교직원 평가는 교장의 중요한 직무에 해당된다.

교육에 대한 집행도 교육감을 대신하여 교장이 하게 된다. 교육구 교육과정을 학교교육으로 실천하여 교육의 목표를 달성해야 하는 것이다. 학교의 모든 프로그램을 짜고 교과서도 교장이 채택한다. 미국에서 교과서는 교육청과 학교마다 다르다고 할 수 있기 때문에 교장의 교과서 채택은 학생 교육에 있어서 아주 중요한 기능을 한다. 물론 교사들과 상의하지만 교과서 채택도 교장의 결정 사항이다. 자기의 결정에 대하여는 항상 책임을 져야 한다.

그래서 교장은 교육자의 역할을 한다. 교장은 교육과정을 개발하고 실천하고, 교과서를 채택하고, 교사진을 구성하고, 학생교육을 한다. 미국 초등학교에는 중·고등학교와 달리 교감이 한 명도 없는 경우도 있고 있어야 겨우 1명이고, 우리 나라의 부장교사와 같은 행정을 맡아 하거나 도와줄 사람도 없다. 오로지 비서 1명의 도움을 받아 전적으로 교장 자신이 해야 할 일이다. 미국에서 중시하는 특수교육도 교장이 하지 않으면 안 된다. 학생의 결석, 성적의 오르내림을 교장이 일일이 다 확인하고 학부모에게 편지를 써야 한다. 교장은 학생 전원을 거의 다 파악하고 이름을 알고 있어야 한다. 물론 학교는 우리 나라 도시 학교처럼 그리 크지 않은 경우가 많다. 학생교육의 책임은 전적으로 교장에게 있다. 우리 나라에서도 "교장은 ……학생을 교육한다."고 되어 있는 것은 미국이나 같다. 그래서 교장은 교육자가 아닌 일반인이 하기 어렵다고 필자는 주장해 왔던 것이다. 미국에서 교장은 최소한 3년 이상의 교사 경력이 있어야 한다.

학생 교육을 잘하기 위해서 지도자는 교사의 능력을 계속 개발하여 교사의 능력을 최고도로 발휘하도록 해야 하는데 이것이 장학과 수업지도력이다. 우수한 교사를 자신이 초빙했더라도 어느 순간에 교사의 능력이 멈춰버리면 안 된다. 계속 연수하도록 하고 수업을 관찰하고 분석하는 노력을 교사와 함께 교장은 하지 않으면 안 된다. 교장은 교직원에 대하여 정확하게 평가하고 그 근거 기록을 갖고 있어야 한다. 이 분야에 대하여도 교장은 전문교육을 받지 않으면 안 된다. 과거에 교장이 교사를 했다고 해서 전문교육 없이 다른 교사를 장학할 수 있는 것은 아니다.

교장은 학교 기관을 대표하는 대표자의 역할을 한다. 학교의 창구는 교장 하나이다. 학교의 모든 공문과 편지는 교장 앞으로 들어오고 교장 명의로 나간다. 학교장이 학교를 대표하기 때문이다. 결석계도 교장 앞으로 오고 성적표도 교장명의로 나간다. 학부모에게 편지를 쓰는 일도 교장이 한다. 학부모에게 전화를 거는 일도 교장이 하고 학부모가 전화를 할 때도 교장에게 직접한다. 물론 비서가 처리하는 일이 많지만 우리 나라에서처럼 행정적인 일을 교사가 처리하는 일은 거의 없다. 입·퇴학, 전학도 교장이 비서와 함께 직접 처리한다. 교사에게 행정적인 일을 하라고 할 수가 없다. 교사는 맡은 일이 가르치는 일이기 때문이다. 학생을 혼내거나 처벌하려고 해도 교사는 학생을 교장실에 보내야 한다. 교사는 교장의 허락 없이 학생을 체벌할 수 없다. 꼭 필요한 경우라도 교장까지도 학부모의 동의를 얻어 학생을 체벌하게 된다.

학교장이 학교를 대표하기 때문에 학교에서 일어나는 일에 대하여는 반드시 책임을 져야 한다. 교장이 학교에 대하여 책임을 지기 위해서는 학교 내에서 일어나는 모든 일에 대하여 알고 있어야 한다. 교사가 어떤 계획으로 어떻게 가르치고 있는지에 대하여 알아야 하기 때문에 교장은 교사의 학습계획을 확인하고 교실을 자주 방문하여 수업을 관찰해야 한다. 이는 교사를 외부의 공격으로부터 보호하기 위해서도 필요한 것이다. 학교 내 살림살이 하나하나에 대하여 교장은 모두 알고 있어야 한다. 미국에서 교장은 교직원과 학부모의 눈에 자주 띄어야 한다. 교장의 가시성(visibility)이 교장 평가의 중요한 기준이 된다. 미국 교장은 교장실 소파에 한가롭게 앉아 있을 시간이 없다. 아예 초등, 중등을 불문하고 미국 교장실엔 소파 자체가 없다. 책상과 의자가 각각 한 개씩 있는 작은 방이 미국의 교장실이다. 학교의 살림을 교장이 모두 맡아 해야 하기 때문에 미국에서 교감과 교장은 학교의 모든 문을 열 수 있는 매스터키를 가지고 다닌다. 그래서 미국 교장의 별명이 '키 보이'인 것이다. 예쁜 여교장에게 어울리지 않게 학교의 열쇠꾸러미를 허리춤에 무전기와 함께 매달고 다니는 모습을 보면 저절로 웃음이 나오면서도 미국 교장의 살림꾼 역할을 짐작하게도 한다.

또 미국 교장은 흔히 배의 선장, 캡틴에 비유된다. 학교를 대표하여 교장의 책임하에 한 배에 가득 학생과 교직원, 학부모를 싣고 풍랑과 파도를 헤치고 항해하여 목적지 학교교육 목표에 정박시켜야 하기 때문이다. 만일 타이타닉호처럼 배가 침몰하게 되는 경우도 선장인 교장은 침몰하는 애선과 함께 생을 같이해야 하는 것인데 이것이 사랑하는 학교와 학생에 대한 선장 교장의 마지막 예의이고 윤리인 것이다. 미국 교장은 대개 한 학교로 임명받아 한 학교나 한 교육구에서 교육자의 생을 바친다. 다른 좋은 유리한 교육구로 옮겨가려면 그 교육구의 공개채용에 지원하여 신규로 교장에 임용받아야 한다. 이런 면에서 한국에서의 순환근무제에는 문제가 있다. 떠돌이 교장에게는 책임성이 약하다. 교장과 교사 모두 한 학교에 인생을 걸 생각을 해야 자신의 행동에 대하여 책임을 질 수 있다. 교사나 교장이 책임질 일이 있으면 면직을 해야지 다른 학교로 전근 도피시키는 것은 책임을 지는 것이 아니다. 전근 간 학교의 학생과 학부모, 주민은 무슨 죄로 쫓겨난 교사나 교장을 받아 들여야 하는가?

학교의 최고집행관, 교육자, 대표자가 학교장의 대표적인 세 가지 역할이라고 할 수 있다. 이 세 역할 수행에서 보람을 찾지 못하면 교장을 안 하는 것만도 못하게 된다. 미국에서 교장은 교사보다 높은 사람으로 봐주지도 않고, 그렇다고 보수나 권력이 많은 것도 아니다. 보수와 권력, 결정할 수 있는 사항이 교사보다 많다고 하더라도 여기에 대하여는 항상 무서운 책임이 따른다는 것을 알아야 한다. 학교에서 교장과 같이 책임져 줄 사람은 아무도 없다. 기관장은 그래서 항상 외로운 것이다. 오죽하면 이 세상에서 가장 친한 부인에게 귀띔조차도 하지도 않고 교장이 자살까지 하겠는가? 그러나 미국에서 아직 교장 역할과 관련하여 교장이 자살했다는 말은 들어보지 못했다. 자살하려면 애초부터 교장을 할 생각을 말았어야 한다.

III. 교장의 직무

이러한 미국 교장의 역할을 직무영역으로 나누어 좀더 구체적으로 살펴볼 수 있다. 교장의 직무영역은 (1) 수업과 교육과정, (2) 교직원 인사, (3) 학생 인사, (4) 재정과 사무 관리, (5) 시설과 건물 관리, (6) 지역사회와 대외관계라고 요약할 수 있다. 이러한 교장의 직무를 우리 나라에서는 교무분장이나 사무분장이라고 하여 부장교사나 평교사에게 분담시켜 처리하고 있으나 미국에서는 교감, 교장이 직접 다 처리해야 한다. 그래서 미국 학교에서 비서의 역할이 중요하다. 비서는 학교의 거의 모든 일을 다 알고 있으며 학생들도 거의 다 파악하고 성적, 결석관계도 다 처리한다. 비서와 관리인은 대개 한 학교에서 평생을 보내는 경우가 많다. 이들이 학교역사의 산증인인 경우가 많다.

미국은 법규 중심이 아니고 사실 중심이기 때문에 교장의 직무에 대해서도 지금까지 법규로 명료화시켜 놓은 것이 없었으나 최근에는 교장의 직무도 표준화시켜 명료하게 하고 있다. 이것이 ISLLC(Interstate School Leaders Licensure Consortium) 표준화이다. 교장의 직무수행을 위한 기준과 표준을 정해 놓고 이를 중심으로 교장양성을 하고, 능력개발 연수를 하고, 직무수행을 평가하려는 직무수행 기준(standards)

접근이 있다. 지금 미국은 모든 면에서 쥐어짜는 Standard(표준화)가 강조되고 있는 셈이다. Standard를 정해 놓고 학생, 교사, 교장, 학교 모두 Standard에 도달하라는 것이다. Standard에 도달하지 못하면 책임지고 물러나라는 정책이라고 할 수 있다. 이렇게 숨통을 조이고 있어 이에 대한 반발도 심하다.

이 기준은 제2장에서 상세히 제시된 바와 같이 일반인이나 교사가 상당한 훈련과 교육 없이 감히 교장을 하겠다는 주장을 할 수 없게 되어 있다. 그러다 보니 지금 미국에서는 교장하겠다는 지원자가 부족할 것으로 예상되어 오히려 문제가 되고 있는 실정이다. 앞으로 우리 나라에서도 적당히 자리나 차지할 교장은 많을 수 있으나 21세기 경쟁력 있는 한국 교육을 이끌 능력 있는 지도자 교장을 확보하기는 그리 쉽지 않을 것으로 본다.

IV. 미국 초등학교장의 생활

지금 나이들은 미국 교장들은 옛날이 그립다고 한다. 옛날에는 교장에게도 낭만이 있었고, 1960년대만 해도 교장은 관리자(manager)이고 관리적인 일에만 집중하면 되었다. 교장에게 하나씩 하나씩 직무와 책임이 더 부가되기만 하고 줄어든 것은 없다는 것이다. 그러다가 이제는 아예 교장의 직무기준을 앞에서 말한 ISLLC 표준으로 명문화시켜 놓고 이에 의하여 평가하여 미달하면 재계약을 안 한다는 것이다. 그리고 4, 6, 9학년 학력고사를 봐서 성적이 표준에 미달하면 교장은 책임지고 물러나라고 압력을 가하고 있다. 이래서 최근 미국 학교에서는 과거 한국에서처럼 시험 중심의 교육을 하고 학습지 숙제를 많이 과하는 학교가 많아지고 있다. 거꾸로 가는 교육을 하고 있는 느낌을 준다. 그래서 지금 미국 교장들은 심한 스트레스에 시달리고 있다고 한다.

필자가 면접한 한 미국 초등학교장은 스트레스를 받는 요인으로 (1) 학교예산 삭감, (2) 학생의 안전 문제, (3) 가정과 학부모, 외부의 압력, (4) 학생의 성적과 행동에 대한 책무성을 들고 있었다. 학교예산은 점점 더 삭감하면서 지역사회와 학부모는 더 좋은 교육과 더 높은 성적을 요구하기 때문에 교장은 심한 스트레스에 시달린다고 하였다. 학교단위책임경영제를 하는 경우 학교 단위로 책임지고 일정 퍼센트를 삭감하도록 하는 경우 물품과 시설운영, 프로그램을 줄이고, 마침내는 사람까지 줄여야 하기 때문에 자신의 살을 잘라내는 것 같다고 하였다. 시간제, 임시직을 먼저 잘라내다 끝내는 정규교사까지 줄일 때의 교장의 어려움을 짐작하고도 남을 것이다. 이런 때는 학교단위책임경영제가 원망스럽고, 교육청에서 사람을 잘라내 주는 것이 차라리 좋은 제도라고 생각하게 될 것이다. 콜럼버스시 교육구에서는 900명의 교사를 줄여야 한다고 보도 되었다.

학생의 안전문제는 교장의 제1의 직무라고 할 수 있다. 학생이 학교버스에 오르는 순간부터 공부가 끝나고 집에 가기 위해 학교버스에서 내리는 순간까지 학생에 대한 책임은 교장에게 있다. 그래서 교장은 학교버스가 도착할 등교시간에는 정류장에 나가 학생 하나하나를 맞이하며 인사를 나누고 교실로 안전하게 입실하도록 지도한다. 교실에서 학생은 교사의 책임 하에 놓이게 된다. 교실에 교사가 없으면 학생은 교실에 입실할 수 없다. 걸어서 등교하는 학생도 정해진 시간보다 일찍 오면 학교 건물 자체를 잠가 놓아 밖에서 기다릴 수밖에 없고, 겨울철이나 일기불순 시는 잠시 강당에 수용했다가 교사의 출근시간이 지난 다음 정해진 시간에 교실에 입실하게 한다. 학생이 학교 안에 있는 동안은 공부시간이건 쉬는 시간이건 모두 학교의 책임이다. 그래서 학교 규정에는 학생들이 위험요소가 있는 장난감을 학교에 가져오지 못하게 하고 있다. 심지어는 공도 딱딱한 것은 못 가져오게 하는 것을 보았다. 학생이 조금만 아프다고 해도 양호교사(간호사)는 학부모를 불러 학생을 데려가게 한다. 학교의 책임을 조기에 면하려는 것으로 생각되었다. 비상시 학생을 후송할 가족 치료 병원을 확인해 놓고 학생의 치아를 모두 보험 들게 하고 있다. 그러고도 1년에 각각 10여 회의 소방훈련과 번개 · 폭풍훈련을 엄격하게 실시하고, 최근에 심지어는 4회 정도의 '낯선 사람 훈련'까지 실시한다. 그래서 실제 사고가 발생해도 평소처럼 질서정연하게 행동하여 사고를 줄인다. 실제 미국 학교에서 총기사건이 있었을 때도 훈련대로 행동하여 사고를 줄인 것을 아마 독자 여러분은 기억할 것이다. 공부보다 더 중요한 것이 자신의 생명과 신체를 잘 지키도록 하는 안전교육은 아무리 강조해도 오히려 부족하다고 할 수 있다. 안전의 측면에서 보면 한국의 학교는 지금 안전무방비 태세이고, 사고왕국의 악명을 들을 소지를 너무 많이 갖고 있다. 교장으로서 학생과 교직원의 안전에 대하여 앞으로 더 신경 써 주고, 교사로 하여금 학생 안전에 최우선 순위를 두도록 교장으로서 지도하여 주기를 필자는 간곡히 권고한다. 즐거운 항해는 더할 수 없이 좋은 일이지만 이보다 우선 안전한 항해가 선장으로서 더 중요한 일이다.

미국 교장들은 학부모와 외부의 요구와 압력에 시달린다고 한다. 학교교육의 책임이 교장에게 있기 때문에 미국에서는 교장에게 직접 전화를 걸고 이 메일을 보내는 일이 많다. 우리 나라에서는 흔히 교사와 먼저 접촉하다 안 되면 마지막에 교장에게로 몰려오지만 미국에서는 처음부터 교장에게 요구하고 압력을 가한다. 필자가 미국 교장과 전화로 직접 통화를 여러 번 시도했으나 모두 실패했는데 그것은 교장의 통화가 많기도 해서 그렇겠지만 교장이 필요하면 자동녹음을 듣고 자신이 전화를 걸기 위해 아예 전화를 안 받는 것이다. 그래서 웬만한 것은 비서에게 부탁하는 것이 낫다. 교장은 전화와 자동녹음(voice mail), 이 메일을 처리하는 데도 많은 시간을 보내야 한다. 교장은 문제해결의 명수가 되어야 한다. 교장의 하루는 문제의 연속이라고 할 수 있을 정도이다. 어려운 문제를 해결했을 때의 성취감 때문에 교장을 하는지도 모른다. 파도와 문제가 두려우면 선원노릇이나 할 일이지 키를 잡고 선장을 하겠다고 달려들 일이 아니다. 순풍에 돛 달고 휘파람이나 불며 호수나 근해를 항해하던 시절은 이미 지나쳤는지 모른다. 기왕에 선장이 되었으면 이제는 오히려 파도를 타며 태평양을 항해할 것을 반기고 즐기려 들어야 할 것이다.

학생의 성적과 잘못된 행동에 대하여 교장은 책임을 져야 한다는 무서운 압력이 교장의 어깨를 짓누르고 있다. 표준화 검사결과가 주교육부 웹페이지에 학교별로 교육청별로 공개되고 표준 이하는 책임을 지라고 한다. 학생의 성적이 낮은 것은 학생의 잘못이나 교사의 잘못보다도 교육의 책임자인 교장의 책임이다. 더구나 교사도 교장이 선발하여 임용하다시피하고 교사를 잘 가르치게 장학해야 할 책임이 교장에게 있다고 보기 때문에 학생의 성적에 교장이 책임지지 않을 수 없다. 이렇게 되니 지금 미국 학교에서는 자꾸 시험 연습, 학습지 숙제를 내지 않을 수 없다. 미국 정부로서도 학생들의 기본학력이 미달이라고 보기 때문에 기본학력에 책임지게 하지 않을 수 없다는 것이다.

의무교육 기간에도 유급이 있고, 고등학교 졸업시험에 통과하지 못하면 고등학교를 졸업하지 못하게 하고 있다. 교사와 교장 사이에 갈등이나 하고 있을만한 한가한 시간이 미국에는 없는 것이다. 교육의 주인들이 주인 노릇을 제대로 하고 있기 때문에 그들이 주는 세금을 먹고 사는 머슴 신세인 교사와 교장은 뭉치지 않으면 모두가 파멸로 간다는 것을 모두가 공동으로 인식하고 있기 때문이다.

미국 오하이오주 한 교장에게 교장으로서 지금 주로 하고 있는 일이 무엇이냐고 물었더니 교장선생님은 책상 위에 있는 서류뭉치를 중심으로 설명하기 시작하였다. 여기에 교장의 생활을 들여다 볼 수 있는 학교방문 기록을 옮긴다. 현재 하고 있는 일이 교장 직무의 대부분의 일이 되기도 하고 하루생활의 일면도 될 수 있는데 첫째, 수업관찰이 어려운 일이기도 하고 중요하며 시간을 잡아먹는 일이라고 하였다. 수업관찰은 교내용으로 비공식적인 관찰과 이 학교가 속한 더블린시 교육청의 공식적인 수업관찰 두 가지가 있다고 하며 양식을 프린트해서 보여 주었다. 비공식적 교내용은 임상장학과 똑같은 단계로 (1) 관찰 전 협의회 양식, (2) 관찰표(비공식 관찰과 공식관찰 모두 같은 양식), (3) 관찰 후 협의회 양식으로 나누어져 있는데 수업관찰시 학생성적평가기록(gade book), 전체수업계획서(planning book), 관찰할 수업의 수업계획서, 학생을 위한 학습자료 1부를 비치하도록 하고 있었다. 9월 신학기에 하는 교사에 대한 1차 관찰체크리스트는 (1) 교수수행 5항목, (2) 인간관계와 의사소통 3항목, (3) 교직 전문직성 3항목으로 되어 있는데 '만족', '개선요', '불만족'의 3등급 중 신학기 1차 관찰시 '개선요'와 '불만족'으로 표시된 항목에 대하여는 교사와 합의한 기간 내에 반드시 개선하고 학년말 평가시에 그 증거를 첨부하도록 하고 있었다. 같은 양식으로 학년말에 최종 수업관찰을 하되 이 때는 근거를 첨부하고 '관찰요약서'를 기술식으로 한 페이지를 쓰도록 되어 있었다.

둘째 수업관찰 외에 수업을 포함한 교사평가를 해야 하는데 이것이 어렵다고 하였다. 두 페이지짜리 더블린시 교육청 교사평가의 기준(표준, standard)에 의한 교사평가를 하게 되어 있는데 항목별로 코멘트를 쓰게 되어 있어서 어려울 것 같았다. 이 기준표는 (1) 교육과정과 수업 13항목, (2) 학급관리 4항목, (3) 기록관리 2항목, (4) 인간관계와 의사소통 4항목, (5) 교직 전문직성 5항목, (6) 출근상황으로 병가일수, 전문활동(연수, 학회) 휴가일수, 사적 휴가일수, 기타 결근일수를 적게 되어 있었다. 이런 교사평가는 우리 나라의 비밀에 의한 근무성적평가 정도로 생각하면 안 된다. 교장의 평가결과를 교사에게 확인시켜 줘야 하고, 부족한 항목은 반드시 교장이 책임지고 개선시켜야 하기 때문에 교장으로서는 시간도 많이 걸리고 어려운 일의 하나이다.

교사평가는 교장의 직무 중 세 번째로 시간을 많이 잡아먹는 일이라는 연구도 있다.*) 그리고 수습교사나 정년보장교사 모두 재계약시나 무슨 사고가 있을 때 이 교장의 교사평가의 자료가 중요하게 작용하므로 교장으로서는 신경 쓰이고 골치 아픈 일의 하나이다. 한국에서처럼 적당히 넘어갈 수 없게 되어 있는 미국 체제라는 것을 감안해야 한다. 교장이 교사를 평가해야 하기 때문에 수업관찰을 안 할래야 안 할 수도 없게 되어 있다.

셋째, 교장의 직무 중 어려운 일은 스케줄을 잡는 일이라고 하였다. 1년 계획, 월간 계획, 주간 계획, 1일 계획을 짜는데 너무 복잡하고, 수업 없는 시간에 회의 스케줄을 잡아야 하는데 교사들은 수업 후 30분~1시간 내에 퇴근하고, 또 교장을 필요로 하는 곳이 너무 많아 몸은 하나이고, 교감도 없고 하여 스케줄 잡기가 어렵다고 하였다. 이 이야기를 듣고 나니 방문자까지 교장선생님의 시간을 빼앗아 더욱 미안하게 생각되었다.

넷째, 교장이 지금하고 있는 어려운 일은 교사(직원)를 채용하는 일이라고 하였다. 당장 4명(2명은 정년한 자리, 2명은 출산에 의한 자리라고 하였다)을 채용해야 하는데 그 자료 검토와 면접, 평가가 어렵다고 하였다. 한 자리에 100여 명이 몰려오는데 4자리이면 400여 명 분의 자료를 검토한다는 일이 어려울 것이라는 것은 쉽게 짐작이 갔다. 한 자리 100여 명 중에 일단 20여 명으로 압축하여 면접한다고 해도 4자리이면 80명을 면접해야 하는데 이게 만만치 않을 것이다. 한 자리에 3명으로 후보자를 압축하고 2차 면접을 하여 임명예정자 1명을 교육청으로 추천한다고 하였다. 다른 교사들과 위원회를 구성하여 면접하지 않느냐고 질문하였더니 때로는 그렇게 하지만 반드시 하는 것은 아니라고 하였다. 교육감과 교육위원회에서는 가·부만 결정한다고 하였다. 더블린시교육청에서는 교장에게 교사채용의 전권을 주다시피하고 있는 셈이다. 교사 채용방법과 절차도 교육구별로 많이 다르다는 것을 알 수 있다. 더블린시교육구에서는 교장에게 권한을 주는 그 만큼 교장은 교사채용에 책임도 져야 하는 것이다. 축구감독이 자기 팀의 선수를 기용하는 것과 같다. 같은 학교에서 거의 평생을 같이 보내게 될지도 모르기 때문에 사람 채용하는 일이 쉽지 않을 것이라 쉽게 짐작이 되었다. 잘못되면 당장 소송이 붙기 때문에 교직원 채용이 교장에게는 몹시 어려운 일의 하나이다. 이렇게 해서 6년 간 이 교장선생님이 채용한 직원이 50여 명 직원

---

*) Robert J. Krajewski, “Secondary Principals should be Instructional Leaders,” Phi Delta Kappan(Sep. 1978), p. 65.

중 18명, 37% 정도가 된다고 하였다. 정년한 2자리를 채용한다기에 정년 연령이 어떻게 되느냐고 물었더니 근무 연수로 30년이면 정년할 수 있고 대부분 여기서 정년한다고 하였다. 대개 22세에 초임교사가 되면 52세가 정년할 수 있는 나이라고 하였다. 출산 휴직은 특별한 경우가 아니면 대개 1년이라고 하였다. 교사를 한번 잘못 채용하면 어떤 경우는 30년을 학생들이 그 피해를 입게 된다.

다섯째, 현재 하고 있는 일은 교과서를 비롯한 교육자료를 선정하는 일이라고 하였다. 그러면서 책상 위에 있는 책을 보여 주었다. 책상 위에는 두 권의 수학 교과서와 보조자료로 보이는 책이 몇 권 있었다. 교사와 상의하지 않느냐고 물었더니 상의는 하지만 교장도 철저히 검토해 봐야 책임을 질 수 있다고 하였다. 다행이 이번에 결정하려고 하는 책은 다른 교육구에서 사용하여 어느 정도 검증된 것이라 결정하기가 쉬울 것이라고 하였다. 그러면서 한국의 실정을 물어 왔다. 한국의 교장은 초등의 경우 교과서와 교재 결정에 교장이 미국의 교장만큼은 고민하고 시간을 뺏기지는 않아 행복할지도 모른다. 교재에 대하여 학부모나 누가 공격적으로 나올 때 교장은 이를 방어할 수 있어야 한다. 학생 교육에 대하여 교장이 책임을 져야 하기 때문이다.

교장선생님과 면담하는 중간 중간에 몇 가지 일이 끼어들어 이를 처리하고 또 원래 계획된 일도 있었는데 관찰자는 자연스럽게 이를 관찰할 수 있었다. 하나는 지난번 교장회에 참석하지 못한 다른 초등교장으로부터 회의내용 문의 전화가 온 것이다. 이 교장은 한국에서 온 '그림자 연구자'가 있다는 것을 알리고 문을 닫고 스피커폰으로 다 들리게 회의 내용을 알려 주었다. 교육청 내 교장의 결속과 친분이 두텁고 1주일에 한 번씩 꼭 골프를 쳐 스트레스도 풀고 건강도 증진하며 친목도 다진다고 하였다. 중등교장과 모두 합쳐 17명이 20, 30년씩 어쩌면 거의 평생을 한 교육구에서 동지로 지내게 되니 그 관계가 보통이 아닐 것으로 짐작이 되었다.

두 번째는 특수교육 교사와 사전 약속이 된 것으로 보조교사 2명을 교육청 양식에 의하여 평가하는 일이었다. 어떻게 보면 인사비밀에 해당하는 중요한 일인데 방문자를 믿고 방문자가 옆에서 지켜보는 상태에서 평가항목 하나하나에 대하여 교사와 협의하는 것을 보고 고맙기도 하고 미안하기도 하였다. 대부분 교사의 의견대로 평가하고 한두 항목에 대하여 교장이 재차 다짐하자 교사가 고쳐 말하는 것 같았다. 한 사람은 아주 우수한 편이고 다른 한 사람은 교육청 기준에 겨우 맞추는 보통

정도로 평가되는 것으로 보아 전자가 재계약되거나 채용될 것으로 판단되었다.

셋째는 한 교사가 사전에 약속 없이 교장실에 잠간 들려 아는 교사의 취직에 관한 정보를 교장과 나누는 것 같았다. 그럴 때마다 방문자를 한국에서 온 '그림자 연구자'라고 소개하였다.

넷째는 교실을 둘러볼 때 만난 학생인데 간단한 물건을 팔아 학교기금을 마련하는 것으로 교장선생님도 물건을 골라 주문하고 10달러 현금을 봉투에 넣어 주는 것이었다. 사실은 방문자도 지난 연말에 이 학교 1학년에 다니는 아는 한국 학생에게 배당된 물건을 사주었다고 하였더니 고맙다는 인사를 여러 번 하였다. 많은 학교에서 이렇게 기부금과 기금을 모으고 있었는데 어느 학교에 가나 으레 학교 오피스에는 기부금 신청 양식이 마련되어 있었다.

다섯째, 다른 하나는 한 학생이 전학을 오게 되었는지 비서(행정담당 직원)에게서 학생명부를 받아와 어느 반에 넣을 것인가를 검토하는 것이었다. 무조건 적은 숫자의 반에 넣는 것이 아니라 남녀, 소수민족, 최근에 배당된 반 등을 검토하고서 비서와 어느 반에 넣기로 합의를 보는 것 같았다. 이렇게 이 교장은 사소한 일이나 중요한 일이나 담당자와 협의한다는 인상을 받았다.

이 교장선생님은 하루 평균 60~70건의 e-mail을 처리하는 것 같고, 10~20통의 전화 자동녹음을 처리하는 것 같다고 하였다. 그 외 교내 무전기, 행정가들 간의 연락수단, 휴대폰이 있는데 e-mail이 가장 정확한 의사소통 수단이라고 하였다.

교장의 하루를 간단히 말해 줄 수 있겠느냐고 물었더니 지난 1주일 간의 스케줄을 보여주며 출·퇴근 회의 등 주요사항에 대하여 말해 주었다. 7시 40~45분 경에 출근하여 4 : 30～6 : 00 경에 대부분 퇴근하였다고 하였다. 지난 월요일에는 회의로 저녁 8 : 30에 퇴근하였다고 하였다. 4 : 30 이후 퇴근한 날은 대부분 회의가 있었던 날인데 어느 날이나 대개 회의가 있게 마련이라고 하다. 학생은 9 : 05에 건물에 입실하여 3 : 30에 하교 하고, 교사는 8 : 10까지 출근하여 4시에 퇴근하게 되었지만 집에 가서 교수 준비를 하거나 일찍 출근하거나 늦게 남아 준비하느냐는 교사의 자유라고 하였다. 더블린시에서는 교장은 연 226일 근무이고 교사는 182일 근무라고 하였다.

근무일수가 나온 김에 교장의 보수에 대하여 물어 보았더니 '더블린시교육구 교육행정가 04 봉급표'를 프린트해서 주었다. (1) 고교교장이 교육청 과장과 같은 등급인데 초임(교사경력이 아니라 행정경력 0년) 연봉 87,051달러에서 10년 최고봉(10년 이상은 인정 안함) 102,525달러, (2) 중학교교장 초임 77,376달러~10년 최고봉 92,853달러, (3) 초등교장과 고교교감이 동급인데 초임 73,764달러~10년 최고봉 88,987달러, (4) 중학교감과 운동총감독(Athletic Director)이 동급인데 초임 69,647달러~10년 최고봉 85,115달러였다. 더블린시교육구 내 11개 초등학교에는 교감을 아주 배치 안해서인지 초등교감은 봉급표에 아예 들어 있지 않았다. 1년마다 연봉이 올라가게 되었고, 행정가에게는 석사가 기본이므로(석사 이상이라야 행정가 자격증을 딸 수 있다) 석사를 기준(0)으로 하여 석사+30연수 학점에는 500달러, 석사+45학점에는 750달러, 박사에는 1,000달러를 연봉에 더해 주었다. 이 교장은 고교교장자격증도 가지고 있으니 고등학교 교장이 되고 싶은 생각이 없느냐고 물었더니 고등학교 교장은 운동 팀 등 과외활동이 많아 그 만큼 책임이 많기 때문에 연봉이 많다고 하여 그런 책임을 맡고 싶지도 않고, 초등학생 아이들이 좋아 초등교장으로 끝나겠다고 못박았다.

교사 연수는 연 18일, 4회는 학생들이 늦게 등교하고 아침에 3시간 연수를 하고, 한 달에 1회 정도 직원회를 한다고 하였다. 학생 안전에 문제가 없느냐고 물었더니 이 학교에서는 별 문제가 없지만 연 10회 소방훈련을 하고, 4회 폭풍훈련을 하고, 처음 듣는 훈련인데 4회 문잠금(lock) 훈련을 한다고 하였다. 그리고 한두 번 오늘처럼 경찰·소방서와 협조하여 안전·약물교육을 한다고 하였다. 그리고 버스에서 내려 현관에 들어오기까지, 현관에서 버스 타기까지 교장은 신경을 쓰고, 이 학교에서는 학생의 반 정도가 걸어서 집에 가기 때문에 길 건널 때 5학년(오하이오주에서는 초등학교가 유치반과 5학년까지임) '교통순찰대'가 활동한다고 하였다.

학교재정에 대하여 문의하였더니 더블린시교육구에서는 학교단위책임경영제를 한다고 하면서 교육청에서 학생 1인당 항목별 배분 액수를 알려 주었다. 언어예술 5.34(달러), 독서 9.67, 수학 3.34, 과학 6.55, 사회 2.34, 체육 1.33, 미술 4.67, 음악 0.47, 가이단스 0.50, 영재 0.67, ESL 0.13, 말하기 0.20, 전문연수 8.01, 우표 0.85, 도서실 8.34, 사무용품 4.00, 수업소모품 6.00, 교구수리·교체 10.41, 복사관계 11.28, 종이 8.03, 현장답사 2.98, 교사(자격증 요구자) 출장 1.33, 직원 출장 0.67, 진료(양호) 1.97로 학생 1인당 합계 99.08달러인데 여기에 학생 수를 곱하면 학교운영비가 된다. 여기에 특수교육에 2,454.69달러, 전문적 능력개발(연수)

에 1,200.00달러, 관리비 500.00달러가 추가된다. 건물관리는 교육청에서 직접하는 것으로 되어 있어 예를 들면, 전기, 수도 등의 관리비는 제외된다고 하였다. 그래서 이 학교 04년도 총운영비는 55,279.97달러였다.

3 : 30 학생들이 하교할 시간이 되어 밖으로 나가 버스를 타는 모습과 하교하는 모습을 보고 방문을 마치려고 교장실을 나가려다 보니 벽에 교장선생님의 캐리커처가 걸려 있어 보았더니 골프채를 들고 있는 모습이었다. 생일 선물로 받은 것이라고 하였다. 그리고 2002년도 오하이오주립대학교가 풋볼로 전 미국 챔피언이 된 기념사진이 걸려 있었다. 아마 운동을 좋아해서 사서 걸어 논 모양이었다. 교장선생님과 현관 앞으로 나가니 벌써 6대의 버스가 도착해 있고 학생들이 교사의 안내를 받아 버스에 오르기 시작했다. 교통순찰대 학생들이 깃발을 들고 네거리로 나가는 모습도 보였다. 버스에 시동을 걸자 부산하기 그지없었다. 2, 3명의 저학년 학생이 교장선생님에게 달려와 작별 포옹을 하는 모습은 초등학교 교장만이 맛볼 수 있는 최고의 선물 같았다. 내일이 금요일이지만 부활절(일요일)과 연결시켜 연휴라 학생도, 교사도, 교장도 모두 행복한 하교이고 퇴근인 것 같았다. 여기서는 부활절이 큰 명절이라고 하였다. 한두 명의 학생이 늦게 뛰어 오고, 어떤 선생님은 잊고 간 소지품을 떠나는 버스를 세우고 유리창으로 학생에게 전해 주기도 하는 모습이 난리통 같았다. 일부 아이들이 걸어가고 대여섯 명이 자전거를 타고 갔다.

미국 초등교장은 대개 7시 30분경 교사보다 30, 40분 전에 출근하여 4시 30분~6시 30분 경 교사보다 30분~2시간 30분 늦게 퇴근한다. 교사가 연 180일 ~190일 근무인데 비하여 교장은 220일~250일 근무로 교사보다 연 30일~60일 정도 더 근무하는데 이는 교육청마다 다르다. 교육청과의 연간 계약기간이 다 다르다. 교장은 토요일, 일요일, 휴일, 계약 외 사적 시간에는 학교에 대하여 책임이 없는 것으로 봐야 한다. 여름방학 중에도 계약하지 않으면 책임도 보수도 없고 대개 1개월간 대체교장이 여름학교를 책임진다. 근무시간은 철저히 근무하고 철저히 책임지지만 근무 외 기간에는 책임을 지지 않는다.

교장의 연봉이 교사보다 많은 경우가 많지만 근무시간과 근무일(계약시간과 계약일)이 많아 연봉이 많은 것이지 시간당, 일당, 주당 보수액으로 치면 교사보다 교장이 오히려 저임금이라는 것이 미국 교장들의 불만이다. 책임과 격무에 비하여 교장의 보수가 적다는 것이다.

그러면 미국 교장에게 심한 스트레스와 책임만 있는 것인가? 심한 스트레스와 무거운 책임 때문에 교장지원자가 적고, 심한 경우 교장을 하다가 교사로 되돌아가는 비율이 늘고 있지만 지금도 여전히 교장이 되고자 대학원 수강을 하고 있는 사람들도 있다. 필자가 원고를 쓰고 있는 지금도 미국에서는 여름방학 기간인데도 여름학기에 많은 교사들이 교장자격 과정에 등록하여 수강하고 있다.

미국 교장의 가장 큰 보람은 무엇일까? 미국 교장의 가장 큰 보람은 하나의 기관을 자신의 철학과 교육적 신념에 의하여 이끌고 간다는 것이다. 물론 교육청의 사명과 이념의 범위 내라는 제한이 있기는 하지만 미국 교장에게는 그만한 권한과 책임이 인정되고 있는 것이다.

둘째는 문제해결의 보람과 성취감이라고 할 수 있다. 어려운 문제를 해결했을 때의 보람은 무엇과도 바꿀 수 없다. 아무나 할 수 없는 일을 해결해 냈을 때의 보람은 교장만이 느낄 수 있는 것이다. 우리 교장이기 때문에 가능했다는 찬사는 무엇과도 바꿀 수 없다. 누구나 할 수 있는 일을 교장이 하고 있다면 특별히 교장직을 두거나 교장을 특별히 양성할 필요가 없고, 극단적으로는 교장실에 의자를 마련해 둘 필요가 없게 되는 것이다. 있으나마나한 교장, 그 사람이 그 사람인 교장, 극단적으로는 비난받는 교장을 하고 있다면 교장의 존재이유 자체가 없어지는 것이고, 그래서 아무나 교장하고, 돌려가면서 월반장 하듯이 교장하고, 교장을 인기투표하여 선출하자는 주장이 나오게 하는 실마리를 제공하는 것이다. 교장의 일은 문제해결의 연속으로 봐야 한다. 그렇기 때문에 문제를 두려워하거나 문제를 회피하려고 해서는 교장을 할 수 없다. 문제에 도전하고 이를 극복하여 학생과 교사들을 행복하게 해줄 의무와 책임이 기관의 최고 책임자인 교장에게 있는 것이다.

30년 이상을 교장을 한 미국의 한 6학년 학교(1개 학년으로 된 학교)의 교장에게 교장의 보람을 물어 보았더니 역시 한국에서와 마찬가지로 제자들의 성공을 보는 것과 교사들을 도와 주었을 때 고마워하는 모습을 보는 것이라고 하였다. 지금도 옛날의 제자나 같이 근무했던 교사들과 연락이 되느냐고 물었더니 가끔 만나서 식사도 한다고 하였다. 역시 인간사회는 비슷하구나 하는 생각을 하였다. 방문자(필자)는 미국에서는 그런 일이 별로 없을 것으로 알아보지도 않고 미리 짐작하고 있었던 것이 잘못이라는 것을 또 깨닫게 되었다.

Chapter 06

미국 교장의 생활 사례

미국 교장의 생활 모습을 사례를 중심으로 몇 가지 측면에서 살펴보기로 한다. 이미 앞에서 소개된 내용도 있다.

I. 무서운 책무성

〈사례〉 지금 미국 교장들이 많은 스트레스에 시달리고 있다고 하여 한 미국 교장에게 가장 스트레스를 주는 것이 무엇이냐고 물었더니 이 교장은 첫째 예산(재정) 문제를 들고 있었다. 지출면에서는 (1) 보험료와(의료, 차량, 책임 등), (2) 직원 임금과 보상 등 인건비, (3) 물가인상에 의한 물건비가 계속 올라가고 늘어나는데 비하여 2001년 9월 11일 이후 여러 사정으로 경제가 나빠지면서 세금감소, 수입감소, 주정부지원의 수입감소 등의 예산삭감으로 교육청에서는 수입 · 지출 균형예산을 위하여 학교예산(학생 1인당 경비)을 동결하고, 코치나 다른 활동을 위한 보충적 계약을 동결하고, 교사나 다른 직원을 위한 계약도 협상을 통해서 동결하고, 보험 등 교육청이 지불해야 할 것도 협상을 통해서 해결하는 등의 해결책을 예시로 내놓고 있다는 것이다. 그래서 이 학교에서도 교사 몇 명을 줄여야 하고, 종이, 코팅비 등 소모품비의 예산을 삭감한다는 것이다. 그리고 지금 미국에서는 학교마다 기부금 모금에 열을 올리고 있는 실정이다. 물건을 팔고, 바자회를 열고 별 묘안을 다 내놓고 있는 것을 알 수 있다. 학교사무실 입구에는 여지없이 기부금 모금 팸플릿이 꽂혀 있는 것을 볼 수 있다. 그래서 지난 2003 연말은 교장들이 예산 때문에 많이 골머리를 앓고 시간도 많이 빼앗겼다는 것이다. 돈은 줄어들고 학부모들은 더 좋은 교육을 요구하고, 국가와 연방 · 주정부에서는 학생들 성적을 올리고 책임지라고 하니 교장으로서는 그야말로 죽을 맛인 것이다.

이 교장이 두 번째 스트레스를 받는 것으로 들고 있는 것은 '안전(security)' 문제였다. 전에도 안전이 강조되었지만 9. 11 이후 더욱 신경 쓰게 되었다는 것이다. 소방훈련, 폭풍(tornado)훈련에다 이제는 '낯선 사람(stranger) 훈련'까지 하게 되었다는 것이다. 학교 방문자와 낯선 사람을 경계하고 현관문 2개를 잘 지키고 버스에서 정확히 내려 교실에 들어가게 하고, 교실에서 나오자마자 버스에 정확하게 타는 순간까지 학생들이 학교에 있는 동안은 교장의 책임 하에 있으니 안전이 교장에게 스트레스를 주지 않는다고 할 수가 없다. 학생들의 안전 앞에 공부는 저리 가라가 되는 것이다. 이에 비하면 한국의 학교는 지금 안전 무방비 상태라고 말 할 수 있다.

세 번째는 가정과 학부모의 압력이라고 하였다. 경제가 어려워지고 실업으로 직장을 잃게 되니 그것이 다 학교로 몰려온다는 것이다. 학부모들의 신경이 날카로워지고 툭하면 교장에게 전화하여 학부모의 전화(parents' call)에 교장은 시달리게 된다는 것이다. 우리 나라 IMF위기 때 어려운 지역의 학교를 생각나게 한다.

네 번째로 성적과 학생의 행동에 대한 책무성(accountability)이 견디기 힘들 정도로 압력으로 다가오고 있다는 것이다. 잘하는 아이들이 아니라 학생 전원을 표(기)준 이상으로 끌어올리고 한 아이도 뒤쳐진 아이가 없게 하라는 정책(No Child Left Behind)이 무섭지 않을 수 없다. 학생들 학력진단평가도 못하게 하는 한국이 이들은 몹시 부러울지도 모른다.

II. 보 수

〈사례〉 교육행정가의 봉급체계는 교사의 봉급체계와 다르다. 행정경력으로만 새출발하는데 교육청과 개인 간의 협상과 계약에 의하여 결정된다. 압력과 스트레스,

책임, 격무는 무겁게 교장직을 짓누르고 있는데 여기에 상응하는 보상은 오히려 불리해지고 있다는 것이다. 교사의 봉급(연봉)과 교장의 봉급을 개략적으로 비교하기 위하여 한 초등학교 교장에게 교장이 안 되고 교사일 경우의 보수와 교장의 경우인 현재의 봉급을 알아보았다. 참고해야 할 것은 이 교육청은 미국 오하이오주에서는 최고수준의 부유지역이라는 것을 미리 감안해야 한다. 한 교육청의 경우 교사는 31단계(31년 경력 연수)의 봉급체계로 되어 있는데 대학을 나와 경력이 전연 없이 처음 교사를 시작하는 (1) 0단계 학사출신(BA) 교사 34,768달러를 기준(100%)으로 하여 (2) BA+15(대학원 연수학점)교사 36,152달러(103.981%), (3) BA+30 교사 37,213달러(107.031%), (4) MA(석사) 교사 38,245달러(110%), (5) MA+10 교사 38,952달러(112.033%), (6) MA+20 교사 39,633달러(113.993%), (7) MA+30 교사 40,328달러(115.991%), (8) MA+40 교사 41,027달러(118.001%), (9) PHD(박사) 교사 41,847달러로 같은 경력의 교사라도 연수학점과 대학원 학위에 따라 연봉이 다시 9범주로 구별되어 공부하고 연수·연구하는 교사에게 더 많이 보상을 해주는 체계이다. 경력이 전연 없더라도 BA교사에 비하여 MA교사는 10% 높은 봉급에서 출발한다. 학점을 따야 연봉도 올라가고 4년 유효기간의 자격증도 갱신할 수 있게 되는 것이다. 18~30단계에서는 MA 이상만 적용하게 되어 있다. 그리고 BA로 연수학점 없이 1단계(교직경력 1년)가 되면 105.991%로 36,851달러, 17단계-BA 교사의 경우 168.030%로 58,421달러를 받게 되어 있다. 그런데 이 연봉은 8단계(8년 경력의)-MA+30 교사와 정확하게 같은 액수이고, 8단계-박사 교사보다 1,861달러를 덜 받게 된다.

그래서 이 학교 교장의 경우 교장이 아니고 교사일 경우 연봉이 얼마가 되느냐고 했더니 25단계(경력 25년)의 MA+40(학점)에 해당하여 연봉 79,128달러가 된다고 하였다.

교장의 경우 연봉은 채용시 계약에 의하여 개인별로 달라지는데 교장은 최소한 MA 이상이고 교장자격증을 따기 위해서 MA보다 학점을 더 따야 하는데 초등교장의 경우도 이 교육청에서는 학생 수에 따라 4단계로 나누어진다. (1) 학생 수 0~200명 학교 최소 75,876달러-박사학위 무소지 최대 92,872달러, 박사학위 소지 최대 94,319달러, (2) 201~400명 학교 최소 76,870달러-박사학위 무소지 최대 93,516달러, 박사학위 소지 최대 94,778달러, (3) 401~600명 학교 최소 77,310달러-박사학위 무소지 최대 96,890달러, 박사학위 소지 최대 97,211달러, (4) 601~800명 학교 최소 77,954달러-박사학위무소지 최대 96,890달러, 박사학위 소지 최대 98,337달러가 되는데 이 교장의 경우 387명의 학교로 학교규모 201~400명 학교이고 박사학위가 없어 76,870~93,516달러에 해당 되는데 방문자의 여러 추측에 의하면 89,000달러 정도가 되는 것 같았다. 이 교장이 교사였을 경우 79,128달러에 해당된다고 했으므로 "박사학위 무소지 최대 93,516달러"를 적용하면 연간 14,388달러를 교사보다 더 받게 되는 것이고 방문자의 추측대로 89,000달러를 받는다면 89,000~79,128달러로 연간 9,872달러를 교장이 교사보다 더 연봉을 받게 된다. 그래서 교사 190일 근무, 교장 250일 근무일로 일당을 계산하면 교사 일당 416달러 정도, 교장 일당 356달러로 교사보다 교장이 저임금이고, 시간당으로 치면 교사의 경우 416달러/8(시간)=52달러, 교장 356/12(시간)=30달러로 교사보다 형편없이 적은 보수를 받게 된다는 것이다. 연봉 이외에 우리 나라에서와 같은 수당은 전연 없다. 이 교육청에서는 교원에게 본인의 의료보험료 전액과 가족보험료의 5%를 교육청이 지원해 주는 혜택을 주는 것을 확인했다. 교장에게만 주어지는 특권은 오로지 교사는 학교에서 커피를 사 마시는 대신 교장은 무료(free) 커피를 마실 수 있는 것이 유일한 특권이라고 비아냥거린다.

그래서 지금 미국에서는 교장 희망자가 없어서 문제가 되고 있다. 심지어는 교장을 하다가 스트레스를 못 이기고 교사로 돌아가는 숫자가 늘어나고 있다는 것이다. 앞으로 5년간 현 교장의 75%가 퇴직할 것이라는 계산은 나와 있는데 이를 채울 인력자원풀(pool)이 바닥났다는 것이다. 거기다 기준을 높여놔 교장자격증을 따기는 더욱 어려워져 지원자는 더욱 줄어들고 있는 실정이다.

참고로 초등 교감(assistant principal)의 경우 교장과 같이 50주 근무에 학교규모에 상관없이 최소 74,623달러-박사학위 무소지 최대 89,331달러, 박사학위 소지 최대 90,469달러로 되어 있다. 이 학교에는 교감이 없고 같은 교육청관내 다른 초등학교 한 교감의 경우 박사학위를 가지고 있었는데 교감이 아니고 교사일 경우 8단계-박사로 60,288달러 연봉을 받게 되는데 박사교감이기 때문에 박사학위 무소지 최대 89,331달러-박사학위 소지 최대 90,469달러 사이에서 교육청과 임용시 연봉 계약을 하였을 것으로 본다. 참고로 이 교감의 경우 다른 교감들은 1년씩 계약을 하게 되는데 자기의 경우는 교육청이 꼭 필요로 했기 때문에 행운으로 2년 계약을 했다고 한다.

이 교육청의 중학교 교감과 고등학교 교감은 초등보다 2주 많은 52주 근무인데 중학교와 고등학교 똑같이 최소 75,876달러, 박사학위 무소지 최대 89,331달러, 박사학위 소지 최대 90,469달러 사이에서 계약하게 된다.

중학교 교장과 고등학교 교장의 경우 똑같이 52주 근무이지만 중·고등학교 사이에 많은 차이가 있어 중학교 교장은 최소 81,648달러 - 박사학위 무소지 최대 98,490달러, 박사학위 소지 최대 99,935달러인데 비하여 고등학교 교장은 최소 95,685달러 - 박사학위 무소지 최대 114,394달러, 박사학위 소지 최대 115,861달러를 받게 된다. 그만큼 고등학교 교장의 직무가 어렵고 책임이 많기 때문이지 단순히 학교가 한 단계 높기 때문이 아니다. 앞에서 설명한 것처럼 밤 8, 9시까지 근무하고 토요일, 일요일, 휴일도 운동경기, 밴드 등 행사 때문에 고등학교 교장의 경우 가정이 거의 없을 정도라고 하기 때문이다.

이 교육청은 인문고 1, 실업고 1, 중학교 2, 초등학교 5, 기타교 1 모두 10개로 구성된 소규모 교육구인데 부교육장의 연봉은 최소 96,400달러 - 박사학위 무소지 최대 116,187달러, 박사학위 소지 최대 118,460달러 사이에서 계약하는 것으로 되어 있다.

많은 일과 어려운 책임을 맡고 보수를 조금 더 받을 것이냐, 아니면 덜 어렵고 적은 일과 책임을 맡고 좀 적은 보수를 받는 대신 개인 시간과 가정을 가질 것이냐는 각자 개인의 철학과 가치관에 달려 있는 것이다. 그러나 평등과 민주주의의 나라 미국에서도 지도자에게는 무언의 존경과 명예가 따라 붙고 대신 무서운 책임이 동시에 따라 붙어 지도자의 중요성은 말과 글로 표현하기 힘들다. 미국은 지도자의 방향감과 추종자의 자기 책임완수에 의한 무언의 뒷받침에 의하여 발전해 가는 나라라고 할 수 있다.

III. 하루의 생활

〈사례〉 먼저 교장의 하루 생활을 간단히 물어 봤더니 이 교장선생님은 아침 시간을 좋아해서 집에서 5시에 출발하여 5시 15분이면 학교에 도착한다고 했다. 학교 청소관리인이 5시 30분에 나오게 되어 있는데 이들보다 일찍 출근하는 셈이다. 교장·교감이 대개 7 : 30시까지 출근하게 되어 있는데 이 교장은 스스로 5 : 15시에 출근하여 e-mail 등 메일을 챙기고, 우편물 등을 확인하고 하루 일을 계획한다. 그리고 그날의 각종 교육활동을 확인한다고 한다. 요즘은 서류 보고 사항이 늘어나 이에 아침 시간의 대부분을 빼앗긴다고 한다. 우리 나라 부장교사들이 하는 서류사무를 교장 한 명이 교감도 없이 비서 1, 2명으로 모두 처리한다. 그래서 이 교장에게는 이 아침 시간이 가장 귀중한 시간이라고 한다. 교사들이 8시까지 출근하게 되어 있는데 일찍 나오는 교사와 직원들을 교장이 아침인사와 함께 맞이한다.

학생들은 교사가 없는 상태에서 건물 안에 들어갈 수 없기 때문에 8 : 10시에야 건물 문이 열리고 그때서야 학생들은 학교 건물 안에 들어갈 수 있다. 일기 불순 시에만 특별히 강당에 임시 수용했다가 8 : 10시에 교실로 보내진다. 8 : 10시에 4대의 학교버스와 1대의 장애학생용 소형버스가 도착하면 교장은 버스에서 내리는 378명의 학생 이름을 부르며 아침 인사와 함께 학생들을 맞이한다. 솔직히 몇 명의 학생들 이름을 알고 부를 수 있느냐고 했더니 378명 중 최소한 300명 이상은 알 수 있다고 하였다. 유치반 아이들의 이름을 아직 다 외우지 못하고 거의 모든 학생들 이름을 안다고 했다.

8 : 15시에 공부 시작 종이 울리고 하루 공부가 시작 되는데 11 : 05∼11 : 30시까지 25분 간의 1∼3학년 점심과 동시에 4, 5학년 휴식시간, 11 : 30∼11 : 55시까지 25분 간의 4, 5학년 점심과 동시에 1∼3학년 휴식시간 모두 50분과, 11 : 55∼12 : 05시까지 10분 간의 유치반 외 1∼5학년 전학년 휴식시간 모두 60분 1시간이 또 교장에게는 중요한 시간이다. 식당과 운동장 감독이 교장 책임이기 때문이다. 물론 수당을 주고 운동장 감독 책임자를 따로 두기는 하지만 그래도 교장에게는 사고의 위험이 있기 때문에 이 한 시간 동안 긴장하지 않을 수 없다고 한다. 유∼5학년 전교생이 하교하는 시간은 2 : 50시가 된다. 이 하교시간이 또 교장에게 긴장하는 시간이다.

방문자가 방문한 날도 교장은 2 : 40시에 두터운 방한외투를 입고 모자를 쓰고, "학교 라디오(무전기)"와 휴대폰을 들고 현관 앞 버스 주차장으로 나갔다. 4대의 학교버스는 이미 도착해 있었다. 교장은 일일이 버스기사와 인사를 한다. 그때 4,

5학년 자원봉사 학생으로 구성된 교통봉사대(patrol) 학생들이 특수복장과 깃발을 들고 몇 군데 네거리로 나가 몇 명의 걸어가는 학생과 버스를 안내할 준비를 한다. 이들은 부모들이 나중에 태워간다고 했다. 이제 학생들이 교장과 인사를 하며 버스에 오르기 시작한다. 교장이 서 있는 위치와 세 명 정도의 보조지도자들이 서서 지도하는 위치가 아주 정해져 있었다. 장애학생들은 일반학생들 보다 조금 일찍 특수차에 의하여 하교한다. 여기서 교장이 또 특히 신경 쓰는 한 학생은 부모가 집에 없어서 사설 어린이 놀이집(Day Care Center)으로 가는 사설차를 잘 타는지 확인하는 일이었다. 교사들은 학생들을 현관문까지만 안내하면 그만이다. 교사의 책임과 교장의 책임의 경계가 현관문인 셈이다. 점심시간도 교사들은 식당문 앞까지만 안내하면 식당 안에서는 교장 책임 하에 놓이게 된다.

8 : 15시 공부가 시작되어 2 : 50시 학생들이 하교하기까지의 수업시간에 교장은 수업이 차질 없이 진행되는지 확인하고 교사들에게 필요한 것이 없는지 보살피며 돌아다닌다. 그래서 교장은 교장실에 앉아 있을 시간이 거의 없다. 그래서 미국 교장실엔 소파가 없다. 미국에서는 교장이 복도와 교실, 교육현장에 자주 눈에 띄어야 하는 가시성(visiability)이 중요시된다.

학생들이 하교하고 나서 교사가 퇴근하는 오후 4시까지 3～4시에는 대개 거의 매일 교장에게는 무슨 회의나 행사가 있든지 꼭 있게 마련이라고 한다. 교사들은 8시에 출근해서 8시간 근무하고 4시면 퇴근할 수 있게 되어 있다. 교장들도 5 : 30시에 퇴근하게 되어 있지만 대부분 초등교장은 저녁 7 : 30시쯤에 퇴근한다고 한다. 중・고등학교 교장들은 저녁 8, 9시에 퇴근하고 토요일, 일요일도 운동경기 등 행사 때문에 가정이 없다고 귀띔해줬다. 방문한 학교도 초등학교이지만 저녁 6, 7시까지 운동연습, 시합, 과외활동 등이 있지만 책임자에게 맡기고 자신은 아침에 일찍 출근했기 때문에 특별한 일이 없으면 대개 4 : 30～5 : 00시에 퇴근한다고 한다. 이 교장의 경우도 1일 12시간 근무하는 셈이다. 오전 7 : 30시 출근에 오후 7 : 30시 퇴근하는 거나 마찬가지 12시간 근무이다.

교사들도 8시 출근 4시 퇴근이지만 학생들이 하교한 후 오후 2 : 50～4 : 00시 이외에는 전연 교재연구, 개인 시간이 없다. 만일 3～4시 사이에 회의라도 있으면 교사 혼자 쓸 수 있는 시간이 없다. 특히 그 동안 축적해 놓은 교재나 교육자료가 없는 교사들은 출・퇴근시간이 있어도 이를 지킬 수 없는 실정이다. 더구나 학부모들이 어떻게 가르치고 있는지를 다 확인하고 있는 이런 부유지역에서는 교사들이 출·퇴근시간 이외에 연구할 수밖에 없는 것이다. 대학원에 공부하러 오는 교사들을 보면 어떤 교사는 틈만 나면 학생들 일기나 글짓기를 대학원까지 싸가지고 와서 고쳐 주는 것을 볼 수도 있고, 어떤 교사는 대학원 수업 중에도 가위로 오리며 저학년 교재를 만들고 있는 것을 자주 볼 수 있었다. 더구나 학생 성적에 책임을 지도록 하고 모든 학생을 표(기)준 이상으로 성적을 올려야 한다는 책무성 요구 때문에 출·퇴근시간이 무색하게 되고 있는 실정이다. 오후 4 : 15시 대학원 수업에 맞추기 위해 일찍 학교에서 나오는 교사들은 그 대신 아침에 일찍 출근한다고 하였다. 규칙 지키기와 책임완수는 미국인들에게는 무서울 정도로 몸에 배인 것을 알 수 있다. 오하이오주에서는 학교와 학생의 모든 성적이 주교육부에 의하여 인터넷에 탐재되어 있는 것을 볼 수 있다. 〈www.ode.state.oh.us〉에서 확인할 수 있을 것이다. 표준에 도달하지 못하면 교장도 교사도 모두 책임을 지고 물러나야 할 형편이다.

교내 직원회는 대개 한 달에 2회 정도 있고, 교육청 내 초등교장회는 한 달에 1회 정도 있는데 장소는 5개 초등학교로 돌아가며 열리고 대개 부교육장이나 교육청 인사과장이 참석하고 교육장이 참석하는 경우는 극히 드물다고 한다. 가끔 사친회(PTO)가 열리고 교사와 학부모의 면담회가 있다. 학부모의 학교교육 참여와 자원봉사 참여가 많은 편이다. 방문하던 날도 한 학부모가 학생들의 앨범(전학년 전교생 Yearbook) 자료를 교장에게서 받아가는 것을 볼 수 있었다. 전교생 학생들의 활동 사진을 학부모가 예쁘게 오려 편집하려는 것이다.

초등학교에 학기는 없고 학년도 운영(year-round)인데 한 학년도에 4번 성적표를 보낸다고 한다. 교사의 경우 이 교육청에서는 연 190일 근무인데(이외에 방학에는 교사에게 아무 의무도, 보수도 없다.) 초등교장은 50주(중·고등학교 교장은 52주) 250일 근무라고 한다. 이 교장의 경우 3주는 방학 휴가를 갖는다고 하면서 중·고교 교장의 경우 전연 방학이 없는 경우가 많다고 한다.

교사를 채용하는 경우 교장이 한 학교로 지원하는 교사의 이력서, 포트폴리오 등을 검토하여 일단 걸러내고 면접을 하는데 관점이 다를 수 있기 때문에 교장의 면접과 교사들로 구성된 위원회(패널)의 면접을 참고로 하게 된다고 한다. 최종적으로는 교육장을 거쳐 교육위원회가 임명하지만 교장에게 교사팀(축구감독이 자기 축구 선수 팀을 구성하듯이)을 구성할 수 있는 자율권을 이 교육청에서는 많이 준다고 한다. 신규교사의 경우 2년 유효의 예비교사자격증을 갖고 전임교사로 1년씩, 1년씩 수습교사 2년을 성공적으로 마치면 그 다음엔 2년씩 계속계약(continuing contract)을 해나간다고 한다. 그리고 시간제(part time)이거나 임시교사의 경우 3년의 수습교사를 성공적으로 마쳐야 2년씩 계속계약을 할 수 있다고 한다. 물론 이런 제도와 규정은 교육청마다 다를 수 있다.

〈사례〉 교장이 지금 하고 있는 일에 대하여 들어 보기로 하였다. 교장선생님은 책상 위에 있는 서류뭉치를 중심으로 설명하기 시작하였다. 제5장에서 말한 것처럼 현재 하고 있는 일이 교장 직무의 대부분의 일이 되기도 하는데 첫째, 수업관찰이 어려운 일이기도 하고 중요하며 시간을 잡아먹는 일이라고 하였다.

둘째 수업관찰 외에 수업을 포함한 교사평가를 해야 하는데 이것이 어렵다고 하였다.

셋째, 교장의 직무 중 어려운 일은 세 번째로 스케줄을 잡는 일이라고 하였다.

넷째, 교장이 지금하고 있는 어려운 일은 교사(직원)를 채용하는 일이라고 하였다.

다섯째, 현재 하고 있는 일은 교과서를 비롯한 교육자료를 선정하는 일이라고 하였다.

미국 교장은 일찍 출근, 늦게 퇴근한다. 행정은 비서와 교장·교감이 다 한다. 초등에는 교감이 없는 경우도 많다. 교장은 소파에 앉아 있을 시간이 없다. 그래서 교장실엔 소파가 없다. 책상과 의자가 있는 작은 방이다. 교감실이 따로 있다. 모든 전화는 비서가 받는다.

IV. 보 람

미국 교장은 부정적인 측면만 있는 것인가? 교장은 못할 일인가? 그렇지 않다. 보람도 있는 것이다. 가장 큰 보람은 무엇일까? 배의 선장으로서 한 기관을 자신의 책임과 철학 하에 나침반을 쥐고 파도를 헤치고 이끌고 가서 목적지, 학교교육의 목표에 도달시킨다는 것이다. 교장이 높은 자리라고 해서 무조건 존경받던 시대는 이미 지나갔다. 존경받을 교장노릇을 해야 존경을 받거나 겨우 본전을 찾을 수 있을 것이다.

〈사례〉 한 6학년 학교 교장에게 교장으로서의 보람이 무엇이냐고 물었더니 역시 한국에서와 마찬가지로 제자들의 성공을 보는 것과 교사들을 도와 주었을 때 고마워하는 모습을 보는 것이라고 하였다. 지금도 옛날 제자나 전 교사들과 연락이 되느냐고 물었더니 가끔 만나서 식사도 한다고 하였다. 역시 인간사회는 비슷하구나 하는 생각을 하였다. 방문자는 미국에서는 그런 일이 별로 없을 것으로 알아보지도 않고 미리 짐작하고 있었던 것이 잘못이라는 것을 또 깨닫게 되었다.

V. 선장과 키보이의 미국의 교장

나라마다 교장제도와 교장의 직무가 각각 다르다. 그것도 시대와 상황에 따라 변하고 있기 때문에 다른 나라의 교육제도와 교장제도에 대하여 정확히 알기도 어렵다. 미국의 교장직에 대하여 1980연대 초 박사과정에서 공부하고 지난 해 1년 간 미국에 객원교수로 파견되어 미국 학교를 많이 방문하여 교장의 직무수행을 직접 관찰할 기회를 가졌지만 아직도 정확히 파악하기 어렵다.

우리 나라의 교장제는 교사－교감－교장의 승진제로 많은 교사 경험과 연공을 요구하지만 미국의 교장제는 양성제로 교육행정 전문성을 더 많이 요구한다. 교사보다 교장이 높다는 이미지보다 교장은 교사와 하는 일과 역할이 다르다는 이미지가 강하다. 교사는 가르치는 일만 하고 교장은 행정과 리더십이 강조된다.

우리 나라에서는 교사를 오래 하면서 교무분장의 일을 맡아보고, 교감을 하면서 행정 실무경험을 많이 쌓아서 교장 대상자로 발탁・선발되어 교장자격연수를 받아 교장의 희망과는 상관없이 교육감이 임의로 임지를 정하여 교장으로 발령을 내고 4~5년마다 학교를 이동하며 순환근무를 하게 된다. 그런데 미국에서는 교직경력 3년 이상에 석사학위를 가진 교사가 교장이 되고 싶으면 교장코스가 있는 대학원에 지원하여 합격하면 교장직을 전문으로 공부하여 주교육부로부터 교장자격증을 획득하고 교감직이나 교장직이 공석이 되어 공모(초빙)하는 지역교육청(특정학교)에 지원하여 서류심사와 면접심사에 합격하면 지역교육청 교육위원회에 의하여 계약 임명받게 된다. 그래서 미국에서는 빠른 경우 20대 후반에 교장이 되어 30여 년 간(때로는 한 지역교육청 관내에서) 교장으로 근무하는 경우도 있다.

대개 대학원 교장코스를 마치고 획득한 2년 유효의 임시자격증을 갖고 초임 교장이나 교감(교감자격증이 따로 없고 교장자격증 하나 가지고 교감을 거칠 수도 있고 안 거치고 직접 교장으로 임명받을 수도 있다.)으로 근무하면서 멘터의 지도를 받고 2년간의 직무수행의 실적을 포트폴리오로 작성하여 평가에 통과해야 5년 유효의 전문교장자격증을 받고 매 5년마다 연수와 실적 평가에 의하여 자격증을 갱신하게 된다.

초임이나 또는 다른 지역교육청으로부터 이동하여 어느 교육청에 임명받는 경우는 개인별로 계약에 따라 다르지만 대개 1년씩, 1년씩 계약임용을 받고 이 기간을 성공적으로 마쳐야 그 다음부터는 2~3년씩 계속계약을 받게 된다. 그래서 미국에서는 대개 교장에게는 정년보장이라는 개념 자체가 없다. 교장이 다른 학교나 다른 지역교육청으로 옮기고 싶거나 교육청이 다른 교장을 뽑고 싶으면 계약기간 만료 전에 상호 계약 만료를 통보하면 된다. 교사의 계약기간이 5년 정도인데 비하여 교장, 교감의 계약기간이 2~3년으로 짧아 신분 안정이 안 되고 대신 책임성이 강조된다.

미국 교장의 경우 대개 교사보다 일찍 출근하고 늦게 퇴근하게 된다. 행정의 모든 일을 교감(초등에는 교감이 배치 안 되는 경우도 있고 큰 고등학교엔 6~8명의 교감이 배치된 경우도 있다.)과 비서(행정직원) 1, 2명과 교장이 다 처리해야 하기 때문이다. 교사의 경우는 1년에 많아야 190일 이내 계약이지만 교장의 경우는 220~230일 근무 계약이다. 이 계약일 이외에는 학교에 대하여 의무도 없고 연봉도 없다.

우리 나라와 달리 교사의 봉급체계와 교육행정가(교감, 교장, 교육청 과장, 카운슬러, 운동감독 등)의 봉급체계가 다르고 초등교장, 중학교장, 고등학교교장의 연봉이 다르다. 직무가 다르고 어려운 정도, 책임의 정도가 각각 다르다고 보기 때문이다. 교육행정가는 행정경력에 의해서만 새 출발하게 되는 셈이다. 고등학교교장이 교육청 과장급과 비슷하여 제일 많고 다음이 중학교교장, 다음이 초등교장(중학교감), 초등교감의 순이다. 교육청 행정가와 교육장은 각각 다른 전문자격증을 요구한다. 교장자격증만 가지고 우리 나라처럼 교육청에도 근무하고 교육장이 되는 것은 불가능하다. 요구되는 전문성이 다르기 때문에 자격증도 다르고 서로 넘나들 수 없다.

물론 교사의 연봉보다 교육행정가의 연봉이 많겠지만 연간 계약 근무일과 근무시간을 고려하여 일당과 시간당으로 따지면 교장의 보수가 교사의 보수보다 높지 않다고 교장회에서는 불평을 한다. 결국 계약기간과 시간이 많은 만큼 대우를 받지 못한다는 것이다. 그러면서 미국 교장은 많은 책임과 스트레스에 시달린다고 한다. 학교는 전적으로 교장에게 맡겨져 있고 주민과 학부모는 교장을 믿고 자녀를 학교에 보내기 때문이다. 그래서 미국에서는 지금 교장 부족 현상을 빚고 있다. 우리 나라와는 아주 대조적이다.

미국 교장은 학교가 전적으로 교장에게 맡겨져 있기 때문에 'Captain', '선장'에 비유된다. 교장의 비전과 목표라는 나침반을 쥐고 학생과 교사, 직원, 학부모, 학교 구성원을 한 배 가득 태우고 파도와 암초를 헤치고 항해하여 안전하게 목표지점 항구에 도달시키는 데 스릴과 함께 보람도 느낀다. 이런 보람 때문에 심한 책임감과 스트레스에 시달리면서도 교장이 되고자 하고 교장직을 수행하는 것이다.

선장인 교장은 자기 학교의 교사진과 직원 팀을 구성할 수 있어야 한다. 그래서 미국 교장은 지역교육청에 따라 다르지만 교사를 선발하여 교육청에 임명을 추천한다. 그래서 교사의 수업에 대하여도 책임을 진다. 학생의 학업성취도에 대하여 교장이 책임을 져야 하는 것이다. 그런데 지금 미국에서는 4, 6, 9학년의 읽기, 쓰기, 시민정신(사회), 과학, 수학의 5과목의 표준화 시험을 보아 주교육부가 표준으로 정해 놓은 기준에 도달하지 못하면 교장이 책임을 져야 한다는 것이다. 표준화학력검사의 결과는 주교육부 웹페이지에 지역교육청별, 학교별로 공개되어 있다. 교장은 교사평가와 채용에 많은 시간을 할애해야 한다. 교사를 잘못 채용하면 교장과 함께 학교가 같이 망하기 때문이다.

교장은 교사를 선발・채용하는 실질적 권한을 가지고 있을 뿐만 아니라 교사의 교수행위에 대하여도 책임을 져야 하기 때문에 수업관찰에 대하여도 많은 시간을 빼앗긴다. 교장의 수업관찰은 당연한 의무이고 권리이다. 학년 초에 '미흡'으로 평가된 항목에 대하여는 교사와 함께 언제까지 개선할 것인가를 합의하고 그 항목에 대하여는 특별히 학년 말에 개선 결과와 증거를 기술하여 교육청에 보고해야 한다. 교사는 자신의 수업에 대하여 학부모에게 직접 책임을 질 수 없고 교장에게 책임을 지는 것이고 교사의 수업에 대하여 교장이 대외적으로 책임을 져야 한다. 미국의 교장은 어떤 교사가 무엇을 어떻게 가르치고 있는지를 다 파악하고 있어야 한다. 그래야 교사의 수업에 대하여 학부모가 공격해 오면 교장은 교사를 방어해 줄 수 있다. 교육과정과 수업프로그램을 짜고 교과서를 선택하는 것은 교장의 책임이다.

교장은 학생의 성적 뿐만 아니라 학교의 모든 일에 대하여 책임을 져야 한다. 그래서 선장에 비유된다. 선장은 자기 배에 관한 한 입법, 사법, 행정 모든 것을 해야 하고 또 할 수 있다. 교장에게 가장 중요한 것은 '안전'이라고 본다(이 책의 교정을 보는 이 시점에 미국 랭커스터 카운티 아미시학교에 총기난동 사건으로 여학생 5명이 사망하고 범인 자살이라는 뉴스에 접하고 있다). 학생이 학교에 등교하기 위하여 학교버스에 타는 순간부터 하교해서 버스에서 내리는 순간까지는 학교 공간으로 보고 그 동안에 학생의 안전에 대하여 교장은 책임을 져야 한다. 결석계 없는 무단결석자는 즉시 부모와 통화하고 통화가 안 되면 즉각 경찰에 수배한다. 유괴나 사고의 가능성이 있기 때문이다. 무단결석은 만병의 원인이 되기 쉽다. 학부모는 교장을 믿고 학생을 학교에 보내는 것이다. 그래서 교장은 학생의 행동 하나하나에 대하여 세심하게 주의를 기울인다. 학생이 학교에 가져오는 장난감도 안전한 것만 허용된다. 공도 딱딱한 것은 못 가져오게 되어 있다.

1년에 몇 차례씩 안전 훈련을 실시한다. 10 차례 정도 엄격하게 소방훈련을 한다. 번개・폭풍훈련, 낯선 사람 훈련, 문 잠금 훈련까지 한다. 학생은 정해진 시간에 등교해야 한다. 등교시간 이전에는 건물 문이 열리지 않는다. 교사가 교실에 없는 한 학생은 입실할 수 없다. 교사 없는 상태로 학생을 방치할 수 없는 것이다. 학생이 등교하고 나면 학교의 모든 문이 잠기고 주현관문 하나만을 통해서 학교에 들어올 수 있다. 학교 방문자는 반드시 방문 신고를 하고 방문자 표시를 해야만 학교 내에서 다닐 수 있다. 방문자 표시가 없는 낯선 사람이 있으면 즉각 학교 사무실에 신고된다. 약물 오・남용에 대한 훈련도 한다. 사고 때문에 화장실의 겉 문과 속 문 모두가 없는 중・고등학교를 많이 보았다. 개방된 상태에서 용변을 봐야 하는 것이다. 이에 비하여 우리 나라의 학교는 안전한 상태라고 볼 수도 있지만 어떻게 보면 안전무감각, 안전무방비 상태라고 할 수 있다.

이렇게 교장이 학교의 모든 일을 다 하고 다 책임을 지다보니 미국 교장의 별명이 'Key boy'가 된다. 학교의 살림을 도맡아 하다 보니 학교의 열쇠를 다 가지고 다니는 데서 붙여진 별명이다. 이제는 매스터키 하나만 있으면 학교의 모든 자물쇠를 다 열 수 있게 되어 있다. 이 열쇠를 교장, 교감, 관리인만이 가지고 다닌다. 몇 백

명의 학생을 다 보살피고 수업을 위한 행정지원을 하자니 교장은 교장실에 앉아 있을 시간이 별로 없다. 미국 교장은 우리 나라의 경우와 정반대로 학생과 직원, 학부모의 눈에 많이 띄어야 한다. 이것을 교장의 가시성이라고 한다. 가시성이 높은 교장이 좋은 교장으로 평가받는다. 학생과 교직원, 학부모에게 필요한 때 필요한 곳에 교장이 가까이 있고 즉각 나타나 줘야 하기 때문이다. 이제 미국 교장은 열쇠에 더하여 무전기를 하나 더 휴대해야 한다. 교장이 학교의 어느 구석에 박혀 있는지 찾으려면 무전기로 불러야 한다. 어떤 교육청에서는 교육청 내 행정가들과 즉시 통화할 수 있는 휴대폰이 주어진다.

교장은 학생의 이름을 거의 다 알고 있고 하나하나를 다 파악하고 있어야 한다. 학생을 알아야 학생에게 맞는 교육을 할 수 있기 때문이다.

우리 나라 교장의 직무는 초・중등교육법에 명시되어 있지만 미국에서는 교장의 직무를 법에 규정해 두기 보다는 그 동안 교장회에서 스스로 연구하여 밝히려고 노력해 왔다. 그래서 주로 (1) 수업과 교육과정, (2) 교직원 인사, (3) 학생 인사, (4) 시설과 재정관리, (5) 학교와 지역사회와의 관계로 나누어 규정하고 이를 중심으로 「교장론」(The Principalship)의 책이 구성되고 이 교장론을 중심으로 교장 교육과 연수를 했었다.

그런데 1994년부터 여러 단체와 24개 주가 협동하여 2년 여에 걸쳐 연구 개발하여 Interstate School Leaders Licensure Consortium(ISLLC)이라는 미국 교장의 직무를 표준을 제정하여 이제는 이 직무 표준을 중심으로 대학원에서 교장 양성교육을 하고, 선발, 연수, 평가 모든 것의 기준으로 삼고 있다. 물론 새로 나오는 미국 교장론의 교과서도 이 교장직무표준을 중심으로 쓰여 지고 있다. 우리 나라에서도 교장의 직무가 무엇이냐를 밝히기 위한 연구부터 해야 한다. (1) 교무통할, (2) 교직원 지도・감독, (3) 학생 교육만으로는 직무와 책임을 밝히기에는 너무나 추상적이다. 교사도 교장도 직무명료화가 되어야 이를 중심으로 직무수행을 하고, 또 직무수행에 대한 평가도 이를 중심으로 할 수 있게 되는 것이다.

이 직무수행 기준은 6개 영역으로 되어 있는데 6개 영역에 공통되는 문장은 "학교행정가(교육행정가 지원자)는 모든 학생의 성공을 증진시키는 교육지도자이다(A school administrator is an educational leader who promotes the success of all students by……")이고 그 뒤의 문장은 방법을 제시함으로써 기준을 정하고 있다. 우선 6 영역의 표준에 대하여 알아보기로 한다.

첫째 기준은 비전에 관한 것으로 "학교지역사회와 공유하고 지역사회의 지지를 받는 학교나 교육청의 학습비전을 개발하고, 상세화하고, 실행하고, 봉사(stewardship)하는 것을 촉진한다."고 하여 (1.1) 비전 개발, (1.2) 비전 상세화, (1.3) 비전의 실행, (1.4) 비전을 위한 봉사, (1.5) 지역사회의 참여 촉진이 중항목이 된다.

둘째 기준은 학교문화와 수업프로그램에 관한 것인데 "학생의 학습과 교직원의 전문적 성장에 도움이 되는 학교문화와 수업프로그램을 신봉하고, 북돋우고, 유지한다."고 해 놓고, (2.1) 긍정적인 학교문화의 증진, (2.2) 효과적인 수업프로그램의 제공, (2.3) 학생의 학습에 최선의 실천 적용, (2.4) 종합적인 전문적 성장을 위한 계획의 설계로 나누어 평가한다.

셋째 기준은 관리에 관한 것인데 "안전하고 효율적이며, 효과적인 학습 환경을 위한 조직과 운영, 자원의 관리를 보장한다."고 해 놓고, (3.1) 조직 관리, (3.2) 운영 관리, (3.3) 자원 관리의 구체적 관점에서 평가한다.

넷째 기준은 학부모와 지역사회 관계인데 "다양한 지역사회의 이익과 욕구를 반영하고 지역사회의 자원을 활용하기 위하여 교육가족과 지역사회 구성원과 협동한다"로 되어 있는데 (4.1) 교육가족과 지역사회 구성원과의 협동, (4.2) 지역사회의 이익과 욕구의 반영, (4.3) 지역사회 자원의 활용의 세 관점에서 교육하고 평가한다.

다섯째 기준은 행정가의 윤리에 관한 기준인데 "성실 · 정직하고, 공정하고, 윤리적으로 행동한다."로 되어 있고, (5.1) 성실 · 정직한 행동, (5.2) 공정한 행동, (5.3) 윤리적 행동이 구체적 기준이다.

여섯째 기준은 정치, 사회, 경제, 법, 상황 인식에 관한 것으로 "보다 광범한 정치, 사회, 경제, 법, 상황적 맥락을 이해하고, 이에 알맞게 반응하고, 영향력을 행사해야 한다."는 기준인데 구체적으로는 (6.1) 광범한 상황의 인식, (6.2) 광범한 상황에 대한 반응, (6.3) 광범한 상황에 대한 영향으로 나누어 보게 된다.

이 기준을 보면 (1) 비전, (2) 학교문화와 수업프로그램, (3) 관리, (4) 학부모와 지역사회 관계, (5) 행정가의 윤리, (6) 광범한 상황적 맥락의 6개 영역에 걸쳐 교장은 무엇을 알아야 하고(지식, knowledge), 무슨 기술을 가져야 하고(skills), 무엇을 할 수 있어야 하며(능력, ability), 어떤 성향(disposition)과 자질과 능력을 갖춰야 하고(competences, proficiencies), 무엇을 어떻게 직무수행으로 보여줘야 하는지를(job performance, acting ethically) 분명히 밝혀 놓고 있다. 이런 기준을 보면 일반인이나 교사가 상당한 훈련과 교육 없이 감히 교장을 하겠다고 주장을 할 수 없다는 것을 인정하게 될 것이다.

미국의 나이 먹은 교장은 옛날이 그립다고 한다. 1960년대에 미국 교장은 주로 '관리'만 하면 되었다. 그런데 그 동안 교장의 직무가 하나씩 하나씩 추가되더니 이제는 아예 교장의 직무의 표준을 명확하게 밝혀 놓고 더 세세한 평가항목에 의하여 평가할 수 있게 만들어 놓았다. 직무수행 표준에 미달하는 교장은 재계약을 못 받고 교장직을 떠나게 되는 것이다.

이에 비하여 우리 나라 교장은 아무 일도 하지 말고 가만히 교장실에 앉아 있으라고 한다. 수업관찰도 하지 말고, 장학의 '장'자도 꺼내지 말고, 교사의 수업과 학생의 성적에 대하여도 관심을 쓰지 말라고 한다. 수업은 교사가 하는 것이지 교장은 참견 말라는 것이다. 학생들의 진단평가도 할 필요가 없다고 교사와 학부모가 앞장선다. 늦게 출근하고 일찍 퇴근해야 교직원이 편하다고 한다. 얼마나 편한 교장 생활인가? 그래도 월급은 꼬박꼬박 주겠단다. 큰 학교나 작은 학교나 교장의 봉급은 똑같이 준다고 한다. 미국 교장은 한국의 교장이 부럽다고 할 것이다.

그런데 한국의 교장은 엉뚱한 곳에서 갈등을 하고 스트레스를 받는다. 내부 갈등이 주원인이다. 오죽하면 자살하는 교장이 나오겠는가? 이것이 문제이다. 교육의 본질을 제쳐두고 엉뚱한 일에 골머리를 앓고 시간과 정력을 바쳐야 한다. 편하기로 마음먹으면 한 없이 편한 교장을 할 수 있다. 교육의 주인이 주인 노릇을 안 하기 때문이다. 교장 노릇을 잘하자면 극히 어렵다. 권한도 없고 교장을 밀어주는 주인이 없기 때문이다.

교육의 주인은 국민이다. 민주주의 국가에서 모든 권한은 국민에게 있다. 국민이 세금을 내어 우리를 고용하여 학생교육을 맡긴 것이다. 교장과 교사가 편하면 손해 보는 건 우리를 고용한 국민이다. 교육력이 약해지는 것이다. 교육의 주인들이 주인 몫을 챙기면 국민에 의하여 고용당한 우리는 고달파지고 대신 학생에게 돌아가는 몫은 많아지게 된다.

교사와 교장이 편해지고 봉급을 받을 수 있다면 당장은 좋을지 모르나 교직의 보람, 삶의 의미를 잃게 된다. 무엇 때문에 교원을 하고 무엇 때문에 인생을 사는지 삶의 의미를 잃어버리게 되어 결국 실패하는 삶을 살게 되는 것이다. 우리는 일

속에서 행복을 찾아야 한다. 무엇 때문에 누구를 위하여 교사를 하고 교장을 하는 것인가? 그 의미를 따져 보아야 할 것이다.

VI. 한국 교장제도 개선의 시사점

미국의 교장과 교감의 생활을 엿봄으로써, 우리 나라에서 교장제도를 어떻게 다양화할 것이냐에 참고하고 시사점을 얻을 수 있다. 결국은 다양화한다고 해도 양성제와 승진제에다 초빙제, 국가고시제 등을 조합해 볼 수 있는 정도이다. 선출보직제란 말이 있으나 그 정체가 아직 확실치 않아 단정적으로 말하기 어려우나 우선 교장직은 선출직이나 보직이 아니기 때문에 곤란하다고 하지 않을 수 없다. 기관장은 보직이 아니다. 기관 내 기관의 직무수행을 위한 조직상의 자리가 보직이 된다. 보직은 기관장이 임명하는 것으로 대개 임기가 없다. 학교를 하나의 기관으로 보지 않고 교육청만을 하나의 독립된 기관으로 보고 학교를 교육청의 하나의 부서로 본다면 교장을 교육청의 보직으로 볼 수 있을지 모르나 이것도 좀더 검토해 볼 일이다. 그렇게 되면 학교의 독립성은 더욱 없어질 것이다.

교장이 선출직이 되려면 우선 학교가 주민의 독립된 자치의 단위가 되어 인사, 재정, 법 제정 등 학교운영을 학교단위에서 독립적으로 할 수 있어야 한다. 그렇다고 하더라도 교장선출권자는 학교를 운영하는 학교의 주인인 마을 주민이 되지 주민에 의하여 고용된 교사가 될 수는 없다. 물론 교사 선발권도 주민에게 있게 된다. 교장도 교사도 한 학교로 마을 주민에 의하여 고용되는 것이다. 직접민주주의를 하는 스위스에서 마을 사람들이 교장을 선임하는 경우가 있다. 주민이 모든 교사를 먼저 다 선발하여 임용했다면 교사 중에서 교감 정도는 자치적으로 선발해서 교사의 대표 역할을 해보라고 할 수 있을 것도 같다. 교장은 교사의 대표만은 아니다. 스위스에서도 교사가 아닌 마을 농부가 교장을 하는 경우가 있다.

여기서 선발(selection)과 선출(election)의 용어를 구별해서 사용할 필요가 있다. 앞에서 살펴본 미국의 초빙제나 독일에서 교장을 임용하는 방법은 모두 교장 선발방법이지 지자치단체장이나 의원들을 뽑는 것과 같은 순수한 선출이 아니다. 대학총장도 보직이 아니며 선출이 아니라 선발이고 어디까지나 임명직이다. 원래 민주주의에서 선출직은 위에 책임질 사람이 없으며 투표권자인 주민, 시민, 국민에 대하여 책임을 져야 하고 이들이 책임을 묻는 것인데 이것이 주민의 Recall제가 된다. 임명직은 일단 임명권자에게 책임을 지고 임명권자에게 사표를 내야 한다. 교장 선발과정에 교사나 학부모 대표가 참여하는 것은 미국제도에서 본 것처럼 있을 수 있으나 교사가 이동 없이 한 학교에 고정 근무해야 논리에 맞다.

교장양성제는 교장직을 전문직으로 보고 전문성 확보에 중점을 두는 제도라고 할 수 있다. 계층이나 서열이 아니라 전공이 다르다고 보는 것이다. 나이를 중시하는 우리 나라에서는 어려운 점이 있을 수 있다. 젊은 지도자를 키우고 지도자를 중심으로 뭉칠 수 있는 나라에서 가능하다.

교장승진제는 대상자가 많아서 자원의 부족 문제가 없어서 좋을 것이다. 그런데 승진에 대한 인센티브가 없다면 승진지원자는 급격히 줄어들 것이다. 현재처럼 승진 대상자를 모두 점수화하여 기계적으로 선발하는 데는 문제가 있다.

교장을 국가고시제로 하여 자격증을 주고 임용하는 방안도 있는데 태국에서 시행하고 있다. 교직경력 5면 이상이면 교장 시험을 치를 수 있는 기본자격을 갖추게 되고 실제 5년만에 교장이 되어 25년 간 교장을 하고 있는 태국 교장을 필자가 직접 만나보기도 하였다. 한때 우리 나라에서 교감을 시험을 봐서 승진대상자를 선발했던 적이 있는데 그때 우수한 교감을 선발할 수 있었다고 본다. 그러나 시험준비의 폐해로 폐지되었다. 이제도도 이제 다시 전면적으로 실시하기는 어려울 것이다.

교장제도를 어떻게 다양화하든 첫째, 초점은 자질 높은 우수한 사람을 어떻게 선발하고 확보하느냐에 맞춰야지 골고루 나눠 먹기식이나 경쟁 완화, 인사 정책의 편의성에 중점을 둬서는 안 된다는 점을 유념해야 한다. 교장직의 전무성과 지도력 확보가 우선돼야 한다. 여기에 초점이 안 맞춰질 경우 그 피해는 곧바로 학생, 학부모, 국민 그리고 교사 자신에게로 돌아가게 된다.

둘째, 교장이 전문성과 지도력을 발휘할 수 있는 여건을 마련해 줘야 한다. 무법천지에서는 아무리 실력 있는 사람도 실력발휘를 못하고 오히려 열심히 실력발휘를 안 하려고 하게 만들고 또 그래야 이익을 보게 된다. 역시 그 피해는 학생과 국민에게로 돌아간다.

셋째, 실력 있는 우수한 교장에게 이에 상응하는 충분한 보상책을 마련해 주고,

대신 또 교장에게도 충분한 무서운 책임을 물어야 한다. 이것은 교사에게도 똑같이 적용되어야 한다.

마지막으로 교장제도를 다양화하려는 시도는 현시점에서 충분한 이유와 필요성이 있다고 보나 일시에 전면적으로 한 제도로 획일화하는 것은 또 다른 부작용과 문제점을 낳는다는 점을 고려하여 이를 경계해야 한다.

그래서 (1) 일정 비율의 교장을 엘리트 양성교육을 할 수 있도록 추가하고, 또 (2) 소수는 지금의 장학사 시험처럼 국가고사로 선발하기도 하여 젊은 교사로 하여금 지도자로 갈 수 있는 길을 조기에 터 줄 필요가 있다고 본다. 또 (3) 초빙제를 원칙과 본래의 취지대로 확대 실시하고, (4) 교사들이 원한다면 교육청과 학교운영위원회가 협동하여 교사를 먼저 선발하여 교사를 한 학교로 고정(순환근무가 아니라) 근무하게 하고 교사로 하여금 교장 선발에 참여하게 하는 방안도 제한적으로 시도해 볼 수 있고, (5) 반대로 학교운영위원회가 교장을 먼저 선택하고 교장으로 하여금 교사진을 구성하게 하는 방안도 시도할 수 있다고 본다. 그러나 현재대로 점수화로 획일화하는 제도는 보완을 요한다.

Chapter 07

비전을 제시하는 학교경영

I. 교육환경의 변화

우리의 교육의 교육환경이 변했는데 이 변한 환경에 맞는 교육을 못하는 데 우리가 지금 어려움을 겪고 있다고 할 수 있다. 우리의 교육환경은 거시적으로는 정보사회, 지구촌사회로 변하고 국내적으로는 정치, 경제, 사회가 변하고, 교육 쪽으로 좁혀 보면 교육구성원들이 변한 것이다. 이러한 변화를 교육적으로 주도하기는 고사하고 변화에 적응도 못하고 따라가지도 못하고 있는데 문제가 되고 있다.

교육의 힘으로 산업화를 앞당기는 데는 성공했으나 산업화에서 벌어들인 돈을 교실과 연구실에 투자하여 지식정보사회에 맞는 교육체제로 전환하지 못하여 위기에 처해 있다고 본다. 이런 때 학교교육의 최고 책임자의 비전과 사명이 중요하다고 본다.

II. 21세기 교육의 강조 방향

천년, 새로운 세기에 새로운 지도자로서 새로운 교육을 구상해야겠다. 새로운 시대에, 바뀌어 버린 사회, 달라진 교육구성원에게 맞게 우리의 생각도 바꾸고, 우리의 교육도 바뀌어야 하겠다. 교육을 바꾸려면 이에 맞게 지도력도 바뀌어야 한다. 21세기에 강조해야 할 교육으로 필자는 다음 몇 가지를 강조하고자 한다.

1. 지식정보 다루기 교육

새로운 시대는 지식정보사회라고 했다. 지식과 정보가 지배하는 사회라는 것이다. 지식과 정보를 창출하고, 잘 관리하고, 잘 활용하는 사람이 승자가 되는 사회를 의미한다. 선진국들은 벌서 반세기, 50여 년 전부터 이 지식정보사회로 방향을 틀기 시작했다는데 우리 나라의 경우는 겨우 10여 년 전부터라 보게 된다. 그런데도 우리의 생각은 아직도 산업사회의 사고와 구조에서 벗어나지 못하고 있어 안타깝다. 그래서 우리가 IMF 관리체제를 맞게 되고 아직도 이에서 완전히 벗어나지 못하고 있는 실정이다.

지식사회를 지식(knowledge) 보다는 지성(intellectual) 또는 지능(intelligence) 사회라고 이름 붙이고 싶다. 단순히 많이 알기만 하는 그런 지식을 거부하기 위해서이다. 앞으로의 사회는 아는 것이 많은 과거의 유식한 사람이 필요한 것이 아니라 인품과 인격을 갖춘 지성인이 요구되는 것이다. 그리고 최소한 다지능(multiple intelligence)을 갖춘 지능인을 필요로 한다.

정보는 의사소통·통신의 내용이라고 할 수 있다. 이 정보를 최근에는 컴퓨터로 많이 다루게 되고, 또 정보를 인터넷으로 주고받게 되는데 이는 젊은 세대가 기성세대보다 더 잘 한다. 그래서 이들을 I－세대(generation)라고 한다. Information-generation, Internet-generation의 둘을 동시에 의미할 수도 있다. 여기에서 말한 지성과 지능의 Intellectual-generation, Intelligence-generation의 의미도 이 'I'의 두 문자에 포함시켰으면 좋겠다.

학교교육에서도 지식과 정보를 얻는 방법, 이를 조직하는 방법, 이를 통하여 새로운 지식을 창출하는 방법, 얻은 지식과 정보를 저장했다가 필요한 때 활용하는 방법에 관한 교육을 강조하지 않을 수 없다. 지식과 정보를 다루는 데 컴퓨터를 활용하고 인터넷을 많이 활용하게 된다. 그래서 이 인터넷을 지식의 보고, 지식의 바다라고 하지 않습니까? 어떻게든 컴퓨터 다루기와 인터넷 활용까지의 교육을 해야 할 입장이다.

이제 컴퓨터 다루기도 읽기, 쓰기, 셈하기, 문제해결하기와 함께 기초능력(기초학력, 기초기능)에 속하게 되었다. 초등교육에서 컴퓨터 다루기의 기초능력을 길러주기 교육을 반드시 해줘야 한다. 기초교육이 중시된다. 교사가 먼저 컴퓨터 다루기를 해야 하는 것은 물론이고 먼저 익힌 친구 학생, 상급학년 학생들로부터 배우게 짝을 정해 주는 방법도 생각해 볼 수 있다. 컴퓨터를 다루지 못하면 문맹에 속한다는 말은 우리가 너무 많이 들었다. 우리 아이들을 컴퓨터 장애인으로 만들어서는 안 되겠다.

여기서 문제는 영어이다. 컴퓨터의 용어, 인터넷 용어가 모두 영어로 되어 있어서 문제가 된다. 최소한의 영어를 컴퓨터와 겸해서 가르쳐 줘야 하고, 또 우리말로 바꿔 주는 어려움을 극복해야 할 입장이다.

2. 인간성 기르기 교육

산업사회에서는 인간에게 필요한 모든 것을 제조해 낼 수 있고, 또 제조해 낸 물질을 갖고 우리 인간이 행복하게 살 수 있다고 생각했었다. 그러나 우리 인간은 물질을 가지고 어느 정도 행복할 수 있었으나 공해를 일으키고, 인간성을 잃어버리고 하여 불행을 끌어들이게 되었다. 그래서 앞으로는 인간주의, 인본주의, 인간성 회복, 인간미 등 인간이라는 단어가 많이 나타나게 되었다. 산업사회의 물질에 지친 인간들이 인간답게 살고자 하는 반동이 강하게 나타난 것이다. 그래서 컴퓨터 교육에 애쓰는 그 몇 배의 노력을 사람 만들기 교육에 바쳐야 한다.

이 사람 만들기 교육도 기초교육의 토대에 바탕을 두어야 한다. 사람 노릇하는 기초, 자기 나라 국민으로서 생활하는데 필요한 기초를 닦아 줘야 한다. 읽기, 쓰기, 셈하기와 컴퓨터 다루기에 더하여 문제해결력을 길러줘야 한다. 앞으로 학생들에게 부닥칠 수많은 문제를 현명하게 해결할 수 있게 하는 기초교육이 요구된다.

다른 사람을 배려하고, 다른 사람과 어울려 살기 위한 인간성, 사회성 교육이 중요하다. 산업사회는 분업사회, 조립해서 제조해 내던 사회이기 때문에 그런대로 혼자 똑똑해도 되고, 혼자 살아갈 수 있었으나 지식정보사회는 남과 어울려 팀으로,

협동으로 살아가지 않으면 안 된다. 사회성, 협동성 교육을 특히 강조하지 않으면 안 된다. 남을 배려하는 인간성 교육을 해야 하는 것이죠. 단순히 사람의 '남'뿐만 아니라 자연, 환경, 물건까지도 배려하는 마음이 필요하다.

3. 윤리도덕, 가치의 교육

인간이 인간답게 살아가기 위하여 만들어진 가장 기초적이고 근본이 되는 것이 윤리도덕이다. 우리 나라는 어느 나라보다 윤리도덕의 기초가 튼튼했던 나라이다. 그래서 남들이 동방예의지국이라고 했던 것이다. 모든 나라가 부러워하는 나라였던 셈이지요. 그런데 이 윤리도덕이 우리가 먹고살기 어려웠던 시대에도 깨지지 않고 튼튼했었는데 살기 좋아지기 시작했다고 생각했던 60~80년대 짧은 산업화시대에 깨져 버리기 시작하여 지금은 최악의 상태에 이르렀다고 본다. 무질서의 나라가 되고 불안한 사회가 된 것이죠. 우리가 산업화시대에 물질을 얻는 동안 정신과 사람의 도리를 잃어버린 것이다. 물질만 얻으며 인간답게 살기를 포기해도 좋다고 생각했던 모양이지요.

최근의 교실붕괴도 윤리도덕이 무너진 증거이다. 윤리도덕을 가르치고 바로잡고 보존해야 할 학교 안에서 윤리도덕이 깨지기 시작한 것이다. 학교에서 모든 교육을 포기하는 한이 있어도 이 윤리도덕교육 하나만이라도 붙잡아 바로잡아야 한다.

윤리도덕의 둑이 무너지면 선진국이나 성숙사회를 만들기는 고사하고 사회를 이루고 살 수 없는 사회가 되고 만다. 선진국은 물질이 선진이 아니라 윤리도덕이 선진인 나라이다.

학교교육에서 윤리도덕의 질서를 잡아줘야 한다. 규칙과 규정이 지켜져야 한다. 우리사회와 학교에서 믿음과 정직이 통할 수 있어야 한다.

윤리도덕은 윤리도덕 수업시간에만 하려고 해서는 안 된다. 전 시간, 전 생활을 통해서 전 직원이 한 덩어리가 되어 최우선 순위로 삼고 교육해야 한다. 윤리도덕 교육은 21세기 교육의 최우선 과제라고 본다.

윤리도덕은 원래 가정, 교회, 사회가 맡아서 해야 할 일이지만 이곳에서 오히려 윤리도덕을 파괴하는 일을 많이 하고 있으므로 학교에서라도 강화하지 않을 수 없다. 그러나 학교에서의 윤리도덕 교육은 가정과 교회, 지역사회와 연계하여 실시해야 효과를 거둘 수 있을 것이라 생각한다.

국제화시대에 국제 예의에 관한 교육도 여기에 포함시키고 싶다. 영어교육보다 중요한 것이 국제 에티켓 교육, 국제문화 이해교육이라고 본다.

하버드대학 교육가족이 공동으로 추구하는 기본적인 가치(basic values)는 (1) 다른 사람의 권리, 다름, 위엄에 대한 존중, (2) 모든 일을 하는 데 있어서 정직과 성실, (3) 자신의 일에 있어서 의식적인 우수성 추구, (4) 일하는 곳에서 자신의 행동과 행위에 대한 책무성인 것을 보았다. 우리가 살아가는데 그렇게 많은 것을 알아야 하는지 모르겠다. 기본적인 가치만 지키고 존중하면 되지 않을까요. 우리가 남과 어울려 살려면 어떤 가치를 존중해야 하겠는가? 혼자 수학능력시험을 본다면 부정행위를 하든 거짓을 하든 아무 상관없겠죠. 사실은 자신과의 싸움이 더 엄격한 것이긴 하지요. 그러나 57만 명이 경쟁을 하자니 공정한 게임이 필요한 것이죠. 그래서 우리가 살아가는 데 있어서 꼭 필요한 것은 유치원에서 다 배웠다고 하는 것이죠.

미국 바링톤초등학교는 학생들의 학력에만 치우치지 않고 윤리적인 행동을 강조하여 6개의 핵심가치를 몸에 배게 하고 있다. 첫째, 공정과 정의로 옳은 일이 무엇인지 알고 실천하며, 다른 사람을 공정하게 대하고, 타인의 권리를 인정하라는 것이다. 둘째는 자신과 타인에 대한 존중으로 자기규율의 실천, 예의 바르기, 재물 존중, 타인에 대한 배려 행동, 정중한 언어 사용, 자신의 육체, 정신, 정서를 존중하는 결정, 약물, 성에 대한 바른 행동이 이에 해당된다. 셋째, 책임인데 여기에는 구체적으로 자신의 행위에 대한 책무성, 생각하고 행동하기, 믿을 수 있게 행동하기, 모범이 되기, 실수에 대하여는 솔직하게 인정하기를 제시하고 있다. 넷째, 신뢰(trustworthiness)인데 정직, 자기 일은 자신이 하기, 성실하기, 약속지키기, 충실하기이다. 다섯째는 보살피기(caring & compassion)인데 자기가 대접받고 싶은 대로 타인을 대하기, 친절하라고 하고 있다. 마지막으로 시민정신인데 한 교과에 해당하고 학력고사의 한 과목이 될 정도로 미국에서 강조하는 것으로 여기서는 구체적으로 권위 존중과 법의 준수, 스포츠맨십 발휘, 국가를 위하여 봉사하고 희생하는 사람에 대한 존경, 자기 몫을 감당하기, 지역사회를 위한 봉사와 자선, 환경 보호, 지역사회 생활에 대하여 알고 참여하기를 철저히 가르치고 실천하도록 하고 있다. 우리가 과거에 강조하던 것을 이들은 지금 이것을 미련스럽다고 할 정도로 철저히 가르치고 있다. 우리 나라에서처럼 모범생이 '범생'으로 조롱받게 내버려 두는 것이 아니라 전교생을

'범생'으로 만들어 질서정연한 선진 미국, 강력한 미국을 만들고자 하는 것이다.

4. 문화예술 교육

인간이 좀더 인간답게 살기 위하여 만들어 놓은 것이 문화예술이다. 인간답게 살기 위하여, 특히 아름답게 살려고 하다 보니 문화 예술을 만들어 낸 것이다. 인간이 추구하는 최고의 가치는 眞善美일 것인데, 윤리도덕에서 주로 진과 선을 다룬다면 문화예술에서 미를 추구하는 것으로 문화예술교육은 인간사회의 근본에 해당하는 기초교육이라고 본다.

예체능교육이 학교에서 틈틈이 하는 여벌교육이라는 생각을 해서는 안 된다. 특히 예체능교육은 기초단계에서 잡아줘야 한다. 우리 나라 사람들이 세계적으로 이름을 날리는 분야는 그래도 바로 예체능 분야이다. 그런데 이들이 모두 정규 학교교육에서 길러 주지 못하고 모두 학교 밖, 나라 밖에서 개인의 노력에 의하여 세계적인 인물이 된 것이다. 21세기에는 우리가 문화예술이 생활화되도록 해야 하는데, 이 기초는 정상적인 학교교육을 통해서 달성해야 한다. 컴퓨터 문맹과 마찬가지로 학교교육에서 예체능의 문맹, 예체능의 장애인을 더 이상 길러내지 않도록 해야겠다. 예체능은 일부 재능 있는 특수한 학생에게만 필요한 분야가 아니다. 그래서 학교에서 특별활동이라고 하는 것이 보통활동이 되어야 한다고 보는 것이지요. 21세기에 전 국민에게 필수적인 삶의 일부분이 되어야 하는 분야이다. 선진국은 결국 물질만 선진인 것이 아니라, 문화예술이 선진이라는 것을 알아야 한다.

최근에 강조되는 창의성교육은 과학에서보다도 예체능에서 더 요구되는 것이다. 21세기 창의성 교육을 위해서도 예체능교육은 강조할 필요가 있다. 새로운 지도자로서 교육에서는 이것을 어떻게 할 것인가에 대하여 더 고민해 주었으면 한다.

5. 기초 교육

앞에서도 이미 조금씩 강조하였지만, 21세기 교육에서도 기초가 튼튼해야 한다. 지식정보의 기초, 컴퓨터의 기초, 사람 노릇하기 위한 윤리도덕의 기초, 예체능의 기초, 과학의 기초, 읽고 쓰고 말하고 계산하기의 기초를 튼튼히 해줘야 한다. 창의성도 기초가 튼튼한 토대 위에서 나올 수 있다. 기초 없이 창의성이 저절로 생길 수 없다고 본다.

그런데, 우리의 교육에서 너무 서둘다 보니 기초를 허술하게 한 채 너무 쉽게 꽃과 열매를 요구하는 교육을 해 왔다는 반성을 하지 않을 수 없다. 21세기의 교육에서는 기초를 철저히 하는 교육을 해야 할 것이다.

기초는 양을 최소한으로 줄이는 대신 철저히 해야 한다. 의무교육 기간이라도 낙제나 유급까지도 감수해야 한다고 본다. 미국에서는 초등학교에서도 낙제가 있는 것을 보았다. 초등학교에서 기초가 튼튼하지 못하고 서두르기만 했던 결과 우리나라 정치, 경제, 사회, 문화가 한꺼번에 우르르 무너지고 만 점이 있다.

기초교육은 그때 그때 길러 주고 다음 단계로 넘겨줘야 한다. 기초가 안 된 것은 다음 학년, 다음 단계의 학교로 넘겨줘서는 안 된다. 각 단계에서 책임지고 끝내줘야 한다.

6. 질(質)의 교육

산업사회는 量이었지만 지식정보사회, 문화예술의 사회, 인간존중의 사회에서는 質의 교육이 강조된다. 우리의 교육은 그런대로 산업화에는 알맞았던 셈이라고 했다. 싸구려의 대량교육으로 산업화에 기여하여 단기간에 산업화를 앞당길 수 있었다. 대량교육에 관한 한 한국교육은 대단히 성공적이었다고 할 수 있다. 그러나 이 대량교육은 더 이상 지식정보사회에서는 살아남을 수 없다. 지식과 정보는 양이 아니라 질이기 때문이다. 선진국, 성숙사회는 양이 아니라, 질적인 삶을 사는 사회이다.

과거에 대량교육을 하기 위해서 획일교육, 표준화교육을 하지 않을 수 없었다. 획일교육을 하기 때문에 학생들은 학교에 재미가 있을 수 없었다. 교육과정도, 교육방법도 학생 개인에게는 와 닿지 않고 의미가 없었던 것이죠. 그것이 윤리도덕의 붕괴와 상승작용하여 오늘날 교실붕괴로 이어졌을 가능성이 높다. 학교가, 교사가 학생 개개인에게 의미를 심어줄 수 있어야 한다. 의미 있는 시간과 공간을 제공해 줘야 한다. 독자 여러분에게도 지금-여기가 의미가 있어야 하듯이 말이다.

학교교육이 학생 개인에게 의미를 주기 위해서는 개별화 접근을 해야 하고, 개인의 독특성과 다양성이 존중되어야 하고, 그러기 위해서 학교에서 학생에게 제공하는 교육 메뉴, 교육 프로그램이 다양해야 한다. 학생들에게 다양성 속에서 선택의 자유가 보장되어야 한다. 학생들에게 선택의 자유를 보장해 주려면, 학교는 과거보다 더 많은 투자를 해야 한다.

학교가 학생들에게 재미있는 곳이 되고, 의미 있는 곳이 되려면 학생들의 욕구를 충족시켜 주어 내적 동기 유발을 시킬 수 있어야 한다. 소속감을 가질 수 있고, 의미 있는 사람으로 존중받고, 자신의 능력을 최대한 발휘할 수 있어야 한다. 학생들에게 유용한 것을 하라고 해야 한다. 그러려면, 흥미와 소질과 적성을 발휘할 수 있는 기회가 주어져야 한다. 찬 머리도 중요하지만, 느낌과 흥분, 열광이 있어야 하고, 따뜻한 가슴, 날랜 손발도 박수를 받을 수 있어야 한다.

질의 교육은 밀도 높은 교육이다. 수업 시간의 양을 줄이더라도 40분 수업의 밀도를 높여야 한다. 밀도 높은 수업은 학생들에게 신나는 시간이 될 것이다. 학생들에게 질의 학교, 질의 교사, 질의 수업, 질의 삶이 보장되어야 한다.

새 시대를 맞아 우리의 교육에서 바뀌고 강조되어야 할 것이 관점에 따라 다른 것, 더 많은 것이 있겠지만, (1) 지식정보 다루기 교육 (2) 인간성 기르기 교육 (3) 윤리도덕 교육 (4) 문화예술 교육 (5)기초 교육 (6) 질의 교육 여섯을 특별히 내세웠다.

III. 비전에 의한 학교경영

교육이 조국을 근대화시킨다는 비전에 의하여 성공의 역사, 우리 나라가 1895년 발간한 교과서 '국민소학독본'(144쪽)에는 학교교육을 통한 문명개화란 당시의 교육목표가 잘 반영돼 있다(이승원, 2005)고 한다. 미국도 현대학교도 미국 역사상 가장 성공적인 비전(Horace Mann)의 하나에서 성장한 체제라고 한다. 그러나 지금의 미국 학교는 '19세기의 관료 공룡', '수선 불가능', '역기능', '폐물'이라고 한다. 새로운 비전이 필요한 것이다.

1. 비전의 개념

비전의 개발과 형성은 아직도 응용기술 그 이상의 예술에 해당된다. 비전은 교장의 핵심 리더십 과제로 간주되는데 “비전이란 실현 가능해 보이고, 믿을 수 있고, 매력적인 조직의 미래상이다. 조직이 목표로 지향하고 있는 행선지이고, 현재보다 더 좋고 더 성공적이고 더 바람직한 미래이다”(Burt Nanus). 또 미래에 갖고자(도달하고자) 하는 이미지를 만들어 내는 일종의 ‘전망(seeing)’이라고도 한다(Kouzes & Posner). 또 어떤 사람은 ‘도덕적 상(moral imagination)’(Blumberg & Greenfield), 궁극적 목표(ultimate goal)일 뿐만 아니라 거기에 도달하는 과정(process of getting there)까지 다 비전에 포함시키는 사람도 있다.

“지도자는 (1) 현재의 현실로부터 미래의 꿈에 이르는 길을 그려내는 전략적 통찰과 함께 (2) 그 비전을 실현하는 데 구조적 개혁이 필요하다는 것을 알게 하는 조직적 통찰력을 가져야 한다”고 하여 지도자에게 요구되는 가장 요건이 비전 제시이다. 비전이 없으면 지도자가 될 필요가 없다.

‘비전’이라고 하면 떠오르는 개념이 ‘사명(mission)’과 ‘전략기획(strategic planning)’인데 비슷한 말이긴 하지만 약간의 구별이 있다. ‘사명’은 “왜 우리가 여기에 있는가?” 하는 질문에 대한 대답에 해당하는 것으로 목적과 핵심 원리의 진술이라고 할 수 있다. 예를 들면, 사명은 “○○초등학교는 모든 학생이 가지고 있는 잠재력을 실현할 수 있는 긍정적인 환경을 제공하기 위해서 존재한다.”와 같이 진술된다. 이것은 현재와 현저하게 다른 미래의 상태를 나타내지 못하고 있기 때문에 비전이 아니다.

비전은 사명이 미래에 어떻게 실현되는지를 상상할 수 있게 한다. 사명은 필요한 변화를 가리킬 때 비전과 연결된다. 그래서 비전은 “○○초등학교 학생들은 언어심화 프로그램과 통합교육과정에 참여하고, 포트폴리오에 의한 평가, 자기평가에의 강조로 기능을 갖춘 자기주도적 학습자가 될 것이다.”와 같이 진술된다. 사명에 의하여 도달된 미래의 모습을 그려볼 수 있게(visualize) 해야 비전이 된다. 비전(vision)은 말 그대로 미래의 상태를 그려볼 수 있어야 비전이 된다.

전략기획(strategic planning)은 미래의 상태를 상상하기는 하는데 미래에 어떻게 도달하느냐 하는 체계적(systematic)이고 단계적(sequential)인 전략에 초점을 맞춘 계획이라고 할 수 있다. 구체적 계량적 목표 설정으로부터 시작하여 목표 도달 과정을 흔히 플로차트(flow chart)로 그려낸다. 즉 전략기획은 비전 자체가 아니라 비전을 실현하기 위한 방법으로 쓰일 수 있다. 비전을 올바른 방향을 가리키는 나침반이라고 한다면 전략기획은 예상되는 여행일정표이고 로드맵이라고 할 수 있다. 사명－비전－전략기획으로 구체화되는 것으로 봐도 좋을 것이다.

2. 비전의 기능

올바른 비전은 (1) 조직 구성원들에게서 헌신을 이끌어 내고 활력을 불어넣으며, (2) 삶에 의미(meaning)를 심어 주고, (3) 질의 우수성의 표준을 설정해 주고, (4) 현재와 미래에 다리를 놓는 데 강력하고 적극적인 효과를 주는 기능을 하기 때문에 필요하다. 조직 구성원들이 비전을 공유할 때 자신의 역할을 더 잘 이해하고 맹목적으로 지시에 따르던 상태에서 창의적이고 유목적적 모험을 하는 인간으로 전환한다. 그리고 자신의 과업에 더 활력을 가지고 열정적이며, 조직 공동의 목표를 위하여 정력을 바치게 된다. 분명한 비전을 가질 때 일의 의미의 핵에 도달하게 되고 공동의 언어를 사용하고 공동의 삶의 터전에서 서로 같은 기대를 나누게 된다. 이것이 건전한 학교문화와 학교공동체 형성으로 연결되는 것이다.

3. 비전과 지도자의 역할

비전의 형성과 제시는 지도자의 필수적 속성이라는데 의견의 일치를 보았다. 조직 구성원들에게 의미를 심어 주기 때문이다. 비전은 목표를 향한 여행을 할 수 있게 하고 여기에서 있을 수 있는 장애물과 저항을 극복할 수 있는 힘을 불어넣어 준다. 마치 모세의 지팡이처럼 맹목적인 방황의 상태에서 새로운 질서와 방향감을 주어 지도자에게 박수를 보내고 감사를 표시하게 된다. 비전이 있으면 고통도 참고 달게 받게 된다.

최근에는 지도자를 촉진자로 보는 경향이 있는데 과거처럼 지도자가 비전을 개발하여 그것을 조직 구성원이나 지역사회에 파는(selling) 것이 아니라 지역사회와 함께 도전하고 의사소통하고, 권한 부여를 하여 함께 개발하고 공유하는 공동의 집단비전이 되게 한다. 그래야 지도자의 비전이 아니라 '우리의 비전'이 되는 것이다. 촉진적 지도자가 비전적 지도자이다.

미국은 10여 년 전부터 교장의 새로운 직무표준을 개발하였는데 그 첫째 직무표준이 비전이다. 참고로 미국 교장의 직무표준을 여기에 다시 소개한다. 이 직무수행 기준은 6개 영역으로 되어 있는데 6개 영역에 공통되는 문장은 "학교행정가(교육행정가 지원자)는 모든 학생의 성공을 증진시키는 교육지도자이다(A school administrator is an educational leader who promotes the success of all students by……)" 이고 그 뒤의 문장은 방법을 제시함으로써 기준을 정하고 있다. 우선 6 영역의 표준 중 첫째 비전에 대하여 알아보기로 한다.

비전에 관한 기준은 "학교지역사회와 공유하고 지역사회의 지지를 받는 학교나 교육청의 학습비전을 개발하고, 상세화하고, 실행하고, 봉사(stewardship)하는 것을 촉진한다."고 하여 (1.1) 비전 개발, (1.2) 비전 상세화, (1.3) 비전의 실행, (1.4) 비전을 위한 봉사, (1.5) 지역사회의 참여 촉진이 중요 항목이 된다.

4. 비전의 개발

비전이 그야말로 뜬구름이 아니고 환상이 아니려면 현실로부터, 작은 것으로부터 출발하는 것이 좋겠다. 이런 질문을 해보면 이에 대한 대답이 비전에 가깝게 될 것이다. 이런 질문과 대답에서 비전의 싹을 찾는게 좋겠다.

(1) 교장을 마치고 내가 이 학교를 떠날 때 사람들이 나를 어떤 사람으로 기억해 주길 바라는가?

(2) 나는 학생들이 어떤 학교에 다니게 하고 싶은가?

(3) 나는 어떤 학교에서 학생을 가르치고 싶은가?

(4) 나는 학교를 어떤 곳으로 만들고 싶은가?

(5) 나의 5 강점은?

(6) 나의 5 약점은?

(7) 나의 교직 생활에서 가장 가치를 높게 두는 3 가지는?

(8) 내가 취하기 가장 편한 나의 리더십 유형은?

(9) 내가 지도자라는 것을 증명하고 싶어하는 것은?

이런 질문(질문 7)에도 포함되어 있지만 비전의 밑바닥엔 학습의 본질, 인간의 본질, 인간사회의 본질, 학교교육의 본질에 관한 기본가정과 신념이 깔려 있다. 기본전제와 신념이 겉으로 표현된 것이 비전이라고 할 수 있다.

이런 질문이 비전 개발에 도움이 될 것이다.

(1) 삶에 의미(meaning)를 주는 것은 무엇인가?

(2) 미래에 대한 희망이 있는가?

(3) 어떤 조건에서 학생들은 가장 잘 배울 수 있는가?

(4) 학생들이 학교에 가야 할 가장 중요한 필요성은 무엇인가?

(5) 어떤 조건에서 교사들은 학생들을 가장 잘 가르칠 수 있는가?

(6) 어떻게 학생들이 미래에 대하여 가장 잘 준비하도록 도와 줄 수 있는가?

이런 현실에 근거한 구체적인 질문으로부터 출발하여 이제는 눈을 미래로 돌려야 한다. 미래에 대한 통찰을 해야 한다. 선장인 교장은 미래의 항구를 향하여 항해해야 하기 때문이다.

(1) 높은 질의 학급담임제 프로그램을 쉽게 인터넷으로 가능하게 할 수 있을 것인가?

(2) 성적 위험 학생의 수가 급격히 증가할 것인가?

(3) 학생들이 집에서 '가상 수업'을 할 수 있는 새로운 기술이 가능할 것인가?

(4) 학부모들은 잦은 시험이 요구되는 '기초로 돌아가자(back-to-the-basics)'는 접근을 고집할 것인가?

(5) 주요 고도기술 회사들이 지역사회에 사무실을 열어 졸업생들을 취업시킬 것인가?

(6) 증가하는 성인교육의 요구가 계속 하루 15시간의 코스를 학교가 열어야 할 것인가?

이러한 미래에 대한 가능성에 대한 예견이 지도자에게는 요구되는 것이다. 교육은 미래에 대한 준비이기 때문에 비전을 위한 미래의 통찰이 중요하다.

지도자에게는 반성적 실천(reflective practice)이 요구되는데 비전개발에 필요하다. 지역사회와의 대화를 통해서 반성적 사고를 표면으로 이끌어 내야 한다.

(1) 문제의 정의는 문제를 진단하기 위한 계속적인 노력으로 반성적 실천의 출발

이다.

(2) 교육적 강령은 비전의 기초가 되는 신념과 기본가정의 철학인데 이에 비추어 봐야 한다.

(3) 이중 고리 학습을 해야 한다. 더 넓은 관점, 다양한 측면에서 고찰하는 것이다.

비전 개발에는 논리적 분석 못지않게 직관적 관찰이 중요하다. 미래에 대한 통찰을 현실로 바꾸는 데 직관이 필요하다.

비전에는 반드시 장애물이 있다는 것을 염두에 둬야 한다. 예를 들면, (1) 매일 매일의 상투적인 일에 너무 초점을 맞추고, (2) 그저 그런 사람으로 지내고 싶어 하고, (3) 이 일 저 일 모든 일에 압도당하고, (4) 어떤 사람은 분별없이 모험을 하기도 하고, (5) 모호한 것을 피하기 위해 원칙을 붙이고(원칙을 위한 원칙), (6) 지나치게 열린 마음을 갖기도 하고, (7) 만병통치 해답을 구하기(필요한 중요한 변화를 믿지 않고) 때문에 비전을 찾는데 방해가 되기 쉽다.

5. 비전의 실행

비전을 개발한 것으로 끝나면 아무런 의미를 갖지 못한다. 실천으로 옮기지 못하면 없는 것만도 못하고 괜히 종이와 시간, 정력만 소비하게 된다. 다음 몇 가지를 더 생각해야 한다.

(1) 교육청 내의 한 학교로서 자율적으로 할 수 있는 일이 적다는 한계가 있다.

(2) 다른 사람들을 어떻게 참여시키느냐에 어려움이 있다. 다른 사람들이 나처럼 비전에 관심을 기울이는게 아니다.

(3) 우리 학교와 관련하여 기본전제와 신념뿐만 아니라 강점과 약점, 사명을 위한 전략, 현재 명확하게 진술된 비전, 주요 인물, 현재의 방향감에 대한 지원체제 등에 대하여 완전히 파악해야 한다.

(4) 이제는 학교에 활력을 어떻게 불어넣을 것인가에 대하여 연구해야 한다. 팀 정신을 불어넣는 것도 한 예이다.

(5) 구성원들로 하여금 자기들의 꿈에 대하여 목소리를 낼 수 있게 권한 부여를 하고, 혁신 정신을 갖게 하고, 다른 사람에게 서로 영감을 불어넣고, 공동의 무대를

마련하고, 비전에 계속 초점을 맞추게 하고, 핵심 신념을 극화함으로써 영감을 불어넣는 일에 집중해야 한다.

(6) 이런 점을 고려하여 비전의 진술은 미래지향적으로, 유토피아적 이상형으로, 학교 실정에 맞게, 고도의 이상과 최고의 우수성이 반영되게, 조직의 방향을 가리키게, 열정을 불러 낼 수 있게, 학교의 특성이 반영되게, 야망이 나타게 하여야 할 것이다.

(7) 비전이 확정되어 진술되면 이를 생활화해야 한다. 그래서 공표하고 메모나, 포스터, 지갑 크기의 카드로 코팅하여 휴대하기 좋게 하여 비전을 사랑하게 하는 것이 좋겠다. 우선 비전을 교직원과 지역사회가 수용하여 이에 열정을 갖고 헌신할 수 있도록 해야 한다. 항상 100% 수용이란 있을 수 없고 항상 저항이 있게 마련이므로 이 저항을 수용으로 바꾸기 위한 노력을 해야 할 것이다.

(8) 이제 한 발짝 더 들어가 비전을 제도화해야 한다. 굳히기 작전인 것이다. 동심원의 중심에는 신념, 가정, 목표 등이 자리하고, 다음 원에 비전이 자리하고, 다음 표면에 방침, 프로그램, 조직, 운영이 표면에 나타나게 된다. 표면의 행동과 운영으로 제도화되어야 하는 것이다. 예를 들면, 팀 접근, 스케줄의 변화 등 행동계획으로 나타나야 제도화로 굳어지는 것이다. 비전 실현을 위한 과제를 확인하고, 과제를 시차별 단계에 따라 순서의 번호를 매기고, 책임자를 배치하고, 필요한 자원을 배정하고, 비전 실현의 정도를 잴 수 있는 측정도구를 밝힌다.

비전의 체계는 신념, 가정, 목표 → 비전 → 방침, 프로그램, 조직, 운영이 되는 것이다.

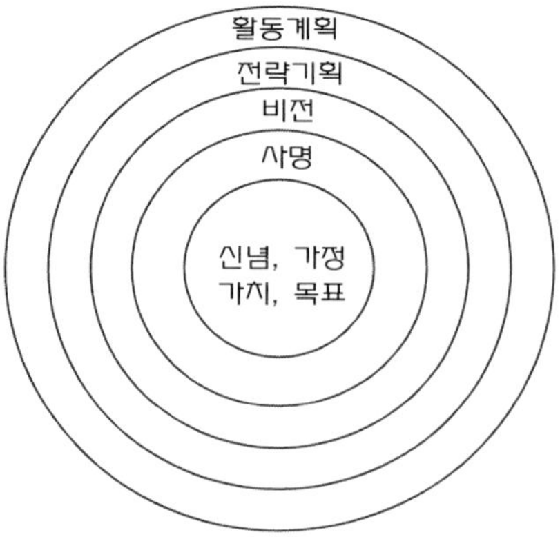

[그림 7-1] 비전개발의 체계

IV. 비전을 넘어선 지도자

1. 학교문화와 공동체 형성

앞에서 다룬 비전과 비슷하면서도 확대된 개념이 학교문화이다. "문화란 특정 집단이 이해하고 공유하고 있는 규범, 가치, 신념, 전통, 신화를 포함한 역사적으로 형성된 의미(meaning)의 형태(pattern)"라고 할 수 있다. 문화를 눈으로 보고 만질 수 있는가? 부분적으로는 가능하다. 문화의 깊이에 따라 표면에는 보고 느낄 수 있는 인공물(tangible artifact)로 나타난다. 일상의 의식, 기념식, 아이콘, 상징물, 옷차림, 오가는 말(언어) 등 어느 기관이나 조직에 들어갔을 때의 느낌 등으로 그 학교의 문화를 짐작할 수 있다. 이보다 좀 속에 있는 것이 그 조직 구성원이 공유하고 있는 가치와 신념의 수준이다. 이 가치와 신념은 제3자가 눈으로 보고 느끼기가 좀 어렵다. 예를 들면, 교사들이 경험학습에 가치를 두는 신념을 가지고 있고 이 가치와 신념을 구성원들이 공유한다면 이것이 이 학교의 문화가 될 것이다. 더 깊은 핵에 있는 것이 기본가정이다. 만일 교장이 학부모에게 학생들이 등교에서 하교까지 교사들이 철저히 감독할 것이라고 말한다면 교장은 '안전'에 최우선 순위를 둔다는 암시를 하고 있는 것이다. 기본가정 → 공유하고 있는 가치와 신념 → 인공물(tangible artifact)의 체계가 된다.

교장은 학교에 바람직한 바람을 불어넣어 교육적인 건전한 학교문화를 형성하기 위해 노력해야 할 것이다. 이를 문화지도성이라고 하여 최근에 강조되고 있다. 앞에서 다룬 비전을 중심으로 건전한 학교문화를 형성할 수 있기 때문에 비전이 문화로 확대되길 기대하는 것이다.

순환근무제와 관료제는 우리 나라에 역사적으로 형성되는 의미의 패턴인 문화 형성에 어려움이 있다. 문화기관이 아닌 기업에서 기업문화가 강조되고 있다. 우수기업에는 그 기업만이 갖는 독특한 좋은 기업문화가 있다는 것이다.

학교문화와 비슷한 개념이 학교공동체이다. 학교가 이익집단이 아니라 공동체가 되어야 한다는 것이다. 이에 이의를 제기할 사람은 하나도 없다. 그런데 최근 우리 나라 학교가 이익집단화하고 있다는 것이 슬픈 현실이다. 이대로 가면 마침내 파멸로 갈지도 모른다는 우려를 하게 하고 있다.

공동체란 "자유의지로 공동의 목표, 규범, 가치, 의미, 생각과 이상을 갖고 결속하는 개인의 집합"이라고 할 수 있다. '나'에서 '우리'가 될 때 의미 있는 관계, 공동의 공간, 공유 시간, 공통의 정서, 공통의 전통, 공통의 책임으로 연대를 이루게 된다. 학교는 학습공동체, 조직공동체, 배려공동체, 수용적 공동체, 탐구공동체, 도덕적 공동체가 되어야 한다. 학교구성원을 한배를 탄 운명이라는 의식을 가진 공동체로 만드는 선장이 되어야 한다.

비전과 문화, 공동체와 관련하여 지도자 교장은 주어진 힘을 가지고 (1) 사람들이 공유하는 가치, 아이디어, 목적, 목표를 설정하고 이에 구성원이 주의집중하도록 주의집중을 관리하고, (2) 교사, 학생, 학부모들이 학교와 교직, 삶에서 유용하고 가치 있고 의미 있는 것들을 찾을 수 있도록 의미를 관리하고, (3) 교장의 역할과 리더십이 믿을만하고, 합법적이고, 정직하다고 믿을 수 있도록 신뢰를 관리하고, (4) 교장이 자신이 누구인지, 자신이 믿는 것이 무엇인지, 자신이 이 일을 왜 하는지에 대해 구성원들이 알 수 있도록 자아관리를 할 수 있는 능력을 갖춰야 한다는 것이다.

2. 도덕적 · 윤리적 지도자

비전에 의한 학교경영을 넘어선 지도자로 도덕적 지도자와 윤리적 지도자를 최종적으로 들고 싶다. 도덕적이라고 부정부패 않는 부정적 접근을 하는데 여기서는 그 이상의 적극적 접근을 하고 싶다. 도덕적 지도성은 "학교 향상의 심장에 이르게 하는 힘"(Sergiovanni, 1992)이라고 한다.

미국 교장의 직무수행의 표준의 다섯 번째 기준이 윤리라고 했던 것을 기억할 것이다. "성실 · 정직하고, 공정하고, 윤리적으로 행동한다."의 다섯 번째 기준에 (5.1) 성실 · 정직한 행동, (5.2) 공정한 행동, (5.3) 윤리적 행동의 세 항목이 있고 각각에 여러 개의 문항이 들어가 있어 이를 중심으로 교장 교육과 연수, 선발, 평가, 재계약의 기준으로 삼는 것이다.

미국의 지도자에게 요구되는 7덕목은 (1) 정직, (2) 충성, (3) 용기, (4) 존중, (5) 배려, (6) 정의 , (7) 품위였다. 우리와 다른 점은 무엇이고 무엇을 더 추가해야 할 것인가?

앞에서 언급한, 하버드대학 교육가족이 공동으로 추구하는 기본적인 가치(basic values)는 (1) 다른 사람의 권리, 다름, 위엄에 대한 존중, (2) 모든 일을 하는데 있어서 정직과 성실, (3) 자신의 일에 있어서 의식적인 우수성 추구, (4) 일하는 곳에서 자신의 행동과 행위에 대한 책무성인 것을 발견하고 놀랐다. 기본 가치를 중시하기 때문이다.

또 앞에서 언급한 미국 바링톤초등학교를 방문했을 때 이 학교에서는 학생들의 학력에만 치우치지 않고 윤리적인 행동을 강조하여 6개의 핵심가치를 몸에 배게 하고 있었다는 것을 독자는 기억할 것이다.

첫째, 공정과 정의로 옳은 일이 무엇인지 알고 실천하며, 다른 사람을 공정하게 대하고, 타인의 권리를 인정하라는 것이다. 둘째는 자신과 타인에 대한 존중으로 자기규율의 실천, 예의 바르기, 재물 존중, 타인에 대한 배려 행동, 정중한 언어 사용, 자신의 육체, 정신, 정서를 존중하는 결정, 약물, 성에 대한 바른 행동이 이에 해당된다. 셋째, 책임인데 여기에는 구체적으로 자신의 행위에 대한 책무성, 생각하고 행동하기, 믿을 수 있게 행동하기, 모범이 되기, 실수에 대하여는 솔직하게 인정하기를 제시하고 있다. 넷째, 신뢰(trustworthiness)인데 정직, 자기 일은 자신이 하기, 성실하기, 약속지키기, 충실하기이다. 다섯째는 보살피기(Caring & Compassion)인데 자기가 대접받고 싶은 대로 타인을 대하기, 친절하라고 하고 있다. 마지막으로 시민정신인데 한 교과에 해당하고 학력고사의 한 과목이 될 정도로 미국에서 강조하는 것으로 여기서는 구체적으로 권위 존중과 법의 준수, 스포츠맨십 발휘, 국가를 위하여 봉사하고 희생하는 사람에 대한 존경, 자기 몫을 감당하기, 지역사회를 위한 봉사와 자선, 환경 보호, 지역사회 생활에 대하여 알고 참여하기를 철저히 가르치고 실천하도록 하고 있다. 우리가 과거에 강조하던 것을 이들은 지금 이것을 미련스럽다고 할 정도로 철저히 가르치고 있다. 우리 나라에서처럼 모범생이 '범생'으로 조롱받게 내버려 두는 것이 아니라 전교생을 '범생'으로 만들어 질서정연한 선진 미국, 강력한 미국을 만들고자 하는 것이다.

우리가 살아가는데 그렇게 많은 것을 알아야 하는지 모르겠다. 기본적인 가치만 지키고 존중하면 되지 않을까요. 우리가 남과 어울려 살려면 어떤 가치를 존중해야 하겠는가?

기업에서도 윤리경영이 강조되고 이를 중심으로 평가하여 기업체를 표창하고 있다.

윤리도덕을 잃어버리면 더 이상 지도자일 수 없다. 윤리도덕은 지도자를 받쳐 주는 제1의 기둥이다. 우리 나라가 지금 벼랑 앞에 서 있게 된 것은 윤리도덕이 무너졌기 때문이다. 지도자 자신이 윤리도덕적일 것은 말할 것도 없고 학교와 교육, 우리사회에서 윤리도덕을 복원하기 위하여 남은 생을 바쳐야 할 것이다.

이상 여러 가지를 종합하여 지도자에게 요구되는 지도력을 종합하여 표로 요약해 보고자 한다. (1) 교환적 지도력을 넘어서 (2) 전환(변혁)적 지도력을 발휘해야 한다는 것이다. 지도력이 나오는 근원과 함께 종합하면 [그림 7－2]와 같다. 여기에는 많은 내용이 함축되어 있으므로 설명을 들어야 이해가 될 것이다.

1. 지도력의 형태	2. 추종자 충족욕구	3. 지도력의 개념	4. 지도력의 근원	5. 권위	6. 지도력 은유	7. 추종자의 참여	8. 가치 유형
전환적 지도력 (transformational leadership)	의의 의미 목적	도덕적 지도력 문화적 지도력	의의 의미 ⑤ 도덕적 문화적 지도자 (고위성직자) ④ 상징적 (수장)	도덕적 전문직적	binding (결합적) bonding (접착적)	도덕적 (moral)	I (heart)
↑	자아실현 자율 능력 존경	권한위임 상징적 카리스마적	사명 (본질) ③ 교육적 행정가 (임상실천가)	기술 · 합리적	building (형성적)	내발적 (intrinsic)	II (head)
교환적 지도력 (transactional leadership)	자아적 사회적 안정적 생리적	관리기술 지도유형 교환적 목표행로 이론	과정 ② 인간적 (인간공학자) 관리자 ① 기술적 (관리공학자)	심리적 관료 주의적	batering (교환적)	계산적 (calculated)	III (hand)

[그림 7－2] 교환적 지도력과 전환(변혁)적 지도력의 차원

최고 교육지도자로의 전환에 즈음하여 마지막으로 몇 가지 당부를 하고자 한다.

첫째, 행정을 하고, 지도를 하고, 장학을 하고, 남을 움직이고 영향력을 발휘하려면 지도자는 힘을 길러야 한다. 교장직에 주어진 (1) 직책상의 힘(position power), (2) 정당화된 힘(legitimate power), (3) 보상적 힘(reward power), (4) 강제적 힘(coercive power), (5) 정보적 힘(information power), (6) 인간적 · 개인적 힘(personal power, individual qualities or characteristics and charisma), (7) 전문적 힘(expert power), (8) 참조적 · 준거적 힘(referent power) 등 총체적 힘(total power)을 다 동원해야 한다.

둘째, 행정(administration)은 봉사(service, minist)라는 것을 알고 이제부터 봉사할 각오를 해야 한다. 청지기 지도력, 섬기는 지도력이 요구되는 것이다.

셋째, 행정가로서 장기적 전망을 하라고 부탁하고 싶다.

넷째, 일반적(general). 전반적, 통합적 전망을 해야 한다. 부분만 보지 말고 전체를 보는 안목이 필요하다. 최고 행정가는 아마추어이고 일반적이어야 한다.

다섯째, 행정가로서 철학, 신념, 소신, 윤리를 펼치고 지켜야 한다. 행정은 곧 철학(신념체제)이 겉으로 나온 것이라고 풀이한다.

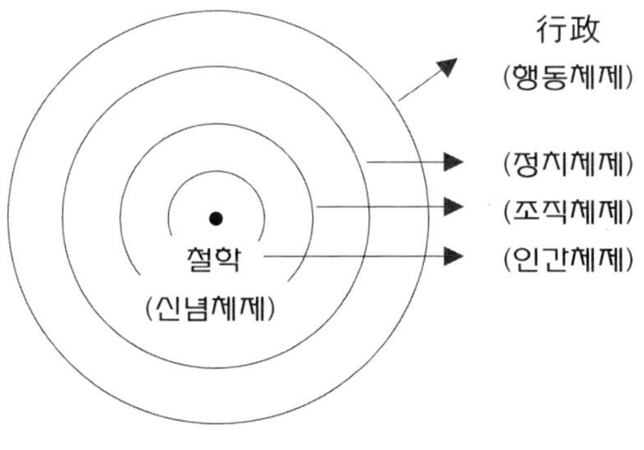

[그림 7－3] 행정은 철학의 표출

여러분은 어떤 교장상을 그리고 있습니까? 외로운 성주, 제왕적 교장, 미국의 전권을 갖는 Captain, 학교의 모든 살림을 책임지는 Key Boy, 학생 한명 한명을 모두 파악하고 지도하는 자상한 Mr. Chips형의 교장? 교육자의 생을 정리할 때 어떤 평가를 받고 싶습니까?

참·고·문·헌

이승원(2005). 학교의 탄생. 서울 : 휴머니스트.

주삼환(2005). 미국의 교장. 서울 : 학지사.

주삼환(2003). 장학의 이론과 기법. 서울 : 학지사.

주삼환(2001). 한국교육의 위기. 서율 : 동문사.

주삼환(2001).역사적 전환시대의 한국교육. 서울 : 동문사.

Lashway, Larry(1997). "Visionary Leadership," Stuart C. Smith and Philip K. Piele(eds.), School Leadership : Handbook for Excellence 3rd ed. ERIC, University of Oregon.(이 참고문헌을 주로 참고하였음)

Sergiovanni, Thomas J(1992). Moral Leadership : Getting to the Heart of School Improvement. San Francisco : Jossey-Bass Publishers.

Chapter 08

제기되는 새 교장제도에 대한 비판

I. 교장공모제, 우수교장 확보를 증명하라.

최근 교원 승진제도 개혁에 관하여 다양한 방안이 분출되고, 다양한 방안을 놓고 논의하는 것은 바람직한 현상이라고 할 수 있다. 그러나 우수 교장을 확보하기 위한 방안이 아니고 각 이익집단들의 이익을 확보하기 위한 방안이라면 이는 서슴없이 개혁방안에서 먼저 제거되어야 한다. 그리고 현재의 승진제도를 채택할 수밖에 없었던 역사적 배경과 원인을 찾으려는 노력도 함께해야 한다는 점도 강조한다. 교육행정에서 불신이 만연되다 보니 교육감의 인사권을 믿지 못하고 모든 것을 객관화하고 점수화하여 모든 교원을 0.001의 인생으로 만들어 놓았던 점이 있고, 낙도・벽지 불리한 지역에 근무할 교원이 없게 되자 이들에게 부가점을 주는 편법을 쓰지 않을 수 없었던 배경도 이해해야 한다.

그러면 이러한 과거의 역사적 배경과 사정을 무시하고 말하기 쉬운대로 교장 선출보직제, 교장공모제, 교장초빙제, 일반인 교장제를 채택하면 누가 낙도・벽지에 가서 근무할 것이며, 교원들 보고 어떻게 열심히 연구하고, 연수받고, 수업 잘하고, 모범적으로 근무하라고 할 것인가? 새로운 제도에는 이런 대책이 있는가?

여론을 수렴하여 교장공모제를 채택하려는 움직임이 있는 것으로 들린다. 여기에 문제가 많다. 새로운 제도를 도입하기 위해서는 여론이 아니라 첫째, 공모제에 의한 교장이 현제도에 의한 교장보다 우수하다는 증명을 할 수 있어야 한다. 공모에 의하여 우수교장을 뽑을 자신이 있는가? 지금과 같은 수많은 요소와 소수점까지 나가는 점수에 의하여 객관화시켜서 뽑아도 불신을 받는 판인데 공모제에 의하여 우수교장을 뽑을 수 있는 공모기준에 만인이 동의하고 만족해 하겠는가? 현재의 교장자격 선발 기준보다 공모제의 공모기준은 더 엄격하고 상향돼야 공모제를 수긍하고 믿게 될 것이다. 그리고 둘째, 이 제도를 채택해도 불리한 지역에서 열심히 연구하고, 연수하여 모범적으로 근무하는 교사를 확보하고 이들을 유리하게 해 줄 수 있는 대책이 있어야 한다. 교원으로 열심히 노력하지 않은 엉뚱한 사람이 공모제란 이름으로 교장이 되어서는 안 된다.

그리고 교장공모제가 무엇을 의미하는지 그 정체부터 명확히 밝혀야 한다. 우선 공모제라는 이름부터가 좋지 않다. 교장초빙제에 포함시킬 수 있다고 본다. 우리 나라에서 모든 교원에게 자격증을 요구하는 교원자격증제를 채택하고 있기 때문에 기본적으로 교사자격증, 교장자격증이 없는 사람은 공모나 초빙의 대상이 될 수 없다. 교장자격이 없는 무자격자를 공모한다고 하여 우수한 교장이 된다는 보장은 없다. 교육에 있어서 가장 중요한 지도자인 교장을 무자격자 중에서 공모한다는 것은 큰 잘못을 저지르는 것이다. 교장 무자격자를 공모한다면 '교장자격 연수대상자 공모', 또는 '교장양성 교육대상자 공모'라고 해야 옳을 것이다. 공모제는 교장양성교육제와 결합돼야 논리가 선다. 무자격자가 교장이 되면 교사 무자격자로 교사를 충원하고, 사립학교에 친인척 무자격자를 교장자리에 앉혀 놓아도 말 못하게 될 것이다. 우리 나라 교원자격증제 전체가 파괴되는 논리와 결과를 초래하게 될 것으로 우려된다.

만일 현행 교장자격증제에 문제가 있다면 교장자격연수 대상자 선발방법, 자격증 취득과정, 근무평정제, 부가점제 등을 고칠 생각을 먼저 해야지 엉뚱한 특례규정을 자꾸 만들어 놓아 혼란을 초래해서는 안 된다. 교장제의 정문이 잘못 되었으면 정문을 고칠 생각을 해야지 자꾸 쪽문만 많이 만들어 놓으면 혼란만 초래하게 된다.

우리 나라 사립학교에서도 교장공모제를 못하고 있는데 순환근무제를 채택하고 있는 공립학교에서는 공모제가 불가능하다. 교장과 교사가 한 학교에 고정 임명되는 상황에서나 고려해 볼 수 있는 제도이다. 공모제에 의한 교장이 근무하던 학교를 떠날 때는 교직에서 영원히 떠나거나 다른 공모하는 학교에 지원하게 하는 방식으로 사후처리가 되어야 할 것인데 누가 이런 모험을 걸면서 교장 공모나 초빙에 지원하겠는가?

학교는 자치의 단위가 아니고, 학교 구성원이 한 학교로 고정되지도 않고, 학교운영에 책임도 질 수 없기 때문에 학교 구성원이 공모의 주체가 될 수 없고 시·도교육청에서 해야 하는데 그럴 경우 많은 교사 중에서 교장을 선발하는 현 제도보다 소수 공모자 중에서 교장을 뽑는 공모제가 낫다는 보장이 없다. 교장공모제는 더 철저히 연구한 다음 고려해야 한다.

II. 유자격 교육행정 전문가 교장을 원한다.

1. 교장직의 책무성과 자격 강화

교장은 학교교육에 관한 한 모든 책무를 다 져야 한다. 학교교육의 최종 목표이고 산물인 학생의 학업성취와 학생의 행위(behavior)에 대하여 교장은 책무를 다하고 책임을 져야 한다. 그래서 학생의 낮은 성적과 비행에 대하여 교장은 책임을 지고 물러나라는 압력을 받는다. 학교에서 일어나는 모든 일에 대하여 교육 주권자인 국민은 일일이 개개 교사나 직원을 상대할 수 없다. 학교교육 책임자인 교장에게 책임을 물어야 한다. 그리고 학교의 재정과 시설, 학생의 안전에 대하여도 교장에게 책임을 묻는다. 학교에서 교장의 책무성과 책임은 강화되어야 한다. 교장의 책임이 강화되는 만큼 교장의 권한도 강화되어야 한다. 특히 미국과 영국 등에서는 학생의 학업성취와 졸업률의 성취 수준을 표준(standard)으로 정해 놓고 표준 이상을 도달하지 못하면 교장과 교사는 모두 책임을 지고 그 직에서 물러나라고 한다. 그래서 지금 미국 교장은 너무 많은 스트레스에 시달리고 있으며 그 결과 교장 지원자가 적어져 교장 부족 현상을 빚고 있다. 교장이 학생교육에 대하여 책임을 지려면 교장이 교사 팀을 구성할 수 있는 인사권을 가져야 한다.

세계적으로 학교단위책임경영제의 방향으로 가고, 또 지식정보사회에서 교육의 질 향상을 지상목표로 하다 보니 이를 책임지고 있는 교장의 지도력과 질을 높여야 한다는 논리에서 교장 자격을 더욱 높이고 강화하는 경향이다. 교장의 보수를 높여 주고 우수한 교장을 유치하기 위해서 각 교육청과 학교에서는 많은 노력을 하고 있다.

이런 선진국의 경향과 세계적 동향에 비추어 우리 나라에서 무자격 돌팔이 교장 이야기가 나오는 것은 시대적 역행이고 세계적 동향에 역행하는 논리이다. 국제 경쟁력을 갖는 질 높은 학교교육을 하기 위해서 우리 나라 교장 자격은 더욱 강화되어야 한다.

교장은 (1) 교무를 통할하고, (2) 소속 교직원을 지도·감독하고, (3) 학생을 교육하는 직무를 수행해야 하는데 교무를 모르고, 전문 교직원의 일과 특성을 모르고, 학생의 발달단계와 특성, 학생교육과 수업을 모르는 일반인에게 교장직을 맡길 수는 없다. 국민과 학부모는 교육조직과 교육을 아는 능력 있는 교장을 원한다. 또 이성이 있는 교사라면 교육과 학교, 수업, 교사와 학생에 대하여 잘 아는 높은 자격을 갖춘 유능한 교장을 원할 것이다.

우리 나라에서 학생을 가르치려면 교사자격증이 있어야 하기 때문에 모든 교장에게 교원자격증을 요구하고 있다. 그리고 교장은 학생을 교육하게 되어 있기 때문에 학생을 교육하려면 최소한 교사자격증이 있어야 한다. 교사자격증이 없는 사람은 우리 나라에서 학생을 교육할 수 없게 되어 있다. 이런 의미에서 교사자격증이 없는 자립형사립학교 교장은 학생을 교육할 수 없다는 논리가 성립된다.

군인도 아닌 사람을 사단장으로 임명해 달라고 하는 군인과 국민이 있을 수 있는 것인가? 운동도 안 해 본 사람에게 축구 코치를 맡겨 성과를 올려달라고 할 것인가? 음악도 안 해 본 사람에게 교향악단의 지휘자 자리를 맡기겠는가? 의학을 모르는 사람에게 병원장 자리를 맡기는가?

학교에 무엇이 그렇게 경영할 것이 많은가? 경영인 전문가를 불러와야 할 만큼 학교에 관리할 돈이 많은가? 또 학교조직이 일반인 전문 경영인을 불러와야 할 만큼 복잡한 조직인가? 학교에서 교육목표와 교육과정, 가르치는 전문가 교사 인력을 경영하고 관리해야 하는 것이 경영의 전부라고 할 수 있다.

자립형사립학교 교장에게 교장자격증을 요구하지 않은 것도 잘못이다. 대학 교수가 하는 일하고 교장이 하는 일은 다르기 때문에 교수라도 교장을 하려면 교장자격증을 따야 한다. 물론 교육부 장관을 하다가 교장을 하려고 하더라도 교장자격증을 땄어야 한다. 우리 나라의 모든 학교의 교장은 교장자격증을 갖춘 사람이 해야 한다.

교장에게 교사자격증도 요구하지 않게 되면 앞으로 사립학교 교장이 일반인으로 채워질 때 이를 막을 길이 없게 될 것이다. 학생을 교육해야 하는 교장에게 자격증이 필요 없다면 교사에게 교사자격증이 필요하다는 논리를 어떻게 설명하고 합리화할 것인가? 교장에게 교사자격증도 필요 없다면 우리 나라에 교원자격증제 자체가 모두 무너지게 된다.

필자가 초등학생이던 6·25 때 어느 날 갑자기 마을 청년이 선생님이 되고 교장이 되어 우리 앞에 나타났었다. 우리는 너무나 당황했었다. 우리 어린 눈에도 저 사람들에게서는 배울 것이 없다는 것으로 비치었었다. 지금 우리 아이들이 지켜보고 있어요. 지금 어른들이 하고 있는 짓을……. 교사자격증도 없는 사람이 어느 날 갑자기 교장이라고 아이들 앞에 나타났을 때 아이들이 어떻게 생각하겠어요?

2. 교장직의 전문직화

교사는 가르치는 전문가로 양성되었다. 한 학급을 맡아서 가르치도록 양성되고 한 교과를 전공하여 가르치도록 양성되었다. 그렇기 때문에 교사가 교육행정을 해야 하는 교육행정 전문가가 되기 위해서는 교육행정에 관한 전문 훈련과 교육, 연수 없이 교장직을 잘 수행한다는 것은 논리에도 안 맞고 인간의 능력으로 봐서도 불가능하다. 축구 선수가 지도자 수업 없이 막바로 코치가 되어 좋은 코치가 될 수 없고 또 코치를 하다가 선수로 다시 뛰게 할 수 없는 것과 같이 교사가 훈련과 교육 없이 교장이 될 수 없고 교장을 하다가 또 훌륭한 교사로 되돌아올 수 없는 것이다. 교사직과 교장직은 전문화되고 분화되어야 한다. 전문화는 수직 승진보다 수평적 분화의 개념이 강하다. 교사와 교장이 전문성 없이 수평으로 이동하게 하는 것은 옛날 교직의 미분화 상태로 되돌아가자는 후퇴적인 발상이다. 교사는 가르치는 일만 열심히 하고, 가르치는 일만 잘 하고, 가르치는 속에서 행복하고, 가르치는 일에서 보상을 받아야 한다. 교장이 되지 않고 수업을 잘 하는 사람에게 최고의 대우를 해주도록 해야 한다.

교장직은 한 학교의 기관장으로서 보직이 아니다. 보직은 한 기관 내 참모의 자리가 보직이다. 부장 교사 자리가 보직이다. 대학 총장도 보직이 아니다. 교수와 총장은 신분이 다르다. 교수로, 총장으로 왔다갔다하는 것은 각각 전문성이 없다는 뜻이다. 하버드대학교의 엘리어트 총장은 40년을 총장직에 재임했고(www.harvard.edu) 미국 공립학교에서도 20, 30년씩 한 학교에서 교장을 한다. 교사와 교장 사이에서는 신분 변동을 해야 한다.

교장직은 선출직이 아니라 임명직이다. 주민과 국민의 선출을 받아 교육권을 위임받은 대통령 또는 교육감과 교육위원회에서 임명하는 임명직인 것이다. 학교는 우리나라에서 자치의 단위가 아니기 때문에 학교(또는 학교운영위원회)에서 교장을 선출할 수 있는 권한이 없다. 만일에 교장을 선출하려면 주민과 국민이 해야 한다. 학교는 학부모들만의 것도 아니다. 국민이 교장을 선출하기 위하여 교사의 의견을 들으려면 교사가 이동 없이 한 학교로 고정 임명되는 제도라야 한다. 순환근무제에서는 교사의 의견을 듣는다는 것이 의미가 적다. 공무원이 공무원 기관장을 선출할 수도 없다. 경찰이 경찰서장을 선출할 수 없고, 회사원이 회사 사장을 뽑을 수 없고, 청와대 직원이 대통령을 뽑을 수 없는 것과 같은 논리이다. 민주주의 국가에서 모든 권한은 국민으로부터 나온다는 것을 이해해야 한다. 교육에 관한 권한도 국민에게 있다.

교사의 가르치는 전문성을 인정받듯이 교장도 교육행정의 전문성을 인정하고 그 전문성을 더욱 강화하는 방향으로 가야 한다. 선진국에는 교장직에 관한 수백 종류의 전문서적이 있고 교장 양성과정과 코스, 양성기관(institution)이 있다. 우리 나라 교장직은 더욱 전문성을 향상시키는 방향으로 개선되어야 한다.

3. 승진과 양성의 조화를 위한 교원평가

교사에서 교육행정가로 이동하는 것을 승진으로 볼 것인가, 전문적 전직으로 볼 것이냐의 문제가 있다. 잘 가르치면 교장도 잘 할 수 있다(교사의 전문성과 교장의 전문성 같다고)고 믿는다면 교사의 직무수행만 평가하면 된다. 그러나 교사의 전문성과 교장의 전문성이 다르다고 본다면 교사의 직무수행 평가에 더하여 우수교장의 가능성을 예언할 수 있는 변인도 평가해야 한다. 교사의 근무성적을 교장후보자 선발에 반영하지 않으면 교사로 열심히 근무할 필요성을 잃게 될지도 모른다. 여기에 교사평가의 고민이 있다. 고등학교 공부를 잘 하면 대학교 공부도 잘 할 것이라고 믿고 내신 성적만을 가지고 대학입학을 전형할 것인가? 아니면 대학수학 능력을 별도로 잴 것인가의 고민과 비슷하다. 교사로서의 근무성적과 교장의 직무수행 능력 가능성을 조화시켜야 할 것으로 본다. 예를 들면, 교장에게 더 필요한 지도력, 행정력, 기획력, 상황 판단력, 윤리성, 문제해결력 등을 교장 희망자 평가에서 어떻게 잴 것이냐에 연구를 해야 할 것이다.

젊은 교사도 교장 교육을 받고 교장으로서 지도력을 발휘할 수 있는 길을 열어줬으면 좋겠다. 예를 들면, 교육행정대학원에서 교장, 장학자, 다른 교육행정가(현재의 과장급 이상의 일반직)를 전문적으로 양성하는 방안도 생각할 수 있다. 그렇게 되면 교장임기제는 폐지되어야 한다. 그리고 교장도 한 학교로 임명받고, 그 학교에서 책임을 다하지 못하면 교직 자체에서 떠나게 해야 한다. 교사의 봉급체계와 교육행정가의 봉급체계를 달리해야 한다. 교장에게 모험이 따르는 만큼 교육행정가에게 높은 대우를 해줘야 한다.

교장제도 개선은 여론이 아니라 교육적 원칙과 전문성에 의해서 해야 한다. 지금 어른들이 무리한 주장을 하고 있는 것을 우리 "아이들이 지켜보고 있어요."

4. 교장제에 관한 질문에 대한 필자의 의견

① **교장의 역할** : 교육자, 전문적 자문자(교육위원회와 학교운영위원회), 집행자

② **교장에게 요구되는 주요 자질** : 책임성, 윤리성, 지도성

③ **교장의 자격** : 자격 요건 강화(연수 대신 교육행정 전문 교장 교육과 훈련, 실습 요구)

④ **자격증제도** : 자격증제도 강화, 별도의 양성교육, 자격증제도를 폐지하면 교사 자격증제도도 폐지하게

⑤ **임용권자** : 주민의 대의기관인 시·도교육위원회가 임명권자, 한 학교로 임용(이 경우 모든 직원도 한 학교로 임용하고 학교의 의견 들어 임용), 우리 나라의 교육의 자치단위는 시·도교육청이므로 시·도교육청별로 다양화, 교장 평가에 의한

1회 중임제 아닌 연임제(연임 안 될 경우 교직 떠나게)

⑥ **승진제와 양성제의 병행**(교직 경력을 줄이고 교장양성 교육을 강화) : 연수성적과 가산점은 교장의 직무수행 예언변인을 강화하는 방향으로 보완

⑦ **교장 코스** : 수습교사 2년(평가)→정교사→(전문교육)→교감→교장

⑧ **교사 코스** : 수습교사 2년(평가)→정교사→(전문교육, 전문교사자격증)→전문직(교장, 교감, 교사로 이동 없이)

III. 우리는 발전적인 교장제를 원한다.

2005년 10월 이주호의원 대표 발의로 교장제를 개정하고자 하는 '초·중등교육법'과 '교육공무원법' 일부개정법률안이 발의되었다. 이들 개정법률안의 주요 골자는 우선 교감자격증제를 폐지하고 '부교장'으로 하며, 그 동안 있었던 '교감자격연수'나 '교장자격연수'라는 '재교육' 없이, 또 '부교장'의 경험도 없이 교사자격증만 가지고도 교장을 할 수 있게 하는 소위 '교장공모제'에 의하여 학교운영위원회가 교장을 임용하게 하는 제도이다. 교사자격증만 가지고 재교육도 없이 교장을 하게 하는 교장직의 무력화 안이라고 할 수 있다.

이 개정법률안은 자질과 능력을 갖춘 유능하고 전문적인 교장을 확보하기 위한 발전적인 안이라기보다는 '무자격(증)'의 교장을 끌어들이기 위한 퇴보적인 안이라고 보기 때문에 교장직의 전문성을 지향하는 교육행정 전공학도로서 이에 강력히 반대하지 아니할 수 없다. 지식정보시회에서 지식과 정보를 중시하여 지금 세계 여러 나라는 풍부한 이론과 지식, 실무경험을 갖춘 유능하고 강력한 지도자 교장을 확보하려고 교장자격을 강화하는 방향인데 우리는 자격도 없는 돌팔이 교장을 유치하는 거꾸로 가는 법률개정을 서두르고 있으니 이는 분명 국민의 뜻에 반한다고 하지 않을 수 없다. 우리 국민은 무자격 교장에게 미래가 달려있는 제2세 국민교육을 맡기고자 하지는 않는다. 국민을 대표하는 국회의원이 국민의 뜻에 반하는 의안을 발의해서는 안 된다고 본다.

축구선수가 감독이 되기 위해서는 지도자수업과 자격을 갖춰야 하듯이 교사도

지도자 수업과 자격을 갖춰 교장이 되도록 하여야 한다. 축구팀에서 감독이 중요하듯이 학교에서 교장직은 중요하다. 교장은 아무나 하는 자리가 아니다. 있으나마나 아무나 하는 자리라면 국민의 세금을 주는 교장자리를 놔둘 필요도 없다. 교장자격은 강화되어야지 약화시켜서는 안 된다. 국민이 유자격 교장을 믿고 안심하고 자녀를 학교에 맡길 수 있게 해야 한다. 국회의원은 일부 교사의 말에 귀를 기울이지 말고 말없는 다수의 국민의 뜻을 살펴야 한다. 지금도 공교육과 학교를 못 믿겠다고 하는 판인데 교장까지 저질 무자격 돌팔이로 만들어 학교를 맡길 작정인가?

승진제에 문제가 있으면 승진기준을 개선하면 되지 교장제 틀까지 파괴시킬 필요는 없다. 학교운영위원회가 교장을 선발하고 임용할 수 있는 책임도 권한도 없다. 교장을 선발하려면 국민의 위임을 받은 교육감과 교육위원회가 해야 한다. 교장은 학운위에 책임을 지는 게 아니라 임명권자인 교육감에게 책임을 지게 하는 것이다. 학운위의 교장 선발 기준이 지금의 승진기준보다 더 낫고 객관적일 수 없다. 공모에 의한 교장선발 대상자가 현재의 승진 대상 교원자원보다 더 우수하다는 보장도 없다. 거기다 교감, 교장 연수도 부과하지 않으면 공모된 교장이 승진교장보다 우수하다는 보장을 할 수 없다. 대학총장 선발에도 문제가 있어 임명제를 해야 한다고 하는 판에 교장까지 선발제로 하여 학교를 정치판으로 만들 수는 없다. 학운위와 교사, 교장이 수시로 이동하는 상황은 학교운영과 교육의 안정을 해쳐 불안하게 만든다. 한 학교로 공모한 교장과 당시 교사들은 다른 학교로의 이동이 불가능하다. 교장을 뽑아 놓고 다른 학교로 가버리면 공모의 의미가 없어지기 때문이다.

현 교장제도를 개선하려면 첫째, 교감과 교장 승진 기준만 유능한 교장 자질을 점칠 수 있는 기준으로 바꾸기 위한 연구를 하라.

둘째, 교장 전공교육을 받은 젊은 교원으로 하여금 수십 년씩 전문으로 교장을 할 수 있는 제도를 마련하라. 교장임기제는 연임제로 바꿔야 한다.

셋째, 교장의 책임을 강화하여 아무나 교장을 할 수 없게 하고 대신 교사로 하여금 교실 수업에서 행복할 수 있도록 대우하는 제도를 마련하라.

넷째, 교장과 교사를 한 학교로 임용하여 책임 교육과 행정을 하도록 하라.

교육의 주인인 국민과 학부모의 편에서 교장제의 개선을 마련하되 교장의 전문성을 확보하는 발전적 방향으로 하라.

IV. 거꾸로 가는 나라

대한민국의 축구대표팀의 모든 것은 그대로이고 감독만이 아드보카트로 바꾸었는데 선수들의 자세는 물론이고 눈망울 자체가 달라지고 팀이 완전히 달라졌다. 우리나라 팀이 히딩크를 못 만났으면 2002년 축구열기를 끌어내지도 못하고 오늘날의 박지성이나 이영표 같은 세계적인 선수가 나오기도 어려웠을 것이다. 교향악단의 지휘자에 따라 악단의 칼라가 완전히 달라진다. 지도자나 지휘자는 이렇게 중요하다. 학교에 있어서 교장도 마찬가지이다. 교장에 따라 학교도 달라지고 학생도 달라진다.

그래서 세계 여러 나라는 우수한 교육 지도자 교장을 확보하기 위하여 국력을 경주하고 있는 실정이다. 교장 교육을 강화하고 자격을 높이고 있다. 그런데 이상하게도 우리 나라에서는 최근에 무자격 교장론, 교사도 아닌 일반인 교장론까지 나오고 있으니 시대에 역행하고 세계적 흐름에 거꾸로 가자는 주장이다. 공도 차보지 않은 사람을 감독으로 영입하자는 논리이고 지도자 수업도 없이 선수 중에서 감독을 뽑자는 한심한 논리이다. 선수들 중에서 선수들이 인기투표하여 자기 팀 감독을 민주적으로 뽑자고 한다면 얼마나 우스운 일인가? 감독하다가 또 선수로 뛰게 한다면 그게 운동팀이라고 할 수 있겠는가? 아무나 감독을 할 수 있거나 아예 감독이 필요 없다면 왜 비싼 국민의 세금을 들여 세계적적인 감독을 불러들이겠는가?

지금은 자격증시대이기 때문에 뜻 깊은 젊은이들이 수십 개씩 자격증을 따려 한다. 그런데 한심한 것은 교사들 중에 교장자격증이 필요 없다는 주장을 하는 사람들이 있다는 점이다. 그러면 교사자격증은 뭣 때문에 필요하다고 할 것인가? 교장자격증제가 파괴되면 멀지 않아 교사자격증도 필요 없다는 논리가 분명히 나오게 된다는 것을 알아야 한다.

또 이상한 학부모 단체가 무자격 교장제를 들고 나온다는 점이다. 돌팔이 의사에게 환자의 생명을 맡기듯 돌팔이 교장에게 국민교육과 학교운영을 맡기겠다는 것인가? 제대로 된 학부모라면 교장의 자격을 강화하여 능력 있는 유능한 교장을 보내 달라고 요구해야 옳을 것이다. 무자격 장관, 무자격 교사, 무자격 학부모가 자신들의 약점을 감추기 위해 무자격 교장제를 들고 나온다고 봐야 할 것이다. 학부모와 국민, 교사가 진정으로 무자격 교장을 원하는지 여론조사가 아니라 국민투표라도 붙여 봐야 할 일이다.

현행 교장제가 잘못되었으면 이 제도를 고칠 일이다. 능력 있는 젊은 교사들로 하여금 교장자격을 따서 학교를 잘 운영하고 학생교육을 잘 할 수 있도록 하라. 왜 교원근무평정제와 교장승진제를 고칠 생각을 못하고 거꾸로 가는 정책만 들고 나와 혼란을 일으키는가?

자립형사립학교의 교장을 무자격자가 하도록 한 것도 잘못이다. 교수가 하는 일과 교장이 하는 일은 엄연히 다르기 때문에 교수나, 총장, 장관도 반드시 교장자격증을 따가지고 교장을 했어야 한다.

더욱 이상한 것은 교장제를 연구하고 바꾸려는 정책을 모색하면서 학부모 단체의 의견은 듣고, 교장론 전문가나 교장단체의 자문이나 의견은 듣지 않고 있다는 점도 이상한 나라의 거꾸로 가는 정책이라고 할 수 있다.

V. 교장공모제의 음모

왜 이렇게 교육계를 우습게 보고 흔들고 있나? 이렇게 어지럽고, 혼란스럽고, 부산해서야 어떻게 학생들을 가르쳐 먹는단 말인가? 정년단축, NEIS, 성과급, 자존심 상하는 스승의 날 휴업, 촌지 처벌, 교장공모제 등 하루 한날 교육계에 조용할 날이 없다. 왜 이렇게 자꾸 교육계에 평지풍파를 일으키고 있는가? 대통령께 잘못 자문하고 보필하여 국민을 인기 높던 대통령으로부터 이반하게 만들어 놓고도 아직도 정신 못 차리고 또 대통령자문교육혁신위가 교장공모제라는 허울로 국민을 호도하고 이반하게 하려는가?

도대체 교장공모제의 목적과 이유의 정체가 무엇인가? 진정 학교에 개혁과 혁신, 신선한 바람을 불어 넣어 학생들 공부 잘 가르치게 하자는 목적인가? 역대 5대 정권에 걸쳐 계속 개혁한다고 해 놓고도 아직도 개혁할 것이 남아 있단 말인가? 개혁에 현기증이 나서 살 수가 없고 차분하게 학생들 교육하기 어렵다. 그리고 지금까지 개혁은 위에서 다 해 놓고, 힘없는 교장이 개혁할 것이 무엇이 더 남아 있단 말인가? 우수교장을 만들어 학생교육을 잘하려는 것이 진정한 교장 공모의 목적이라면 교장의 전문성과 자격과 자질을 더 높이려고 해야 할 것이다. 이것이 현재 세계적인 경향이다. 그런데 거꾸로 우리 나라에서는 일반인(직)과 자격도 없는 돌팔이를 교장자리에 앉히려고 하니 분명히 음모가 있는 것으로 의심하게 된다.

일반인(직)은 이미 교육부를 비롯하여 교육청과 모든 교육행정기관을 다 싹쓸이 점령하여 우리 나라 교육을 다 망쳐 놓고 이제는 일반인 교장공모제로 학교(교장)까지 이들이 점령하려는 음모로 의심하게 한다. 교육부와 교육청에 교사출신 전문직 자리가 몇이나 있나? 전문직의 기능을 모두 마비시켜 놓고 이제 학교까지 마비시킬 것인가?

5~10년 수업만 한 교사에게 국민과 학부모가 어떻게 한 기관과 행정을 맡길 수 있겠는가? 가르치는 전문성의 배꼽도 떼기 어려운 기간에 교사들이 행정의 전문성을 언제 길렀단 말인가? 교사자격증은 필요하고 교장자격증은 필요 없다는 논리는 성립될 수 없고 또 위험하다. 공모를 하더라도 교장직(principalship)을 공부시키고 자격을 갖춰서 공모를 하든 선발을 하든 해야 할 것 아닌가? 교육과 교장을 모르는 일반인과 교사를 교장으로 앉혀 놓고 편하게 월급 타먹고 살자는 음모로 볼 수밖에 없다. 교사 전횡을 하자는 음모일 것이다. 공모를 하더라도 사립학교부터 시작해야 할 것이다.

교장은 교육부장관이나 교육감보다도 더 중요한 자리이다. 교장은 배의 선장에 비유된다. 배를 어느 방향으로 어떻게 끌고 가느냐는 전적으로 교장인 선장에게 달려 있는 것이다. 암초와 폭풍, 파도를 넘어 학교의 존재이유에 해당하는 가르치고 배우는 학교교육 목표 항구에 이르게 하는 리더십과 능력이 선장 교장에게 요구되는 것이다. 교장은 월드컵축구팀의 감독에 해당된다. 축구팀의 구성과 전략, 작전은 전적으로 감독에게 맡겨져 있듯이 학교는 전적으로 교장에게 맡겨져야 한다. 교장은 교사 팀을 구성할 수 있어야 한다. 히딩크와 아드보카트 감독과 같은 권한과 대우, 책임이 동시에 교장에게 맡겨져야 한다.

국민과 학부모, 그리고 다수의 선량한 교사들은 이들의 음모를 분명히 알아야 한다. 그리고 이제는 침묵만 하지 말고 분연히 일어나 이들의 음모를 응징해야 한다. 지금까지 우리 선량한 국민과 학부모, 교원들은 참을 대로 참아왔다. 더 이상 교육의 주인인 국민을 제쳐 놓고, 교원의 전문성을 무시하는 정책을 들고 나와 교육력을 약화시키고 교육계에 혼란을 일으키면 이제 단합하여 그런 사람들을 도려 내고, 또 불복종운동이라도 벌여야 한다. 교육적 원칙과 논리를 무시하는 정책을 받게 될 때 이제 우리 교원은 꿈틀거리는 지렁이 신세라도 되어야 할 것 아닌가?

교육과 정책은 누구를 위한 것인가? 세금을 내는 국민을 위한 것이 아닌가? 민주국가에서 모든 권한은 국민으로부터 나온다. 국민을 받드는 정책을 해야 한다. 제발 전문성과 자격 있는 우수하고 유능한 교장 리더를 중심으로 교사들이 단합하여 신바람 나서 국민과 학생에게 봉사할 수 있는 제도와 여건을 만들어 주기를 바란다.

VI. 사학의 자율성과 교장 중임제

1. 사립학교와 공립학교

우리 나라에서 공립학교와 사립학교의 차이가 무엇인지, 왜 사립학교를 설립하도록 허용했는지 그 이유를 찾기 어렵다. 공립학교와 다른 사립학교의 자치, 자립, 자주성, 자율성을 찾아보기 어렵기 때문이다.

우리 나라 헌법 제31조 "④ 교육의 자주성 · 전문성 · 정치적 중립성 및 대학의 자율성은 법률이 정하는 바에 의하여 보장된다."고 되어 있는데 교육의 자주성, 전문성, 중립성, 자율성은 공립이나 사립 모두 똑같이 헌법이 보장하고 있는 것이기 때문에 사립에만 특별히 적용되거나 사립의 존재이유에 해당하는 것으로 보기는 어렵다. 여기서 하나 먼저 지적하고 싶은 것은 교육의 자주성, 전문성, 중립성, 자율성은 "…… (하위)법률이 정하는 바에 의하여 보장된다."는 것이 헌법의 정신인데 '사립학교법'과 같은 하위법은 모두 교육의 자주성, 전문성, 중립성, 자율성을 '제한'하고 있다는 점이다. 사립학교법이 교육의 자주성을 보장하고 있는가 아니면 자주성을 제한하고 있는가? 사립학교법이 헌법에서 보장하고 있는 교육의 자주성과, 전문성, 자율성을 보장할 목적으로 제정되었다고 볼 수 있는가? 결국 '사립학교법'은 헌법

정신을 위배하고 있다고 봐야 한다. '사립학교의 자주성'이 아니라 '교육의 자주성'을 제한하는 사립학교법은 '개정'이 아니라 '폐지'되어야 한다. 실지로 1963년 우리 나라에서 사립학교법이 처음 제정되기 이전에는 사립학교의 자율성이 있었고 자유롭고 건실하게 운영되는 사립학교가 있었다. 그리고 다른 나라에서는 사립학교법이 없이도 세계적인 우수한 사립학교가 많다. 대부분의 사립학교가 공립학교보다 우수하다는 평가를 받고 있다.

교육기본법 "제5조 (교육의 자주성 등) ① 국가 및 지방자치단체는 교육의 자주성 및 전문성을 보장하여야 하며, 지역의 실정에 맞는 교육의 실시를 위한 시책을 수립·실시하여야 한다. ② 학교운영의 자율성은 존중되며, 교직원·학생·학부모 및 지역주민 등은 법령이 정하는 바에 의하여 학교운영에 참여할 수 있다. 제6조 (교육의 중립성) ① 교육은 교육 본래의 목적에 따라 그 기능을 다하도록 운영되어야 하며, 어떠한 정치적·파당적 또는 개인적 편견의 전파를 위한 방편으로 이용되어서는 아니 된다. ② 국가 및 지방자치단체가 설립한 학교에서는 특정한 종교를 위한 종교교육을 하여서는 아니 된다."에서도 사립과 공립의 차이를 찾아내기 어렵다. 다만 "② 국가 및 지방자치단체가 설립한 학교에서는 특정한 종교를 위한 종교교육을 하여서는 아니 된다." 조문에서만 사립학교에서만 "종교교육을 하여서는 아니 된다."는 제한을 두지 않아서 종교교육을 허용한다는 근거가 되고 있을 뿐이다. 교육기본법에서도 교육의 자주성과 전문성, 자율성, 중립성은 사립학교와 똑같이 공립학교에서도 보장되는 것이고 다만 사립학교에서만 종교교육이 허용되는 차이가 있을 뿐이다. 그러나 모든 사립학교가 종교교육 때문에 존재하는 것은 아니다. 그리고 여기서 "지역의 실정에 맞는 교육의 실시를 위한 시책을 수립·실시하여야 한다."고 하여 지방교육자치의 문을 열어 놓고 있는데 이것도 공립과 사립에 똑같이 적용되는 것이기 때문에 공립과 사립의 차이를 발견하기 어렵고 사립의 존재이유를 찾을 수 없다.

초·중등교육법에 공립과 사립학교의 설립 근거가 처음으로 나오는데 "제3조 (국·공·사립학교의 구분) 제2조 각호의 학교(이하 "학교"라 한다)는 국가가 설립·경영하는 국립학교, 지방자치단체가 설립·경영하는 공립학교(설립주체에 따라 시립학교·도립학교로 구분할 수 있다), 법인 또는 사인이 설립·경영하는 사립학교로 구분한다. 제4조 (학교의 설립 등) ① 학교를 설립하고자 하는 자는 시설·설비 등 대통령령이 정하는 설립기준을 갖추어야 한다. ② 사립학교를 설립하고자 하는 자는 특별시·광역시 또는 도 교육감(이하 "교육감"이라 한다)의 인가를 받아야 한다. ③ 사립학교를 설립·경영하는 자가 학교를 폐지하거나 대통령령이 정하는 중요사항을 변경하고자 하는 경우에는 교육감의 인가를 받아야 한다. 제6조(지도·감독) 국립학교는 교육인적자원부장관의 지도·감독을 받으며, 공·사립학교는 교육감의 지도·감독을 받는다.〈개정 2001. 1. 29〉"고 되어 있다. 여기서도 국립과 공립, 사립의 설립자만 다를 뿐이지 설립을 위한 모든 조건이 대등하고 동등한 관계이다. 공립과 사립의 설립자에 어떤 차별이나 특수성에 대한 언급은 없다. 사립을 공립과 똑같이 하려면 도대체 왜 우리 나라에 사립학교를 설립하게 하였는지 알 수 없다.

여기서 우리가 특별히 주목해야 할 점은 "공·사립학교는 교육감의 지도·감독을 받는다.〈개정 2001. 1. 29〉"는 사실이다. 우리는 이것이 오랜 전통에 젖어 당연한 것으로 생각하고 있으나 예를 들면, 미국의 경우 사립학교는 교육감의 관할이 아니라는 점이다. 교육감은 'Public Schools'만을 관할한다는 점이다. 사립학교는 교육감의 '지도·감독'이 아니라 설립시 인가(승인)받은 정관(charters)에 의하여 자유스럽게 운영된다는 점이다. 우리의 눈으로 보면 정관 이외에는 그야말로 제멋대로 운영하는 것이 사립학교이다.

초·중등교육법에서 보면 사립학교는 사재를 털어 학교를 설립하도록 한 것만 공립학교와 다를 뿐이다. 국가가 어려울 때 사립학교법도 없이(1963년 사립학교법 제정 이전), 교육의 자주성, 전문성, 중립성, 자율성에 대한 어떤 제한도 없이 사재로 학교를 많이 설립하도록 유도해 놓아 사립학교를 설립하고 나니, 또 이제는 국가가 살만하게 되니까 사립학교를 공립과 똑같이 모든 면에서 제한하고 있다고 국가를 비난해도 변명할 여지가 없게 되었다.

"사립학교법 [일부개정 2005. 12. 29 법률 7802호], 시행일 2006. 7. 1, 제1장 총칙 제1조 (목적) 이 법은 사립학교의 특수성에 비추어 그 자주성을 확보하고 공공성을 앙양함으로써 사립학교의 건전한 발달을 도모함을 목적으로 한다."에서 비로소 '사립학교의 특수성'을 인정하고 있어 사립학교의 존재이유의 근거가 되는 것으로 오해하기 쉬운데 사실은 "지방교육자치에관한법률 [일부개정 2005. 1. 25 법률 7340호] 제1장 총칙 제1조 (목적) 이 법은 교육의 자주성 및 전문성과 지방교육의 특수성을 살리기 위하여 지방자치단체의 교육·과학·기술·체육 기타 학예에 관한 사무를 관장하는 기관의 설치와 그 조직 및 운영 등에 관한 사항을 규정함으로써 지방교육의 발전에 이바지함을 목적으로 한다."에서 이미 공립학교와 사립학교 똑같이 '지방교육의 특수성' 속에 들어가 있기 때문에 사립학교법에서 '사립학교의 특수성'을 특별히 인정했다고 보기 어렵다. 지방교육의 특수성 인정에 의한 지방교육자치의 교육감의 지도 · 감독 하에 사립학교가 이미 들어가 있어 특별히 사립학교의 특수성이 인정되고 있다고 보기 어렵다. 그리고 앞에서 이미 지적된 것처럼 사립학교법 자체가 이미 헌법에서 일반적으로 보장되어야 한다고 한 "교육의 자주성, 전문성, 중립성, 자율성"을 법조문이 내세운 형식적 목적과는 달리 실질적으로는 이들을 제한할 목적으로 제정되었기 때문에 사립학교의 특수성과 자율성은 근본적으로 헌법의 하위법에서조차 보장할 의도가 없었다고 봐야 할 것이다.

거듭 말하지만 사립학교법에서 "사립학교의 특수성에 비추어 그 자주성을 확보하고 공공성을 앙양함으로써 사립학교의 건전한 발달을 도모함을 목적으로 한다."고 하였으나 특수성, 자주성, 공공성 모두 공립에서도 이미 모두 보장하여야 한다고 한 것이기 때문에 사립학교에만 특별히 적용될 것이 아니다. 이 법은 오히려 "사립학교의 건전한 발달을 '억제'함을 목적으로 한다."는 오해를 받게 되어 있다. 결론적으로 우리 나라에서 사립학교는 설립시의 재원만 사재일 뿐이고 설립 후에는 사립을 공립과 구별하여 인정하지 않으려는 의도를 갖고 있다고 봐야 할 것이다. 우리 나라 사립학교는 헌법 정신으로 보나 외국의 사립학교의 예로 보아 진정한 의미의 사립학교라고 볼 수 없으며 외국의 공립학교만큼도 자주성, 자율성이 없다고 봐야 한다.

2. 진정한 사학의 자율성

여기서 제목을 사학의 자율성이라고 제목을 붙였으나 필자의 입장에서는 교육의 자율성, 공립학교를 포함한 학교의 자율성이라고 해도 좋다고 본다. 외국 공립학교의 자율성 정도라고 봐도 좋을 것이다. 개정 사립학교법과 우리 나라 사립학교 운영 현실을 중심으로 살펴보고자 한다.

사립은 공립과 달리 교육감의 관할에서 벗어나 자치를 할 수 있어야 지정한 사립이 되는 것이다. 법인이사회는 허가받은 정관의 범위 내에서 자치할 수 있는 최고의사결정기구(self-governing body)이다. 이 법인이사회는 공립학교의 교육위원회의 수준에 해당하는 사립학교 자치를 위한 최고의사결정기구인 것이다. 사립학교는 사립학교 자치를 전제로 설립된 것이다. 이 법인이사회는 외부의 간섭 없이 이사(trustees)를 자충(自充)할 수 있어야 한다. 이사를 이사회가 스스로 구성하고 보충할 수 있어야 한다는 의미이다. 이사회 구성과 보충을 자유로이 할 수 없다면 이를 사립 자치기구라고 할 수 없다. 현행 사립학교법에 있는 이사의 1/4의 제한 규정(사립학교법 제14조와 제21조 친족관계 등)과, 임기의 제한(사립학교법 제20조, 이사 5년 감사 3년), 임시이사 선임(제25조) 등 어떠한 제한이 있어서도 안 된다. 개정 사립학교법의 많은 외부의 제한을 불러들이게 된 그 동안의 사립 학교법인도 제한을 불러들인 원인 제공자로서 책임을 통감해야 할 것이다. 국제시대에 학교법인 이사회를 가족과 친척으로 구성하려는 폐쇄성은 거의 원시시대의 발상이라고 할 것이다. 사립학교 법인은 떳떳함과 자신감이 있어야 한다.

자치기구는 정관의 범위 내에서 최소한 (1) 규칙을 마음대로 정하고(규칙 제정권), (2) 임원과 교직원을 마음대로 채용할 수 있고, 또 학생도 마음대로 뽑을 수 있어야 하며(인사권), (3) 조직을 지탱할 수 있는 재정이 있어야 하고, 또 재정을 마음대로 운영할 수 있어야 하며(재정권), (4) 교육과정을 자유로이 구성할 수 있어야(재정권) 진정한 의미의 자치를 할 수 있다고 보는 것이다. 재정적인 면에서 우리 나라 모든 사립학교는 근본적으로 자립을 전제로 설립된 것이다. 변칙적으로 소수의 학교를 '자립형사립학교'로 정한 것은 일종의 변칙이다.

그러려면 (1) 사립학교의 학생을 마음대로 뽑을 수 있고(이것도 일종의 인사권이다.), (2) 등록금을 마음대로 책정하여 받아 자립할 수 있는 것을 전제로 사립학교가 설립되었던 것이다. 사립학교에 공적자금이 지원되는 것은 국가나 지방자치단체가 사립학교에 특혜나 시혜를 베푸는 것이 아니라 당연한 것이며 사립학교와 사립학교 학생과 학부모의 당연한 권리인 것이다. 그 이유는 첫째 사립학교도 다른 나라의 교육이 아니고 국가나 지방자치단체가 해야 할 우리 나라의 교육이기 때문이다. 둘째, 사립학교에 다니는 학생과 학부모도 우리 나라 국민으로서 국가에 세금을 냈기 때문에 세금에 의한 공적자금을 사립학교에 지원되어야 하는 것은 너무나 당연하다. 사립학교 학생과 학부모도 자기가 낸 세금의 혜택(공적자금의 지원)을 받을 권리가 있는 것이다. 셋째, 우리 나라 현재의 중・고등학교 사립학교 학생들은 사립학교를 선택하여 사립학교에 가지 못했는데 공적자금의 지원을 못 받는다는 것은 불공평하고 기회균등에도 맞지 않는다. 사립학교가 공적자금의 지원을 공립학교와 똑같이 받는 것은 너무나 당연한 논리이고 권리이며, 사립학교가 공적자금을 받는다고 해서 감사를 받거나 외부의 간섭을 받는다는 것은 옳지 않다. 사립학교에 공적자금을 대주되 간섭하지 않는 것이 사립학교의 자치인 것이다. 실지로 영국이나 미국에서도 사립학교에 공적자금을 지원이라는 말 대신 공식적으로 배분해 주고 간섭은 하지 않는다.

지금이라도 우리 나라에 사립학교를 인정하려면 이런 규칙제정권, 인사권, 재정권, 교육과정구성권을 헌법 정신에 따라 사립학교에 보장해 줘야 한다.

구체적으로 사립학교는 우선 학생선발권을 행사할 수 있어야 한다. 사립학교는 자신의 설립 목적에 맞는 학생을 골라 뽑을 수 있어야 한다. 그리고 학생과 학부모도 사립학교를 선택할 수 있는 권리를 가져야 한다. 지금은 사립학교와 학생 모두의 의지에 상관없이 공립학교와 똑같이 학생을 강제 배급하고 있는 교육독재를 하고 있는 것이다.

둘째, 사립학교는 학생 납입금을 마음대로 책정할 수 있어야 한다. 시장원리에 의하여 사립학교 등록금이 결정되어야 한다. 양질의 교육서비스를 제공하는 사립학교는 그만큼 비싼 등록금을 지불해야 한다. 그래서 학생과 학부모도 사립학교 선택권을 가져야 한다고 하였다. 우리 나라가 정치, 경제, 사회, 문화, 예술의 분야에서는 고도의 민주국가일지 모르지만 교육에 관한 한 독재란 비난을 면하기 어렵다. 국민에게 학교선택권이 없기 때문에 국민이 거주 이전의 자유까지 제한받게 되는 것이다. 자녀의 학교 때문에 마음대로 이사를 다닐 수도 없는 실정이다. 이런 교육독재국가는 지구상에 없다. 세계는 지금 공립학교에까지 학생과 국민에게 학교선택권(public choice에서 school choice로)을 주고 있는 실정이다.

사립학교와 사립학교 법인의 위법과 부정한 행위에 대하여는 사립학교법이 아니라 (사립학교법은 폐지하고) 민법과 형법에 의하여 엄격하게 다스려야 한다. 필자는 비리 사학과 부정한 사학을 옹호하거나 변호할 의도를 가지고 있지도 않고 또 그럴 가치도 느끼지 못한다. 그러나 비리와 부정을 예단하여 미리 사립학교를 구속하거나 공립학교 취급을 하는 것은 반대하고 이를 배격한다.

3. 사립학교 교장 중임제의 문제

현행 개정 사립학교법 제53조(학교의 장의 임면〈개정 1990. 4. 7〉에 의하면 "③ 각급학교의 장의 임기는……4년을 초과할 수 없고, 1회에 한하여 중임할 수 있다.〈개정 2005. 12. 29〉"고 되어 있다. 여기서 왜 임기가 4년이고, 왜 1회에 한한 중임인지, 그리고 그 논리가 무엇인지, 왜 이를 사립학교법으로 제한해야 하는지 이해할 수 없고 또 이를 수용할 수 없다. 이는 공립학교의 경우도 마찬가지이다. 필자는 공립학교를 포함하여 교장임기제 자체를 처음 제정할 때부터 지금까지 줄기차게 반대해왔다. 그렇기 때문에 여기서 교장 중임제의 문제는 사립학교에 국한하여 논의하고자 하는 것이 아니다.

첫째, 교장 중임제는 공립을 포함한 교육의 자주성과 자율성, 사립학교의 자주성과 자율성, 특히 인사의 자율성(인사권)에 위배되기 때문에 부당한 것이다. 사립에서 인사의 자주성과 자율성이 없으면 사립이라고 할 수 없다.

둘째, 특히 교육의 전문성의 측면에서 교장 임기제와 1차 중임제의 제한은 부당하다. 교장 학교행정가는 교사의 전문성과 또 다른 전문성을 요구하는 것인데 교장을 임기제로 제한하는 것은 교육과 교육행정의 전문성을 인정하지 않는 것으로 논리에도 맞지 않고 교장의 전문성을 강화하는 세계적인 경향에도 역행하는 것이다. 예를 들면, 미국의 경우 교장을 전문적으로 양성하여 자격증을 부여하고 빠른 경우 30대에서 60～70대까지 30～40년씩 교장을 하게 된다. 하버드대학 엘리어트(Charles William Eliot) 총장은 35세(1869년)에서 82세(1926년)까지 48년(Longest presidency in Harvard history)을 총장직을 수행하였다(www.president.harvard.edu/history/). 하버드 360년 역사에 현재 27대 총장을 맞고 있다. 교장을 1차 중임하는 제도로 우리 나라가 국제경쟁력을 가질 수 있겠는가? 교장의 임기를 1차 4년으로 제한한다고 하더라도 전문적으로 잘 그 직무를 수행하는 사람에 대하여는 차수에 제한 없이 정년까지 무기한 교장을 계속할 수 있도록 계속 연임할 수 있게 되어야 한다. 능력 있는 전문적인 교장까지 1차 중임으로 제한하는 것은 교육에 있어서 가장 중요한 '전문성'을 무시하는 억지 정책이라고 할 수 있다.

교장을 하고자 하는 사람이 많기 때문에 골고루 많은 사람이 교장을 해보게 하기 위해서 교장임기제를 적용한다는 논리라면 교장의 전문성에 더 위배되는 것이다. 교장임기제로 교장을 하는 사람의 수를 늘리려고 하기보다는 교사로 하여금 교실에서 만족하고 행복을 찾을 수 있는 제도를 만들고 대신 교장은 능력 있고 특별한 사명감을 갖는 전문적인 사람만 교장이 될 수 있도록 제한하고 대신 오히려 임기 제한은 풀어야 한다. 그리고 원래 전문직은 제한된 정년연령이 아예 없거나 정년연령이 긴 것이 원칙이다. 의사나 변호사, 성직자에게는 제한된 정년연령 자체가 없는 것이다(미연방법에 의하여 미국 교수에게는 정년연령이 없다고 한다).

셋째, 교장직에만 임기제를 적용하고 1차 중임으로 제한하는 것도 논리와 합리로 설명할 수 없다. 교장자격증에 제한이 있는 것도 아니고 교장도 교사나 교감과 똑같은 '교원'이고 '교육공무원'인데 교장에게만 임기제를 적용해야 하는 이유가 성립되지 않는다. 만일 교장에게 임기제를 적용하려면 교감, 교사에게도 임기제를 똑같이 적용해야 한다. 그리고 교장에게 임기제를 적용하려면 모든 일반직 공무원에게도 똑같이 임기제와 1차 중임 제한을 적용해야 할 것이다. 선출직도 아닌 교장에게만 임기제를 적용하는 것은 어떤 논리로도 설명할 수 없다.

교육의 자주성과 자율성, 전문성, 그리고 사학의 자치, 자주성과 자율성의 원리에 비추어 볼 때 현행 사립학교 교장 임기제와 중임제 제한은 옳지 않다. 특히 고도의 자유와, 자치, 자율이 요구되는 사립학교에까지 교장임기제와 중임제 제한을 둔 개정 사학법(2005. 12. 29)은 개악이므로 이는 즉시 폐지되어야 한다.

사립학교는 교육인적자원부와 교육감의 관할에서 벗어나 승인된 정관에 의하여 자치를 할 수 있어야 하고, 사립학교법은 개정이 아니라 아주 폐지되어야 한다.

VII. 교장공모제 어떻게 할 것인가?

1. 서론 : 교장공모제의 동상이몽의 현실

교장초빙제란 좋은 이름이 이미 있는데도 불구하고 '교장공모제'란 좀 창피한 새로운 용어를 들고 나와 교육계를 혼란으로 몰아넣고 있다. 전교조와 교육 일반직들이 '교장공모제'란 새로운 용어를 들고 나와야 자기들의 이익과 목적을 달성할 수 있다고 생각하여 새로운 용어를 만들어 내는 데는 양 집단이 의견의 일치의 공모를 한 모양이다. 그런데 이들은 같은 새로운 용어를 갖고 각각 다른 꿈을 꾸고 있었던 것이다.

전교조는 대통령자문교육혁신위원회에 침투하여 자기들이 교사로서 교장직을 접수하려고 했던 것이다. 그래서 최근 논란을 빚은 교육혁신위원회가 추진했던 전교조 영향의 교장 공모제는 '교직 경력 10년 이상'인 교사는 모두 교장이 될 수 있다는 단서가 붙어 있었다. 한 마디로 교장의 연령은 낮추되 문호는 일반인에게까지 개방하지 않고 교사만 교장을 하도록 하겠다는 의도였다.

그러나 교육부 일반직은 같은 '교장공모제'란 이름을 가지고 자기들 일반직이 교장직을 모두 접수하려고 했던 것이다. 그것이 곧 일반인 교장제인 것이다. 소위 '완전 개방형 교장공모제'란 이름으로 일반직까지 교장을 하게 하자는 것이다. 이것이 2006년 6월 14일 교육부 교육정책과장 일반직이 발표한 교장공모제이다. 이런 발표가 나오자 교장직이 무엇인지도 모르고, 일반직의 음모가 있는지도 모르는 신문들은 "일반인도 교장선생님 되는 길이 열렸다"고 환영의 기사와 사설을 도배했다. 학부모들도 환영이라고 한다. 신문의 오도 덕일 것이다. 오는 9월부터 '완전 개방형 교장공모제(公募制)'가 4개 특성화 고교에 시범적으로 도입되고 곧 20개로 늘린다는 것이다. 교육부의 완전 개방형 교장공모제는 교사자격증이 없는 사람도 교장이 될 수 있다는게 골자다. 일반인은 일종의 계약직으로 특별채용 형식으로 임용한다는 것이다. 이 경우 기업인 등 다양한 분야의 인재가 교육계에 진출할 길이 열린다고 화려한 광고를 한 것이다.

교육인적자원부는 6월 14일 이 같은 내용을 골자로 하는 교장 공모제를 2006학년도 2학기부터 실시키로 하고 51개 시범학교를 선정했다. 선정된 학교는 특성화 고교 4곳, 농어촌 1군 1우수고교 7곳, 교육복지투자우선지역 학교 4곳, 농어촌 등 낙후지역 학교 12곳, 도농복합지역 학교 13곳 등이며 학교급별로는 초등학교 16개, 중학교 18개, 고교 13개, 특성화고 4개 등이다. 시범학교 가운데 농어촌 1군 1우수고 등 47개 초중고의 경우 교장자격증을 소지한 교육공무원만 지원할 수 있게 하고 나머지 4개 특성화 고교에 대해서는 교장자격증 소지자는 물론 일정 교육경력이 있는 교육공무원, 대학교수, CEO(최고경영자) 등도 지원할 수 있는 완전개방형 공모제라고 한다. 교육부는 당초 교장 초빙 · 공모제 지원 자격을 교장자격증 소지자 이외에 교원, 외부 전문가 등으로 완전 개방하려 했으나 한국교총의 반대와 일반직과 동상이몽을 했던 전교조 등의 반발이 거세지자 지난해 말 교장자격증이 없는 교사나 외부전문가의 경우 특성화고교에 한정하기로 했다고 한다. 이에 따라 내년 2학기까지 도입되는 150개 시범학교 가운데 130개교는 교장자격증 소지자만 지원할 수 있고 20개 특성화고는 교장자격증이 없는 교원이나 외부전문가도 지원할 수 있게 한다는 것이다.

초빙 · 공모 교장의 임용은 학교운영위원에서 1차 심사를 거쳐 순위를 정해 교육감에서 추천하면 시 · 도교육청에서 2차 심사를 통해 최종 1명을 선정해 교육부에 임용을 요청하게 된다. 교육부는 공모 지원단위를 시 · 도에서 전국으로 확대해 능력 있는 사람들이 폭넓게 영입될 수 있도록 했다고 설명했다.

불행 중 다행인 것은 교육부는 초빙 · 공모 교장이 학교혁신을 주도해 나갈 수 있도록 임용을 전후해 약 10주간 연수를 실시하고 특히 자격 특례로 임용된 교장에 대해서는 특별 연수를 실시할 계획이라는 단서를 달았다. 기왕이면 연수를 교장자격연수로 했더라면 형식상으로라도 더 좋을 뻔했을 것이다(발표자의 의견). 특히 초빙 · 공모교장에게 교사 정원의 50%를 초빙할 수 있는 권한을 주고 각종 행정 및 재정적 지원을 강화하는 등 학교운영에 대한 자율권을 최대한 보장한다는 것이다(발표자 의견 : 목표가 없이 뭣 때문에 이들에게만 이런 특별한 권한을 주는지 모르겠다. 아마 일반직 교장을 합리화하거나 이들이 다른 교장보다 우수한 업적을 내도록 하여 일반직 교장이 우수하다는 것을 보여주기 위해서일 것이다).

교육부 교원정책과장은 "교장 초빙 · 공모제는 최근 교육혁신위원회에서 논의 중인 교장공모제와는 별개로 유능한 교장을 영입해 낙후지역 학교의 교육력을 높이기 위해 실시하는 것"이라며 "혁신위가 추진 중인 교원승진제도 개선방안은 기존 승진제도의 전반적인 개선을 전제로 하고 있어 인사관련 법령의 전면적 정비를 통해 시행이 가능하기 때문에 별도의 대책을 세워 추진해 나가겠다."고 말하고 위와 같은 계획을 발표했던 것이다(발표자 의견 : 4개 특성화고 일반인 교장 공모도 법령 정비 후에 해야 한다).

교육부는 또 교장자격증이 있는 교사 가운데 '젊고 유능한 교장'을 모실 수 있는 교장 초빙제도도 함께 시행한다는 것이다. 교육부는 앞에서 말한 것처럼 내년 3월과

9월까지 시범학교를 150여 개(교장초빙제 130개, 교장공모제 20여 개)로 확대할 방침이라고 한다. 교육부는 교직단체의 반발을 고려해 일단 대전 전자디자인고, 충남 인터넷고 등 20여 특성화학교로 제한했으나 점차 일반학교로 확대할 것이라는데 틀림없이 처음에는 일반인을 내세웠다가 차차 일반직이 다 차지하려고 할 것이다. 내년에 도입될 공영형 혁신학교도 개방형 교장공모제가 적용할 것이라고 한다.

그리고 앞으로의 교장초빙제의 임기는 현재의 중임제에서 제외해 교장자격증을 가진 젊고 유능한 교사가 일찍 교장에 진입할 수 있도록 하고, 교장 초빙이나 공모의 선출방법과 권한은 초빙교장이나 공모교장은 학교운영위원회 또는 교장심사위원회가 지원자의 학교경영계획서 검토와 인터뷰를 통해 순위를 매겨 교육청에 추천하면, 교육청 심사위원회가 최종 1명을 선정하게 된다고 한다. 이렇게 선발된 교장은 학교 교사 정원의 절반까지 자신이 함께 일하고 싶은 교사를 데려올 수 있는 등 막강한 권한이 주어진다.

교육부가 제시한 동상이몽의 교육부의 '완전개방형 고장공모제'와 혁신위의 폐쇄형 (?) '교장공모제'의 비교표를 보면 교장공모제의 음모와 동상이몽을 잘 알 수 있을 것이다.

〈표 8－1〉 완전개방형 교장공모제와 혁신위 교장공모제 비교

	완전개방형 교장공모제	혁신위 논의 교장공모제
개 념	· 현행 교장승진제와 별도의 교장공모제도 공식 도입해 두 개 트랙 운영 · 교감제 및 근평제 폐지 추진	· 현행 교장승진제 골격 유지하면서 부분적인 특례로 도입 후 확대 여부 검토 · 교감제 및 근평제 유지
응모 대상	· 교장자격증 소지 교사, 15년 이상 평교사, 대학교수, 언론인, 기업인 등 완전개방	· 교직경력 10년 이상 교사만 대상(폐쇄형)
대 상	· 특성화학교, 공영형 혁신학교 시범도입 후 점차 확대	· 전국 180여 지역교육청별 2개 이상 학교씩 모두 360여 개 도입 후 확대
임용절차	· 학교운영위에서 1차 심사 후 순위 정해 추천하면 시·도교육청 심사위원회가 2차 심사해 최종 1명 선정	· 학교운영위원회에서 2명을 추천하면 특별한 결격 사유 없는 한 1위 순위자를 교육감이 선정

이러한 대통령 자문기구인 교육혁신위와 교육인적자원부가 제각각 추진 중인 교장공모제에 대하여 교육부 일반직과 동상이몽을 하던 전교조는 반발할 수밖에 없다. 한국교총은 "교장공모제는 교육계를 난장판으로 만들어 학교 현장을 갈등과 대립구도로 고착시킬 우려가 크다"며, 혁신위의 교장공모제는 교직경력 10년 이상의 교사가 교장이 될 수 있도록 하는 것도 문제라고 하였다. 서울지역 초등교감들도 교육혁신위의 교장공모제 도입과 교감직 폐지안에 대해 강경 반발하였다. 전교조는 교육부가 일반인도 교장이 될 수 있도록 한 교장공모제를 특성화학교부터 2006년 9월부터 실시키로 한 것과 권력을 분산해야 할 교장에게 교사 정원의 50%의 초빙권한을 준 것은 거꾸로 가는 것이라고 반발하였다.

이러한 교육부의 교장공모제 발표에 이어 경기도교육청은 평택 현덕초, 이천 마장초, 포천 경북중, 안성 안성여중, 여주 여주여고, 포천 일동고 등 6개교의 초빙교장을 공모한다고 19일 밝혔다. 응모 자격은 지역 제한 없이 만 58세 이하의 초·중등교장 자격증 소지자이며 희망자는 오는 29일까지 '교장초빙공모제 희망서'를 해당 학교에 제출하면 된다고 하였다. 경기도교육청은 해당 학교별로 교육전문가와 동문회 관계자 등으로 구성된 교장심사위원회 또는 학교운영위원회를 통해 1차 심사를 하고 교육청 심사위원회에서 2차 심사를 벌인 뒤 오는 8월말쯤 초빙교장 대상자를 최종 선정할 예정이라고 한다. 초빙교장으로 선정된 응모자는 2006년 9월 1일자로 임기 2년의 해당 학교 교장직을 수행하게 된다. 경기도 교육청은 내년 2007년 3월과 9월에도 각각 8개 및 9개 학교의 초빙교장을 이 같은 방식으로 공모할 예정이라고 한다.

강원도교육청은 평창고, 영월 옥동중, 철원 내대초교 등 3개교의 초빙교장을 공모한다고 29일 밝혔다. 이번에 실시되는 초빙교장 공모는 교육인적자원부가 학교운영의 전문성 제고를 위해 도내 3개교를 비롯해 전국 51개교에 대해 교장자격증이 없는 교사나 외부전문가를 초빙해 학교를 운영토록 한다는 취지에 따른 것이다. 응모자격은 만 58세 이하의 초·중등 교장자격증을 소지한 교육공무원만 지원할 수 있으며 다음달 7월 5일까지 해당 학교에 '교장초빙공모제 희망서'를 제출해야 한다고 한다. 초빙교장은 각 학교운영위원회의 1차 심사와 도교육청의 2차 심의를 통해 최종 선정되며 9월 1일자로 임용된다. 강원도교육청은 임용된 초빙교장에게 교사 50%를 초빙할 수 있는 권한을 주고 행재·정적 지원과 학교운영에 대한 자율권을 보장할 예정이라고 한다.

2. 교장공모제 공모(共謀)의 문제와 방향

앞의 여러 장에서 지루하고 상세하게 교장의 직무와 지도성, 외국에서의 교장의 리더십 연구와 노력에 대하여 다룬 것은 교장직이 또 하나의 고도의 전문성이 요구되는 전문직이라는 것을 나타내기 위해서였다. 이제 교장공모제의 문제를 지적하고자 한다.

1) 공모제의 문제와 비판

(1) 공모제 명칭의 문제

이미 교장초빙제가 있으므로 초빙제란 명칭으로도 얼마든지 우수한 교장을 초빙할 수 있는데도 정체불명의 '공모제'란 이름을 공모(共謀)하여 만들어 낸 자체가 문제이다. 초빙이란 "예를 갖춰 불러 맞아들임"이 되어 얼마나 좋은 명칭인가? 그런데 공모는 "일반에게 널리 공개하여 하는 모집"이 되어 '예를 갖추지' 못했을 뿐만 아니라 '일반'이 들어가고 '모집'이 되어 '일반직'을 염두에 두고 교장의 급을 낮추고자 하는 저의가 이미 이 용어 속에 숨어 들어가 있다고 볼 수 있다. '교수 초빙', '총장 초빙', '교사 초빙', '교장 초빙', '초빙 교장'이라고 하면 얼마나 좋은가? 전교조는 '교장공모제'란 명칭에서 이미 일반직에게 속아 넘어가고 있는 것이다.

(2) 공모제 목적(젊고 유능한)의 문제

공모제를 해서 무엇을 달성하려고 하고 왜 공모제를 하려고 하는지 그 목적과 이유가 없다는 것이 문제이다. 교원들 중에는 교장 자원이 부족하거나 빈약해서 일반인을 불러와서 유능한 인재를 발굴한다는 것이 목적인가? 교원정책과장은 "경영자적 자질을 두루 갖춘 교장", "전문경영인이 필요하다는 판단"에서 교장공모제가 필요하다는 이유를 대는 것 같은데 과연 이 판단은 어디에 근거한 것인가? 학교에 전문경영인이 필요하다고 누가 말했는가? 교원정책과장이 학교에서 교사로 근무해 봤기 때문에 이런 판단이 섰는가? 학교에 학생교육을 빼놓고 뭐가 그렇게 경영할 것이 많은가? 학교에서 경영이 먼저인가, 아니면 학생교육이 먼저인가? 본말이 전도된 생각으로 언론과 학부모를 호도하고 있는 것이다. 일반인이 교원보다 교장으로 유능하다는 증거나 연구결과가 있는가? 유능한 '전문경영인'이 있다면 기업체에 가서 기업이나 잘 하라고 해야 옳을 것이다.

그리고 교장자격증이 없는 교사 교장으로 초빙한다는 이유에 해당하는 것을 보면 '젊고 유능한 교장'을 초빙하는 것을 목적으로 내세우고 있는데 이것이 중대한 문제이다. 교장은 '젊고 유능해야' 하고 '늙고 유능하면' 안 되는가? 어디까지가 젊은 것이고 어디서부터 늙은 것인가? 젊으면 다 유능하단 말인가? 어려서도 교장을 할 수 있다면 교장 경쟁은 더 심해지고 교직은 무질서와 혼탁을 불러오게 될지 모른다. 전문직은 경력과 경험이 많을수록 유능한 것으로 보는 것이 변함없는 진리이다. 체력을 요하는 축구감독들도 대부분 나이와 경험이 많은 사람들이라는 것을 여러분은 이번 독일월드컵에서 확인했을 것이다. '젊고 유능한 교장'이란 공모제·초빙제의 목적을 내세운 사람은 '연령차별'의 헌법정신을 어긴 사람으로 고발감이다. 연령차별도 성차별과 똑같이 중대한 문책감이다. 현 하버드대학 총장도 여성비하 발언으로(다른 요인도 복합되어 있지만) 총장직에서 물러나게 되었는데 연령차별 발언을 한 사람은 처벌받아야 마땅하고 교원들은 이에 대한 문책을 요구해야 할 것이다.

젊은 교장이 필요했다면 왜 그 동안 교장임기제를 도입하여 젊은 교장이 되는 길을 막아 놓았었는가? 이율배반 정책이다.

'유능한'에서 '유능'이 도대체 무엇을 의미하는가? 유능이란 말을 분명히 밝혀야 할 것이다. 그래서 외국에서는 교장에게 요구되는 직무와 리더십의 표준과 기준을 설정해 놓고 이런 교장을 길러 내기 위해서 노력하고 있는 것이다(제2장). 대한민국에서 바라는 유능한 교장을 분명히 밝혀 놓고 이런 교장을 뽑는 방법을 강구해야 할 것이다. 발표자가 생각하는 유능한 교장, 훌륭한 교장은 학생의 성적을 올리는 교장이라고 본다. 여기에 이의가 있는가? 학교와 교장의 존재이유는 학생을 가르치고 배우는데 있고 가르치고 배운 성과는 궁극적으로 학생의 성취도로 말해야 한다. 공모제로 유능한 교장을 뽑을 수 있고 또 공모제 교장이 학생의 성적을 승진제 교장보다 더 잘 올릴 수 있다는 증거를 대야 할 것이다.

교장공모제의 목적이 없거나 모호하다는 것이 문제이다. 젊다는 기준도 모호하고 유능하다는 기준도 없는 상태에서 새로운 제도의 도입은 설득력이 없다. 새로운 제도를 도입하려면 충분한 설득력이 있어야 한다.

(3) 자격증제의 문제

우리 나라에서 학생을 가르치고 교육하는 모든 교원에게는 예외 없이 모두 교원자격증을 요구하는 교원자격증제를 채택하고 있다. "초중등교육법 제21조 (교원의 자격) ② 교사는 정교사(1급 · 2급) · 준교사 · 전문상담교사(1급 · 2급) · 사서교사(1급 · 2급) · 실기교사 · 보건교사(1급 · 2급) 및 영양교사(1급 · 2급)로 나누되, [별표 2]의 자격기준에 해당하는 자로서 대통령령이 정하는 바에 의하여 교육인적자원부장관이 검정 · 수여하는 자격증을 받은 자이어야 한다.〈개정 2001. 1. 29, 2002. 8. 26, 2003. 7. 25, 2004. 1. 20〉"고 되어 있고 교장도 교원이며 또 "초중등교육법 제20조(교직원의 임무) ① 교장은 교무를 통할하고, 소속 교직원을 지도 · 감독하며, 학생을 교육한다.〈개정 2004. 1. 29〉"고 되어 있기 때문에 교장이 학생을 교육하려면 최소한 교원자격증이 있어야 한다. 그래서 동법 "제21조(교원의 자격) ① 교장 및 교감은 별표 1의 자격기준에 해당하는 자로서 대통령령이 정하는 바에 의하여 교육인적자원부장관이 검정 · 수여하는 자격증을 받은 자이어야 한다.〈개정 2001. 1. 29, 2004. 1. 29〉"고 되어 있는 것이다. [별표 1] 〈개정 2000. 1. 28, 2002. 8. 26, 2004. 1. 29〉 교장 · 교감자격기준(제21조 제1항 관련)에 해당된다고 하더라도 반드시 "교육인적자원부장관이 검정 · 수여하는 자격증을 받은 자이어야" 교장을 할 수 있는 것이다.

현재 자립형사립학교 교장에 교장자격증이 없는 전직 장관이나 총장, 교수를 임명한 것도 불법이라고 보는 것이다. 전직 장관이나 총장, 교수도 교장자격증을 따고 교장을 했어야 한다. 장관이나 총장, 교수는 우선 교장의 직무 중 "학생을 교육한다."의 학생을 교육할 수 있는 교사자격증이 없어서 교장을 할 수 없는 것이다. 그리고 이런 법령의 개정 없이 2학기부터 교장자격증 없이 일반인(4개교)을 교장에 공모한다는 것은 불법과 편법에 해당될 것으로 본다. 교장자격증이나 교사자격증도 없이 교장을 하게 하는 예외 조항을 둔다고 해도 '초중등교육법'이나 '교육공무원법' 보다 상위 법령에 그 근거를 마련했어야 한다.

교장도 다른 교원과 똑같은 교원이고, 똑같은 교육공무원인데 왜 교장만 교사자격증이나 교장자격증이 없어도 된다는 억지 논리를 내세우는가? 전교조와 좋은교사운동은 교사자격증은 필요하고 교장자격증은 필요 없다는 주장을 하고 있으나 이 논리나 주장은 성립될 수 없다. 교장도 교사와 똑같은 교원이고 교육공무원이면 교사와 다른 직급이기 때문에 그 직급에 해당하는 자격증이 요구되는 것이다.

그러나 일단 전교조를 포함한 모든 교원은 단결하여 무자격교사로 하여금 교장이 되어 학생을 교육하게 하는 불법은 일단 막아 놓고 봐야 할 것이다. 자격증제를 폐지하는 것이 발전적인 방향인가? 교장자격증제를 폐지하려면 모든 교원, 모든 교육공무원의 자격증제를 폐지하여야 할 것이다. 그렇게 되면 일반인 장관에 이어, 일반인 교육감, 일반인 교장, 일반인 교감, 일반인 교사의 시대가 전개될 것이다. 교장자격증제가 폐지되면 우리 나라 교원자격증제 전체가 폐지될 수 있다. 교장자격증제를 폐지해야 한다는 논리보다는 보다 높고 엄격한 교장자격 기준과 자격증을 요구하는 것이 순리이고 또 이것이 지식정보사회의 세계적 추세라고 봐야 한다. 교장자격을 현재보다 더 높여야 한다.

공립학교 교장의 교장자격증이 필요 없다는 논리나 예외가 적용된다면 사립학교에서 일반인 교장을 앉혀 놓고, 친인척 일반인을 교장을 시켜도 국가는 이를 비난하거나 막을 논리를 잃게 될 것이다. 국가가 앞질러 억지 논리나 억지 주장을 하게 되면 사립학교가 많은 우리 나라에서는 무자격 교장으로 곤란에 빠지게 될 것이다.

(4) 승진제 파괴의 문제

현재 우리 나라는 준교사, 2급정교사, 1급정교사, 교감, 교장의 직급이 다른 승진제를 채택하고 있는데 교사에서 교장으로, 교장에서 교사로 수평으로 이동하게 하려면 먼저 우리 나라 교육공무원의 직급제와 승진제를 전체를 먼저 모두 폐지해 놔야 할 것이다. 그런 법령을 먼저 만들어 놔야 할 것이다. 그게 가능한 일인가? 공무원 사회를 모두 수평으로 만드는 것이 민주주의인가, 공산주의, 사회주의인가? 직급이 없는 공무원 사회와 조직이 이 세상에 과연 존재할 수 있는가? 교사만이 존재하는 교육조직을 우리를 고용하고 있는 세금을 내고 있는 국민이 원하는 바인가? 지금도 국민들은 교사들이 학생이나 학부모, 국민을 무시하고 전횡을 하고 있다고 보는데 누가 국민을 대신하여 교사를 관리할 것인가? 또 누가 교사를 더욱 훌륭한 교사로 발전시키기 위해 노력할 것인가? 세금을 받아먹고 사는 전교조는 교사천국을 만들고 싶은가? 왜 하필이면 교육공무원만 직급을 없애야 하는가? 노동직도 전문직도 모두 직급은 있게 마련이다. 의사들에게도 교원보다 더 엄격한 직급이 적용되고 있다.

우리 나라에 교원승진제가 잘못되었으면 그 승진제를 고쳐야지 교장이란 직급 자체를 없애려고 해서는 안 될 것이다. 현재의 철저하고 엄격한 승진제와 근무평정제도에서도 교사들이 인사담당과 교육행정가들을 믿지 못하고 더 객관화, 더 투명화, 더 정밀화, 더 민주화를 요구하다가 소수점 자리까지 나가게 되었다는 사실을 알아야 한다.

승진제와 근무평정제를 파괴하고 교장을 선출하거나 임명하면 교원의 인사관리를 어떻게 할 것인가? 벽지학교에서는 누가 근무할 것이며, 연수를 누가 뭣 때문에 받을 것이며, 성실히 학생을 가르친 교사와 그렇지 않은 교사를 어떻게 구별하고 보상을 해줄 것인가? 부장교사를 누가하고, 담임교사를 누가할 것인가? 승진될 나이와 경력을 기다릴 필요 없이 젊어서부터 교장 운동이나 하는 것이 훨씬 유리하다고 교사들이 생각하게 될지 모른다.

교육부 교원정책과장은 한국교육개발원 정책포럼에서 "연공서열 중심인 현행 승진제도의 문제점"을 교장공모제를 해야 하는 이유로 들고 있는 셈인데 도대체 이 연공서열 중심인 현행 승진제도는 누가 만들어 놓은 것인가? 교원들로 하여금 이 연공서열로 된 게임규칙에 의하여 게임하도록 만들어 놓은 장본인이 도대체 누구인가? 교육부가 만들어 놓고 60여 년 유지해 온 것 아닌가? 이 제도를 교장들이 만들어 놓은 것인가? 이 제도가 잘못 되었다면 이 제도에 대하여 먼저 교육부장관과 교원정책과장은 책임을 져야 할 것이다.

그러나 다른 한편으로 교육부가 말로는 교육부 승진제도 개선안의 기본 방향으로 "① 기존의 승진제 및 교장자격제의 근간을 유지하는 범위 내에서 문제점을 전면 개선하여 능력중심의 승진체제로 전환해 나가되, ② 현장의 충격을 최소화하기 위해 점진적으로 접근하는 한편 ③ 교장으로 진입하는 경로만은 다각화한다는 것"(강정길, 2006)이라고 하는데 이는 올바른 방향이라고 할 수 있을 것이다.

(5) 교장직의 전문성의 문제

앞의 제2장에서 살펴본 것처럼 교장직은 고도의 전문성을 요구하는 교육행정전문직으로서 일반인이 하는 일반행정과도 다르고 기업에서 하는 기업경영과도 다른 전문직(profession)이다. 그래서 외국에서도 교장직의 전문화와 교장의 전문성 향상을 위해서 피나는 노력을 하고 있다는 것을 알 수 있다. 병원행정, 군사행정, 경찰행정, 보건행정, 기업경영을 아무나 일반인이 할 수 없듯이 교육행정과 교장직도 일반인이 할 수 없는 것이다. 이런 전문성을 무시하고 일반인교장을 주장하는 것은 원시행정으로 돌아가자는 논리로 있을 수도 없고 상상도 할 수도 없는 일이다. 우리 나라에서 이런 주장이 나온다는 자체가 창피한 노릇이다. 근본적으로 학교는 교육기관이지 경영의 대상이 되는 경영기관이 아니다. 교장이 하는 일 없이 명목상의 두목으로 생각하면 일반인이 아니라 어린애도 할 수 있을 것이다. 제2장에서 살펴본 것처럼 과거에는 교장이 관리적인 일만 하면 되어 일반인도 할 수 있다고 생각하게 했을지 모르지만 이제는 학교의 비전을 개발하고 학교문화를 형성하고, 교육과정도 개발해야 하고, 교사 팀도 구성해야 하기 때문에 도저히 경영과 관리만으로는 교장을 할 수 없는 전문 분야인 것이다. 그리고 이제는 옛날의 학생과 교사, 학부모가 아니기 때문에 이들에 대한 이해와 전문성이 없는 일반인으로는 훌륭한 교장이 될 수 없는 것이다.

교사는 가르치는 전문가이고 교과목 전문가이지 교육행정전문가는 아니다. 교사는 교육행정 전문가로 길러지지 않았다는 것을 인정해야 할 것이다. 교무분장이나 사무분장을 맡아 서기적인 일을 한 것과 기관장으로서의 리더와는 또 다르다. 그래서 교육행정에 관한 훈련이나 교육 없이 교장이 될 수 없다. 남의 나라에서는 교사보고 교장을 하라고 해도 교육행정의 전문 교육과 훈련이 없어서 못한다고 고개를 절레절레 흔든다.

교사와 교장의 구분이 없었던 시대는 현대학교가 생기기 전이나 우리 나라의 서당과 같은 학교의 형태에서나 가능했던 시대이다. 옛날에는 교사가 교사 노릇, 교장 노릇, 급사 노릇도 혼자서 다 했었다. 이제는 교과목도 여러 교과목으로 나누어 전공으로 분담하여 가르치는데 수업과 행정을 나눌 필요가 없다는 것은 무리한 주장이다. 아마 교사 보고 유사과목이나 상치과목을 가르치라고 해도 못한다고 하고 불만을 제기할 것이다. 교사자격증에 전공과목 표시가 있으니 그 외 과목은 못 가르치겠다고 하고 불만을 나타내고 아마 집단행동이라도 하려 들 것이다. 그런데 전공수업도 없이 교장이란 전공과목을 맡을 수 있다는 논리가 어른 사회에서 통하겠는가? 교장 직급을 없애자는 논리는 미분화 시대로 돌아가자는 미성숙자들의 주장이라고 봐야 한다.

축구 선수가 코치나 감독이 되려면 지도자 수업을 받아야 하듯이 교사가 교장이 되려면 교장 수업을 받고 자격증을 따야 한다. 바이올린 연주자와 지휘자는 전공이 다르다. 축구 감독을 하다가 다시 선수로 뛰는 것을 보거나 상상이나 할 수 있는가? 감독이 선수로 뛰지 못하듯이 교장을 하다가 다시 교사로 뛰지 못하는 것은 너무나 당연하다. 공도 차 보지 않은 사람을 축구 감독으로 초빙하는 나라와 그런 세계는 없다. 대학 총장을 하다가 교수로 뛰는 것도 잘못된 것이다. 총장도 교수도 모두 잘할 수 있는 사람은 없다고 봐야 한다. 총장을 잘 하는 사람은 전문 총장으로 나가서 계속 실력 발휘하게 되어야 할 것이다.

(6) 선출방법의 문제

공모제에서 교장 선발 방식을 보니 1차 학교운영위원회에서 '학교경영계획서와 인터뷰'를 가지고 심사한다고 하는데 이렇게 해서 '유능한' 교장을 뽑을 수 있다고 누가 믿고 수긍하겠는가? 이렇게 해서 선발한 교장이 현행 근무평정에 의하여 선발하는 것보다 유능한 교장을 선발할 수 있다는 보장이 없고, 또 이를 신뢰할 수 있는 사람도 없다. 공모심사 기준이 현행의 기준보다 월등하게 우수하다는 보장이 없다.

(7) 일본의 민간인 교장의 문제

일반인 교장론을 들고 나오는 사람들이 들고 나오는 사례가 일본의 민간인교장제인데 이제도가 일본에 도입된 것이 1998년인데 2005년 현재 민간인 교장은 103명인데 그 중 교직경험이 없는 순수한 민간인은 92명에 불과하고, 이들이 다 성공적이라는 평가는 아직 나오지 않고 있다(이미란, 2006). 긍정과 부정의 양면이 나와 엇갈린 평가이고 그 중에 자살한 교장도 있다는 것은 잘 알려진 사실이다. 비전문 일반인이 전문 교사를 리드하기도 어렵고 우선 교육과정과 학생과 교육을 이해하지 못해서 경영을 하고 싶어도 못하게 되는 것이다. 필자도 실제 일본 학교의 교장을 만나서 이를 확인한 바 있다.

(8) 학교단위 임용의 문제

우리 나라 학교는 자치의 단위가 아니다. 그래서 한 학교에서 교장을 공모할 권한이 그 학교운영위원회나 교사에게 없는 것이다. 교사나 학교운영위원회가 한 학교에서 교장을 공모하려면 먼저 학교 구성원이 그 학교에 사립학교처럼 고정 배치되어 있어야 하기 때문에 교장보다 교사를 먼저 한 학교로 공모해야 한다. 교사와 학교운영위원이 고정되어 있어야 하고 교장 공모에 책임을 질 수 있어야 하는데 현재의 공립학교 시스템으로는 불가능하다. 만일 한 학교로 교장을 공모했다면 그 학교에서만의 교장이기 때문에 다른 학교에서는 교장을 할 수 없고 그 학교나 다른 학교의 교사로 이동해도 안 된다. 교장으로 계약 기간만 임용하고 계약기간이 끝나면 교장직과 교사직 모두 완전히 떠나야 한다. 누가 이런 모험을 무릅쓰고 임시직 교장을 하겠다고 공모에 응하겠는가? 교장공모제는 한다 해도 사립학교에서부터 해야 할 것이다. 공모제는 교장보다 교사부터 먼저 해야 할 것이다. 그리고 공모제가 좋다면 모든 공무원, 모든 교원에게 적용되어야 할 것이다. 교장만 공모제를 해야 할 아무런 특별한 이유가 없다.

(9) 정치성의 문제

지금과 같이 경력평정, 근무성적평정, 연수성적, 부가점수 등에 의하여 투명하고 정확 정밀하게, 그리고 반공개적으로 교장임용 후보자를 선발해도 믿지 못하겠다고 하는 판인데 학교경영계획서와 인터뷰에 의하여 교장을 공개모집한다고 할 때 국민과 교원이 이를 얼마나 신뢰하겠는가? 아마 교장공모를 해서 전교조가 원하는 사람이 교장으로 선발되지 않으면 제일 먼저 전교조가 불만과 불신을 나타나게 될 것이다. 교장 공개모집에는 분명히 정치성이 개입하게 되고 아무리 정치성이 없다고 변명해도 이를 믿을 사람은 아무도 없을 것이다. 정치성과 파당성, 집단이익 챙기기, 눈치보기 등의 문제를 교장공모제로 인하여 스스로 교육계에 불러들이는 결과가 될 것이다.

(10) 국가의 신뢰의 문제

교장공모제의 가장 큰 문제는 국가적 신뢰의 손실이라고 할 수 있다. 국가가 법으로 정해 놓은 규칙을 교원들이 착실히 지키며 살아 왔는데 어느 날 갑자기 특정 집단의 근거 없는 주장과 음모에 의하여 게임의 룰과 규칙이 바뀐다면 국가 자체에 대하여 불신하고 허탈해 할 것은 너무나 당연하다. 교사로 착실하게 근무하면 나중에 지도자가 되어 이 나라의 교육을 이끌어 가겠다는 믿음과 계획에서 젊은이들이 교직에 들어 왔고 또 교직에서 착실하게 근무해 왔는데 어느 날 갑자기 연공서열이니, 소수점이니 하면서 교장과 교사를 몰아서 비난하게 되면 국민과 교원은 무엇을 믿고, 누구를 믿고 살아야 할 것인가? 교원은 특히 학생을 가르치는 입장인데 자신들이 국가를 믿지 못하게 되었는데 학생들 보고 국가를 믿고 살라고 가르칠 수 있겠는가?

법과 규칙이라는 것은 일종의 국가와 국민, 교원과의 계약관계라고 볼 수 있어 예측 가능해야 한다. 만일 젊은 교원들이 일반인이 교장을 점령하고 차지할 것으로 예측했더라면 젊은 시절은 돈 잘 벌고 권력 있는 직업에서 보내고, 그리고 기업경영의 능력을 기르는 일에 종사하고, 아니면 일반직으로 근무하고 나중에 교장이 되는 길을 택했을 지도 모르고, 그게 이익이 되는 길이라고 생각하여 그런 계획으로 인생을 설계했을지 모른다. 이번 교장공모제의 가장 큰 문제는 막강한 권력을 가지고 있는 국가가 연약한 교원을 상대로 횡포를 부리고 사기를 치고 있다고 비난을 받아 마땅하다. 그리고 교장자격증이 없는 사람을 교장으로 공모하는 공모제를 법 개정 이전에 2학기부터 시범 운영한다는 또 하나의 불법과 남용, 횡포를 교육부 일반직이 저지르고 있는 것이다. 시범 운영이라는 명목 하에 무자격 교장이 들어온다는 자체가 문제이다. 4명, 20명이라는 숫자가 문제가 아니라 단 한 명이라도 무자격 돌팔이에게 학생과 학교, 교원을 맡긴다는 자체가 문제인 것이다. 우리는 이것을 간과해서는 안 된다. 이미 무자격 교장이 자립형사립고에 침투해 있다. 교장공모제가 좋다는 것이 증명되어 이를 시행한다 하더라도 최소한 새로 교직에 들어오는 신규교사 때부터 적용해야 할 것이다.

교원 정년단축의 경우도 교직에 새로 들어오는 교사에서부터 적용했어야 교원들이 국가를 신뢰할 수 있었을 것이다. 65세까지 교원으로 봉사할 믿음과 계획으로 교사가 되었는데 어느 날 갑자기 62세로 단축이 된다면 대한민국 국민들은 무엇을 믿고 무엇에 맞춰 인생을 설계해야 한단 말인가? 정년단축으로 얼마나 혼란을 가져오고 교육을 뒷걸음치게 하였는가? 정년단축의 후유증을 지금까지도 치유하지 못하고 앓고 있으며 아마 우리 나라 교육역사상 영원히 국가에 대한 배신과 불신이라는 병을 다스리지 못하게 될 것이다. 교장임기제도 마찬가지이다. 교장에게만 임기제를 적용하여 젊은 교장이 될 수 없게 만들어 놓고는 이제 와서 '젊은 유능한 교장'이니 '연공서열'이니 하면 이 비난을 누가 받아야 하는가? 국가가 비난받고 일반직이 받아야 하지 않는가?

이 외에도 공모제의 문제점은 너무나 많다. 여기서 더 이상 열거하는 것이 의미가 없고 여러분과 토론자, 발표자의 속만 상하고 일시적으로라도 나쁜 마음을 먹게 될까봐 줄이는 것이 나을 것 같다.

2) 교장제의 방향

교장공모제를 들고 나왔다가 전교조와 좋은교사운동도 곤란하게 되었다. 교사가 교장을 하게 하려다 까딱하다가는 일반직에게 교장 자리를 모두 내주게 되었기 때문이다. 전교조 최고 의결기구인 정기 대의원대회(2006년 4월)에서 깊은 토론 끝에 공모제에 대한 ① 기업인, 퇴역관료 등 교사자격증이 없는 외부 인사에 대한 교장직 개방 반대, ② 교장의 권한 약화, 학교 자치기구의 권한 강화를 전제, ③ 교장자격증 폐지, ④ 1차적으로 교직원의 결정을 거쳐 학교운영위원회에서 추인이라는 네 가지 원칙을 결정했다(최정민, 2006)고 한다. 여기서 "① 기업인, 퇴역관료 등 교사자격증이 없는 외부 인사에 대한 교장직 개방 반대"에만 발표자와 의견이 일치된다. 나머지 셋은 발표자와 반대 방향이다. 좋은교사운동(송인수, 2006)도 "교장의 핵심 역할이 '교사들의 교육활동, 수업 및 생활지도에 대한 컨설팅과 장학업무'에 있기 때문에, 어느 정도 초·중고 교육경험은 불가피하다. 그러나 그 경험이 있는 사람이라면, 누구에게나 공모 기회를 주어야 한다."고 하여 최소한 교직경력자 중에서 교장을 공모하고 일반학교에까지 적용하자는 입장인데 교육부가 2학기부터 시범 실시한다는 안은 일반인까지 확대하는 대신 특성화고에만 적용한다는 안이어서 불만이다. 한국교총은 교장공모제 자체에 반대 입장인 셈이다. 교장제에 대하여 각각 다른 꿈을 꾸고 있는 셈이다.

(1) 교장자격의 강화

학교와 교장직의 존재이유는 학생교육을 잘 하자는데 있으므로, 더욱 교장의 중요성이 강조되는 세계적 경향이므로 앞으로 교장자격은 더욱 강화되어야 한다. 교장을 공개 초빙하더라도 교장자격자에 한하여 개방하여야 한다. 부득이 교장자격 미취득자에게까지 개방할 경우는 교장자격 후보자로 공개모집하고 교육과 연수를 통하여 교장자격을 취득하게 한 후 임용하게 해야 한다. 장관과 총장, 교수 출신도 교장자격 후보자로 공개초빙 후 교장자격을 취득하게 한 후 교장으로 임용하게 해야 한다. 현재 사립학교에서 활용하고 있는 방법이고 이런 경우 교장자격 취득이 그렇게 어려운 일도 아니고 이런 교육이 교장후보자들에게 실질적으로 도움을 주고 있다.

(2) 승진제와 근무평정제의 보완

경력평정에서 경력 연수가 너무 높다면 1년에 1년씩 점진적으로 경력 연수를 낮추어 가는 식으로 보완하고, 훌륭한 교장의 리더십을 예언하거나 예측할 수 있는 요소를 점진적으로 추가하는 식으로 보완해야 할 것이다. 승진제와 근무평정제를 전면 폐지할 수는 없고 점진적으로 수정, 보완하는 형식이 되어야 할 것이다. 점진적인 변화에도 확실한 연구결과에 근거해야 한다.

교감제는 교장직으로 가기 위한 실습기간으로서의 가치로 보아도 중요한 경험이 되므로 이를 유지하는 것이 바람직하다.

(3) 부분적인 교장양성제

교장의 전문성을 강화하고 젊은 전문교장 후보자를 선발하여 대학원이나 교장 아카데미에서 양성하는 제도를 좁은 문으로라도 열어 놓을 필요가 있다. 예를 들면, 승진제 9 : 양성제 1의 비율로 시작하다가 성과가 좋으면 점차 양성제의 비율을 높여 나가도 좋을 것이다. 우리 나라 군대에서 장교 지도자로 가는 길을 여러 개 열어 놓은 것과 같다. 교직경력이 없는 교수나, 총장, 기업인에게 교장양성기관에 입학할 수 있는 길을 폭넓게 열어 놓고 대신 이들에게는 학생과 교사에 대한 이해, 학교조직의 특성, 교육철학과 교수방법, 장학과 리더십 등 교직경력에 준하는 과목과 학점을 더 부과하여 교사들 보다 재학기간을 더 부과하여 교장자격을 부여하면 될 것이다. 최소한의 이런 과정도 없이 일반인이나 일반직, 기업인이 교장을 하도록 하는 것은 날고기를 먹겠다는 심보라고 할 수 있다.

(4) 교장초빙제의 확대

어렵고 불리한 지역의 학교나 다른 교장들이 기피하는 학교, 특별한 한 학교로의 교장초빙제는 점차 계약제로 확대하고 인센티브를 줘서 성과를 올리게 하는 것이 좋을 것이다. 책임 확보를 위하여 점차 교사도 교장도 한 학교로 초빙하는 제도로 나갈 필요가 있다. 초빙교장과 교사는 당해 학교로만 제한 근무하도록 해야 할 것이다.

공립학교도 점차 사립학교처럼 민영화체제로 가게 될 것이다. 그러려면 학교단위로 교장과 교사를 초빙 임용하는 방향으로 가게 될 것이다. 학생과 교직원도 학교를 선택하고 학교도 교사와 교장, 학생을 초빙하고 선택하는 방향으로 학교체제가 변해 가게 될 것이다. 조직과 구성원 양쪽에 선택의 자유를 부여하는 것이다.

(5) 교장 권한과 책임의 강화

현재는 교장에게 책임과 위험부담이 없기 때문에 교장 희망자가 많다고 볼 수 있다. 학교를 완전히 교장에게 맡기고 대신 책임을 지라고 해야 할 것이다. 교장에게 책임을 물으려면 일을 할 수 있는 권한을 줘야 한다. 교사 팀 구성권, 재정권, 교육과정 구성권을 주고 학생의 성적을 올리라고 해야 할 것이다. 학교와 교장의 성과는 학생의 성적으로 말해야 한다.

(6) 교장임기제의 폐지

원칙도 논리도 없이 교장직에게만 적용하는 교장임기제는 폐지되어야 한다. 임기제로 젊은 교장이 되는 길을 막아 놓고 '젊은 유능한 교장' 운운하는 것은 모순이다. 임기제도 초빙교장부터 시작하여 1년씩 늘려나가 마침내 임기를 폐지하도록 해야 할 것이다.

(7) 교사의 전문성

근본적으로는 교사로 하여금 교장이 되지 않아도 손해 볼 것이 없도록 해줘야 한다. 교사로 하여금 교실에서 학생을 가르치는 데서 보람과 행복을 느낄 수 있도록 해줘야 한다. 지금은 교장을 해야 이익을 본다고 생각되기 때문에 거의 모든 교사가 교장의 방향으로 머리를 두게 되는 것이다. 교장의 책임이 무거워지고 교장이 되기 위한 많은 교육과 전문성이 요구되면 대부분의 교사는 힘들고, 어렵고, 이익되지 않는 교장직에 호감을 갖지 않고, 대신 교장직에 특별한 사명감과 적성을 가진 사람만 교장 리더가 되고자 할 것이다. 앞으로 교사는 사무와 행정의 부담으로부터 완전히 해방되도록 하고, 행정과 사무는 교장과 교감, 행정직원이 다 처리하도록 각각 전문화 되어야 한다. 지금은 교장이 교감과 행정직원을 데리고 모두 해야 할 일을 교사에게 사무분장이나, 교무분장이란 명목으로 맡겨 놓고 교장을 할 일 없는 사람으로 보이게 만들어져 있기 때문에 교사로 하여금 교장직에 매력을 갖게 되어 있는 것이다.

(8) 교원의 단결

교직을 전문직이라고 한다면 일반인이 교원이 되고, 갑자기 교육공무원으로 둔갑하고 재주를 넘어 교장이 되는 길을 교원들은 단결하여 막아야 한다. 전교조도 이것을 막지 못하면 공모제 편에 섰던 집단으로서 책임을 져야 할 것이다. 일반인이 어느 날 갑자기 교원이 되고, 교육공무원이 되고, 교장이 되는 일이 없어야 하고 또 사전에 이를 막아야 하지만 만일에 불법으로 2학기에 일반인 단 한 명이라도 교장이 되도록 한다면 전교조, 좋은교사운동, 교총 구별하지 말고 전교원이 단결하여 불복종운동이라도 하여야 할 것이다. 이것은 기득권 싸움도 아니고, 밥그릇 싸움도 아니며 전문성 싸움인 것이다. 교원을 무시하는 데도 한계가 있고 교원이 참는 데도 한계가 있다. 교원을 무시하고, 한쪽으로는 학생들 잘 가르치라고 전문성을 강조하면서 다른 한쪽으로는 전문성을 무시하고 심지어는 교원을 먹이감으로 삼고 있는 데 분노하지 않을 수 없는 것이다.

지렁이도 밟으면 꿈틀거린다고 했다. 교원은 밟힐대로 밟혔으니 이제는 마지막 꿈틀거리다 죽기라도 해야 하는 신세가 되었다. 밥그릇 챙기기 말을 들을 바에는 제대로 제 밥그릇이라도 챙겨야 할 것이다. 제 밥그릇도 챙기지 못하는 교사가 어떻게 학생들을 밥 먹고 살 수 있도록 가르칠 수 있겠는가?

제 2 부

교사 행정

Chapter 9

교사의 자질 향상과 장학

I. 서 론

지식정보사회가 되면서 교육이 국가 아젠다의 최우선 순위에 놓이게 된다. 지식과 정보는 교육에서 만들어 내고 교육받은 사람에 의하여 잘 관리될 수 있기 때문이다. 국방과 경제도 중요하지만 이것들도 결국 지식과 정보에 의하여 결판나기 때문에 최종적으로는 국방과 경제도 교육에 의하여 좌우된다고 보는 것이다. 독자 여러분은 필자의 이런 기본전제에 동의하는가?

그런데 지식정보사회에서 가장 중요한 교육의 질은 대부분 교사의 질에 의해서 좌우된다. 교육의 질은 교사의 질을 뛰어넘지 못한다는 말이 이를 증명으로 말해 주고 있다. 그렇다면 지식정보사회에서 교사의 질이 과거보다 더 중요해졌다는 논리가 성립된다. 그래서 세계 여러 나라는 교사의 질에 관심을 집중하게 되는 것이다. 그러나 세계 여러 나라들도 자기 나라에 만족할만한 교사를 확보했다고 생각하지 못한다. 모두 자기 나라 교사에 대하여 불만을 나타낸다. 우리 나라도 예외는 아닐 것이다. 교사의 자질을 향상시킨다고 교사들의 심기를 잘못 건드려 놓은 결과 오히려 교사들이 돌아서고 교직을 떠나 교사의 절대 숫자도 채우지 못해 교사 부족현상을 빚기도 하는 나라가 많다.

그러면 어떻게 교사의 질을 향상시킬 수 있겠는가?

II. 교사의 직무수행 기준 설정에 의한 질 향상

교사의 자격과 자질을 구별해서 생각해 보고자 한다. 자격은 최소한의 외적, 법적 기준이라고 한다면 자질은 이 자격 위에 최고의 우수성(excellence)을 보장해야 하는 것이다. 자격은 최저한의 기준이고 자질은 각자 가지고 있는 능력을 최대한 발휘할 수 있게 하는 것이다. 우선 교사의 자격 기준을 엄격하게 설정할 필요가 있다. 대한민국의 교사는 어떤 것을 알아야 하고(knowledges), 어떤 기술(skills)을 갖춰야 하고, 어떤 성향(dispositions)을 갖춰야 하고, 무엇을 직무수행(performance)으로 보여줘야 하는지에 관한 합의를 보고 이를 엄격한 기준으로 설정할 필요가 있다는 것이다. 이 기준을 중심으로 교사양성기관의 교육과정을 설정하고, 교사양성기관을 평가하고, 이 기준 통과자에게 교사자격(증)을 부여하고, 이를 중심으로 교사 선발 임용(고사)을 하고, 근무평정의 교사평가를 하고, 교사의 능력개발을 위한 노력을 하게 되는 것이다. 대한민국 교사를 위한 최소한의 직무수행 기준(standards)을 설정할 필요가 있다.

예를 들면, 영국 교사교육기구(Teacher Training Agency)에서는 자격교사신분(Qualified Teacher Status, QTS)과 최초교사교육을 위한 요구기준(Requirement for Initial Teacher Training, ITT)을 위한 전문직적 기준(Professional Standards)을 밝혀 놓고 있다(www. tta.gov.uk/php/read.php ? sectionid=1098arti-deid=456). 영국의 QTS의 기준을 보면 (1) 전문직적 가치와 실제(S1, Professional values and practice), (2) 지식과 이해(S2, Knowledge and understanding), (3) 교수(S3, Teaching, S3.1, Planning, expectations and targets, S3.2, Monitoring and assessment, S3.3, Teaching and class management)의 세 영역(three inter-related sections)으로 나누어 42개 항목에 걸쳐 무엇을 반드시 직무수행으로 보여줘야 하는지(demonstrate) 밝혀 놓고 있다. 마찬가지로 ITT의 필수요건(requirements)도 (1) 교직입학생의 필수요건(R1, Trainee entry requirements), (2) 교육과 평가(R2, Training and assessment), (3) ITT 협조자의 관리(R3, Management of the ITT partnership), (4) 질 보장(R4, Quality assurance)

의 네 영역에 걸쳐 22개 항목의 필수요건을 제시하고 있다. 여기서 ITT 필수요건은 교사양성기관이 해야 할 요건이고 QTS 기준은 이 ITT교육을 받은 졸업생이 산물과 수행으로서 보여줘야 하는 기준이다. 이런 기준과 요건이 장래의 교사가 노력해야 할 기준도 되고, 다음에 다룰 교사양성기관의 교육과정의 기준도 되고 교사양성기관을 평가하는 평가인정의 기준도 된다. 우리 나라에도 이런 교사의 직무수행 기준을 설정하고 이 기준을 통과하여 교사로 임용되면 최소한의 자격이나 자질은 확보할 수 있을 것으로 본다.

그리고 이런 직무수행을 할 수 있는 교사를 길러낼 수 있는지 확인하기 위하여 교사양성기관(교대나 사대, 교직과정)의 기준도 엄격하게 결정할 필요가 있다. 미국을 비롯한 외국에서는 비영리단체나 준정부기관이 평가인정(accreditation)의 기능을 하고 있는데 미국교원교육평가인정기구(National Council of Teacher Education, NCATE, www.ncate.org)가 그 한 예이다. 여기서는 기관별(institutions)로 또 프로그램별(programs)로 평가 인정해서 이들 기관과 프로그램으로 하여금 공신력을 갖게 한다. 평가인정은 대개 5~7년(유효기간) 주기로 이루어진다. 2002년 현재의 미국 교사양성기관평가의 기준(Unit Standards)을 보면 I. 교사후보학생과 교사양성기관 단위(학과, 학부, 단과대학 등)의 수행(Candidate Performance) 영역에 기준 1, 지식, 기능, 성향(Knowledge, Skills, and Dispositions), 기준 2, 평가체제와 단위별 평가(Assessment System and Unit Evaluation)의 둘을 두고 II. 단위의 능력(Unit Capacity) 영역에 기준 3, 현장실습과 임상적 실습(Field Experiences and Clinical Practice), 기준 4, 다양성(diversity), 기준 5, 교수진의 자격, 수행, 능력개발(Faculty Qualifications, Performance, and Development), 기준 6, 단위의 최고의사결정과 자원(Unit Governance and Resources)의 네 기준을 두어 모두 여섯 기준을 제시하고 있다. 각 기준별로 (1) 비전의 공유, (2) 통합성(Coherence), (3) 교직에 대한 헌신과 성향(Professional Commitments, and Dispositions), (4) 다양성에의 노력(Commitment to Diversity), (5) 기술공학에의 노력(Commitment to Technology), (6) 교사후보학생의 기준에 대한 숙련(Candidate Proficiencies Aligned with Professional and State Standards)의 관점에서 나누어 보게 되고 여섯 개 각 기준 내의 지식, 기술, 성향별로 나누어진 평가항목별로 (1) 수용할 수 없는 수준(unacceptable), (2) 수용할 수 있는 수준

(acceptable), (3) 계속적인 달성 목표 수준(target)을 기술해 놓고 있다.

그리고 약 20여 개의 교원양성 프로그램별로 기준을 정하여 평가인정하고 있는데 (1) 컴퓨터와 기술, (2) 조기교육, (3) 의사소통과 기술, (4) 교육지도성, (5) ESL, (6) 영어, (7) 초등교육, (8) 외국어, (9) 보건, (10) 수학, (11) 중학교, (12) 체육, (13) 독서, (14) 사서, (15) 학교심리, (16) 사회, (17) 특수교육, (18) 기술 등의 프로그램이 있다.

미국의 약 80%의 주에서는 Praxis I이라고 하여 읽기, 쓰기, 수학(mathematics)의 학업능력평가(Academics Skills Assessments)를 하는데 이를 교직직전능력검사(Pre-Professional Skills Tests)라고 한다. 미국의 ETS(Education Testing Service)에서 연중 일곱 차례에 걸쳐 200개 이상의 장소에서 검사를 받을 수 있는데 지필검사로 할 수도 있고 컴퓨터에 의해서 시험을 볼 수도 있다. 시험 결과는 수험자가 희망하는 대학으로 보내진다. 시험 결과보고에는 시험 점수뿐만 아니라 학생의 배경 정보, 학력, 시험과목 내용별 성적도 포함된다. 합격과 불합격의 점수는 지원한 대학의 기준에 의하여 결정될 것이다(www.ets.org/praxis/). 그리고 또 앞에서 소개한 영국의 QTS 기준을 참고하면 좋을 것이다.

ETS와 같은 수준의 권위 있는 평가전문기관이 없는 우리 나라에서 개별 대학이나 학과 수준에서 이런 시험이나 검사를 하는 데는 많은 어려움이 있다. 한때 우리 나라에서도 사범계 학생의 선발에는 인성·적성검사나 논술, 심층면접을 하기도 하고, 특별히 학교장의 추천서를 요구하기도 하였으나 이에 대한 확신이 없어 포기한 곳이 많다. 만일 교직 지원자에 대한 사전평가를 실시한다면 교직과정으로의 전환시에나 교육대학원 입학시, 사범계 학부제의 입학시에도 모두 적용되어야 할 것이다.

일단 교사양성에 들어 온 다음에는 엄격한 교육과정과 학점, 성적평가의 관리에 의하여 질 높은 교사양성 교육을 하는 것이 가장 좋은 방법이라고 본다. 그러나 자격증을 부여하기 전 양성과정에서 전공교과에 대한 평가를 실시할 것인가에 대하여는 더 검토하고 연구할 필요가 있다. 이것을 미국에서는 Praxis II라고 하여 전공교과평가(Subject Assessments)라고 한다. 이는 전공과목 내용과 전공과목의 교수에 관한 지식과 기술(Pedagogy Assessment, Principles of Learning and Teaching)에 초점을 맞춘 평가라고 할 수 있다.

III. 장학에 의한 교사의 질 향상

교사의 질 향상의 몫은 전적으로 장학의 기능(機能)이다. 교사를 동기유발시키고, 교육과정의 질을 관리와 수업기술을 향상시키고, 연구능력을 신장시키고, 교사의 잠재능력을 개발하는 교사의 능력개발이 바로 장학의 기능이기 때문이다.

1. 교사의 동기유발과 사기진작

교사의 자질 향상은 남이 시켜 주기 보다는 교사 스스로 하고자 해야 효과적이다. 장학에서는 교사가 스스로 하고자 하는 동기를 유발시키고 교사의 사기를 진작시키는 간접적인 조력에 우선순위를 둬야 한다.

그런데 현재 교육부에서 내세우는 정책을 보면 교사를 동기유발시키고 사기를 진작시키는 정책이기보다는 오히려 반대로 부정적(negative) 접근으로 교사의 의욕을 저하시키는 정책으로 교사의 자질 향상과는 반대 방향으로 가고 있어 안타깝다. 예를 들면, 최근 들고 나온 '교원평가제'가 바로 교원의 자질 향상을 내세우면서 오히려 자질 저하를 촉진하고 의욕을 상실하게 하고 있는 것이다. 현재 교육부가 추진하고 있는 교원평가가 무서워 교사들이 자신의 자질을 향상시켜야겠다고 생각할 교사는 한 사람도 없을 것이기 때문이다. 오히려 우수교사를 발굴하고 격려해 주는 긍정적 접근, Y이론에 의한 선한 접근을 하는 것이 훨씬 더 효과적일 것으로 본다.

이제 교육부의 정책으로 교사의 사기를 꺾어 놓은 것을 소프트(soft)한 시・도교육청과 교내장학으로 다독거려 동기유발시키고 시기를 진작시켜야 할 상황이니 이게 그리 쉬운 일이 아니다. 시・도교육청과 교장, 교감마저 교사를 들볶고 부정적으로 보고 장학을 한다고 하면 교사는 더 이상 물러설 곳이 없고 기댈 곳이 없게 되는 상황이라는 상황판단을 장학자는 정확히 해 주길 바란다.

예를 들면, 자발적 수업 공개 교사에 대한 표창, 우수 수업자 발굴 표창, 특기 교사 표창, 기피 학년 담당 교사에 대한 유리한 인정, 기피 지역 근무자에 대한 인정, 교사의 전문성 향상을 위한 교사 동아리나 스터디 그룹에 대한 지원, 연구교사와 교재 제작 교사에 대한 지원 등 얼마든지 적극적, 긍정적 접근으로 교사의 근무 의욕을 진작시키고 교사의 질을 향상시키기 위한 장학적 방안이 있을 수 있다.

2. 교육과정의 질 관리와 수업기술 향상

장학의 주요 기능이 교육과정의 질 관리와 수업기술 향상이고 또 교사의 질은 여기에 초점이 있기 때문에 시・도교육청의 장학과 교내장학은 여기에 집중 노력해야 한다. 교육과정의 질 관리 장학은 주로 시・도교육청에서 담당하고 수업기술 향상을 위한 장학은 교장, 교감, 부장교사에 의해서 실시되는 교내장학에서 담당하도록 하여 효과를 볼 수 있도록 제도화하도록 해야 할 것이다. 시・도교육청에서 장학사나 장학관이 직접 교사를 위한 수업장학을 실시하여 효과를 보기는 극히 어렵다고 본다. 교장, 교감에 의하여 수업장학을 할 수 있도록 교장, 교감의 장학 능력과 기술을 길러 주고 그 장학권위를 인정해 주는 방식이어야 할 것이다.

교사들이 팀워크를 할 수 있도록 교과별로 학년별로 팀 활동의 기회를 많이 마련하고 이렇게 팀워크에 의하여 교사의 전문성 향상을 꾀하는 교사 팀에게 유리한 장학환경을 마련하는 간접 장학도 얼마든지 고려할 수 있을 것이다.

수업의 질을 향상시키기 위해서는 임상장학, 동료장학, 자기장학의 모형과 기법을 활용해야 하는데 이의 기능 개발을 위한 지속적인 노력이 요구된다. 교육과정과 수업은 교사 전문성의 핵심이다.

3. 교사의 연구능력 신장

이제 교사는 단순하게 교육부에 의하여 주어진(givens) 교육과정과 교과서를 가르치는 교수기계와 같은 피동적인 존재가 아니다. 교사들이 교육과정과 교재를 개발하고 만들어서(made) 가르쳐야 하는 연구자(researcher)의 신분이 되어야 한다. 그래서 장학에서는 교사의 연구력을 증진시킬 수 있도록 도와 줘야 한다. 장학자가 모든 것을 개발하고 연구해서 가르치라고 교사에게 던져 줄 수도 없을 뿐만 아니라 연구해서 교사에게 줄 수 있다고 하더라도 그것을 교사 자신의 것으로 생각하는 소유의식과 주인의식이 없기 때문에 그 효과는 떨어질 수밖에 없다.

교사로 하여금 수업도 연구적으로 하는 수업연구를 활발하게 할 수 있도록 장학으로 도와 줘야 한다. 교사의 수업연구를 도와 주는 것이 수업장학이라고 할 수 있다. 교사가 자신의 수업에서 문제점을 발견하여 이것을 연구주제로 잡고 이 연구문제를 해결하는데 필요한 수업관찰 자료를 장학자를 통하여 수집해서 교사와 같이 분석하고 개선 대안을 찾을 수 있도록 도와 주는 것이 수업장학이다. 그래서 필자는 장학자의 수업관찰도 목적 없는 일정한 수업관찰 양식에 의하여 막연하게 수업 전반을 관찰하는 것이 아니라 수업자인 교사가 원하는 수업연구 주제에 필요한 부분만 관찰해 주라고 권고하는 것이다. 장학에서도 수업연구에서도 주인과 주체는 어디까지나 교사 자신이라고 보는 것이다.

4. 교사의 능력개발

교사의 능력개발 역시 장학의 핵심 기능이고 직접적인 교사의 자질 향상의 방법이다. 과거에는 용어 자체도 교사연수나 직원연수(in-service education)라고 하여 교사를 피동적인 존재로 보고, 교사의 결핍이나 부족한 부분을 채워 줘야 한다는 입장, 교사의 병을 찾아내어 고쳐 줘야 한다는 입장이었으나 이제는 교사를 인간자원론(human resources development)의 입장에서 긍정적, 적극적인 존재로 보아 교사의 능력을 최대한 발휘하게 하여 교사의 자아실현을 도와 주어 교사로 하여금 교직에서 행복을 찾을 수 있게 해 주자는 의미에서 용어 자체가 "능력개발(Staff development, faculty development, Human resources development)"로 바꿔 부르게 된 것이다.

교사도 학생들과 거의 마찬가지로 무한한 가능성의 능력을 가지고 있다고 보는 것이다. 교사들이 조건만 맞고 동기유발만 되면 최고 수준에서의 우수성(excellence)

을 발휘한다고 믿는 것이다. 교사는 일을 안 할 때, 일을 회피할 때만 행복할 것인가? 일 하는 속에서는 불행만 느낀다고 보는 것인가? 직장 밖에서만 행복을 찾는다면 교사는 불행한 삶을 살 수밖에 없는 것이다. 교사는 교실과 수업에서, 학생들과의 상호작용 속에서 행복을 찾을 수 있어야 한다. 이러한 철학과 인간관, 교사관에서 장학하고자 하는 장학이 인간자원장학이며 필자는 이를 신봉하는 것이다.

교사는 수업에서 능력을 발휘할 수 있어야 한다. 수업내용과 수업기술에서 전문성을 발휘할 수 있도록 장학적 도움을 주어야 하는 것이다. 수업을 잘하기 위해서는 교사들은 학생과의 관계를 잘할 줄 알아야 한다. 이것도 장학에서 도움을 줘야 한다. 교사에게서 학생과의 관계를 다루는 능력을 개발해야 한다. 학생들이 옛날의 학생이 아니기 때문에 변화하는 학생들에게 교사는 맞출 줄 알아야 한다.

교사의 능력개발에서 현장중심, 직무중심(on-job-training)에 포커스를 맞출 것을 권고한다. 그 동안 교사연수가 너무나 현장과 동떨어진 이론 편중이었었기 때문에 효과를 거두지 못했던 반성을 해야 한다. 실제 직무상황에서 연수를 하거나, 실제 상황의 사례연구나, 실제 상황과 유사한 가상상황, 모의상황(simulation)에서 문제를 해결하는 연수들이 효과적일 수 있다. 교사에게는 임상실험과 임상경험(clinical experiences)이 더 필요하다. 그래서 수업에서도 임상장학이 기본을 이루는 것이다.

IV. 정 리

지식정보사회는 교육이 뒷받침이 되어야 하는데 교육의 질은 전적으로 교사의 손에 달려 있다고 해도 과언이 아니다. 또 교사의 질을 향상시키는 일은 장학의 기능이다. 그래서 최근에 올수록 교사의 질 향상을 위한 장학의 기능이 강조되는 경향인데 우리 나라에서는 세계적인 조류에 역행하여 교육부에서 장학의 기능을 모두 없애 놓고, 교육청과 학교에서도 장학의 기능을 약화시켜 교육지도력 부재 현상을 빚고 있어 안타깝기 그지없다. 장학을 통하여 교사의 전문성을 향상시키는 방안을 찾지 못하고, 우수한 대한민국 교사들이 가지고 있는 능력마저도 발휘하지 못하게 만들고 교사들을 부정적으로만 다루고 있어 암울한 교육 현장을 만들어 놓고 있다.

교사들이 가지고 있지 못한 능력을 끄집어 내려고 하기 전에 먼저 교사들이 이미 가지고 있는 능력만이라도 마음껏 신나서 발휘하게 하여 교사를 행복하게 했으면 좋겠다. 행복하고 평화로운 젖소에게서 젖이 많이 나온다. 행복한 교사에게서 배우는 학생들은 행복하지 말라고 해도 저절로 행복해 질 수 있는 것이다. 그러고 나서 교사로 하여금 스스로 자신의 잠재능력을 발휘하기 위해 노력하도록 동기유발의 발동을 걸어 주는 장학적 도움을 줘야 하는 것이다. 교사의 동기유발과 사기진작이 교사의 질 향상의 기본전제가 되어야 한다.

교사평가, 학교평가, 교육청평가로 대한민국 교육의 질이 얼마나 향상되었는가를 이 시점에서 한번 점검할 필요가 있다. 평가에 대한 평가를 꼭 해 봐야 한다고 본다. 교사를 부정적으로 보아 평가의 덫을 씌우지 말고 긍정적으로 보아 인간자원장학으로 교사의 자아실현을 교실과, 수업, 학생과의 관계에서 성취할 수 있게 하길 바란다. 그러나 교사 부적격자와 무능자, 부정한 행위자가 있다면 어느 때라도 엄격히 솎아내기 바란다. 하나의 썩은 사과가 한 상자의 사과를 다 썩게 하기 전에 말이다. 민주주의는 보호할 가치가 있는 사람만 보호해야 한다.

왜 우리는 교육에서 선한 접근을 못하고 투쟁 방식만 택하여 실패하는 정책만 골라서 해야 하는가? 교육지도자를 잘못 만난 피해를 왜 교사와 학생이 모두 받아야 하는가? 투쟁을 모르고 국가와 교육에 충성한 죄밖에 없는 수많은 착한 교사와 학생, 학부모, 국민의 말에 귀를 기우릴 때는 언제 올 것인가?

Chapter 10

우수교원 확보를 위한 교원평가 방안

I. 서 론

우리 나라 사범계 대학 출신자에 대한 임용고사 시의 가산점 부여에 대하여 법률적 근거가 없다는 이유로 위헌 판결이 나오면서 사범계 대학에 대한 근본적인 문제가 제기되면서 교원양성체제 개편의 문제가 대두되기에 이르렀다. 임시방편의 법률적 땜질로는 계속적인 위헌판결의 소지가 있다고 보고 차제에 아예 교원양성체제 자체를 근본적으로 개편할 필요가 있다고 판단한 것이다. 그러나 구체적인 교원체제 개편안이 나오자 대체적으로 국민들과 언론의 반응은 긍정적이지만 막상 이를 정책으로 확정하고 실천되기에 이른다면 분명히 즉시 이해집단들의 반대 목소리가 거세게 나오고 항의 또한 만만치 않을 것이다. 국민과 언론이야 우수교사를 확보하고 유지하겠다는데 반대할 이유가 없다. 그러나 이해 당사자야 괴로움으로 다가올 수 있기 때문에 반대할 것이 뻔하다. 그래서 언제나 이러한 새로운 안에는 실현 가능성과 정책 의지가 중요하다는 점을 말하지 않을 수 없다.

몇 년 전부터 교원평가의 문제가 제기되자 또 이해집단들이 찬·반론으로 서로 엇갈린 주장들을 하여 역시 결말을 내기 어려운 실정에 있다. 극단의 방법을 동원한 각 집단의 이익 보호를 위한 투쟁으로 정부는 이를 실현시키지 못하고 있는 실정이다. 아무리 좋은 정책이라도 새로운 정책은 어느 집단인가에게는 이익이 되지 못하고 손해가 될 수도 있기 때문에 이들 집단의 반대에 부닥치게 된다. 반대 집단의 시위로 국민에게 이익이 되는 정책이 실패하여 정부가 정책 실현의 권력과 권위를 모두 잃고 있는 실정이다. 이런 때일수록 정책제안자들은 정책제안의 실현 가능성에 더 비중을 둬야 할 것이다.

여기서 다루게 될 교원양성체제 개편과 관련된 평가적 측면도 최근에 이미 많은 논의가 있었고 좋은 안들이 제시되기도 하였지만(이윤식, 2004) 이러한 좋은 안들이 채택되기에는 너무나 많은 진통과 에너지의 낭비가 따르고 마침내 혼란만 일으키고 흐지부지될 가능성마저 있다. 문제는 정부가 교원양성체제의 개편의 확고한 정책의지가 있느냐에 있다고 본다.

그렇다하더라도 학문적, 정책적 논의는 계속되어야 발전이 있을 수 있다고 본다. 이미 "교원평가제도의 쟁점과 개선방안"(이윤식, 2004)에서 평가의 문제와 쟁점이 심도 있게 논의되고 구체적인 방안까지 나와 있기 때문에 여기서는 반복적인 작업을 피하기 위하여 기본적인 문제에 대해서만 논의하고 몇 가지 아이디어 수준의 방안을 제시하기로 한다.

II. 교원평가제도와 쟁점

1. 교원양성체제와 교원평가

우리 나라를 비롯한 많은 나라에서는 일정 수준의 교원의 질을 보장하기 위하여 교원자격증제도를 채택하고 있다. 일정 자격을 갖춘 사람으로 하여금 교육과 교육행정을 담당하게 하기 위하여 교원양성 교육을 실시하고 자격증을 부여하여 교육과 교육행정의 실제(practice)를 수행하도록 하고 있는 것이다. 교원이라고는 하지만 우리 나라에서 교육행정가에게는 양성교육을 하지 않고 연수교육에 의하여 자격을 부여하기 때문에 교원양성체제에 해당하는 것은 주로 교사양성체제가 된다.

여기서 교원자격은 교원의 자질과 달리 최소한의 법적 기준이라고 할 수 있다. 그래서 교원의 자격을 갖추었다는 의미의 자격증 취득이 곧 우수한 교원을 의미하는 것은 아니라는 뜻이다. 그래서 우리 나라에서 교원의 자격취득까지 평가체제가 제대로 작동하지 않고 있었던 것이다. 사실은 교원자격 취득과정 뿐만 아니라 교원이 되고 나서도 평가에 해당하는 거름 장치가 별로 없고 또 능력개발을 확인할 수 있는 기회도 적었던 셈이다. 사범계 대학이나 대학원, 교직과정으로 입학하거나 들어갈 때에 선발과정이 있고, 필요한 학점취득을 위한 성적평가가 있지만 우리 나라에서 다른 분야에 비하여 교원자격 취득이 지극히 어렵다고 할 수 없고 또 장래의 교사의 전문성에 적합한 교원평가를 운영하지 못하고 있는 실정이다. 특히 중등에서는 교사자격증이 남발된다고 할 정도인데 이렇게 자격증이 남발된다면 자격증이 자격증으로서의 기능과 의미를 상실하게 된다. 그래서 우리 나라에서 교원자격증에 평가의 의미를 크게 부여하기 어려운 실정이라고 할 수 있다.

우리 나라 사범계 대학과 교직과정에 대하여는 교육인적자원부의 허가와 승인을 받아야 했으므로 교원자격증 남발에 대한 1차적인 책임은 정부에 있다고 할 수 있다. 물론 교원 양성기관에 종사하는 사람들도 자격증 남발에 대한 책임을 면하기는 어렵다. 훌륭한 교사를 양성하고 있는지, 또 양성되었는지에 대한 엄정한 평가가 요구되는 것이다. 교원양성체제에서 평가체제가 작동하지 않고 있으면 불량 교원이 양산되는 것이다. 불량 교원에 의한 피해는 엄청나기 때문에 교원양성의 질 관리를 위해서도 평가가 요구된다.

우리 나라에서 평가적 의미를 갖는 어려운 관문은 현재로서는 양성교육의 그 과정 자체 보다는 오히려 임용고사라고 할 수 있다. 그런데 이 임용고사가 우수한 교사를 선발하고 임용하기 위한 평가적 기능을 잘 하고 있느냐는 질문에는 아직 확신의 답을 하기 어렵다고 본다.

교사로 일단 임용되고 나서도 교사에 대한 평가의 기능은 거의 작동되지 않고 있다. 교사로 근무하는 동안 매년 근무성적평정이 있으나 평가로서는 큰 의미를 갖지 못한다. 수많은 연수가 있어도 평가다운 평가를 받을 기회도 갖지 못한다. 교사 근무성적평정은 교감으로의 승진에 필요한 평정이 되어 버렸는데 여기서 우수한 근무성적평정을 받은 교사가 반드시 우수한 교감이 된다는 보장도 없다. 교사로서 가르치는 전문적인 일과 교감으로서 전문적인 행정을 하는 일이 서로 다르다고 보기 때문이다. 교육행정가로의 선발을 위한 평가를 하려면 가르치는 일에 대한 평가가 아니라 행정능력에 대한 평가를 해야 할 것이다.

이런 측면에서 생각해 보면 우리 나라 교사들은 평생을 통하여 제대로 된 평가를 한번 받아보지도 못하고 양성, 근무, 정년을 맞게 되는지도 모른다. 평가를 통하여 부족한 점을 발견하여 이를 고치고 교원들이 갖고 있는 능력을 최대한 개발할 수 있는 기회조차 갖지 못하게 되는 것이다.

교장·교감이 되고 나서는 더욱더 평가와는 거리가 멀어진다. 교장에게는 공식적인 근무성적평정 자체가 없다. 우수한 교원을 양성하고 계속적인 능력개발에 도움을 주고 있는지 확인하기 위한 교원평가를 할 필요가 있다.

2. 교원평가의 쟁점

교원평가에 있어서 근본적인 쟁점은 왜, 무엇 때문에 평가를 해야 하느냐 하는 문제라고 본다. 이는 평가의 목적, 평가의 철학과도 연결되는 문제이다. 앞에서 교원양성의 결과 확인을 위해서 평가가 필요하다는 시사를 하였으나 이는 평가를 위한 근본적인 질문에 대한 대답이라고는 보지 않는다. 어떻게 보면 부수적인 평가의 필요성이라고 할 수 있다.

교원평가의 목적은 (1) 부적격자 선별, (2) 피드백의 제공, (3) 서비스의 질 강화, (4) 전문직적 능력 개발, (5) 증거 제공, (6) 무능력자와 비생산적인 자의 축출, (7) 학생 교육을 위한 협동적 노력(Danielson & McGreal, 2000) 등 여러 가지가 있을 수 있으나 우리 나라에서는 주로 승진을 위한 평가, 책무성 확인을 위한 평가, 부적격자 선별을 위한 평가로 쓰였는데 이는 교원 중에서 소수를 위한 평가이고, 부분을 위한 평가이고, 무엇인가를 위한(예, 인사) 수단적 평가라고 볼 수 있다. 이런 부분을 위한 평가, 수단을 위한 평가를 하게 되면 이 평가의 대상이 되는 사람들은 평가에 부정적일 수밖에 없고 마침내는 극단적인 방법으로 교사평가에 대하여 반대하게 마련이다. 부정적(negative) 측면을 위한 평가 보다는 긍정적(positive) 측면을 위한 평가가 강조되어야 할 것이다. 외부자나 평가자를 위해서 평가를 하다보면 평가가 왜곡되고 본질에서 벗어나기 쉽고, 평가 대상자에게 큰 도움을 주기 어렵게 된다. 평가는 근본적으로 교원 자신을 위한 평가이고 교원의 능력개발과 자아실현을 도와 주기 위한 평가이어야 한다고 본다. 이것이 곧 인간자원개발론(Human Resources Development)의 평가철학이라고 할 수 있다. 교원을 수단으로 보는 것이 아니라 목적으로 보는 교원관이고 평가관이라고 할 수 있다. 이렇게 되면 교원평가는 주로 교원 발전을 위한 형성평가가 되고 총괄평가는 부차적으로만 쓰이게 된다. 총괄평가의 대상은 교원의 소수에 해당하고 형성평가의 대상은 교원 전체가 된다. 지금까지는 교원평가가 교원의 소수를 위한 평가로 쓰였고 대부분의 교원은 평가와 거리가 먼 생활을 해오게 되었던 것이다.

어쩔 수 없이 부수적으로, 부분적으로 쓰이는 승진자와 탈락자를 가려 내기 위한 인사 목적의 총괄평가를 허용한다고 하더라도 평가의 근본적인 출발은 교원의 자아실현을 돕기 위한 평가이어야 한다고 본다. 교원의 소수를 위한 인사 목적의 총괄평가의 관점으로부터 우리 나라 교원 전체의 자아실현을 돕기 위한 형성평가의 평가관으로의 전환이 요구되는 것이다. 교원평가의 근본적인 이유와 목적이 이렇게 정해지고 나면 평가의 내용과 기준, 평가자, 평가의 방법, 평가결과의 활용에 관한 쟁점이 자연스럽게 풀려나갈 수 있을 것으로 본다.

III. 교원평가의 체제

이제 교원의 질 확보와 질 향상을 염두에 두고 평가체제에 대하여 생각해 보기로 한다. 편의상 어쩔 수 없이 인사행정의 과정에 따라 평가체제를 생각해 보지만 이 중에서 어떤 것을 채택하느냐는 정책결정의 몫으로 돌릴 수밖에 없다.

다음 그림에 따라 교원교육과 관련한 평가적 측면에 대하여 논의하기로 한다.

1. 교원의 직무수행의 표준화 → 2. 양성기관의 평가인정 → 3. 지원자 선발 평가(미국의 Praxis I) → 4. 양성교육 과정(미국의 Praxis II)과 자격 부여 → 5. 선발 · 임용 → 6. 입직과 능력개발(미국의 Praxis III) → 7. 교육지도자 평가 → 8. 정년 · 계속학습 · 자원봉사

[그림 10-1] 교원 인사의 과정에 따른 교원평가 시기

1. 교원의 직무수행의 표준화

교원평가의 기초는 교원의 직무로부터 출발해야 할 것이다. 교원의 직무가 무엇이냐를 분명하게 밝히기 위한 직무수행의 표준화와 명료화를 위한 작업을 먼저 해야 한다. 교사, 교감, 교장, 장학사와 교육행정가의 직무가 무엇인지 분명히 밝혀야 무엇을 평가할 것인가의 기준과 내용이 나올 수 있는 것이다. 이는 각 직위에 따른 직무수행에 기초를 두는 것이다. 여기서 직무 표준화의 '표준화(standards)'는 어디까지나 최소한의 기준이지 최고 수준의 질(excellence)을 의미하는 것은 아니라는 점이다.

교사의 직무, 교장의 직무가 무엇인지 밝혀 주고 이런 직무수행을 위해서 무엇을 어느 수준에서 수행할 수 있는지를 밝혀 줘야 교원을 희망하는 개인과 교원양성 종사자와 양성기관이 무엇을 어떻게 어느 수준으로 교육해야 하는지에 대한 공감대와 공통점을 가질 수 있게 되는 것이다. 이 직무수행 표준을 근거로 하여 앞의 그림의 후속단계에 따라 양성교육과 자격부여도 하고, 선발임용의 평가기준으로 삼고, 또 능력개발 연수의 내용과 평가기준을 삼을 수 있는 것이다. 이는 곧 직무수행접근(Performance-based approach), 자질능력접근(Competency-based teacher education, Proficiency-based learning), 목표합의식 학습(Contract learning)과 맥을 같이하는데 이는 모두 결과중심(Result-oriented), 산출근거(Outcome-based) 접근이라고 할 수 있다. 과정을 중시하는 입장에서는 이러한 결과중심에 문제를 제기할 수 있으나 최저한의 선을 밝혀 주는 데는 도움이 된다는 점에서 직무의 표준이 없는 것보다는 나을 것이라는 점에서 동의할 것으로 본다. 그리고 과정을 중시하는 형성평가의 관점에서도 최저한의 기준과 목표를 밝혀 주는 지침의 역할을 할 수 있다는 점에서 모순이라고 하기는 어려울 것이다.

예를 들면, 영국 교사교육기구(Teacher Training Agency)에서는 자격을 갖춘 교사신분(Qualified Teacher Status, QTS)과 최초교사 교육을 위한 필수기준(Requirement for Initial Teacher Training, ITT))을 위한 전문직적 표준(Professional Standards)을 밝혀 놓고 있다(www. tta.gov.uk/php/read.php?sectionid=1098artideid=456). QTS의 표준을 보면 (1) 전문직적 가치와 실제(S1,

Professional values and practice), (2) 지식과 이해(S2, Knowledge and understanding), (3) 교수(S3, Teaching, S3.1, Planning, expectations and targets, S3.2, Monitoring and assessment, S3.3, Teaching and class management)의 세 영역(Three inter-related sections)으로 나누어 42개 항목에 걸쳐 무엇을 반드시 보여줘야 하는지(Demonstrate) 밝혀 놓고 있다. 마찬가지로 ITT의 필수요건(requirements)도 (1) 교직입학생의 필수요건(R1, Trainee entry requirements), (2) 교육과 평가(R2, Training and assessment), (3) ITT 협조자의 관리(R3, Management of the ITT partnership), (4) 질 보장(R4, Quality assurance)의 네 영역에 걸쳐 22개 항목의 필수요건을 제시하고 있다. 여기서 ITT 필수요건은 교사양성기관이 해야 할 요건이고 QTS 표준은 이 ITT교육을 받은 졸업생이 산물과 수행으로서 보여줘야 하는 표준이다. 이런 표준과 요건이 장래의 교사가 노력해야 할 기준도 되고, 다음에 다룰 교사양성기관의 교육과정의 기준도 되고, 기관을 평가하는 평가인정의 기준도 된다.

미국에서는 최근에 교장의 직무를 표준으로 정해 놓고 이 표준에 의하여 교장양성교육을 하고, 교장양성교육기관을 평가인정하고, 선발의 평가기준으로도 삼고, 능력개발과 계속계약의 평가기준으로도 삼고 있다. 교장의 직무수행표준은 1994년부터 24개 주 교육감협의회(Council of Chief State School Officers)가 여러 교원 관련 전문단체와 협동하여 미국 교육지도자자격주간협동(The Interstate School Leaders Licensure Consortium, ISLLC)의 표준(standards)을 개발하기 시작하여 1996년부터 이를 사용하기 시작하였는데 이제는 거의 많은 주에서 이를 법제화하여 주교육부의 자격기준으로 삼고 있다(www. ode. state.oh.us). 새로 출판되는 교장론(The Principalship) 교과서의 내용도 이 표준을 중심으로 구성되고(Wilmore, 2002 ; Seifert & Vornberg, 2002), 교장양성 코스의 강의계획서에도 ISLLC의 어느 표준을 달성하기 위한 과목인지 밝히고, 교장 초빙광고에도 선발기준으로 이 ISLLC를 그대로 제시하기도 하고, 교장의 능력개발의 목표와 내용도 이를 기준으로 하고(Council of Chief State School Officers, 2000) 있는 것을 확인하였다.

우리 나라의 교사의 직무와 교장의 직무는 영국이나 미국의 직무와 다르겠지만 공통적인 내용이 있을 수 있고, 또 이러한 직무표준화 작업의 절차나 과정은 외국의 사례가 많이 참고될 것이다.

2. 교원양성기관의 평가인정

우리 나라에서는 교원과 관련해서는 중앙의 교육인적자원부의 엄격한 통제 하에 있다고 해야 할 것이다. 교원의 양성기관과 연수기관은 말할 것도 그 프로그램의 구성, 양성과 연수의 인원 수 까지 모두 교육인적자원부가 허가와 승인을 해 줘야 한다. 우리 나라에서는 교원양성 대학과 학과의 설립·설치의 1차적인 평가인정은 교육인적자원부가 하는 셈이다. 그런데 이런 설립·설치의 허가와 승인, 인정은 유효기간이 없이 영원한 것이라고 할 수 있다. 세상과 여건이 변해도 허가나 승인을 취소하거나 바꾸기는 어려웠던 것이다. 이런 통제체제만 엄격하게 관리했더라면 아마 우리 나라 교원의 질 관리는 세계에서 최고였을 것이다. 물론 중앙의 질 통제 못지않게 우리 나라 교원의 지위와 사회적 여건도 교원의 질 결정에 중요한 요인이 되는 것은 더 이상 말할 필요도 없다.

미국을 비롯한 외국에서는 비영리단체나 준정부기관이 평가인정(accreditation)의 기능을 하고 있는 것이다. 미국교원교육평가인정기구(National Council of Teacher Education, NCATE, www.ncate.org)가 그 한 예이다. 여기서는 기관별(institutions)로 또 프로그램별(programs)로 평가해서 표준에 도달하면 교사양성기관으로 인정해서 이들 기관과 프로그램으로 하여금 공신력을 갖게 한다. 대개 5~7년(유효기간) 주기로 이루어진다. 2002년 현재의 기관평가의 표준(Unit Standards)을 보면, I. 후보학생과 단위의 수행(Candidate Performance) 영역에 표준 1, 지식, 기능, 성향(Knowledge, Skills, and Dispositions), 표준 2, 평가체제와 단위별 평가(Assessment System and Unit Evaluation)의 둘을 두고, II. 단위의 능력(Unit Capacity) 영역에 표준 3, 현장실습과 임상적 실습(Field Experiences and Clinical Practice), 표준 4, 다양성(Diversity), 표준 5, 교수진의 자격, 수행, 능력개발(Faculty Qualifications, Performance, and Development), 표준 6, 단위의 최고 의사 결정과 자원(Unit Governance and Resources)의 네 표준을 두어 모두 여섯 표준을 제시하고 있다. 각 표준별로 (1) 비전의 공유, (2) 통합성(Coherence), (3) 교직에 대한 헌신과 특성(Professional Commitments, and Dispositions), (4) 다양성에의 노력(Commitment to Diversity), (5) 기술공학에의 노력(Commitment to Technology), (6) 후보학생의 표준에 대한 숙련(Candidate Proficiencies Aligned with Professional and State Standards)의 관점에서 나누어 보게 되고 여섯 개 각 표준 내의 지식, 기술, 특성별로 나누어진 평가항목별로 (1) 수용할 수 없는 수준(unacceptable), (2) 수용할 수 있는 수준(acceptable), (3) 계속적인 달성 목표 수준(target)을 기술해 놓고 있다.

그리고 약 20여 개의 교원양성 프로그램별로 표준을 정하여 평가인정하고 있는데 (1) 컴퓨터와 기술, (2) 조기교육, (3) 의사소통과 기술, (4) 교육지도성, (5) ESL, (6) 영어, (7) 초등교육, (8) 외국어, (9) 보건, (10) 수학, (11) 중학교, (12) 체육, (13) 독서, (14) 사서, (15) 학교심리, (16) 사회, (17) 특수교육, (18) 기술 등의 프로그램이 있다.

우리 나라에서도 교육인적자원부의 설립·설치인가에 더하여 평가인정제도와 그런 기구를 둘 것이냐에 대하여는 더 연구해야 할 것이다. 현재도 사범계 대학과 학과에 대한 평가, 교육대학원 평가, 교직과정에 대한 평가가 실시되고 있으나 그 효과성에 대한 평가는 아직 없는 실정이다. 교육인적자원부가 승인 인가한 것을 이런 평가를 통해서 재인정하거나 취소할 수 있느냐에 의문이 제기되기 때문이다. 평가가 없는 것보다는 있는게 낫다고 하겠지만 실효가 없거나, 형식적이거나, 거짓이 통한다면 있는 것보다 없는게 나을 수도 있다. 평가라는 것은 하려면 엄정하게 해야 한다.

만일에 이런 평가를 한다면 누가할 것이냐 하는 평가담당기관에 대한 문제와 쟁점이 있을 수 있는데 우선 교육인적자원부는 행정기관이지 평가기관이 아니기 때문에 직접 평가를 하거나 주관할 수 없을 것이며, 한국교육개발원에 위탁하고 있는 것도 평가전문기관이 아니기 때문에 기관의 성격상 꼭 합당하다고는 할 수 없다. 오히려 한국교육과정평가원이 '평가' 전문기관이라고 할 수 있다. 만일에 한국교육과정평가원이 초·중등교육의 평가에 초점이 맞춰져 곤란하다면(그러나 교원양성은 초·중등교육과 직결된다) 한국대학교육협의회에서 담당하는 것이 합리적일 것이다. 이 기관에서는 대학교육에 대한 평가를 하기 위해서 탄생한 기관이고 현재도 대학평가를 하고 있기 때문이다. 한국대학교육협의회의 여러 부문에 대한 평가의 한 부분으로 교원교육기관과 프로그램의 평가를 전문화시키면 될 것이다. 때로는 가칭 '대학평가원'과 같은 새로운 기관을 설립해야 한다는 제안이 나오고 있으나 한국교육과정평가원을 놔둔 채 새로운 기관을 만든다는 것은 정당성의 지지를 받기 어렵다고 본다. 한국교육과정평가원에 교원양성교육기관에 대한 평가인정의 부서와 기능을 추가하는 것이 더 합리적일 것이다.

3. 교사자격 지원자의 선발을 위한 평가

이제는 교사가 되고자 교사자격증을 따기 위하여 사범계 대학이나 교육대학원, 교직과정에 지원하는 적격자를 선발하기 위한 평가를 특별히 별도로 할 것이냐, 아니면 다른 분야의 다른 학생들과 똑같은 평가기준과 방법에 의하여 선발하여 양성교육에서 유능한 교사로 양성할 것이냐의 문제가 있을 수 있다. 발표자의 입장에서는 최소한의 기본적인 평가를 고려하기를 권고하고 싶다. 고등학교 수준의 기초적인 읽기, 쓰기 등 의사소통 기능과, 계산하기에 더하여 특히 기본적인 인성에 대한 검사와 평가와 앞에서 제시한 교사직무의 표준의 기초가 되는 평가가 포함되는게 좋을 것으로 본다.

미국의 약 80%의 주에서는 Praxis I이라고 하여 읽기, 쓰기, 수학(mathematics)의 학업능력평가(Academics Skills Assessments)를 하는데 이를 교직직전능력검사(Pre-Professional Skills Tests)라고 한다. 미국의 ETS에서 연중 일곱 차례에 걸쳐 200개 이상의 장소에서 검사를 받을 수 있는데 지필검사로 할 수도 있고 컴퓨터에 의해서 시험을 볼 수도 있다. 시험 결과는 수험자가 희망하는 대학으로 보내진다. 시험 결과보고에는 시험 점수 뿐만 아니라 학생의 배경 정보, 학력, 시험과목 내용별 성적도 포함된다. 합격과 불합격의 점수는 지원한 대학의 기준에 의하여 결정될 것이다(www.ets.org/praxis/). 그리고 앞에서 소개한 영국의 QTS 표준을 참고하면 좋을 것이다.

ETS와 같은 수준의 권위 있는 평가전문기관이 없는 우리 나라에서 개별 대학이나 학과 수준에서 이런 시험이나 검사를 하는 데는 많은 어려움이 있다. 한때 우리 나라에서도 사범계 학생의 선발에는 인성 · 적성검사나 논술, 심층면접을 하기도 하고, 특별히 학교장의 추천서를 요구하기도 하였으나 이에 대한 확신이 없어 포기한 곳이 많다. 만일 교직 지원자에 대한 사전평가를 실시한다면 교직과정으로의 전환시나 교육대학원 입학시, 사범계 학부제의 입학시에도 모두 적용되어야 할 것이다.

4. 양성과정에서의 질 관리와 평가

일단 교사양성에 들어 온 다음에는 엄격한 교육과정과 학점, 성적평가의 관리에 의하여 질 높은 양성교육을 하는 것이 가장 좋은 방법이라고 본다. 그러나 자격증을 부여하기 전 양성과정에서 전공교과에 대한 평가를 실시할 것인가에 대하여 검토할 필요가 있다. 이것을 미국에서는 Praxis II라고 하여 전공교과평가(Subject Assessments)라고 한다. 이는 전공과목과 전공과목의 교수에 관한 지식과 기술(Pedagogy Assessment, Principles of Learning and Teaching)에 초점을 맞춘 평가라고 할 수 있다.

우리 나라에서도 의사시험이나 약사시험에 준하는 국가 수준의 교원자격국가고사를 실시하여 합격한 사람에 한하여 교원자격증을 취득하게 하는 방안도 생각할 수 있다. 그런데 지금 임용고사가 실시되고 있는 상황에서 이중으로 국가자격고사를 실시하는 것이 바람직하고 또 가능한 것이냐에는 좀더 연구하고 검토할 필요가 있다고 본다. 그런데 교직을 의사나 약사, 변호사 수준으로 끌어올리기 위해서는 교원자격국가고사에 대하여도 적극 검토할 필요는 있을 것이다.

5. 선발 · 임용을 위한 평가

교원자격증을 소지한 사람이 모두 교원이 될 수는 없기 때문에 필연적으로 선발과 임용을 위한 평가를 하지 않을 수 없다. 지금과 같이 필기시험을 보더라도 교과목의 교수학습과 학급경영에 초점을 맞출 필요가 있고, 필기시험 합격 후 면접과 수업 실기의 비중을 중시해야 할 것이다. 예를 들면, 필요한 인원의 150%를 필기시험으로 선발하고 50% 정도를 면접과 수업의 실제로 선발할 수도 있을 것이다. 그리고 필기시험 전에 한 단계를 더 두어 양성기관의 성적에 의하여 1차 선별하는 방법도 있을 것이다. 이는 대학입학 시험에서 고등학교 내신성적을 중시하는 평가관과 일치한다.

고등학교 내신성적이 중시된다면 교원양성대학에서의 내신성적도 비중 있게 다뤄야 할 것이다.

교사와 교감, 교장의 선발·임용시 사용주에 해당하는 주민과 국민, 학부모가 참여할 수 있는 좀더 개방적인 평가체제를 검토할 필요가 있다고 본다. 교원 한 명을 잘못 선발하고 임용하게 되면 그 폐해는 너무나 크고 사회적 자본의 손실 또한 계산하기 어려울 정도로 크다고 본다. 납세자들이 고용인을 평가하고 주인 노릇을 할 수 있도록 제도화할 필요가 있다. 더구나 스스로 노동자이기를 원하는 교원의 목소리가 높아지는 상황에서는 사용주의 입지도 정당하게 마련해 줘야 한다고 본다.

현재 임용고사는 시·도교육청 단위로 이루어지고 있는데 부분적으로라도 교원의 학교선택권과 학교와 지역교육청의 교원선택권을 확대해 주기 위하여 단위 학교별, 지역교육청 단위로 초빙 임용한다면 학교별, 지역교육청별로 실정에 맞는 선발 평가 방법을 연구해야 할 것이다. 초빙교사, 교빙교장을 위한 평가에 대하여도 심도 있는 연구가 요구된다.

여기서 문제가 되는 것은 시·도교육청 단위로 임용고시를 실시하여 임용했으면 그 임용은 그 시·도교육청 안에서만 유용해야 되지 않느냐 하는 것이다. 다른 시·도교육청으로 이동하려면 기성 교사라도 임용고시를 통하여 이동해야 하고 또 자유스럽게 임용고사에 의하여 이동할 수 있어야 하는 것 아니가 하는 점이다. 임용고사에 의하여 이동하는 것까지 인위적으로 막는 것은 이동의 자유를 막는 것으로 행정소송이나 헌법소원의 대상이 되지 않나 검토해 볼 일이다. 왜냐하면 시·도교육청에 임용할 때 임용기간이나 계약기간이 명시되지 않았고, 의무기간의 조건도 없었고, 교사자격증은 대한민국 전국에서 통용되기 때문이다. 교사의 이동이 자유스러우면 지방 교육청에서는 더 교원 확보에 어려움이 있을 것이다. 만일의 경우 이에 대한 대비도 해야 할지 모를 일이다.

어쨌든 여기서 교육청은 1) 문서화된 인사방침을 개발하고, (2) 자질과 자격을 갖춘 많은 지원자 풀을 만들고, (3) 상세한 교원초빙 계획을 밝히고, (4) 널리 모집광고를 하고, (5) 선별, 선발과정에 널리 많은 사람을 참여시키고, (6) 교원 선발과정에 참여하는 사람을 훈련시키고, (7) 다양한 평가도구를 활용하도록 하고, (8) 지원자에 대한 다양한 정보 출처를 고려하는 것이 모집과 선발 단계에서 교육청이 해야 할 중요한 활동이 된다(Anderson, 1991).

6. 입직과 능력개발

우리 나라에서는 임용고사에 합격하면 시·도교육청 관내 임의의 학교로 교원을 임용하게 되는데 한번 임용되면 큰 사고가 없는 한 종신 임용이 되는 셈이다. 그런데 1주일 정도의 신임교사 오리엔테이션 후에 학교에 임용하면 그것만으로 기성교사가 되고 만다. 입직교육이 없는 것이나 마찬가지이다. 최소한 2, 3년의 계획적인 입직교육과 동시에 평가가 있어야 한다는 주장이 있고 또 실지로 외국에서는 이런 노력을 한다. 여기서 교사의 능력을 정해진 지역과 학교에 맞게 더 능력개발을 하는 것이다. 물론 소수의 부적격자가 평가에 의하여 탈락될 수도 있을 것이다.

미국의 경우는 최초의 교사자격증 자체가 2, 3년의 유효기간이 있는 한시적 예비자격증(Provisional Certification)을 발행한다. 그리고 종신 임용이 아니라 1년씩 계약을 하는 시보교사로 임용하고 평가에 의하여 재계약을 하게 된다. 이 기간 동안 교사를 평가하게 되는데 이를 Praxis III라고 하여 교사의 교실 내 수행(Classroom Performance Assessment)에 초점을 맞춰 (1) 학생의 학습을 위한 내용 지식의 조직(학습계획), (2) 학생학습의 환경 조성, (3) 학생학습을 위한 교수, (4) 교사의 교직전문성의 네 영역으로 나누어 교수 실제의 증거에 의한 평가를 하기 위하여 (1) 교수 실제 상황의 직접관찰, (2) 교사가 마련한 실제 자료 심사, (3) 반구조적인 면접에 의하여 평가하여 이에 통과해야(Praxis III) 5년 유효의 교사 전문자격증을 받게 된다.

시보기간이 끝나고도 미국 교사들은 능력개발을 위하여 대학원 수업을 통하여 학점을 따고 이를 보수에 반영해 준다. 교장의 교사평가는 본인에게 피드백해 주어 개선 노력을 하게 된다. 학기 초에 미진한 것으로 평가된 항목에 대하여는 개선 기간과 개선 방법을 교장과 협의하여 반드시 개선하고 학년말 평가에는 그 근거를 첨부하여 지역교육청에 제출해야 하는 교육청도 있다. 미국 교장들은 교사평가에 많은 시간을 빼앗긴다고 불평한다. 우리 나라에 교원 시보제를 도입한다면 사용주에 해당하는 학부모나 국민의 입장에서는 환영할지 모르나 교원단체에서는 적극 반대할 것이다. 그래서 교원평가제도 정부의 정책의지가 중요하다고 한 것이다.

미국 오하이오주 더블린시 교육청에서는 교장의 수업관찰을 의무화하고 있는데 수업관찰은 교내용으로 비공식적인 관찰과 교외용 더블린시 교육청의 공식적인 수업관찰 두 가지가 있다고 하는데 비공식적 교내용은 임상장학과 똑 같은 단계로 (1) 관찰 전 협의회 양식, (2) 관찰표(비공식 관찰과 공식관찰 모두 같은 양식), (3) 관찰 후 협의회 양식으로 나누어져 있는데 수업관찰시에는 학생성적평가기록(Grade Book), 전체수업계획서(Planning Book), 관찰할 수업의 수업계획서, 학생을 위한 학습자료 1부를 비치하도록 하고 있었다. 9월 신학기에 하는 교사에 대한 1차 관찰 체크리스트는 (1) 교수수행 5항목, (2) 인간관계와 의사소통 3항목, (3) 교직전문직성 3항목으로 되어 있는데 '만족', '개선요', '불만족'의 3등급 중 신학기 1차 관찰시 '개선요'와 '불만족'으로 표시된 항목에 대하여는 교사와 합의한 기간 내에 반드시 개선하고 학년말 평가시에 그 증거를 첨부하도록 하고 있었다. 같은 양식으로 학년말에 최종 수업관찰을 하되 이 때는 근거를 첨부하고 '관찰요약서'를 기술 식으로 한 페이지를 쓰도록 되어 있었다.

두 페이지짜리 더블린시 교육청 교사평가의 표준(standard)에 의한 교사평가를 하게 되어 있는데 항목별로 코멘트를 쓰게 되어 있어서 어렵게 되어 있었다. 이 기준표는 (1) 교육과정과 수업 13항목, (2) 학급관리 4항목, (3) 기록관리 2항목, (4) 인간관계와 의사소통 4항목, (5) 교직전문직성 5항목, (6) 출근상황으로 병가일수, 전문활동(연수, 학회) 휴가일수, 사적 휴가일수, 기타 결근일수를 적게 되어 있었다.

우리 나라에 근무성적평정이 있으나 이의 무의미성에 대하여는 많은 사람들이 공감하고 있다. 교감이나 교장으로의 승진용으로만 사용되어 대부분의 승진과 상관이 없는 사람에게는 이런 근무성적평정이 무의미하게 된다는 것이다. 이렇기 때문에 본인이나 타인에게 공개하지도 않고 또 할 수도 없어서 교사의 능력개발에 교사평가가 기능을 하지 못하고 있다. 그렇다고 현재의 상황에서는 이것마저 안 할 수 없는 실정이기도 하다. 이를 개선하려면 사회 환경과 전체 교육체제, 평가체제와 맞물려 개선되어야 할 것이다.

교사에게도 직무수행의 증거를 포트폴리오로 작성하여 수행평가(Performance-based assessment)를 하고 부적격자를 벌주기보다는 우수한 사람을 격려하는 방향으로 가야 할 것이다.

7. 교육지도자에 대한 평가

우선 여기서 교육지도자라고 하면 교감, 교장, 장학(교육연구)사 · 관, 교육장, 교육감 등을 생각할 수 있다. 여기서 자격증이 부여되는 것은 교감과 교장 뿐이다. 하는 일(job)과 책임이 다른데 이 두 자격증 가지고 이들 간에 통용되고 전직이 허용되는 데는 문제가 될 수 있다. 우선 미국에서는 교육장이나 교육감(superintendent)은 교장의 경우처럼 별도의 코스에서 양성교육에 의하여 자격증을 부여하고 자격증 소지자를 선발하여 임용한다. 교육장자격증이 따로 있다는 말이다. 그리고 교육청에서 직무를 수행하는 행정가에게는 행정가특수자격증(The Administrative Specialist Certification)을 따로 요구하고 우리 나라에서처럼 교장, 교감으로 자유로이 이동하는 것이 아니다. 그리고 미국의 경우는 교감자격증을 따로 두지 않고 교장자격증 하나 가지고 조교장, 또는 부교장도 할 수 있게 되어 있다. 교장자격증과 교육장자격증은 앞에서 말한 ISLLC 표준에 의하여 양성교육을 하고 이 표준에 의하여 자격증을 부여하고, 선발 · 임용, 능력개발도 한다. 모든 평가의 기준이 이 표준에 따른다고 할 수 있다.

미국 교장양성의 경우 교사경력 3년 이상과 석사학위 소지자에게 교장코스 입학자격이 주어지고 현장실습과 포트폴리오 작성을 포함한 55쿼터 학점을 이수하고 Praxis II '코드번호 10410 교육지도성 : 행정과 장학' 시험에 통과해야 2년 유효의 예비교장자격증을 취득하게 된다. 2년 유효의 예비교장자격증을 가지고 선발 · 임용되면 2년간 근무하면서 멘터의 지도를 받으며 교사의 경우와 마찬가지로 직무수행의 포트폴리오를 작성하여 평가에 통과하면(Praxis III) 5년 유효의 전문교장자격증을 가지고 2, 3년씩 계속계약에 의하여 임용된다. 앞에서 말한 거처럼 직무수행에 근거하여 수행평가를 통한 능력개발에 힘쓰고 있다고 할 수 있다.

우리 나라의 경우 교육지도자에 대한 평가가 교사의 경우보다 더 너그럽다고 할 수 있다. 교장의 경우는 아예 근무성적평정 양식 자체가 없는 실정이다. 교장평가는 학교평가 등에 의한 간접평가라고 할 수 있다. 지도자, 책임자일수록 더욱 엄정한 평가를 받아야 한다. 현 실정에서 어쩔 수 없을지 모르겠지만 교감자격연수 대상자 선발시 경력평정과 근무성적평정, 연수성적평정, 가산점에 의하여 선발하는 것은 문제가 있다고 본다. 가르치는 교사로서의 경력과 근무, 연수에 의하여 교육지도자를 뽑는 것도 중요하다고 할지 모르지만 교육지도자와 행정가로서의 자질과 능력, 직무수행 능력에 더 비중을 두는 것이 더 합리적일 것이다. 교육지도자에 대한 평가에 대하여도 연구과제로 남겨 놓을 수밖에 없다.

8. 정년 · 계속학습 · 자원봉사

교원이 정년퇴임하면 이제 평가와는 결별이라고 할지 모르지만 교원은 교단을 떠나서도 수행에 대하여 평가를 받고 책임을 지게 된다. 또 그 결과에 의하여 가지고 있는 능력을 교육의 발전을 위하여 봉사할 수 있게 되어야 한다. 그리고 교육이나 학교의 쪽에서도 퇴임한 교원이 평생을 통하여 학습할 수 있도록 재직시 그리고 퇴직 후에도 계속 교육하는 체제를 갖출 필요가 있다고 생각한다.

지금까지 교원의 직무 표준을 정하고, 교직 지원자의 선발에서부터 정년퇴임 후까지 있을 수 있는 평가적 밸브를 열거해 보았다.

IV. 논의 및 시사점

지금까지 교원의 인사 과정에 따라 평가와 관련되는 측면에서 논의하면서 조금씩 개선 방안을 시사하기도 하였으나 이를 여기서 다시 정리해 보기로 한다.

첫째, 교원의 각 직위별로 직무의 표준을 마련하여 이를 중심으로 직무수행을 하고 또 평가의 근거로 할 수 있도록 한다.

둘째, 사범계를 비롯한 교원자격을 취득하고자 교원교육을 받고자 하는 지원자에 대한 기초학력과 인 · 적성검사를 한다.

셋째, 각 단계별, 전공별로 교원자격국가고사를 부과한다. 교원자격증의 유효기간을 종신으로 하는 데는 문제가 있으므로 제한이 있어야 한다고 본다. 급변하는 사회가 되었기 때문이다. 최소한 일정기간 실제(practice)에 임하지 않는다든지 능력개발을 하지 않으면 그 자격을 정지시키는 방안도 생각할 수 있다. 그러나 교원 부족현상이 일어날 수 있으므로 이 문제도 좀더 심도 있게 연구해야 한다.

넷째, 임용고사를 실시한다면 면접과 수업실기 등 직무수행 능력의 평가에 비중을 높여간다. 어떤 형태로든 교원양성기관의 내신성적은 임용에 충분히 반영되어야 한다.

다섯째, 교원 임용시 학교별, 지역교육청별 초빙의 비율을 높여가고, 선발평가시 사용자의 참여 폭을 넓혀간다. 다면평가라고 해서 무조건 많이 평가에 참여시키는 것은 경계하고 싶다. 평가에는 고도의 고등정신 기능과 전문성이 요구되기 때문이다. 평가의 다측면에 정당성이 있어야 한다.

여섯째, 계속 능력을 개발하기 위하여 노력하는 교원에게 보상을 해줄 수 있는 평가체제를 마련해야 한다.

일곱째, 교육지도자의 직무표준을 정하고 이에 근거하여 선발하고 임용하기 위한 연구를 별도로 할 필요가 있다. 교육지도자의 전문성을 신장시키는 방향에서 평가를 해야 한다.

여덟째, 벌주기 위한 평가보다는 보상을 주고 능력을 개발하여 교원을 행복하게 해주기 위한 평가체제를 연구해야 할 것이다.

아홉째, 평가의 효과에 대하여 신중히 검토해야 한다. 이렇게 많은 평가적 망이나 밸브 장치를 한다고 해서 교사의 질이 향상되고 능력이 개발되고 교원들이 교직에서 자부심을 가질 수 있느냐에 대하여도 생각해야 한다. 지금 교원들의 사기가 최저 수준으로 떨어져 있는 상태에서 자꾸 교사들 보고 평가나 받으라 하고 다면평가라고 하여 이 사람 저 사람이 교원을 평가하겠다고 달려들게 한다면 교원들의 사기는 더욱 떨어지고 앞으로 지금 있는 교원 지망생마저 줄어들지도 모른다. 그리고 경제나 경기가 좋아지면 교원에 대한 매력은 급격히 떨어진다는 점에 대하여도 고려해야 한다. 분명한 것은 평가의 대상인 교원이 평가체제를 수용하고 수긍하지 못하면 오히려 역효과를 내게 된다는 사실이다.

참·고·문·헌

이윤식(2004). "교원평가제도의 쟁점과 개선방안" 한국교육행정학회 2004하계학술대회.

Anderson, M.(1991). Principals : How to train, recruit, select, induct, and evaluate leaders for America's schools.(ERIC Document Reproduction Service No ED 337 843).

Council of Chief State School Officers(2000). Collaborative professional development process for school leaders.

Danielson, Charlotte & McGreal, Thomas L(2000). Teacher evaluation : To enhance professional practice.

Seifert, Edward H. & Vornberg, James A.(2002). The new school leader for the 21st century : The principal. Lanham, Maryland : The Scarecrow Press, Inc.

Wilmore, Elaine L.(2002). Principal leadership : Applying the new Educational Leadership Constituents Council(ELCC) Standards. Thousand Oaks, CA : Corwin Press, Ins.

ETS : www.ets.org/praxis

National Council of Accreditation for Teacher Education : www.ncate.org/standard

Ohio State Department of Education : www.ode.state.oh.us

Teacher training agency : www.tta.gov.uk

Chapter 11

원칙에 근거한 안정적 교원양성체제 개편

I. 우수교사 양성을 위한 개편에 반대할 이유 없다.

교원은 교육에 있어서 가장 중요한 요인이다. 우리 나라가 어려운 여건에서 이런 수준의 나라로 발전시킬 수 있었던 원동력도 교육의 덕이고 거기에 교원의 헌신적인 기여 또한 컸다는 사실을 부인할 수 없을 것이다. 기업과 경제가 우리 나라를 발전시켰지만 경제인과 산업역군도 결국 교육이 길러냈기 때문에 산업발전도 가능했던 것이다. 우리의 교육과 교원이 산업사회를 건설할 때에는 그래도 그 때, 그 상황, 그 여건에는 그런대로 알맞았던 셈이다. 그러나 국민소득 1만 달러 수준에서 10여 년간 묶여 있고, 무질서와 혼란이 연출되고, 공교육이 외면 당하는 우리사회의 현실을 보면 우리의 교육과 교육행정, 교원이 더 이상 지식정보사회에는 알맞지 않다는 간접적인 증거가 되고 있다. 이 교육, 이 교육행정, 이 교원양성체제로는 더 이상 지식정보사회의 세계에서 주도권을 잡기는 고사하고 19시기에서 20시기로 넘어갈 때 우리 민족이 낭떠러지에 떨어졌듯이 이제 다시 벼랑으로 떨어져 고생하게 될지도 모른다는 위기감마저 느끼게 된다. 이런 때 교원양성체제 개편안이 나온 것은 일단 시의적절하다고 본다.

더구나 (1) 교원의 질 관리 체제를 확립하고, (2) 교사양성 교육과정의 현장적합성을 제고하고, (3) 교원양성기관의 평가제도를 강화하고, (4) 교원양성체제를 전문화,

특성화시키고, (5) 교원선발 방법을 개선하여 우수교원을 확보하고 계속 능력개발을 하여 우수교원으로 유지・발전시키는 방안으로 개편하겠다는데 이에 반대할 사람이 누가 있겠는가? 모두가 환영할 일이다. 이러한 만병통치약이라면 이런 공청회 자체도 필요 없을지 모른다.

II. 정책의지와 실현가능성이 문제이다.

문제는 이러한 방안의 실현 가능성이 문제이다. 그리고 이를 실현할 수 있는 정책의지와 국가권위가 있느냐가 또 문제라고 본다. 국가의 권위와 의지가 소수 이익집단에 의하여 휘둘리고 좌초되는 상황에서는 차라리 이런 안을 만들거나 내놓아 혼란만 일으키고 국가권위만 추락시키지 말고 조용히 가만히 앉아 있는 것이 이 시간에도 열심히 아이들을 가르치고 있는 교원을 도와 주는 일이고 국가의 체면을 구기지 않는 일이라고 본다. 이런 안이 나올 때마다 많은 교원과 국민들은 불신의 눈으로 바라보고 있다는 사실을 의식하기 바란다. 지금까지 수많은 교육개혁안이 나왔고 '교직발전종합방안'도 있었는데 우수교원이 확보되거나 전문성이 신장되었다는 증거는 확보되지 않고 노동직으로 발전하는데 기여했을 뿐이다.

국가가 진정으로 우수교원을 갖고자 한다면 여기 제시된 여러 가지 방안 중에서 한 가지 안이라도 원칙에 의하여 실천할 수 있어야 하고, 그러려면 국가가 그럴만한 권위를 먼저 회복하기 바란다. 이런 정책을 마련하고 실현하려면 먼저 정치적 장단에 맞추지 말고 정치적 흥정에 놀아나지 말아야 한다. 소수의 목청 높은 집단에 놀아나지 말고 교육의 원칙과 철학을 갖고 다수의 말없는 국민의 행복을 지켜 줄 수 있어야 한다. 세금을 내고 교원과 공무원을 부리는 국민이 주인노릇을 제대로 할 수 있어야 한다. 교육의 주인은 학생이나 학부모, 교원도 아니고 국민이라는 것을 알고 또 그런 입장에서 이런 개편안도 출발해야 한다.

여기에 제시된 안에 대하여 국민의 입장에서는 환영하겠지만 이와 직접 이해관계가 있는 학생, 교사, 교사양성기관 관련자들의 반대에 부딪힐텐데 이를 극복할만한 의지가 있어야 한다. 학점과 실습기간을 늘리고, 기관을 통합하고, 질을 높이는 대신 질 낮은 사람과 기관, 프로그램은 줄이고 폐쇄시켜야 하는데 이로 인하여 누군가는 피해를 입는다고 생각하여 반대에 나설텐데 이를 극복할 정책의지가 있는지, 그리고 이런 새로운 제도를 원칙대로 실천에 옮길 수 있는지 묻고 싶다. 이런 질문에 대답할 수 있는 사람도 나라 안에는 없는 실정이다. 장관도 담당자도 수시로 바뀌기 때문이다.

III. 지금까지의 교원정책에 대한 책임인정과 사과부터 해야 한다.

사범계를 비롯하여 의학, 약학, 해양계 등 특수분야에 대하여는 엄격한 교육인적자원 등 중앙의 통제 하에 있었다. 사범계 대학설립, 학과설치, 교직과정 설치, 학생정원, 교육과정, 학점수 등은 모두 교육인적자원부가 허가하고 승인해 준 것이다. 지금 교원의 질이 떨어지고 자격증 발급이 남발되었다면 이는 모두 교육인적자원부에 1차적인 책임이 있는 것이므로 이에 책임을 지고 또 사과부터 해야 한다. 마구잡이로 사범대를 인가해 주고, 거의 모든 대학에 교직과정을 다 인가해 주고, 최근에는 교육과 전연 상관없는 대학에까지 교육대학원을 마구 인가해 준 결과 이제는 교육대학원에 학생이 없어서 난리이고, 교육과정 운영, 성적, 논문의 질은 말할 것도 없고 경쟁적으로 등록금까지 덤핑을 하여 건전했던 교육대학원에까지 피해를 주고 있는 실정이다. 그리고 초등에서는 준비 없는 정년연령 단축으로 교사가 모자라 난리를 피웠고 지금까지 그 후유증을 앓고 있다. 준칙주의라고 하여 대학설립의 기준을 낮추고, 학점 수를 낮추고, 학기의 날짜 수를 낮춘 것도 모두 교육인적자원부가 한 조치이다.

이렇게 교육을 망쳐 놓고 한 마디 잘못의 말도 없이 '교직발전종합방안'에 이어 또 '교원양성체제개편종합방안'을 내놓는다면 무슨 의미가 있겠는가? 만일 이들 안이 정책으로 채택된다고 하더라도 얼마 안 가서 교육인적자원부가 또 망가뜨려 놓지 않으리라는 보장도 없다고 본다. 담당자가 수시로 바뀌고 무책임하게 정책수행을 하는 체제에서의 교원에 관한 중앙통제 체제는 아주 위험하므로 교원양성체개편보다 교원통제체제부터 연구하여 개편해야 할 것이다.

IV. 나눠 먹기식 평등주의로는 교원의 우수성을 추구하기 어렵다.

우리 사회에 평등주의와 평준화, 나눠 먹기식을 민주주의로 착각하는 경향이 있는데 이러한 가치지향으로는 교원의 우수성을 확보하기도 어렵다. 지금까지 국립과 사립, 사범계와 비사범계, 교직과정, 교육대학원이 모두 나눠 먹자는 식으로 대들고 또 이를 통제해야 하는 교육인적자원부가 인심 쓰다 보니 교원의 질 관리와 우수성 추구에 실패했던 것이다. 소수 정예주의로 가야 우수성의 확보가 가능해진다.

평등주의와 우수성은 서로 갈등을 일으키는 가치이다. 평등을 위하여 약자를 지원해 주는 것은 좋으나 앞서가는 사람과 기관까지 발목을 잡고 끌어내려서는 우리 민족은 영원한 실패가 되기 쉽다. 교원양성체제에서도 능력에 따른 평등의 원칙이 지켜져야 한다.

V. 임용고사만 잘해도 우수교원을 선발할 수 있는 강점이 있다.

지금과 같이 교사자격증을 남발해 놨더라도 임용고사를 통해서 우수한 교사를 선발하여 임용할 수 있는 방법만 있다면 국가는 큰 비용 안 들이고 교사를 골라 쓸 수 있는 장점이 있는 것이다. 지금 중등에서 국가는 교사양성에 별로 많은 비용을 들이지 않고 자격증을 가진 사람들을 많이 양산하여 확보하고 있는 장점이 있다. 손해 보는 것은 임용고사에 합격하지 못하여 교사가 되지 못한 개인들에게 있을 뿐이지 정부에서 손해 볼 것은 하나도 없다. 과거처럼 교사자격 취득 희망자에게 장학금을 주는 것도 아니고 수업료를 면제해 주는 것도 아니기 때문에 정부는 중등교사 양성에 투자하는 것 별로 없이 많은 교사 희망자를 길러 내고 있는 셈이다. 이것보다 더 편리한 방법이 또 어디 있을 수 있는가? 문제는 교사자격증을 갖고도 교사가 되지 못하는 사람들의 낭비인데 그 낭비는 일본의 초등 11%, 중학 6%, 고등학교 7%의 합격률에 비하여 우리 나라의 29.7%의 합격률은(발표자의 자료에서) 심하다고 할 수도 없다.

문제는 임용고사라는 하나의 거름 장치를 통해서 우수교사를 선발할 수 있느냐에 있다. 임용고사의 거름 장치만 정교화할 수 있다면 국가는 돈 안 들이고 우수교사를 확보할 수 있는 쉬운 교사양성제도를 갖게 되는 셈이다. 여기서 제시된 개편 종합방안을 다 동원해도 임용고사 합격자 이상으로 우수한 교사를 확보한다는 보장도 없다. 개편 종합방안을 한다고 하다가 교사 희망자로 하여금 미리 포기하게 하여 처음부터 희망자마저 줄어들게 하지 않을까 염려도 된다. 먼저 지원자 중에서 우수교사를 선발할 수 있는 임용고사 방법 하나라도 정교화하는 방안이 더 현실적일지도 모른다.

VI. 교사에 대한 대우와 존경의 체제를 먼저 마련해야 한다.

우수한 인력자원이 다른 분야로 다 빠진 나머지 자원을 가지고 우수교사로 만드는 데는 한계가 있다는 것을 인정해야 한다. 설사 우수교사를 길러 내고 확보했더라도 교사들이 사회적, 경제적 대우를 못 받고 심리적 존경도 못 받는다면 그들이 가지고 있는 능력도 최대한 발휘할 생각조차도 안하게 되어 개편된 방안에 의한 우수교사의 양성과 확보도 의미를 갖지 못하는 것이다. 지금 우리 나라의 교사들이 무능해서 문제라고 보는가? 토론자는 오히려 분에 넘치게 똑똑하고 너무 유능해서 문제라고 본다.

지금 우리 나라 교사들은 가지고 있는 능력도 다 써먹지 않고 있으며 또 써먹을 필요를 느끼지 못하고 있는 것이 더 큰 문제라고 본다. 또 최선의 노력을 하고, 능력발휘하는 교사를 비웃고 실망시키고 있는 환경과 문화가 더 문제라고 본다. 유능하고 우수한 교사에게 우리 정부와 사회가 해준 것이 무엇인가? 우리 나라는 능력 없는 사람이 묻어가기에 좋은 나라, 월급받고 적당히 평등하게 살기에 좋은 나라이다.

아무리 좋은 방안을 내놓는다 하더라도 근본적으로 교원에게 최고의 대우를 안 해 주고 존경을 보내 주지 않으면 지금보다 더 우수하고 유능한 교원을 확보하고 유지하기는 어렵다는 점을 정책입안자와 결정자는 간과해서는 안 된다.

무자격자를 걸러 내고, 떨어뜨리기 위한 체제보다는 교사를 동기유발시키고, 능력을 발휘하게 하고, 자아실현을 교직에서 찾게 하는 정책을 강구해야 할 것이다. 교사를 수단으로 보지 말고 목적으로 보는 인간자원철학(Human Resources)에서 교원양성체제 개편도 출발해야 한다. 교원의 사기 진작 방안이 병행되거나 전제되어야 한다.

또 고려해야 할 점은 교육과 경제와의 관계에서 경기가 좋아지면 우수교사를 유치하기는 고사하고 교직 희망자마저 구하기 어렵게 되는 상황이 올 수도 있다는 것이다. 70 연대 우수한 교사들이 다 교직 밖으로 빠져 나갔던 예가 있고, 지금도 다른 나라에서는 교사 부족 현상으로 심지어는 외국에서 교사를 수입해다 써야 하는 입장이다. 이런 상황에서 그래도 우리 나라에 교직 희망자라도 이만큼 있는 것을 토론자는 다행으로 알고 또 고맙게 생각하는 것이다.

교원의 정년연령 단축으로 초등에서 교사 부족으로 아이들이 담임 없이 공부할 때 중등에서는 과거에 교사자격증을 양산해 놓은 덕을 톡톡히 본 것 아닌가? 체제개편을 근시안으로 봐서는 안 된다는 교훈을 얻은 것이다.

VII. 그래도 '교사자격 취득을 위한 국가기준 제정'의 아이디어를 기대한다.

'교원양성체제 개편 종합방안'에서 '교사자격 취득을 위한 국가기준 제정'의 아이디어가 평소 토론자가 생각하던 것과 비슷하여 높이 사고 싶다. 그런데 여기에 예시된 것과는 달리 토론자는 교원의 '직무수행 표준(Job Performance Standards)'을 설정하기를 평소에 바랬던 것이다. 교원의 직무를 각 직급이나 직위별(예, 교사, 교장)로 그 표준을 분명하게 밝혀 놓고 이 표준에 의하여 교원양성 교육과정을 짜서 양성교육도 하고, 양성기관 평가인정도 하고, 선발・임용을 위한 평가도 하고, 능력개발을 위한 평가도 하는 곳이다. 교원자격기준이 있고 또 교원양성기관 평가인정 기준이 따로 있고, 교원선발 기준이 각각 달라 가지고는 중구난방이 되기 쉽다.

예를 들면, 미국의 NCATE와 영국의 TTA에서는 교사가 직무수행으로 보여줘야 할 것을(demonstrate) 명시해 놓고 또 CCSSO(Council of Chief State School Officers)에서는 학교행정가(교장, 교육장)의 표준을 ISLLC(The Interstate School Leaders Licensure Consortium)로 하여 이에 의하여 일관되게 양성교육, 자격증부여, 양성기관 평가인정, 임용, 능력개발, 계속계약을 하고 있는 것이다. 교사의 직무, 교장의 직무가 무엇인지 밝혀 주고 이런 직무수행을 위해서 무엇을 어느 수준에서 수행해야 하는지를 밝혀 줘야 교원을 희망하는 개인과 교원양성 종사자와 양성기관이 무엇을 어떻게 어느 수준으로 교육해야 하는지에 대한 공감대와 공통점을 가질 수 있게 되는 것이다. 이 직무수행 표준을 근거로 하여 양성교육과 자격부여도 하고, 선발임용의 평가기준으로 삼고, 또 능력개발 연수의 내용과 평가기준을 삼을 수 있는 것이다. 이는 곧 직무수행접근(Performance-based approach), 자질능력접근(Competency-based teacher education, Proficiency-based learning), 목표합의식 학습(Contract learning)과 맥을 같이 하는데 이는 모두 결과중심(Result-oriented), 산출근거(Outcome-based) 접근이라고 할 수 있다. 수행평가의 원리이다. 과정을 중시하는 입장에서는 이러한 결과중심에 문제를 제기할 수 있으나 최저한의 선을 밝혀 주는 데는 도움이 된다는 점에서 직무의 표준이 없는 것보다는 나을 것이라는 점에서 동의할 것으로 본다.

영국 교사교육기구(Teacher training agency)에서는 자격교사 신분(Qualified Teacher Status, QTS)을 위한 표준(standards)과 최초 교사교육을 위한 요구기준(Requirement for Initial Teacher Training(ITT))을 위한 전문직적 표준(Professional Standards)을 밝혀 놓고 있는데(www. tta.gov.uk/php/read.php ? sectionid=1098artideid=456) 이 QTS의 표준을 보면 (1) 전문직적 가치와 실제(S1, Professional values and practice), (2) 지식과 이해(S2, Knowledge and understanding), (3) 교수(S3, Teaching, S3.1, Planning, expectations and targets, S3.2, Monitoring and assessment, S3.3, Teaching and class management)의 세 영역(three inter-related sections)으로 나누어 42개 항목에 걸쳐 무엇을 반드시 보여줘야 하는지(demonstrate)를 밝혀 놓고 있다.

마찬가지로 ITT의 필수요건(requirements)도 (1) 교직 입학생의 필수요건(R1, Trainee entry Requirements), (2) 교육과 평가(R2, Training and assessment), (3) ITT 협조자의 관리(R3, Management of the ITT partnership), (4) 질 보장(R4,

Quality assurance)의 네 영역에 걸쳐 22개 항목의 필수요건을 제시하고 있다. 여기서 ITT 필수요건은 교사양성기관이 해야 할 요건이고 QTS 표준은 이 ITT교육을 받은 졸업생이 산물과 수행으로서 보여줘야 하는 표준이다. 이런 표준과 요건이 장래의 교사가 노력해야 할 기준도 되고, 교사양성기관의 교육과정의 기준도 되고, 기관을 평가하는 평가인정의 기준도 된다.

제1부 2장에서 언급한 것처럼 지금 미국에서는 최근에 교장의 직무를 표준으로 정해 놓고 이 표준에 의하여 교장양성 교육을 하고, 교장양성교육기관을 평가인정하고, 교장 선발의 평가기준으로도 삼고, 능력개발과 계속계약의 평가기준으로도 삼고 있다. 교장의 직무수행표준은 1994년부터 24개 주 교육감협의회(Council of Chief State School Officers)가 여러 교원 관련 전문단체와 협동하여 미국 교육지도자자격 주간협동(The Interstate School Leaders Licensure Consortium, ISLLC)의 표준(standards)을 개발하기 시작하여 1996년부터 이를 사용하기 시작하였는데 이제는 거의 많은 주에서 이를 법제화 하여 주교육부의 자격표준으로 삼고 있다(www.ode.state.oh.us). 새로 출판되는 「교장론」(The Principalship) 교과서의 내용도 이 표준을 중심으로 구성되고(Wilmore, 2002 ; Seifert & Vornberg, 2002), 교장양성 코스의 강의계획서에도 어느 표준을 달성하기 위한 과목인지 밝히고 있고, 교장 초빙광고에도 선발기준으로 이 ISLLC를 그대로 제시하기도 하고, 교장의 능력개발의 목표와 내용도 이를 기준으로 하고(Council of Chief State School Officers, 2000) 있는 것을 확인하였다.

미국을 비롯한 외국에서는 비영리단체나 준정부기관이 평가인정(accreditation)의 기능을 하고 있는 것이다. 미국 교원교육평가인정기구(National Council of Teacher Education, NCATE, www.ncate.org)가 그 한 예이다. 여기서는 기관별(institutions)로 또 프로그램별(programs)로 평가해서 인정해서 이들 기관과 프로그램으로 하여금 공신력을 갖게 한다. 평가인정은 대개 5~7년(유효기간) 주기로 이루어진다. 2002년 현재의 기관평가의 표준(Unit Standards)을 보면 (1) 후보학생과 단위의 수행(Candidate Performance) 영역에 표준 1, 지식, 기능, 성향(Knowledge, Skills, and Dispositions), 표준 2, 평가체제와 단위별 평가(Assessment System and Unit Evaluation)의 둘을 두고 (2) 단위의 능력(Unit Capacity) 영역에 표준 3, 현장실습과 임상적 실습(Field Experiences and Clinical

Practice), 표준 4, 다양성(diversity), 표준 5, 교수진의 자격, 수행, 능력개발(Faculty Qualifications, Performance, and Development), 표준 6, 단위의 최고 의사결정과 자원(Unit Governance and Resources)의 네 표준을 두어 모두 여섯 표준을 제시하고 있다. 각 표준별로 (1) 비전의 공유, (2) 통합성(Coherence), (3) 교직에 대한 헌신과 성향(Professional Commitments, and Dispositions), (4) 다양성에의 노력(Commitment to Diversity), (5) 기술공학에의 노력(Commitment to Technology), (6) 후보학생의 표준에 대한 숙련(Candidate Proficiencies Aligned with Professional and State Standards)의 관점에서 나누어 보게 되고 여섯 개 각 표준 내의 지식, 기술, 특성별로 나누어진 평가항목별로 (1) 수용할 수 없는 수준(unacceptable), (2) 수용할 수 있는 수준(acceptable), (3) 계속적인 달성 목표 수준(target)을 기술해 놓고 있다.

우리 나라 교사의 직무와 교장의 직무는 영국이나 미국의 교사와 교장의 직무와는 다르겠지만 공통적인 내용이 있을 수 있고, 또 이러한 직무표준화 작업의 절차나 과정, 평가인정의 표준은 외국의 사례가 많이 참고될 것이다.

VIII. 원칙이 지켜지는 사회가 되어야 한다.

원칙과 법, 질서가 지켜지는 사회가 되어야 한다. 거듭 강조하지만 아무리 좋은 제도라도 원칙이 무너지고, 법질서가 지켜지지 않고, 권위와 권력이 무너져서는 모든 것이 무의미하고 쓸모 없게 된다. 특히 교육에서 원칙이 무너지면 사회 전체가 무너진다. 그래서 토론자는 “교육은 국가를 지키는 최후의 보루”라고 하였다. 여기에 제시된 ‘교원양성체제 개편 종합방안’이 논의를 거쳐 일단 정책으로 결정되고 나면 국가는 반드시 실천으로 옮겨야 한다. 특히 장기계획이 흐지부지되지 않도록 해야 한다. 지금까지 많은 개혁안이 보고되고 또 채택되고도 무엇을 보고했는지 무엇을 보고 받았는지도 모르고 무엇이 채택되었는지 조차 모두 잊고 마는 경우가 많았다.

시대와 사회변화에 따라 고칠 것은 고치고 바꿀 것은 바꿔야 하지만 교육에서는 급격한 변화나 혁명적인 개혁에는 항상 부작용과 역효과 희생이 따르기 때문에 점진적 개선과 안정적 정책이 요구되는 것이다. 지금 학생들과 교원, 학부모와 국민들은 개혁에 어지러움증과 현기증을 느끼고 있다는 것을 알아야 한다. 개력하지도 못할 것을 개혁이라고 내놓을 때 그 혼란으로 인한 국력의 낭비는 이루 헤아리기 어렵게 된다.

이제는 국가가 모든 것을 다하던 시대는 지나갔다. 교원과 관련된 비정부기관과 전문기관, 지방교육지단체가 중심이 되어 정책을 추진해야 그 정책은 오히려 생명력을 가질 수 있다고 본다(교원양성체제 개편 종합방안 제2차공청회 토론 1, 2004. 12. 3. 14 : 00~17, 대전교육청 대강당).

Chapter 12

미국과 영국의 교원양성체제

I. 미국의 교원양성체제

지식정보사회에서 중요한 지식과 정보는 교육을 통해서 창출·조직·운영되기 때문에 교육이 더욱 중시되고 있다. 말할 것도 없이 교육에서 가장 중요한 변인은 '교원'이라고 보기 때문에 우수교원의 확보와 유지, 계속적인 능력개발에 세계 여러 나라들은 관심을 집중하고 있는 것이다. 미국도 특히 1980년대 '미국교육의 위기' 극복을 위한 '교육의 우수성 추구'의 개혁을 하면서 중요한 하나의 목표로 '교원'의 전문성 향상에 두고 지금까지 노력하고 있는 중이다.

우리가 잘 아는 것처럼 미국은 고도의 지방자치를 하고 있는 나라로 교육의 책임은 주정부에 있어 원칙적으로 미국은 50개의 다른 교육제도를 갖고 있다고 봐야 한다. 그리고 하나의 주 안에서도 또 기초교육구별로 교육자치를 하게 되어 있어 중앙연방정부와 주정부, 지방정부의 교육에 대한 비중은 대략 8 : 50 : 42 정도가 된다. 이렇게 되므로 미국의 특징은 교육을 포함하여 모든 면에서 다양성을 내세울 수 있다. 이런 다양성 속에서도 미국 전체로는 통일성을 가지고 돌아간다는 것 또한 특징이라고 할 수 있다. '다양성 속의 통일성'이 미국의 강점이다. 다양성의 벽과 경계를 넘는 데 아무런 불편이 없는 통일성과 유연성이 있는 것이다.

우선 미국의 교원자격에 관한 사항은 각 주교육부의 관할이다. 그러므로 교원자격증은 해당 주 안에서만 통용된다고 봐야 한다. 그러나 비슷한 수준의 교원양성과 자격증이라고 협의한 주에서는 서로 다른 주의 자격증을 인정해 주어 통용할 수 있도록 하고 있는 것이다(Interstate Agreement on Qualification of Educational Personnel, 42개 주). 그러나 교원의 채용이나 보수, 대우는 기초교육구의 사항이기 때문에 교육구별로 많은 차이가 있다.

교원양성은 미국 교원교육평가인정기구(National Council fro Accreditation of Teacher Education, NCATE)와 각 주교육부의 주기적인 평가인정을 받은 대학의 학부나 대학원에서 주로 담당하는데 이 기구는 미교육부(www.ed.gov)와 고등교육평가인정기구(The Council for Higher Education Accreditation)의 승인을 받은 기구이다. 학사수준의 교사자격증과 석사수준의 교사자격증이 있을 수 있는데 이 둘 사이에는 보수에서 차이를 둔다. 그리고 우리와 달리 교장과 교육장도 승진 개념이 아니라 전문 양성교육의 개념으로 대학원 교장코스와 교육장코스에서 양성교육을 받고 교장자격증과 교육장자격증을 취득하게 되어 있다. 교감자격증은 따로 없고 교장자격증 하나 가지고 통용된다. 대학원 교장코스 지원 자격은 대개 해당학교 교사경력 3년 이상과 석사학위 이상자이고 교육장코스 지원 자격은 교육행정경력 3년 이상과 석사학위 이상자이다.

앞에서 말한 것처럼 미국의 교원양성제도에 대하여 이 정도로 우리와 다른 대체적인 윤곽을 파악하고 여기서는 좁혀서 주로 오하이오주의 경우를 예로 들어, 미국의 교원양성체제에 대하여 알아보기로 한다.

오하이오주에서는 앞에서 말한 NCATE와 오하이오주 교육부가 교원양성을 하도록 승인한 대학이 51개에 이른다(www.ode.state.oh.us/teaching-profession/teacher). 이 51개 대학 중에는 학부에만 교원양성 과정이 있는 경우도 있고, 대학원에만 있는 경우도 있고, 학부와 대학원 양쪽에 다 있는 경우도 있다.

우리 나라의 교원자격증은 (1) 유치원, (2) 초등, (3) 중등으로 나누어지는데 미국 오하이오주의 교원자격증은 (1) 조기아교원(Early Childhood, 3~8세, P ~3학년), (2) 중기아교원(Middle Childhood, 8~14세, 4~9학년), (3) 청소년교원(12~21세, 7~12학년), (4) 다연령교원(Multi-age, 3~21세, 취학전~12학년)의 네 급별 교원자격증으로 나누어지고, 이 안에 '조기아교원' 이외에는 모두 수학, 독서와 언어, 과학, 사회와 같은 교과전공이 들어 있다.

미국의 80%의 주에서는 교사자격 과정에 들어가려면 Praxis I이라고 하는 '기초학력검사'에 통과해야 하는데 독서(읽기), 작문(쓰기, 짓기), 수학의 교직 직전능력검사에 통과해야 한다. 우리로 치면 교대나 사대, 교직과정 등 교원자격증을 부여하는 과정에 입학하려면 최소한 이 기초능력 검사에 합격해야 하는 것이다. 이 시험은 미국 교육평가기구(ETS)에서 미국 전역 200개 장소에서 연 7회 실시하는데 객관식으로 필기시험이나 컴퓨터 시험 중 수험자가 편리한 것을 선택할 수 있다. 합격 여부는 지원대학이 결정한다.

교사자격 과정은 평가인정을 받은 각 대학의 프로그램에 달려 있지만 오하이오주에서는 (1) 지식기반, 개인차, 문학환경조성, 단어 구별, 어휘, 철자, 수업전략, 교육과정 개발, 전문적 능력개발, 연구, 조기아교육과 중기아교육 자격, 특수교육을 포함한 독서교수에서 최소한 12(학기)학점과, (2) 수업조직, 워드 능력개발 전략, 독서이해 전략, 수업목적 전략을 포함한 전공교과 독서교수에서 최소한 3 (학기)학점을 필수로 요구하는 것으로 최소한만 정해 놓고(오하이오 자격규정 3301-24-0) 구체적인 것은 NCATE의 평가기준에 맡겨 놓은 셈이다.

교사교육 과정 중에는 '전공교과목평가'라고 하는 Praxis II시험에 통과해야 한다. 앞에서 말한 네 학교급별 자격과정에 따라 (1) 조가아는 조기아학습 교수원리와 유아교육 과목, (2) 중기아(4~9학년)는 중기아학습 교수원리를 포함하여 영어, 수학, 과학, 사회 중 관련과목 2과목, (3) 청소년(7~12학년)과 (4) 다연령(취학전~12학년), (5) 특수교육, (6) 실업교육 교원의 자격증에도 해당연령에 해당하는 학습교수 원리(PLT) 과목에 더하여 전공과목을 1~2과목에 합격해야 한다. 시험 형식은 Praxis I과 비슷하다.

Praxis II에 통과하고 실습(대개 한 학기 이상)을 포함한 모든 과정을 마치면 2년 유효의 주교육부가 발행하는 임시교사자격증을 취득하게 된다. 이 2년 유효의 임시교사자격증을 가지고 교사를 모집하는 학교에 지원하여 선발 · 임용되면 '초임지도프로그램(Entry Year Program, 수습교사)'에 들어가게 된다. 임시교사나 대리교사로 근무하면서 멘터를 정하여 지도를 받고 수업평가를 받고 직무수행 중심의 포트폴리오를 제출하여 평가에 통과해야 다시 5년 유효의 전문교사자격증을 가지고 근무할 수 있게 되는 것이다. 이것을 '학급직무수행평가'의 Praxis III 시험이라고 한다. 평가의 초점은 (1) 학생학습의 내용지식의 조직, (2) 학생학습을 위한 환경조성,

(3) 학생학습을 위한 교수, (4) 교사의 교직전문직성의 네 영역에 맞춰지는데 (1) 수업관찰, (2) 교사가 제공한 실제 증거자료, (3) 반구조적 면접에 의한다.

교원양성대학에 대한 NCATE의 평가인정은 5~7년의 주기로 이루어지는데 이 기구는 비정부 비영리단체이다. 평가기준은 www.ncate.org에 떠 있다. 교장의 경우도 대학원의 교장자격 코스의 과정과 실습, Praxis II시험에 통과하여 2년 유효의 임시교장자격증을 가지고 교장이나 교감으로 근무하면서 교사에서처럼 Praxis III에 통과하여 5년 유효의 전문교장자격증을 갖고 2~3년씩 계속계약으로 근무하게 된다.

이렇게 교사나 교장이 되기 위해서는 여러 관문을 거치고 평가를 받지만 미국의 교원이 우수하다는 보장이 없다. 미국을 비롯한 많은 나라에서 지금 교사, 교장 부족으로 위기를 맞고 있는 것이다. 우리 나라의 교원양성체제를 어떻게 개편할 것인가를 모색하는데 왜, 무엇 때문에 개선하려고 하는가를 먼저 생각하고 나서 어떻게 개선할 것인가를 연구해야 한다.

II. 영국의 교원양성체제

미국은 50개의 주가 연합한 United States(US)이지만 영국은 네 개의 왕국이 합쳐진 United Kingdom(UK)이다. 네 왕국에 따라 교육도 다르지만 흔히 영국의 교육이라고 하면 잉글랜드와 웨일즈가 대표적으로 예시되는 경우가 많다.

영국도 교육을 잘해 보겠다고 여러 가지 교원과 관련된 개혁을 시도한 결과 심각한 교원 부족의 위기를 맞고 있다. 1980년대 후반 보수당 정부의 중앙집권적 개혁으로 교원의 심기를 불편하게 하기 시작한 데 이어 노동당 블레어 정부에서 수학과 문해 강조, 국가교육과정 강조와 빈번한 교육내용 변경, 성과급제의 도입, 학생수 증가로 인한 학급당 학생수 증가, 주당 51시간(중등), 53시간(초등)의 중노동 등으로 교원의 근무환경을 악화시키는 반면 교원의 자율성을 제한한 결과로 있던 교원은 떠나고 교원 지망자마저 줄어들기 때문이다. 교사양성 과정에 지원하는 대졸자에게 연간 6,000파운드의 생활비를 지원해 주고 실제로 교사가 되는 사람에게 2,000파운드의 보너스를 지급해도 수학, 과학, 정보통신, 외국어 과목에는 23%까지 모집 정원에 미달하고 있다는 것이다. 초임연봉 14,000파운드에서 17,000파운드, 20,000파운드로 올리고, 퇴직교원이나 퇴직을 보류하는 교원에게 연 15,000파운드의 보너스(golden handcuffs)를 주면서 불러들이거나 붙잡아 두려 해도 한번 돌아선 교원의 마음을 돌리기에는 역부족이다. 드디어 영국과 교육체제가 비슷한 오스트레일리아, 뉴질랜드, 심지어는 영어권 아프리카에서 임시교사를 수입하여 땜질교육을 하고 있는 것이다. 우리 나라 교원양성체제 개편에 경종이 될 것이다.

영국의 학제를 아주 간단히 살펴보면 취학 전 교육은 5세 이하의 어린이에게 실시하는데 의무는 아니다. 초등학교는 대개 5세에서 11세까지 6년인데 유아단계와 초급단계로 나누어 지도하기도 한다. 중등은 중학 5년을 마치고 16세에 중학교 졸업시험에 해당하는 GCSE(General Certificate of Secondary Education) 시험(A~G까지 7개 등급의 성적)을 보게 되고, 대학 준비과정인 고등학교 2년(Sixth Form)에 가게 된다. GCSE는 30여 개 과목 중에서 5~7개 과목을 선택하여 치르는데 고등학교에 가기 위해서는 5과목 이상에서 합격점을 받아야 한다. 2년의 고등학교를 마치고 대학을 가기 위해서는 18세에 졸업자격 시험이면서 동시에 대학입학 시험인 에세이 형식의 GCE(General Certificate of Education), A(Advanced)-Level 시험을 봐야 한다. 대학에서 전공하고자 하는 과목에서 요구하는 과목 3~4과목을 선택하는데 A~E까지 5등급으로 매겨지고 대개 3과목 이상 합격하고 지원하고자 하는 대학이 요구하는 점수 이상을 받아야 한다. 대학의 학부과정(First Degree Courses)은 대개 3년이고(스코틀랜드는 4년), 석사는 (1) 12개월 수업을 받고 논문을 쓰는 수업석사(Taught Master)와 (2) 수업 없이 연구에 의한 2년 과정의 연구석사(Research Master)의 두 종류가 있다. 박사과정은 3년이지만 4년 걸리기도 한다.

영국에서 교사자격을 취득하는 길은 (1) 학부에서 교육학학사를 받는 길과, (2) 3년의 대학의 학부를 마치고 준석사에 해당하는 1년의 대학원교사자격과정(Post-Graduate Certificate in Education, PGCE)의 둘이 있다. 학부 교육학과정이든 PGCE대학원 과정이든 대개 4년 걸리는 것은 비슷하다고 한다. 대개 초등교사는 학부과정에 더 많고(약 65%) 중등교사의 경우는 대학원 PGCE에서 자격을 취득할 기회가 많다(약 75%)고 한다. 교사교육과정에의 입학자격은 대학마다 다르지만 GCSE의 영어와 수학 성적이 C 이상은 거의 필수요건이다.

교사자격 취득을 위한 과정을 '양성교육(ITT, Initial Teacher Training)'이라

하고 이 ITT교육을 성공적으로 마치고 교사자격을 인정받은 신분을 '교사자격신분(QTS, Qualified Teacher Status)'이라고 한다.

구체적으로 예를 들면, 영국 두햄대학 교육대학의 ITT에는 초등교사 양성을 위한 3년 학사(BA) 과정이 있고, 초등과 중등을 위한 PGCE이가 있고, 방향을 바꾸기 위한 2년 과정의 교육이학학사(BSc Ed) 과정이 있다. 입학조건은 영어와 수학의 두 과목에 GCSR/GCE 'O'-Level에 합격(A-C))해야 하고 신체검사와 경찰조회가 따른다. 오전 9시부터 오후 6시까지 강도 높은 과정이 진행되니 이 기간에 다른 약속을 말라고 사전 경고하고 있다. 이 과정에 학교현장경험(School Based Experience)이 요구되는데 38주 중 21주의 실습경험을 해야 한다. 현장실습은 (1) 9월초 2주간의 지도에 의한(guided) 관찰과 활동 (2) 진단적 학교 정치(diagnostic school placement)라고 하여 7일 연속 학교방문과 2주 학교실습, 2일간의 수업준비와 1블럭 수업의 4주 수업실습, (3) 4일 연속 학교방문과 1주 학교실습, 3일간의 수업준비에 8블럭 수업의 수업실습의 3단계로 나누어 하는데 여기서 우리는 현장실습을 강조한다는 것을 알 수 있다(www.dur.ac.uk/education/itt/pgcep).

PGCE에 이어 180학점이 요구되는 교육학석사를 할 수 있는데 1년은 전일제 PGCE, 2년차는 파트타임의 입직지도의 해(induction year), 다음 3년차는 파트타임으로 현장수업, 4년차는 현장 초점의 논문 제출로 짜여진다.

영국의 교원전담기구는 교원관리청(Teacher Training Agency, TTA)인데 여기서 교사양성기관을 평가하고 인정한다. 여기서는 교원자격시험도 관리하고 교원양성기관 평가도 하고 재정지원도 담당한다. 교사양성교육(ITT)을 마치고 교사자격(QTS)을 받을 수 있는 수행의 표준과 ITT기관의 평가기준을 밝혀 놓고 있는데(www.tta.gov.uk/php/read.php ? sectionid=1098artideid=456) QTS의 표준을 보면 (1) 전문직적 가치와 실제, (2) 지식과 이해, (3) 교수(S3.1, 계획, 기대, 목표, S3.2, 수업 확인과 평가, S3.3, 교수와 학급관리)의 세 영역으로 나누어 42개 항목에 걸쳐 무엇을 반드시 수행으로 보여줘야 하는지(demonstrate)를 밝혀 놓고 있다. 마찬가지로 ITT기관이 갖춰야 할 필수요건(requirements)도 (1) 교직입학생의 필수요건, (2) 교육과 평가, (3) ITT 협조자(현장학교)의 관리, (4) 질 보장의 네 영역에 걸쳐 22개 항목으로 밝혀 놓고 있다. 여기서 ITT 필수요건은 교사양성기관이 해야 할 요건이고 QTS 표준은 이 ITT교육을 받은 졸업생이 산물과 수행으로써 보여줘야 하는 표준이다. 이런 표준과 요건이 장래의 교사가 노력해야 할 기준도 되고, 교사양성기관을 평가하는 평가인정의 기준도 된다.

능력 있고 사기충천한 교원을 확보하고 싶은 욕망은 어느 나라나 다 갖고 있다. 영국과 우리 나라도 예외가 아니다. 최초의 양성교육을 받고도 자격시험에 통과해야 하고, 1년 정도의 입직지도(induction)를 받아 통과해야 한다. 영국에서는 이것을 교사의 시작이라고 한다. 계속 능력개발(professional development)을 해야 교사의 신분을 유지할 수 있기 때문이다. 정부는 이렇게 높은 수준의 교원을 갖고 싶은데 이렇게 높은 수준의 사람이 교원이 되고자 하지 않는다는데 이상과 현실 사이에 극심한 틈이 있어서 대도시와 지방, 주요과목에 교사가 없어서 문제이다. 영국에서 한때 법으로 체벌을 금지하자 많은 교사들이 못 가르쳐먹겠다고 미련 없이 사표를 던져 버렸었다.

교사들은 자존심과 존경을 먹고 산다는 것을 교원정책 담당자들은 유념해야 한다.

Chapter 13

지식정보사회에서 한국 공교육의 위기

I. 서 론

이 글은 한국교원대학종합연수원의 토론회에서 발표한 것인데 원래 발표자에게 주어진 제목은 "지식정보화 사회에서 학교제도(공교육)는 과연 위기를 맞고 있는가?" 였다. 사회와 교육환경은 산업사회에서 지식정보사회로 패러다임이 바뀌었다고 하는 이 시점에서 우리 나라의 공교육에 '문제'가 있다거나 또는 더 심하게 표현하면 '위기'를 맞고 있다는 논란이 있는데 (1) 과연 그러한 정도인가의 현실 진단을 해 보고, (2-1) 만일 문제가 없다면 그래도 어떻게 더 발전해 나가야 할 것인지에 대한 방안을 제시하고, (2-2) 그렇지 않고 문제나 위기를 맞고 있다면 그 대책이 무엇인가에 대해서도 생각해 보자는 의도로 토론회의 주제를 설정한 것으로 발표자는 파악하였다. 여기서 발표자는 '지식정보화사회'를 발표자가 평소에 쓰던 용어대로 '지식정보사회로' 줄여서 붙여 쓰고, '학교제도(공교육)'도 우리 나라 '한국의 공교육'으로 좁혀서 분명한 용어로 쓰기로 하여 주제를 "지식정보사회에서 한국의 공교육은 과연 위기를 맞고 있는가?"로 하였다. 그리고 이 주제의 맨 앞에 '지식정보사회에서' 라는 조건과 단서를 붙인 것에서 풍기는 뉘앙스는 특히 혹시 우리의 공교육이 '지식정보사회의 환경'에 맞지 않아서 문제가 있는 것은 아닌가 하는 점에 대해서도 의심을 갖고 우리 교육의 현실 진단을 해봤으면 하는 암시가 들어 있는 것 같은 느낌을 받았다. 그래서 (1) 먼저 산업사회와 지식정보사회의 특징에 대하여 살펴보고 나서, (2) 위기현상과 원인을 진단해 보고, (3) 위기극복을 위한 교육의 방향을 모색해 보는 순서로 논리를 전개하기로 한다.

II. 산업사회와 지식정보사회

1. 산업사회와 지식정보사회의 특징

우리 인류는 부족 집단을 이루어 사냥을 하면서 살다가 농경사회와 산업사회를 거쳐 지식정보사회로 발전되어 왔다. 농업혁명에 의하여 농경사회를 이루어 정착하여 살 때만 하더라도 주로 인간의 육체적 힘을 이용하거나 기껏해야 동물의 힘을 사용했었다. 이때까지만 해도 서양보다 동양이 앞섰었다고 본다.

그러다가 인간의 육체적 힘을 기계의 힘에 의하여 연장하고 확대하는 산업혁명에 의하여 우리 인류는 산업사회를 이루어 살게 되었다. 산업사회는 시기적으로는 약 500년 전부터로 잡고 있으며, 그 때의 주요 의사소통 기술은 인쇄물이었다. 그래서 우리는 인류의 발명 중 가장 귀중한 것으로 아직도 인쇄술을 꼽고 있다. 주요 생활영역은 국가단위이었고, 사고의 패러다임은 결정론적 · 과학적 패러다임이었다. 이 때 우리 인류의 가장 중요한 기술은 기계기술이었다. 산업사회는 인쇄술의 발명으로 의사소통을 시간적으로 그리고 공간적으로 연장하고 확대할 수 있게 되었다. 지식, 문화유산도 시간적, 공간적으로 보존 · 전달할 수 있게 되어 우리 인류는 비약적인 발전을 하게 된 것이다. 그리고 국가의식이 강해지고, 또 기계공학의 발전으로 인간의 육체적인 힘을 연장하고 확대하여 크게 사용하게 되어 편리한 생활을 하게 되었다. 과학적, 기계적, 결정론적 사고와 세계관이 우리 사회를 지배하는 산업사회를 이룩하여 20세기까지 살아왔던 것이다.

산업화를 먼저 이룩한 쪽은 서양이었는데 산업화로 얻은 경제가 사회를 지배하다 보니 지난 세기까지는 먼저 산업화를 이룩한 서양 주도의 세계가 되었던 것이다. 합리성을 중시하는 서양에서 과학으로 기계를 만들어 내고 기계가 물질을 만들어 내고, 물질로 돈을 벌어 경제지배 사회, 물질지배 사회가 된 것이다. 물질은 동시에 부작용으로 산업공해도 만들어 내고, 국가단위 경쟁을 심하게 하다 보니 20세기까지는 전쟁도 많이 했던 것이다.

그러다가 선진국에서는 약 50여 년 전부터 인공지능 기술, 지적 기술의 발달로 지식노동자들의 수가 육체노동자, 기계노동자의 수를 넘어서면서 후기산업사회 · 지식정보사회로 접어들기 시작하였다. 그런데 우리 나라에서는 지식정보사회의 시작을 90년대부터로 본다. 의사소통 기술은 인쇄매체에서 컴퓨터 등 인공지능 기술이 되어 정보의 혁명을 일으켜 혁명적으로 더욱 빨라지게 되고 인류의 생활영역이 지구촌으로 확대되어 국경이 없어지게 된 것이다. 우리의 사고는 체제적 사고를 하여 전체적 · 통합적으로 보아야 하고 이 시대의 주요 기술은 지적 기술이 되는 것이다.

농경사회의 반작용으로 산업사회가 나왔다면 지식정보사회는 어떻게 보면 산업사회의 극단을 보완하는 방향이 되는 것 같다. 물질과 경제 일변도를 보완하여 정신과 인간적인 측면도 강조하는 방향일 것이다. 어쨌든 그 동안의 인류의 발전은 생물학적인 발전인 동시에 사고의 발전, 문화의 발전이라고 할 수 있다. 그래서 이를 패러다임의 전환이라고 하고 문명사적 전환이라고 한다.

이러한 변화 · 발전을 〈표 13－1〉과 같이 요약해 볼 수 있다.

〈표 13－1〉 **인간의 주요 발전과정(Banathy, 1991, p. 24에서 보완)**

구분 \ 단계	1단계	2단계	3단계	4단계
사 회	사냥, 부족 집단	농경사회	산업사회	후기산업 · 정보사회
시 기	50만 년 전	1만 년 전	500년 전	50년 전 (한국은 10년 전부터)
의사소통	말(구두)	문자	국가	인공지능 기술
생활영역	유목부족	공동사회, 도시국가	국가	지구촌 사회 가능성
사고의 패러다임	마력－신비의 패러다임	논리적－철학적 패러다임	결정론적－과학적 패러다임	체계적 패러다임
주요 기술	생존 기술	직조 기술	기계 기술	지적 기술

지식정보사회는 우선 지식과 정보가 사회를 움직이는 원동력이 되기 때문에 지식과 정보를 개발하고 창조하기 위한 지적 기술(intellectual technology)이 중심이 될 것이다. 산업사회에서는 공장에서 모든 것을 만들어 내고 또 거기서 나온 물질을 가지고 우리 인류가 행복하려고 했었는데 지식정보사회에서 중요한 지식과 정보는

더 이상 산업사회에서처럼 공장에서 만들어 낼 수 없는 것이다. 지식과 정보는 지적 활동을 하는 학교에서 만들어 내야 하기 때문에 지식정보사회에서는 학교와 교육이 중요시되는 것이다.

지식정보사회에서는 힘의 기반은 인공지능 기술에 의한 지성적 힘의 확대와 연장이라고 할 수 있다. 지배적인 패러다임은 인공지능체제의 출현과 상호인과성, 역동적 복합성, 생태학적 사고라고 할 수 있다. 지식정보사회에서 요구되는 기술은 지식과 정보의 수집 · 조직 · 저장 · 활용과 의사소통, 망조직과, 체제적 계획과 설계 기술이다. 주요 상품은 이론적 지식과 정보이고 사회에 대한 의식은 지구촌 의식, 국제화라고 할 수 있다. 이를 산업시대와 대비하여 〈표 13-2〉로 요약될 수 있다.

〈표 13-2〉 산업사회와 지식정보사회의 일반적 특징

구분 \ 특징	산업사회의 일반적 특징	지식정보사회의 일반적 특징
목적과 형태	물질생산을 위한 에너지 중심과정	정보와 지식개발을 위한 지적 기술 중심과정
힘의 기반	기계에 의한 물리적 힘의 연장	인공지능(고도기술)에 의한 지성적 힘의 확대와 연장
지배적 패러다임	뉴톤적 · 고전적 과학, 결정론, 환원주의, 단순인과성, 조직된 단순성	인공지능체제 과학 출현, 상호인과성, 역동적 복합성, 생태학적 중심
기술	발명, 제조, 직조, 난방, 공학	정보의 수집 · 조직 · 저장 · 활용, 의사소통, 망, 체계적 계획과 설계
주요 상품	에너지, 원료, 중간물질, 기계, 제조산물	이론적 지식과 정보(혁신지원에 사용되는) 설계, 정책형성, 봉사
사회 의식	국가	지구촌 의식 출현

* 자료 : 주삼환, '21세기를 위한 교육개혁과 학교경영의 발전' 96교육학세미나, 충남대교육발전연구소, p. 12에서 보완.

산업사회의 특징을 여러 가지 측면에서 내세울 수 있겠으나 일반적으로 (1) 대량 · 대형주의, (2) 집권 · 집중주의, (3) 표준화 · 규격화 · 집단주의, (4) 분업과 · 조립식, (5) 시간중심 · 동시화, (6) 증명 · 과학주의, (7) 기계 · 물질 · 경제 지상주의 등으로 묶어 특징지을 수 있을 것이다. 그러나 지식정보사회에서는 대체로 이들 특징을 부정하거나 약화시키거나 아니면 최소한 보완해야 할 입장이다.

산업사회는 첫째 대량생산체제를 채택하고 대형주의를 지향했었다. 소품종 대량생산을 하고 무조건 큰 것을 선호했다. 그러다 보니 자연 같은 것이 많아지고 싸구려와 획일화와 연결되었었다. 또 자원의 고갈과 공해를 산출하게 되었던 것이다. 이에 대한 반성으로 이제는 작은 것을 아름답게 여기고 작은 정부를 지향하게 된다. 다품종 소량 생산 주문생산으로 양보다 질을 추구하며 획일성 보다 다양성의 가치를 추구하게 되었다. 쓸데없는 많은 양의 지식과 정보보다는 적은 지식과 정보라도 유용성이 중요시되고 정보의 조직과 활용도 강조되는 것이다. 어쨌든 대량・대형보다는 질과 아름다움을 더 추구하게 되었다.

둘째 산업사회에서는 합리성과 효율성을 추구하다 보니 중앙집권적이고 집중주의를 채택했었다. 그래서 관료제를 채택하다 보니 역시 하향식, 표준화, 획일화로 연결되었다. 집권・집중은 시간적, 물질적, 금전적, 정력적, 권력적 자원의 모든 분야에서 효율성과 효과성을 기할 수 있었다. 그런데 이제는 자신이 자신의 일을 결정하거나 최소한 자신 가까이에서 결정이 이루어지기를 기대하고 있다. 이제는 사람들이 독특성, 개별성을 인정받고자 하는 강한 욕구를 갖게 되었다. 그래서 자연이 다양성을 찾게 되고 중앙집권 대신 지방화(localization) 시대가 되는 것이다. 지구촌화(globalization)와 지방화를 동시에 지향하다 보니 'Glocal'이란 말까지 생겨난 것이다. 생각은 지구촌으로 하고 행동은 지방으로 해야 하는 셈이다. 가장 지방적인 것이 가장 세계적이란 말과 통하게 된다.

셋째, 산업사회는 기계주의에 의하여 이룩된 것이기 때문에 어떤 틀에다 구워내다 보니 표준화, 규격화를 선호하게 되었었다. 규격화는 곧 집단화의 의미도 된다. 집단을 똑같이 다루고 개별화나 특성화는 인정되지 않게 된 것이다. 맥도널드 햄버거는 전 세계 어디서나 비슷하게 표준화된 것과 같다. 그런데 이제 지식정보사회에서는 다양화, 특성화, 개별화의 욕망이 강하게 나타난 것이다. 지식정보사회에서는 모든 면에서 아무리 좋은 것이라도 더 이상 획일화된 하나만으로는 처방이 안 되게 되어 있다.

넷째, 산업사회에서는 능률적인 대량생산을 위해서 분업과 조립생산체제를 채택했었다. 자동차 한 대를 만드는 데도 2만~3만개의 부품을 분업으로 따로따로 만들어 이를 다시 조립하여 효율성과 효과성을 높이려고 하였다. 조립을 하더라도 부분부분 로테이션 식으로 하다 보니 거의 매일 같은 일을 반복하게 되니 상투적인 일이 되고 일과 사람, 사람과 사람의 관계성이 소원해지고 사람들이 분리감, 고독감을 느끼게 된다. 그런데 지식정보사회에서는 모든 면에서 연결, 조화, 균형, 통합을 중시하게 된다. 그래서 협동, 팀워크, 관계성이 강조된다. 사람과 사람의 관계성뿐만 아니라, 사람과 물건, 사람과 자연과의 관계성까지 강조된다. 인간관계가 중시되고 환경친화적이 되려고 하는 것도 모두 관계성 중시로 볼 수 있다.

다섯째, 산업사회에서 대량생산, 조립생산, 집단주의를 채택하다 보니 모든 것이 시간중심이 되고 동시성이 강조되고 같은 공간이 중시되었다. 조립생산 라인이 계속 로테이션 식으로 돌아가고, 집단적으로 다뤄지기 때문에 그 시간, 그 순간에 같은 장소에서 같은 집단이 동시에 다뤄지지 않으면 안 되게 되어 있었다. 그런데 지식정보사회에서는 개별화, 독특성이 인정되다 보니 시간과 장소까지도 개별화되어 탈동시성, 가상공간이 오히려 장려되게 된다. 대표적인 예가 근무시간의 개별화, 재택근무제 등을 들 수 있다.

여섯째, 산업사회는 논리실증주의 철학에 의하여 발전된 것이므로 관찰, 실험, 측정에 의하여 경험적으로 검증된 것만 믿을 수 있는 확실한 지식이라고 생각했었다. 그래서 객관성, 과학성만 판을 치고 주관성이나 해석, 정서, 열정 등은 경시되고 무시되기까지 하였다. 그러나 지식정보사회에서는 전자 못지않게 후자도 중시되고, 이성 · 인지 못지않게 감성 · 정서도 중시된다.

일곱째, 산업시대는 결국 기계, 물질, 경제지상주의였다고 할 수 있는데 지식정보사회는 정신, 교육, 인간적인 측면이 더 강조된다. 이것을 묶어 다시 표로 제시하면 〈표 13－3〉과 같다.

〈표 13－3〉 산업사회와 지식정보사회의 특징 대비

산업사회의 특징	지식정보사회의 특징
대량 · 대형주의	질 추구
집중주의	분권
표준화 · 규격화 · 집단화	다양화 · 개별화
분업 · 조립	관계성과 통합성
동시 · 동지성	탈동시 · 탈동지성
증명 · 이성	주관 · 감성
물질 · 경제	정신 · 인간

2. 산업사회형 학교와 지식정보사회형 학교

근대의 학교가 생겨나기 전에는 대부분 교육은 부잣집에서는 가르치는 종이나 개인교사를 불러다 가르치고 그렇지 못한 사람은 개인교사를 찾아가서 사적인 계약에 의하여 배웠었다. 교육이 사적인 문제일 때까지는 부자나 귀족 지배층의 전유물에 가까웠을 것이다.

그러다가 '모든 시민을 위한 공통적인 공교육제도', '모든 사람을 위한 학교(Schools for all),' '모든 사람에게 중등교육을(Secondary education for all)', '모든 사람에게 평생학습을'로 생각이 바뀌면서 교육의 평등, 교육의 확대를 가져오면서 근대학교와 현대학교로 발전해 온 것이다. 교육과 학교가 공적인 문제가 되면서 어떤 국가적 틀 속에 학교가 존재하게 되고 가르칠 인구가 많아지면서 학교의 수가 많아지거나 대형화되고, 또 가르칠 내용도 늘어나면서 교과목도 자꾸 갈라져 교과목 수도 지식의 양도 팽창하게 된 것이다. 특히 산업혁명에 의하여 산업사회로 접어들면서 근대학교도 공장모형을 채택하게 된 것이다. 현대의 많은 학교들이 시설은 현대화되어 있을지 모르지만 기본 틀은 산업사회 공장모형으로 산업사회에 알맞게 되어 있는 셈이다.

우리 나라에서는 고구려 소수림왕 2년(서기 372년)에 太學이 설치되어 五經, 三史, 三國志, 晋春秋를 가르치고 사설로 扃堂이란 학교를 세워 서민층을 대상으로 경전과 궁술을 가르쳤다. 그러나 근대학교가 급격하게 팽창하기 시작한 것은 일제식민지 시대부터로 볼 수 있으며 해방이 되면서 교육의 민주화로 더욱 일반화, 대중화, 보편화되었다. 그래서 우리 교육의 밑바닥에는 (1) 서당식 전통적 교육과, (2) 일제식민지식 교육, (3) 미국식 교육의 거대한 흐름이 깔려 있으나 기본 틀은 산업사회 공장식 모형이라고 할 수 있다. 이런 산업사회 공장식 모형의 학교도 교육에 기여한 점들이 많다. 예를 들면, ① 최소한의 교육 보장, ② 교육기회 확대로 교육불평등 제거, ③ 문화적 통합 증진, ④ 사회적 조건 개선, ⑤ 책임 있는 시민 준비, ⑥ 경제적 자족 준비, ⑦ 개인 행복 증진과 개인생활 풍요화 등이다.

이 공장식 교육과 학교가 단기간 내에 우리 나라의 민주화와 산업화에 기여한 바도 크다. 과거 우리 나라 학교와 교육은 그런대로 산업사회에는 알맞았던 셈이다. 그런데 이제 바뀌어버린 새로운 지식정보사회에는 맞지 않게 된 셈이다. 우리 나라 공장식 학교의 모습을 좀더 자세히 살펴보기로 한다.

미국에서는 학교의 이미지로 초기에는 '마을의 센터'로 생각하여 향토학교가 되고 지역사회 공동체의 중심역할을 하다가, 학교가 대형화, 관료화, 인간화되면서 '공장'으로 비유되었었다. 학교 공장에서 학생은 원료가 되고 교사는 노동자가 되고 교장은 공장장으로 비유되고 생산품으로 졸업생이 나가게 되는 것으로 생각했다. 다음에 나온 학교의 이미지는 '병원의 서비스' 모형이었다. 학생에게 인간적인 서비스를 전달하는 '인간봉사전달체제(human service delivery system)'이다. 병원모형에도 불만족과 비난이 많지만 공장보다는 나은 것으로 본다. 그러나 우리 나라의 학교는 아직도 병원 서비스모형은 고사하고 공장모형에서 벗어나지 못하고 있다.

첫째, 우리 나라의 공장식 학교는 대량교육, 대형화를 지향하고 있다. 대규모 학교, 다인수 학급으로 비인간화되어 있고 한 교사가 여러 명의 학생을 싸구려로 가르치고 있다. 공부하는 날짜수와 시간수도 많고, 교과목 수도 많다. 그리고 가르치는 지식의 양도 많다. 정규교육과정도 많은데 그것도 모자라서 보충수업, 자율학습을 또 시키고, 거기다 또 사적으로 과외공부, 학원공부를 한다. 대량교육, 대형교육에 관한 한 우리 나라는 대단히 성공적이라고 할 것이다.

그러나 지식정보사회에서는 더 이상 대량·대형교육으로는 성공할 수 없다. 대량교육은 곧 싸구려 교육, 거친 교육으로 연결된다. 이제는 질 높은 교육이 요구되는 것이다. 우리 나라 교육은 양을 줄이고 질을 높여야 한다. 소규모화하여 인간화, 인간적 접촉의 질을 높여야 한다.

둘째, 우리 나라의 학교는 집단 중심적이라고 할 수 있다. 교사들이 학생 한 사람 한 사람을 가르치는 것이 아니라 학급(집단)을 가르친다. 학교(초등, 중학, 고등학교), 학년, 학급을 가르치기 때문에 획일교육이 된다. 학급집단이 모두 어깨동무하고 집단으로 같이 가야 한다. 학생 개인은 모두 무시된다. 똑같은 생산품을 만들어 내고자 하지만 같은 제품이 나올 수가 없다. 원료 자체가 다르기 때문이다. 집단을 가르치다 보니 모두가 실패하는 교육이 된다.

이제는 학급(집단)을 가르치지 말고 사람을 가르치고 학생을 가르치고, 개인을 가르쳐야 한다. 학급 속에 들어 있는 개인의 독특성을 인정해야 한다. 다양성이 인정되고, 선택의 자유가 보장되어야 한다. 다양한 메뉴가 학생들에게 제공되고 학생들은 그 중에서 자신에게 맞는 것을 선택할 수 있어야 한다.

셋째, 우리 나라 공장식 학교는 시간 중심적이고 동시성이 강조되고 있다. 조립생산 라인에서 그때 그때 자기 앞을 지나가는 일을 해야 하는 조립생산 공장식이기 때문이다. 학생들은 빨리 배울 수도 없고 느리게 배울 수도 없게 되어 있다. 모두가 어깨동무하고 일제식으로 행진하고 일제식으로 합창・제창해야만 한다. 정해진 시간 내에 시험문제를 풀어야 한다. 100m를 똑같이 출발하는 것은 인정해 준다하더라도 결승점에 똑같이 도착해야 한다면 이상한 일이 아닌가? 이런 이상한 일이 한국의 공교육 학교에서 벌어지고 있는 것이다.

그러나 지식정보사회 학교에서는 개별 학생 중심적이어야 하고 탈동시성이어야 한다. 개별 속도에 맞춰 학습할 수 있어야 한다. 같은 시간에 다른 내용을 공부할 수도 있고 다른 수준을 다른 속도로 공부할 수 있어야 한다.

넷째, 우리의 교육과 학교는 지나치게 분업에 의한 조립식이다. 유치원, 초등학교, 중학교, 고등학교로 엄격하게 나누고, 이를 또 학년, 학기로 나누고, 또 학급으로 나누어 가르치기만 하고 이들 사이에 어떤 연결이나 협동이 이루어지지 않고 있다. 가르치는 내용도 수십 개의 교과로 지나치게 갈라 가르치게 되어 교과목을 가르치는 것이지 사람이나 학생을 가르치는게 아니다. 교사들은 교과목과 학급(집단)을 가르치지 학생이나 인간을 가르치지 않는다. 교과 간에 협조나 협동도 이루어지지 않고 있다. 분업을 하고 있는 교사들은 자기가 분업으로 떠맡은 부분의 지식의 파편 조각을 학생들에게 던져 주고는 학생들이 잘 받았는지 제대로 확인도 않는다. 또 확인한다 해도 어떤 조치를 하려 하지도 않고 또 조치를 취할 길도 없다. 그리고 미리 교사들이 분업으로 던져준 지식을 학생들이 잘 받아서 잘 조립하는지 확인하고 챙겨 주는 어른도 없다. 결국 교사들은 학생교육에 책임도 지지 않는다. 책임은 항상 학생과 학부모에게만 있다. 교사가 분업으로 떠맡은 교과목이나 학급에 대하여는 어느 정도 책임을 진다고는 할지 모르지만 학생의 인생에 대하여 책임져 줄 사람은 아무도 없다. 그러니 학생들이 쪼개지고 비뚤어질 수밖에 없게 된다. 이것이 분업에 의한 학교교육의 맹점이다. 이제 새로운 시대의 학교에서는 최소한 학생들이 교사들이 던져 주는 지식을 잘 받는지 받은 조각난 지식을 잘 조립하는지 챙겨 주는 단 한 명의 교사라도 있어야 한다.

지식정보사회는 관계성이 중시되어 연결과 균형, 조화, 종합, 통합이 교육에서도 중시된다. 1학년부터 10학년까지의 연결된 국민기본공통 과정도 이 같은 정신이고,

통합교과 개념, 장애인과 정상인과의 통합교육, 팀티칭 등도 모두 산업사회 공장식 분업·조립 교육의 단점을 보완하려는 정신에서 나온 것이다. 또 초·중학교의 연계교육도 마찬가지 맥락이다.

다섯째, 이것도 분업화의 산물로 볼 수 있는데 학교교육, 학생교육의 책임은 교사에게만 있다고 하였다. 사실상 교사가 책임을 지지도 않고 질 수도 없게 되어 있는데 교사에게만 책임을 추궁하였던 것이다. 가정에서 해야 할 윤리도덕까지 교사에게 책임을 돌리려 했던 것이다. 학교는 학습공동체(Sergiovanni, 2006)로서 학부모와 지역사회가 공동으로 노력하고 공동으로 책임져야 한다. 또 교사도 학생을 선택하고, 또 학생도 학교와 교사를 선택하고 계약과 합의에 의하여 교육관계가 형성된다면 교육은 양방 책임 또는 공동의 책임이 되는 것이다.

현재의 산업사회 공장제 학교의 모습과 앞으로 지향해야 할 지식정보사회형 학교의 모습을 요약하여 대비시켜 보면 〈표 13-4〉와 같다.

〈표 13-4〉 산업사회의 공장제 학교와 지식정보사회형 학교의 비교

산업사회 공장제 학교	지식정보사회 지식정보형 학교
1. 대량교육	1. 질의 교육
2. 집단중심(학교·학급) 획일교육 (교사는 학급을 가르친다.) (교사는 동질집단을 가르친다.)	2. 개별중심 다양화·특성화교육 (교사는 개별 학생을 가르친다.) (다양한 학생을 가르친다.)
3. 시간중심 일제식 이동(동시성)	3. 개별 중심 탈동시성
4. 분업·조립식 교육 · 교사의 분업·조립식 교과에 대한 책임 (지식 부분 책임) · 매시간 매번 단기로 로테이션식 조립식 교육	4. 통합·협동식 전인교육 · 교사의 학생 인격 전체에 대한 책임 (사람에 대한 책임) · 보통교육 기간 전체에 대한 연속·연계 교육
5. 교사만의 학생책임교육	5. 학부모·지역사회의 공동 책임, 팀워크 · 학생의 학교·교사 선택과 교사의 학생 선택

다시 요약하지만 산업사회 공장모델의 학교로부터 다음과 같은 지식정보사회의 지(성)적 학교와 교육으로 바뀌어(전환해)야겠다.

첫째, 量의 교육으로부터 質의 교육으로 바뀌어야겠다. 많이 가르치고도 실패하는

교육을 하지 말고 덜 가르치고도 성공적인 사람 만들기 교육을 해야겠다. 질 관리 운동은 물건 만드는 기업체보다 인간 만드는 교육에서 먼저 했어야 한다.

둘째, 분리, 분업의 나누기와 부품 조립의 교육으로부터 통합과 연결, 균형과 조화의 교육을 해야겠다. 쪼개고 쪼개어 나누어 가르치면 아이들이 지식의 파편조각을 주워 모아(조립하면) 스스로 全人이 될 것이라는 가정 자체가 잘못되었다. 부품이 불량품이거나 잘못 조립되어 불량인간이 나와도 그대로 넘어가는 것이 우리의 교육이었다.

셋째, 논리, 분석, 실증, 객관, 과학도 중요하지만 좀 느낌(표)이 있는 교육을 해야겠다. 흥분, 열망, 정열, 비합리, 비논리, 주관, 해석, 의미, 가치도 강조되고 중시하는 교육도 해야겠다. 찬 왼쪽 뇌만 박수를 쳐주지 말고 오른쪽 뇌, 뜨거운 가슴, 날랜 손발도 박수를 받을 수 있어야 한다.

넷째, 규격화, 정형화, 획일화를 위한 교육으로부터 다양화, 독특성 인정, 개성존중의 교육으로 전환해야겠다. 이제는 공장에서까지도 하나의 틀에 구워 내는 시대가 아니다.

다섯째, 국가수준에서 지구촌으로 시야를 넓히는 교육을 해야겠다. 단순히 외국어만 가르치는 것이 아니라 국제예의, 국제문화의 이해 교육이 요구되는 것이다. 그러면서 각 지방에 맞는 독특한 교육을 할 수 있어야 한다.

여섯째, 혼자 똑똑한 사람보다 남과 어울려 더불어 일하고 살아갈 수 있는 사람이 되어야 한다. 팀 정신이 필요하다. 대인관계, 사회성, 통합성이 더 요구된다.

일곱째, 산업사회에서는 물질이었으나 지식사회에서는 정신, 아이디어, 기호, 상징이 중시된다. 무엇보다 인간답게 살기 위해서는 윤리도덕의 바탕을 튼튼하게 다져야 한다. 창의성과도 연결된다.

여덟째, 아는 것으로 그치는 게 아니라 할 수 있고 또 행하는 사람이 되게 교육해야 한다. 학교에서 학생시절에만 공부하는 것이 아니라 평생을 통해서 전 국민이 전 사회를 교실 삼아 공부하는 사회가 되어야 한다. 그래서 학교에서는 학습하는 방법의 학습을 해야 하는 것이다. 아는 것이 유식한 것이 아니라 할 수 있고 하는 사람이 신지식인일 것이다. 사람으로서 갖춰야 할 기본에는 엄격하고 철저해야 하며 나머지는 선택과 자유가 보장되도록 관대하고 허용적이어야 할 것이다.

3. 지식정보사회 교육을 위한 개혁 운동

그 동안 많은 나라에서 교육을 개선하기 위해서 많은 개혁적 노력해 왔다. 미국은 소련의 스푸트니크 발사 이후 교육과정 개혁 노력으로 어느 정도 성공을 거두기도 했고, 또 1980년대 위기의식을 느껴 개혁의 바람을 불러일으켰다. 영국도 국가 교육과정 형성과 학교단위 자율경영제와 학교 선택권 보장 쪽으로 개혁의 초점이 잡히고, 일본은 개성존중과 창의성 신장 교육으로 개혁의 주류를 잡을 수 있다. 우리 나라의 경우는 개혁 항목의 나열과 제시로 끝나 버리고 마는 형편이다.

그러나 대체로 산업사회에 근거하여 만들어진 학교를 고쳐 쓰고자 하는 노력을 해왔는데 최근에는 틀 자체를 새로 만들어 쓰자는 제안도 나오고, 구조만 바꾸지 말고 밑바탕 문화개혁(文化改革)을 하지 못하면 허사라고 하여, 문화개혁과 결과 쪽에 초점을 맞추려는 경향이 있다.

미국에서의 교육개혁의 제1의 물결은 '더 많이(doing more of the same)'식이라고 할 수 있다. 지금하고 있는 것을 더 많이 하면 교육이 좋아진다고 생각한 것이다. (1) 더 많이 수업을 하며 많이 가르치고(more classroom instruction), (2) 더 많이 기초와 과학을 가르치고(more of the 'basics' and science), (3) 더 많이 기강과 질서를 잡고(more discipline), (4) 더 많이 교사연수를 시키고(more teacher training), (5) 더 많이 통제하고(more control), (6) 더 많이 학부모를 참여시키고(more parent participation), (7) 교사의 보수를 더 많이 올려 주면(Banathy, 1991, p. 7) 교육이 잘될 것이라는 생각이었다. 지금 하고 있는 일을 더 많이 잘하자는 것으로 효율성에 초점이 맞추어진 것이다. 이러한 노력으로 고도기술 정보·지식사회, 우주시대에 알맞은 교육을 하기는 어렵다는 것을 쉽게 알 수 있다.

그 다음의 제2의 교육개혁 물결은 구조주의 입장에서 구조를 바꾸어(restructuring) 효과성을 높이려는 데 초점을 맞추었다. 체제나 조직 내의 구성요소들(components)을 재배치하고, 책임을 재분배함으로써 효과성을 높이려는 것으로 학교와 교수의 구조와 형태의 재배치에 초점을 맞추고 학교 프로그램의 본질(substance)은 건드리지 못했다. (1) 조직 내 규칙과 역할, 관계성의 변경, (2) 강력한 지도력의 개발, (3) 교사권한 확대(teacher empowerment), (4) 동료의식의 형성 등의 노력이 이에 해당된다. 이는 새 체제를 새로 만들기 보다는 현존 체제 내에서 어떻게 적응하느냐에 초점이 맞춰졌던 것이다.

이런 재구조화(restructure), 개혁(reform), 쇄신(renew), 개선(improve) 운동도 별 효과를 거두지 못하고 제안으로 그쳐 버린 셈이다.

이러한 과거의 개혁 노력은 (1) 여러 학문분야에서 따로따로 접근했고, 또 (2) 여전히 전통적인 과학적 접근을 하여 새로운 각도로 보지 못한 점이 있다.

첫째, 체제를 통합적으로 보려고 하지 못하고, 각 학문분야별로 분리하여 접근한 것이다. 학습사회학, 수업심리학, 교육경제학, 학교문화인류학, 최고의사결정정치학의 각각의 입장에서 마치 장님 코끼리 만지는 식으로 부분적으로 접근했던 것이다.

둘째, 전통적 · 과학적 탐구에서 부분적 · 점진적 접근을 하여 부분을 통합하는 청사진과 같은 것이 없었다. 개혁을 위한 전체적인 지도가 없었던 셈이다.

셋째, 문제해결의 여러 아이디어들을 통합하는데 실패했던 것이다. 예를 들면, (1) 표준설정 전략, (2) 교사연수 전략, (3) 교육과정 개선 전략, (4) 조직 전략, (5) 환경변화 전략 등 각각의 전략 등 각각의 전략들을 통합하려는 노력을 하지 못했다.

넷째, 현존 체제 내에서만 개혁하려고 했던 점을 지적할 수 있다. 문제들이 복잡하고, 교육체제가 보다 넓은 체제와 연결되어 있다는 점을 고려하여 개혁 노력을 했어야 할 것이다.

이제 미국 교육개혁의 제3의 물결은 앞에서 말한 문화개혁으로 옮겨갔다고 할 수 있다. 우리 나라에서 지금 하고 있는 교육개혁은 이미 남의 나라에서 실패한 것을 마치 실패하기 위해서 따라가고 있는 것 같다.

III. 한국 공교육은 위기인가?

'공교육'은 사교육에 대비가 되는 말로 학원이나 사적인 교육 이외에 사립학교를 포함한 우리 나라에서 공적으로 제공하는 모든 교육을 의미한다. '위기'란 사전적으로는 '위험한 고비,' '위험한 경우'로 '흥망과 성패의 분기점'이라고 할 수 있다. 위험한 정도를 어느 수준, 무엇으로 볼 것이냐에 따라 다르게 진단할 수 있어서 위기의 의미도 다분히 주관적이라고 할 수 있다. 그러나 위기가 아니라고 버티다가 'IMF'를 준비도 없이 갑자기 맞는 것 보다는 위기감을 가지고 대비해야 한다는 뜻에서, 그리고 정치인이나 기업인, 교육정책결정자로 하여금 교육에 관심을 갖고 경종을 울리기 위해서라도 필자는 이미 한국교육을 위기라고 진단하여 「한국교육의 위기」(서울 : 동문사, 2002)라고 책 제목을 붙여 출판한 적이 있다. 여기서 한국교육이 위기냐 아니냐가 중요한 것이 아니라 위기의식을 갖느냐 안 갖느냐가 더 중요하다고 본다.

1. 공교육 위기의 현상

천연자원을 많이 갖지 못한 우리 나라가 이웃 러시아, 중국, 일본 등 강대국들 틈바구니에서 살아남을 수 있는 유일한 길은 자손들 교육에 힘쓰는 일이라고 우리 조상들은 생각했었다. 거기에다 우리 나라는 유교문화권에 들어 있어 우리의 교육열은 더욱 높아지게 되었다. 이에 더하여 일본의 식민 지배를 받게 되면서 우리의 교육기회는 억제되었었고 또 식민지배의 고통과 고난에서 살아남고, 벗어나기 위해서는 자녀를 가르쳐야만 한다고 생각하여 우리 나라의 교육열은 세계 제일을 자랑하게 되었다.

우리가 일제 식민에서 벗어나 정부수립을 하자마자 터진 6·25의 어려움과 가진 것이 없는 속에서도 우리는 교육을 멈추지 않고 교육에 힘쓴 결과 짧은 기간 내에 산업화의 기적을 만들어 낼 수 있었다. 그리고 어려움 속에서도 교사들이 꼬장꼬장 교과서대로 민주주의를 가르쳤기 때문에 민주화도 실현할 수 있었다고 본다. 경제 발전과 민주 발전의 밑바탕과 원동력은 바로 교육에 있었던 것이다. 그리고 교원들이 교육에 헌신했었기 때문이라고 본다.

우리는 가진 것이 교육 밖에 없는 교육의 나라이다. 그래서 외국인들이 Korea라고 하면 교육을 떠올리는 교육 이미지의 나라이다. 그 동안 한국교육은 한국의 정치, 경제, 사회, 문화의 모든 것을 떠받쳐 주고 있었다. 그렇게 강해 보이고 튼튼해 보이던 한국교육이 지금 흔들리고, 표류하고, 가라앉기 시작했다는 것이다. 교육이 방향을 잃고 흔들려 가지고는 경제가 살아날 리 없고 정치가 제자리를 잡을 리

없다. 정치 · 경제가 교육을 망쳐 놓기도 하고 또 망가진 교육이 정치 · 경제를 되살려 놓지도 못하게 되는 것이다. 위기의 현상을 살펴보자.

자녀교육 때문에 조국을 등지고 교육이민을 떠난다고 한다. 낯선 남의 나라에 산다는 것이 쉬운 일이 아니라는 것을 잘 알면서도 교육이민의 결단을 내리는 사람들의 심정을 누가 제대로 이해할 수 있겠는가? 어떤 교육관리는 전체 인구에 비하여 그 숫자가 얼마 안 된다며 얼버무리고 덮어 버리려고 한다. 교육이민은 그 숫자가 문제인 것이 아니다. 단 한 명이라도 문제는 문제이다. 교육이민은 한국교육의 위기를 나타내 주는 한 증거임에 틀림없다. 다른 나라에서 교육의 나라 한국으로 이민을 와도 시원치 않은 판에 우리 국민이 교육 때문에 이민을 떠나는데도 괜찮다는 말인가?

해외유학으로 한국교육을 외면하는 것도 한국교육의 위기를 나타내 주는 지표이다. 심지어는 초등 · 중학의 국민의무교육 기간에 국민이 교육의 의무를 이행하지 않거나 포기하고 어린애를 '나 홀로' 유학 보내는 모험을 감행하는 상황을 교육의 위기라고 하지 않을 수 있겠는가? 각 나라의 의무교육은 그 나라 국민으로서 생활하는 데 꼭 필요한 교육을 시켜야 하기 때문에 의무교육을 하는 것이고 강제교육을 하는 것이다. 의무교육의 의무를 이행하지 않고 해외로 도피하는 것은 병역의 의무를 이행하지 않고 해외로 도피하는 것과 비슷한 것으로 봐야 할 것이다. 대한민국이 제공하는 의무교육을 안 받고 남의 나라 의무교육을 받는다는 것은 대한민국의 국민 노릇을 안 하겠다는 것과 같은 것으로 봐야 할 것이다. 여기서 국내에 거주하면서 남의 나라 의무교육을 받는 것도 우리 나라 교육의무를 이행한 것으로 볼 것이냐에 대하여 심각하게 법률 검토를 해야 할 것이다. 남의 나라 의무교육을 받는 것을 우리 나라 교육의무 이행으로 봐도 된다면 우리 나라 학생이 외국인학교에 입학하는 것을 막을 법적 논리를 찾기 어렵게 된다. 우리 나라 사람에 남의 나라 군대 생활을 해도 우리 나라 병역 의무를 이행한 것으로 볼 수 있는가? 어린애까지 교육기피를 시키고 남의 나라에 유학 보내는 것을 보면 우리 나라 교육이 위기라고 말하지 않을 수 없다.

이보다 더 절실한 것은 학생들이 자살하고 또 사고로 학교 안팎에서 죽는 것을 보면 학교위기라고 하지 않을 수 없다. 학생들이 오죽하면 "시험 없는 저 세상으로 가겠다."며 자기 목숨을 끊겠는가? 학생들이 인천 호프집에서 무더기로 불에 타

죽고, 유치원 애들이 콘테이너에서 타 죽고, 또 폭력배나 같은 학생들에 맞아 죽는데도 학교위기가 아니라고 부정하겠는가?

중·고등학교에 자퇴생이 늘고 있다는 것도 학교위기의 증거이다. 최근 언론보도에서는 한 해 6만여 명이 학교를 떠나는데 이들이 갈 곳은 없다는 것이다.

대통령과 검찰·경찰까지 나서서 학교폭력을 근절하겠다고 학교폭력과의 전쟁을 선포하고도 학부모들은 아직도 자녀를 학교 보내기가 불안한데 학교위기가 아닌가?

학교는 이 세상에서 가장 안전한 곳이어야 한다. 자기방어 능력이 없는 어린 학생들이 가장 집중적으로 모여 있는 곳이기 때문이다. 오히려 옛날엔 학부모들이 학교와 선생님에게 자신의 자녀를 맡긴다고 했고 또 학교와 선생님들은 남의 자식을 맡아 가르친다고 했었다. 그런데 지금 한국의 학교는 자녀를 안전하게 믿고 맡길 곳이 못 된다.

여중·여고생이 극소수이겠지만 원조교제, 유흥가에 돈벌이로 나선다는 것이다. 이 문제도 숫자가 문제가 아니라 어린 학생들이 이런 생각을 한다는 자체가 문제인 것이다.

한국의 학교는 국민과 학부모, 학생의 신뢰를 잃어 학교에 등 돌리고 대신 사교육에 눈 돌리고, 또 발길을 돌리고 있다. 학교교육만으론 불안하여 학교보다는 학습지, 참고서, 교육회사, 학원, 입시산업, 개인교수에 더 의존하게 된다. 공교육 지원에는 인색하고 사교육엔 후한 인심으로 더욱더 악순환으로 빠지게 되었다. 사교육은 비대해지고 공교육은 쪼그라들고 있다. 한국의 공교육은 지금 국민의 신뢰를 잃고 있다. 돈이 없고 근처에 사교육기관이 없어서 그렇지 그런 여건만 된다면 특별한 소수를 제외한 대한민국 학부모 대부분이 사교육에 아이를 맡기고자 한다.

결국 우리 나라 공교육은 국민의 교육욕구를 충족시켜 주지 못하고 있다. 1960연대 초 1인당 국민소득 100달러에서 1990연대 말 10,000달러가 되면서 원래 높았던 국민의 교육욕구는 더욱 높아졌는데 우리의 공교육은 이 높아진 국민의 교육욕구를 충족시켜 주지 못하고 있다. 평균 10,000달러 수준의 국민의 교육욕구도 채워 주지 못하니 30,000달러 40,000달러 수준의 국민들은 아예 한국의 공교육을 포기하지 않을 수 없는 것이다.

재능 있는 학생들이 공교육만으로는 재능을 발휘할 수 없고, 영재아나 장애아들이 갈 곳이 없다. 다양성 시대에 학교가 획일화되어 있고 특수아에 대한 배려, 그늘진

곳에의 배려가 적다. 우리 나라 공교육만으로는 세계적인 사람이 될 수가 없는 것이다.

제일 질서 정연하고 법통이 서야 할 학교가 무질서와 난장판의 전형으로 변해 가고 있다. 학교에서 교수와 교사가 삭발하고 투쟁하는 장소로 변해 가고 있다. 잘못 되어도 법에 호소하여 법의 심판을 받을 생각은 처음부터 하지 않는다. 학교에서도 때려 부셔야 이기는 세상이 되었다.

국가와 정부가 믿고 공교육을 맡긴 사학재단도 투쟁집단이 무력으로 탈취하면 그만이다. 교장의 허락 없이 외부의 명령에 따라 교사가 집단이탈을 해도 속수무책인 학교가 되었다. 3년 동안 배울 교육과정을 2년 동안에 해치우는 불법을 저질러도 괜찮은 나라가 대한민국이다. 학교는 이미 원칙과는 먼 세상이 된 지 오래 되었다.

한국의 교사는 이미 학생을 가르칠 수 있는 힘을 잃었다. 민주적 권위도 못 갖추고 전문적 권위도 인정받지 못하고 있다. 학교뿐만 아니라 온 나라가 권위의 위기(authority crisis)를 맞고 있다. 대통령이 말을 해도 국민들은 믿으려 하지 않는다. 오죽하면 대통령이 "믿어 주세요"라고 국민들로부터 믿음을 구걸하겠는가? 신뢰의 위기(trust crisis)를 맞고 있는 것이다. 지도자들이 지도력을 잃고 있다. 지도력의 위기(leadership crisis)를 맞고 있는 것이다. 모두가 지도하려고만 하고 배우려 하지 않는다. 교사들은 믿어 달라는 말을 할 힘도 없다. 교사의 권위상실로 교사는 교육력을 잃고 있다.

한국의 학교는 더 이상 가르치고 배우는 곳이 못 된다. 오직 test만이 존재하는 곳이다. 가르치고 나서 test를 하기라도 해야 할 것이 아닌가? 이제는 그 test도 믿을 수 없게 되었다. 점수를 부풀리고 교장이 솔선하여 시험부정에 성적 조작을 한다.

학교에 교육은 보이지 않고 평가만이 판을 치고 있다. 이제는 학생만 평가하는 게 아니라 학교도 평가하고 교육청도 평가하여 '평가=돈(재정지원)'이 되다 보니 돈 넣고 돈 따먹기 판이 되었다. 평가가 뭔지도 모르는 사람들이 교장도, 교감도, 교사도 모조리 평가할 수 있다는 대한민국 교육인적자원부 장관이고 학부모 단체이다. 한국의 학생과 학부모들을 언제 누가 다 평가전문가로 양성해 놓았는가? 이래도 학교위기가 아니란 말인가?

분명히 초등교사가 부족한데도 교육 관리들은 교원수급에 차질이 없다고 국민들에게 거짓 발표를 했다. 정년퇴임시킨 고령교사를 다시 불러다 기간제교사로 땜질교육을 하고 있는데도 교육이 잘 되고 있다는 거짓이 통하는 교육현장이니 위기가 아닌가?

교육발전종합방안, 교직발전종합방안, 이상형학교, 교육여건 개선, 3~5년 내 세계적인 대학 15개 만들기, 대학 구조조정과 통폐합, 국립대학 법인화, 고등교육평가원 설립 등 너무 많은 것을 발표하여 이제는 자기 입으로 무엇을 발표했는지도 모를 지경이 되었다. 몇 년 후의 것을 마구잡이로 대통령에게 보고하는 것으로 그치고 있다. 이것이 통하는 학교현장이 되고 말았다. 그래서 위기는 또 위기를 불러일으킨다. 이렇게 되니 학생과 학부모가 거짓을 하고, 그 거짓이 통하는 학교가 되었다. 부모가 앞장서서 가짜 봉사영수증을 떼다 주는 나라가 우리 나라이다.

한국교육에 방향감이 없다. 철학이 없는 것이다. 평등과 평준화가 좋다고 하면서 우리 나라 교육과 학교를 다 평등하게 만들지도 못하고 평준화도 다 시키지도 못하고 있다. 불평등은 더욱 벌어지고 있다. 가진 자들은 사교육과 해외교육으로 욕구를 채울 수 있지만 불리한 입장의 사람은 더욱 불리해진다. 도시와 시골의 격차는 더욱 벌어질 수밖에 없다. 평등을 찾다 우수성과 최고를 놓치고 있다. 효율과 능률, 획일과 중앙집권을 찾다. 선택의 자유를 잃고 있다. 서로 갈등을 일으키고 있는 이념과 가치들 사이에서 조화를 이루지 못하고 위기를 초래하고 있다.

왜 한국교육의 어두운 면만 찾고 밝은 면은 볼 줄 모르느냐고 책망할지 모른다. 과학, 수학 올림피아드에서 좋은 성적 올리고 있지 않느냐고 말이다. 필자는 선수 몇 명 성적 올린다고 만족해서는 안 되기 때문에 여기에 많은 의미를 두지 않는다. 우리 나라 교육은 평균적으로 어느 수준에 올라 있는 것은 인정한다. 교사도 평균적으로는 우수하다고 본다. 그러나 최고가 나오기 어렵기 때문에 지식정보사회에서 위기라고 하는 것이다. 산업시대에는 평균으로 살아남을 수 있었으나 지식정보사회에서는 평균으로는 처방이 나오지 않는다.

더 이상 학교위기의 현상을 묘사할 필요가 없다. 학교에서 기본과 원칙, 본질이 통하지 않고 있기 때문이다.

2. 공교육 위기의 근본 원인

교육의 나라 한국교육, 한국의 학교가 왜 이렇게 위기에 처하게 되었을까? 여러 가지 복합적인 요인들이 학교위기, 공교육의 위기에 작용했을 것이다. 그 원인을 찾아봐야 위기의 대처방안도 나올 수 있을 것이기에 학교위기의 원인에 대하여 생각해 보기로 한다.

무엇보다도 먼저 가치전도를 들지 않을 수 없다. 교육, 정신을 가지고 살던 우리 사회에 갑자기 산업화의 물결이 휩쓸게 되면서 물질적 가치가 정신적 가치를 누르게 되어 교육과 학교가 파괴되는 원인이 되었다고 봐야 할 것이다. 이렇게 가치가 뒤집히는 사회가 되면서 교육과 학교, 교사를 우습게 여기게 되었다.

둘째, 전통적 권위주의적 권위를 민주적 권위와 전문적 권위로 잘 대체하지 못하면서 교원의 권위가 도전을 받게 되고 교원이 권위를 잃으면서 교육력을 잃게 되어 학교위기를 초래하게 되었다. 교사에 의하여 교장의 권위가 도전받고, 학생 · 학부모 · 일반인에 의하여 교사의 권위도 땅에 떨어지게 되었다. 아직도 교장과 교사가 민주적 권위와 전문적 권위를 갖추지 못하게 되면서 학교에 권위의 공백을 가져온 것이다.

셋째, 사회는 지식정보사회로 바뀌었는데 학교는 바뀌지 않고 공장식 학교로 그대로 있기 때문에 학생과 학부모의 욕구를 충족시켜 주지 못해 학교가 외면당하고 위기를 맞게 되었다고 본다. 현재의 공장식 대량 싸구려교육, 집단중심 획일교육, 분업조립식교육, 시간중심 일제교육으로는 더 이상 학생과 학부모의 관심도 끌 수 없고 지식정보사회에서 생존을 유지할 수조차 없게 된다. 이제는 싸구려 대량교육 대신 질 높은 고급교육을 해야 하고, 집단중심 획일교육 대신 개별화 다양성, 독특성, 선택의 자유가 보장되는 교육을 해야 하며, 분리조립식 교육 대신 통합 · 협동 · 연계 · 팀의 교육을 해야 하는 것이며, 시간중심 획일교육 대신 자기 속도에 의한 자기주도의 교육을 해야 하는 것이다. 우리의 학교는 이러한 시대정신에서 멀리 벗어나 있기 때문에 위기에 처할 수밖에 없다. 애초부터 국민의 교육적 욕구와 교육열이 높았었는데 산업화에 의한 경제발전으로 국민의 교육에 대한 기대는 더욱 높아지고 부풀었는데 정부는 이런 높아진 기대를 채워 주지 못하고 국민을 실망시키고 있는 것이다.

넷째, 교육현장을 모르는 교육정책가와 교육행정가, 교육지도자들의 오류가 학교위기를 몰고 왔다는 비난을 피하기 어렵다. 특히 문민정부, 국민의 정부, 참여정부에 들어와서 더 급격히 교육이 무너지기 시작했는데 이들 정부에 들어와서 교육과 교원을 무시하고 교육을 정치논리와 경제논리로 흔들어 놓기 시작한 것이다. 우선 교육을 모르는 사람들을 함부로 장관에 앉혀 놓고 그들로 하여금 아무렇게나 개혁의 칼날을 들이대게 했던 것이다. 개혁 하나도 제대로 정착시키지 못하고 현장에 혼란만 가져오게 하고 교원을 교육에서 타도의 대상으로 삼게 만들어 놓은 것이다. 교원들은 코너로 몰려 죄인 신세, 구경꾼 신세가 되고 교육관리와 투쟁무리들만 판을 치게 된 것이다. 이렇게 되니 학교에서 교육은 보이지 않고 테스트와 훈련만 보이고, 평가와 개혁, 눈치 보기, 짜 맞추기, 목청 높이기만 판을 치게 된 것이다.

다섯째, 중복되는 면이 있지만 결국 정부가 지식정보사회에 맞게 투자를 하지 않은 것이다. 교육을 다양화하고, 작은 학교를 만들고, 개별화하고, 지구촌화하려면 우리가 상상하기 어려울 정도의 재정투자를 하고, 교육에 정성을 쏟고, 공을 들여야 하는 것이다.

학교위기의 근본원인으로 여기에서 제시된 가치전도, 권위추락, 공장식 교육, 지도자의 방향감 부재, 제정투자의 인색 이외에도 더 구체적인 여러 원인들이 있을 수 있다. 그러나 여기서 그런 구체적인 원인을 더 이상 나열하는 것은 큰 의미가 없다고 본다.

3. 공교육 위기에 대한 대처 방향

지금까지 (1) 산업사회의 특징과 지식정보사회의 특징을 비교하면서 지식정보사회 학교와 교육의 모습을 그려보고, (2) 공교육 위기의 현상을 간단히 기술하고 그 근본원인을 찾아보려고 하였다. 그러면 우리는 앞으로 어떻게 해야 할 것인가? 그 대처방안을 생각해 봐야 할 차례이다.

산업사회 이전에는 정치 우위시대로 군사적 힘이 중요하고 또 군사적 힘이 판을 주도했다고 한다면, 산업사회에서는 경제의 시대로 교환적 가치, 교환적 힘이 판을 쳤다. 그 가치와 힘을 주로 공장에서 거의 다 만들어 냈었다. 우리는 공장에서 만들어 내는 물질을 가지고 행복할 것으로 믿었었는데 이제 우리는 이에 만족하지 못하게 되었다. 공장식 학교에서 제공하는 교육에 만족할 수 없고, 또 이런 공장식 학교에서 지식정보사회에 알맞은 인간을 길러낼 수는 없다.

지식정보사회에서는 지(성)적 힘이 중요하다는 것을 누구도 부인하지 않는다. 지적 힘은 공장에서 만들어 낼 수 있는 것이 아니라 교육에서 만들어 내야 하는 것이다.

그래서 학교위기를 극복하고 대처하는 길은 먼저 교육을 국가 아젠다의 최우선 순위에 놓는 일이다. 교육을 전 시대에 중시했던 정치나 경제보다도 우선순위에 올려 놓아야 지식정보사회에서 살 남을 수 있다는 생각을 해야 한다. 정치논리, 경제논리로 교육을 흔들지 말고 교육을 먼저 생각하는 정책을 생각해야 한다. 교육을 키워서 경제를 살릴 생각을 해야 한다. 그래서 교육에 우선 투자해서 싸구려 교육을 면하고 질 높은 교육을 할 수 있도록 되어야 한다.

둘째, 국가 교육의 방향감을 잡아야 한다. 어떤 인간을 길러낼 것인가에 대한 국민적 합의를 도출해 내야 한다. 그러고 나서 무엇을 어떻게 가르칠 것인가의 공통분모를 합의로 이끌어 내야 한다.

셋째, 하루빨리 학교의 모형과 형태를 지식정보사회에 맞는 학교로 바꿔야 한다. "19세기 교실에서 20세기 교사가 21세기의 학생을 가르친다."라고 생각하면 우리는 흔히 낙후된 시설과 뒤떨어진 교수방법을 먼저 생각하게 된다. 그러면 첨단 시설로 바꾸고 교수방법만 바꾸면 21세기에 알맞은 학교로 바뀔 것인가? 근대·현대의 학교를 처음 설계할 때는 18세기, 19세기의 상황에 근거하여 그 상황에 알맞게 설계되었다는 점을 중시해야 한다. 현재의 학교의 모습은 여러 가지로 변해 오기는 했지만 근본적으로는 산업사회의 철학과 생각을 가지고 산업사회에 맞게 고안되고 설계된 것이다. 우선 산업사회의 대량 생산, 조립 공장, 물질주의, 기계주의, 실증주의, 관료제에 기반을 두고 학교의 모습이 그려진 것이다. 이에 근거하여 만들어진 현대 학교의 틀을 그대로 두고 새로운 시설과 교사를 보충하여 고쳐 쓸 것이냐, 아니면 완전히 새로운 형태의 학교를 새로 설계하여 만들어 쓸 것이냐를 고려해야 할 시점이다. 이것을 Re-form이나 Trans-form이냐로 표현하기도 하고, Reinventing, New Design, Fundamental Redesign이라고도 한다. 빌 게이츠도 미국의 고등학교는 수선해서 고쳐 쓰기에는 이미 너무 낡았다고 하면서 작은 학교 운동을 벌이고 있다. 공장식 학교를 가지고는 더 이상 지식정보사회에 대처할 수 없다. 개별화가 가능하고, 학생의 선택이 어느 정도 보장되고, 인간적인 교육을 할 수 있는 학교모형을 그리다 보면 공교롭게도 우리의 전통적인 서당식 학교에 가깝게 되는 것을 알 수 있게 된다. 우리 조상들의 교육에 대한 지혜가 대단하다는 것을 느끼게 된다. 우리의 서당식 학교가 21세기 지식정보사회에서 추구하는 교육을 하기에 알맞다는 것은 놀라운 사실이 아닐 수 없다. 서당식 학교를 21세기에 맞게 고칠 점은 (1) 많은 학생을 교육할 수 있게 하는 것과, (2) 암기 · 암송식 교육을 사고력 증진, 창의력 계발의 교육으로 바꾸는 점, (3) 전자 · 정보시대에 맞게 시설환경을 고도화하는 점이라고 본다. 이 몇 가지만 보완하면 21세기형 서당식 학교가 될 것이다.

넷째, 무엇보다 학교에서 권위를 회복하는 일이 가장 급한 일이라고 본다. 가르치는 사람에 대한 문제를 해결해야 한다. 교원의 권위회복을 위해서는 교원 자신들도 노력해야 하지만 국가의 지도자, 행정관리, 학부모들이 앞장서서 생각과 태도를 바꾸고 교원의 권위회복에 노력해야 한다. 그래야 교장과 교사가 학생들을 가르칠 수 있게 되고, 또 학생들이 교사의 권위를 수용하게 된다.

다섯째, 교원들이 먼저 단결해야 한다. 우리 스스로가 우리의 권위회복, 명예회복, 자존심을 지키기 위해 단결하지 않으면 안 된다. 교원의 몫을 누가 챙겨 주기를 기다려서는 안 된다. 정치가가 교원을 알뜰살뜰 보살펴 주지도 않을 것이며, 교육관리들이 교원의 마음을 깊이 헤아려 주지 않을 것이다. 교육 관리들이 교직을 발전시켜 주겠다고 '교직발전종합방안'을 내놓는다는 것 자체가 웃기는 일이다. 대학교수라고 우리 초 · 중등교원의 마음을 제대로 알아줄 것이라 기대하기도 어렵다. 우리 교원들이 똘똘 뭉쳐 올바른 것은 주장하고, 옳지 않은 것은 지시를 해도 꼼짝달싹하지 말아야 한다. 그리고 새 시대에 맞게 열심히 연구하고 노력하여 학생들이 잘 배울 수 있게 해줘야 한다. 그래야 우리에게도 보람이 있고, 살아간다는 것이, 교원이라는 것이 의미를 갖게 되는 것이다. 공교육위기와 학교위기를 극복해야 우리가 가르치는 일에서 의미를 찾을 수 있게 된다. 위기와 혼란 속에서 하루하루를 살다 보면 우리의 인생이 비참해진다.

여섯째, 교육지도자와 리더십이 중요하다. 올바른 교육 지도자를 길러내야 한다. 민주주의에서는 더욱더 지도자가 중요시되는 것이다. 지도자를 깔아뭉개는 게 민주주의가 아니다.

일곱째, 교육을 위한 가정, 지역사회, 사회의 협동체제가 중요하다. 가정교육, 사회교육의 협동 없이 학교교육이 성공할 수 없다. 우리 나라에서 공교육과 학교교육이 위기를 맞기 전에 먼저 가정교육과 사회교육이 무너졌던 것이 더 큰 문제였던 것을 우리는 의식하지 못하고 지나쳤던 것이다.

위기가 기회라고 한다. 이 위기극복을 위해서도 그렇고, 위기를 극복하고 나서도 무시받던 우리 교원의 협조를 절실히 필요로 하게 될 것이다. 토라진 교원의 마음을 먼저 돌려야만 공교육위기를 극복하는 물꼬가 돌려지고 트이게 될 것이다.

IV. 결론 : 지식정보사회의 교육의 모습

우리 나라 공교육이 지향해야 할 지식정보사회의 교육의 모습을 좀더 그려 보고자 한다. 정보사회의 핵심가치가 산업사회와 달리 바뀌게 되고 이 가치에 의하여 새로운 체제를 만드는 아이디어를 생각해 내서 체제 설계로 연결해야 한다. 지식정보사회에서 강조되는 새로운 핵심가치를 몇 가지 예로 들면 다음과 같다.

첫째, 인간에 대한 생각이 한쪽은 개인과 다른 한쪽은 지구촌으로 초점이 맞춰지게 된다. 더 이상 나눌 수 없는 인간 한 사람 한 사람 개인 {(individual(더 이상 나눌 수 없는 사람)＝in(아니다) ＋ divide(나누다)}에 초점을 맞추는 동시에 다른 한편으로는 하나의 지구에 사는 사람으로 생각해야 하는 측면이 있다. 학교나 학급 집단으로 다루려는 생각은 줄어들어야 할 것이다.

둘째, 개인, 가정, 여러 사회 체제 내에 내재하는 독특성과 독특한 가능성을 존중해야 한다. 이 세상에 하나 밖에 없는 학생 개인이 귀중한 것이다.

셋째, 학습에의 자유와 권리가 존중되어야 한다. 배우는 방법에는 여러 가지가 있고 어떻게 배우느냐는 학습자에게 맡겨져야 한다.

넷째, 삶의 질 확보와 풍요화를 귀중하게 여겨야 한다.

다섯째, 윤리, 도덕, 정신적 발달과 문화적 다양성이 중시되어야 한다. 정보사회에서도 인간답게 살아야 하고, 삶의 방식은 다양할 수 있다. 산업사회에서 물질이 지배하는 사회가 되어 문제가 되었듯이 지식정보사회에서도 지식과 정보가 인간을 압도하여 지식과 정보가 지배하는 사회가 되면 문제가 될 수 있다.

여섯째, 대인관계와 사회적 관계성은 정보사회에서도 여전히 중요하다.

일곱째, 위협적 힘(정치/ 군사), 교환적 힘(경제), 통합적 힘(사회) 중에서 통합적 힘이 제일 중요시된다.

여덟째, 학습과 인간개발을 육성하는 일이 중요시된다.

이러한 가치들이 중핵가치로 부상하게 되면 교육은 새로운 사회적 기능을 담당하게 된다.

첫째, 사회와 교육의 상호발전 관계가 성립된다. 지식정보사회에서는 정보와 지식을 개발하고 창출하는 교육이 보다 더 중시되지 않을 수 없다. 물질주의에서는 공장이 학교보다 더 중시될 수 있었으나, 지식정보사회에서는 학교가 곧 지식 생산의 공장이 되는 셈이다.

둘째, 다른 사회 체제와의 새로운 관계성을 성립해야 한다. 다른 체제와의 고려 없이 교육체제에서만 개혁을 시도해서는 소용없을 것이다.

셋째, 지구공동 사회와 교육체제와의 관계를 성립해 나가게 된다. 한 지구에서 같이 살아가기 위한 교육이 되어야 할 것이다.

넷째, 인간잠재 능력의 개발이 가장 중요한 산업이 된다.

다섯째, 학습에서의 자유와 권리, 앎에 대한 권리의 보장이 더 중요한 기능이 된다.

여섯째, 인간의 질과 지혜의 발전이 교육의 중요한 기능이 된다.

일곱째, 인간 조건의 개선이 중요한 교육 기능이 된다. 인간이 인간답게 살 수 있게 하는 환경과 조건을 만들어 줘야 한다. 지금은 교육이 오히려 인간의 조건을 파괴하는 기능을 하고 있는지 모른다. 교육한다고 오히려 많은 사람을 잡고, 고통을 주고 있을 수도 있다.

이렇게 되면 학습에서도 달라져야 하는 것은 너무나 당연하다.

첫째, 고등정신 기능의 고등학습 내용으로 학습내용을 바꾸어가야 한다.

둘째, 고도기술 시대에 요청되는 능력을 개발하는 학습이 되어야 한다. 컴퓨터를 다룰 줄 아는 것은 그 하나의 예일 것이다.

셋째, 변화를 관리하고 형성하는데 도움이 되는 학습을 해야 할 것이다. 변화에 수동적으로 적응하고 대처만 하는 것이 아니라 변화를 주도적으로 관리해야 한다.

넷째, 협동 학습 능력을 획득하도록 하여야 할 것이다.

다섯째, 체제적 사고와 협동능력을 기르기 위한 학습이 되어야 할 것이다.

여기서 정보사회에 필요한 몇 가지 중요한 덕목을 뽑아낼 수 있다.

첫째, 개별성과 독특성을 강조하게 된다. 한 사람 한 사람의 개인과 그 개인의 독특성에 초점을 맞추고 또 이를 인정 · 장려해야 한다.

둘째, 다른 한편으로는 공간을 확대하여 지구촌에서 살아갈 것을 생각하면 지구촌 · 국제화, 개방성이 중요시된다. 마음이 열리고, 공간이 열리고, 시간이 열리고, 체제가 열려야 한다.

셋째, 더불어 살아가기 위해서는 협동성, 동료의식, 팀 정신, 통합성이 요구된다. 학생들도 팀으로 학습해 나가고, 교사도 팀으로 가르치고, 행정가들도 팀으로 행정하고 경영 · 관리 · 지원하게 되기 때문이다.

넷째, 변화의 시대에는 융통성과 신축성이 강조된다. 교육과정도 학습도, 행정도, 조직도, 융통적이고, 신축적이어야 한다.

이러한 몇 가지 중요한 개념을 염두에 두고 21세기의 교육을 그려볼 필요가 있다.

새로운 체제의 학교를 구상한다면 또 (1) 변화의 초점, (2) 변화의 범위, (3) 다른 체제와 교육체제와의 관계의 3차원을 체계적으로 고려해 볼 필요가 있다. 새로운 체제를 [그림 13－1]로 나타내 볼 수 있다.

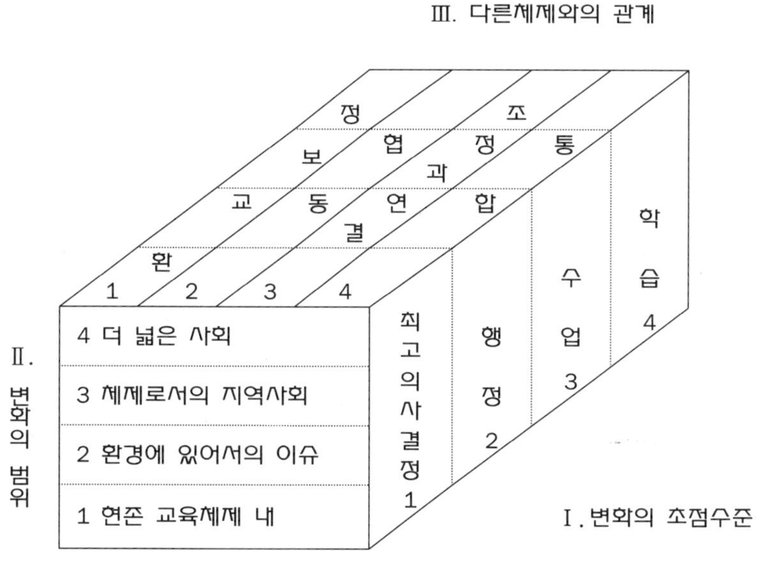

[그림 13－1] 변화와 개혁시 고려할 차원

* 출처 : Banathy, 1991, p. 49.

예를 들면, (1) 학습, (2) 교수, (3) 행정, (4) 최고의 의사결정의 네 수준에서 어디에 변화의 노력의 초점을 맞출 것인가? 학습 수준 쪽으로 초점이 옮겨가야 할 것이다.

(1) 현존 교육체제 내, (2) 환경에서의 이슈, (3) 지역사회, (4) 보다 광범한 사회 중 여러 가지 범위를 확대할 것인지 결정해야 한다. 보다 넓은 쪽을 향하여 가야 할 것이다.

교육체제와 다른 체제와 기관과의 관계를 (1) 정보교환, (2) 협동, (3) 조정과 연결, (4) 통합의 수준에서 어느 형태를 취할 것인가를 종합적으로 구상하여 개혁 노력을 할 필요가 있다. 통합의 수준의 방향으로 관계를 밀착해야 할 것이다.

이제 좀더 구체적으로 21세기 지식정보사회의 학교와 학교교육이 어떻게 변해야 할 것인지에 대하여 생각해 보기로 한다. 물론 절대적인 것이 될 수 없고, 사람에 따라 가상이 다를 수도 있다. 일반적인 것에서부터 구체적인 방향으로 전개해 보기로 한다.

1. 학교교육의 위치

지식정보사회의 학교와 교사가 학생에게 정보를 제공해 줄 수 있는 양과 비중을 어느 정도 가정해야 할 것인가? 과거에는 학교와 교사가 전적으로 정보와 지식을 제공해 준다고 생각했었는데도 불구하고 겨우 학생들이 얻는 정보의 40%를 제공해 줬다고 하는데(Beare & Slaughter, 1993, p. Ⅸ) 이제 정보가 개방되고 모두가 공유하게 되는 지식정보사회에서 학교와 교사가 해 줄 수 있는 정보의 양은 줄어들 수밖에 없다. 가정교육, 사회교육, 학교교육 중에서 학교교육의 비중을 줄여서 잡아야 할 것이다. 학교의 기능과 역할도 변해야 하고, 교사의 기능과 역할도 기계나 정보매체가 하지 못하는 일만 담당해야 할 것이다. 학교에서 학생들이 학습하는 시간도 줄어들어야 할 것이다. 정보를 수집, 조직, 활용하는 일은 학교 이외의 다른 장소에서도 많이 할 수 있기 때문이다. 지식정보사회는 장소와 공간을 뛰어넘는 시대가 된다.

2. 공립학교 제도

현재도 공립학교 제도에 회의와 의심을 많이 품고 있다. 그래서 Phi Delta Kappa에서는 1996년도에 "공립학교는 아직 필요한가?"에 대한 연구를 하고 아직은 필요하다는 결론을 내렸으나 이런 연구를 시작했다는 자체가 공립학교 제도에 문제가 있다는 반증이 된다. 공립학교가 학생들에게 가장 잘 정보를 제공해 주고 활용할 수 있게 교육하고 있다고 할 수는 없다. 정보의 개방성에 의하여 자유경쟁이 가능해지고 시장성에 의하여 자유경쟁이 되어야 더 좋은 정보와 서비스를 학생들에게 제공해 줄 수도 있다.

사립학교만 해도 비영리 교육기관이었는데 이제는 사설 영리 교육회사가 경쟁에 나서고 있다. 예를 들면, Edison Project는 1996년에 설립하여 2010년까지 1,000개의 학교 2백만 학생을 등록하게 할 계획을 하고 있다(인터넷에서 Edison School을 검색해 보라). 이 프로젝트는 12분 뉴스 프로그램에 2분 상업광고를 하는데 미국 40%의 중등학교 학생에게 제공되고 있다(Lieberman, 1995, p. 318). 공립학교 교사보다 인공위성에 의하여 공중에 떠돌아다니는 스타교사가 제공하는 정보가 더 유용할 수 있다. 아니면 영리 사설 교육기관 일부와 공립학교, 또는 사립학교와의 조합형식의 교육도 생각할 수 있다. 심지어는 학생을 학교에 안 보내고 전적으로 가정에서 가르치겠다는 학부모도 나온다. 앞으로 공립학교의 교육서비스의 질을 획기적으로 개선하지 못하면 공립학교의 존재이유 자체에 위협을 받게 될 것이다. 우리나라의 교육기관도 공립학교, 비영리 사립학교, 영리 사설 교육기관의 3종류가 경쟁을 벌이는 시장체제가 나올 수 있다. SBS와 EBS가 경쟁하는 것이 아니라 이들이 학교와 경쟁할 수 있다.

학부모의 학교 선택권이 보장되고, 어느 학교를 선택하든 일정액의 학비를 세금에서 보장해 주는 경향을 보면 경쟁력 없는 공립학교는 위협을 받지 않을 수 없다.

3. 학교수준, 학년, 학급의 의미 감소

앞으로의 사회는 학생 개인에 초점을 맞춰야 하고, 개인의 능력은 각기 다르기 때문에 초등학교, 중학교, 고등학교 간의 구분과 이동이 엄격하지 않고 자유스러워야 한다. 학년의 개념이 줄어들고 꼭 1년마다 이동(진급)할 필요도 없어진다. 보통교육의 윤곽을 정해 놓고 이곳을 통과하기만 하면 된다. 지금은 '학생(개인)'을 가르치는 것이 아니라 '학급'을 가르쳤는데 개인에 초점을 맞추게 되면 학급의 의미는 사라지거나 약화된다. 학급은 산업사회 학교의 상징으로 대량교육을 위한 집단이었다. 학습의 단위는 다양하게 대집단, 소집단, 개인이 되고, 학습 팀의 개념이 강조될 수 있다.

어떤 사람은 유치원을 포함하여 4-4-4의 엉성한 학교체제를 생각하기도 한다. 4-4-4가 한 학교이면서도 다른 학교, 즉 '학교 내 학교(schools within school)'와 같은 것이다. 한 수준의 학교에 300~400명의 학생을 12~20명의 교사가 팀을 이루어 무학년제로 가르친다. 학교수준별 이동이 자유스럽다. 학교수준별 행정가, 경영자도 3수준의 팀이 하나의 행정 팀을 이루어 공동으로 계획하고 실천하고 평가한다. 엉성한 한 학교의 개념이 작용하는 것이다.

4. 교육과정

정보와 지식에의 접근에 공평하고 평등해야 한다. 그렇다고 이것이 각 어린이에게 똑같은 교육과정을 제공해 줘야 한다는 것을 의미하지는 않는다. 학생들에게 제공되는 교육과정은 각각의 학생에 따라 달라질 수 있다. 공통학습을 위하여 고도로 차등 교육과정이 제공되는 셈이다. 공통학습을 위한 비공통교육과정이 된다. 이는 같은 교육과정을 위한 능력별 집단 그 이상의 것을 의미한다. 중학교 교육과정의 의미는 줄어들게 된다. 물론 기초(basics)에 해당하는 것은 예외일 수도 있겠으나 이것마저도 달라져야 할지도 모른다. 지식작업, 아이디어, 상징, 추상, 이론과 같은 고등사고 기술을 다루는 내용이 교육과정에 많이 포함될 수밖에 없다.

미리 확정되어 굳어져 있는 교육과정이 아니라 그날 그날 정하는 교육과정이 될 정도로 융통적이고 신축적이어야 한다. 교육청 수준, 학교 수준의 교육과정은 엉성할 정도로 공통적인 교육과정이 정해질 수 있겠으나 학급수준의 교육과정에서는 융통적이고 개별화의 모형이 될 것이다. 강조 내용, 습득할 기술, 성취 기대수준, 학습 속도, 학습 방법, 제공될 학습 환경, 학습의 구조화 정도, 학습 자료, 피드백 형태와

양, 최종평가 방법, 개인적 의미(Glatthorn, 1994, p. 105)가 모두 학생 개인에 따라 달라져야 한다. 신문을 통한 수업은 임시 교육과정의 성격을 갖는 좋은 예이다.

또 교육과정의 결정에 학생이 적극 참여해야 된다. 과거에도 학생의 필요와 요구를 조사하여 교육과정을 구성한다고 하였으나 이제 정말 학생주도의 학습을 하려면 교육과정의 결정에 학생이 참여해야 한다.

5. 학습과 학습자

교육체제(또는 학교)를 최고 의사결정 기관수준, 행정수준, 수업(교수)수준, 학습 · 경험(학습자 개인) 수준으로 나누어 볼 수 있는데 과거에는 높은 수준에 초점이 맞춰져 운영되었고 또 학습 · 경험 수준도 하나의 학습집단으로만 다루어졌었는데 이제 21세기 지식정보사회의 학교교육에서는 학습수준에 초점이 맞춰져야 한다. 학급에 초점을 맞추지 말고 학습자에게 초점을 맞춘 학교가 되어야 한다. Mechr & Midgley(1996, pp. 20～25)도 아이에게 초점을 맞춘 학교, 학습에 초점을 둔 학교를 미래에 대한 버전의 필수적 본질로 들고 있다. 학습에 초점을 맞췄을 때, 최고의사결정수준, 행정수준, 수업(교수) 수준도 다음 〈표 13－5〉와 같이 변해야 한다.

〈표 13－5〉 학습에 초점을 맞춘 체제(Banathy, 1991, pp. 93～95를 표로 작성)

	최고의사결정 (기관)수준	행정수준	수업(교수)수준	학습 · 경험(학습자개인) 수준
목적	학습 · 경험 수준의 지원을 위한 자원의 이용 가능성 촉진	학습을 촉진하는 자원요구와 자원 활용에 적절한 정보 형성	학습을 촉진하는 자원과 배치의 성공	학습과제 완성, 유능하게 되는 것
실재	교수 · 학습 체제에 대한 사회적 기대와 요구	교수와 학습 지원, 교육시설	학습자 필요와 목적	바라는 학습 산출에 관한 정보
의사 결정자	교육정책 결정자와 여러 사회기관 자원체제의 대표	재정과 학습자원의 확보와 자원관리를 위한 관리자와 행정가	학습자원 관리자와 자원제공자	학습자와 학습자원 관리자

투입	사회의 교육적 필요와 가치, 교수·학습 체제에 대한 요구 : 재정 자원과 제약	최고 결정 수준과 기관 학습자 수준의 산출	행정수준의 산출 : 학습자의 절차, 학습자 요구에 대한 정보	수업수준의 산출, 학습자 요구와 목적, 교수·학습 자원 활용을 위한 구체적 계획
산출	일반 교육목표, 교수·학습체제에 이용 가능한 자원 배분	여러 사회 체제의 참여와 사회의 교육적 지원과 전반적 교육 요구의 활용을 규제하는 정책	교육과정의 틀에 대한 정보 ; 교수·학습 자원의 배치 ; 조직원 쉽게 이용 가능한 자원	완성된 학습 과제, 개인적·사회적으로 유능한 사람이 되기 위한 진전

지금까지는 행정가도, 교사도 모두 교사가 무엇을 어떻게 가르칠 것이냐에만 주의와 관심을 기울여 왔다. 교사가 아무리 열심히 가르쳐도 학생이 배우지 않거나 못하면 열심히 하는 것도 의미가 없다. 교육개혁도 정책, 의사결정, 행정에 초점을 맞추고, 기껏해야 수업에 맞춘다고 해도 학생이 배우지 못하면 아무 소용이 없다. 학교운영위원회는 최고의사결정 수준의 문제로 학습과는 아직도 거리가 멀다. 학교운영위원회를 구성·운영하면 학생이 더 잘 배울 것이라는 가정과 가설이 반드시 眞으로 나온다는 보장이 없다. 학교장 초빙제도 최고의사결정 수준 아니면 행정수준의 문제이다. 교수초점과 학습초점이 어떻게 다른지 비교표를 검토해 보면 좀더 명확해 질 것이다.

6. 교 사

교사가 학생에게 정보를 제공해 줄 수 있는 양과 방법에는 한계가 있으므로 교사의 위치는 학습 보조자, 안내자 위치로 전환해야 한다. 정보제공자의 위치에서 코치, 지원, 자문, 리더, 조직자, 목표 설정자 위치로 가야 한다. 학습자에게 필요할 것으로 예상되는 정보를 최대한 준비해 놓는 일에 많은 시간을 보내야 한다. 수업시간보다 수업준비 시간과 노력이 더 많이 필요하게 된다. 수업시간에는 개별, 또는 팀별로 정보를 조직하고, 저장하고, 활용하는 방법을 도와 주는 일에 그칠 수밖에 없다. 교사의 의식의 전환, 발상의 전환, 사고의 전환이 요구된다. 교사는 기계, 정보매체가 하지 못하는 인간적인 일을 담당해야 한다. 인간적 상호작용, 사회적 관계, 정의적, 심체적 영역을 도와 주는 일을 더 많이 해야 할 것이다.

윤리·도덕적인 도움을 주는 일도 가정과 사회, 교회가 공유해야 할 것이다. 교사 자신이 정보를 처리하는 능력을 갖추어야 하는데 교사양성 단계에서부터 21세기형 지식정보사회 교사로 양성되어야 한다. 교사양성에 대한 불신도 대단히 높아지고 있다. 대학을 마친 사람을 현장학교에 임시로 채용하여 현장 초·중등학교에서 교육시켜 자격증을 부여하고 채용하는 현장 양성제도까지 대두하고 있다.

〈표 13－6〉 교수초점과 학습초점의 비교(Banathy, 1991, pp. 99～101을 표로 작성)

교수에의 초점	학습에의 초점
교육과정 목표－교사수행 안내	학습산출 진술－학습자와 보조자 안내
학급이 완성할 과제	학습자가 방향과 평가에 참여(과제 선정)
학생의 나이, 시간, 코스, 성적에 의해 진급	선수 능력 습득이 출발점
교과서가 정보화 수업의 근원	다른 자원이 가능, 학습자 필요, 흥미, 학습 스타일에 근거하여 선정
교과가 제시, 교사정보 제공	여러 학습 상황－자기주도 학습, 안내되는 학습, 팀학습, 개인지도, 공학활용
교사는 배우, 학생은 관객	학생이 배우로 활동, 교사는 학습환경 관리
양적, 질적으로 학급 학생이 동일 경험	다양한 학습 경험, 시간 양도 학습자에 따라 달라진다.
교사의 감독하에 학급 학생이 대부분의 시간을 같이 보냄	각 학습자의 구체적 학습과제 수행에 가장 알맞은 형태로 학습(실험실, 소집단, 대집단)
교사에 의하여 평가	학습관리자의 주도 아래 자신과 집단에 의한 평가
교사의 보상, 동기 유발	학습자 자신의 학습 동기 유발
사전계획에 의한 성취도 평가	필요한 노력을 다했을 때 평가
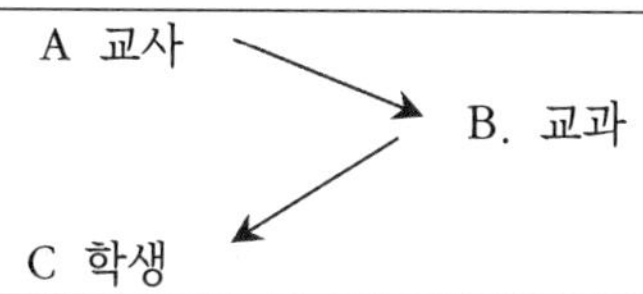	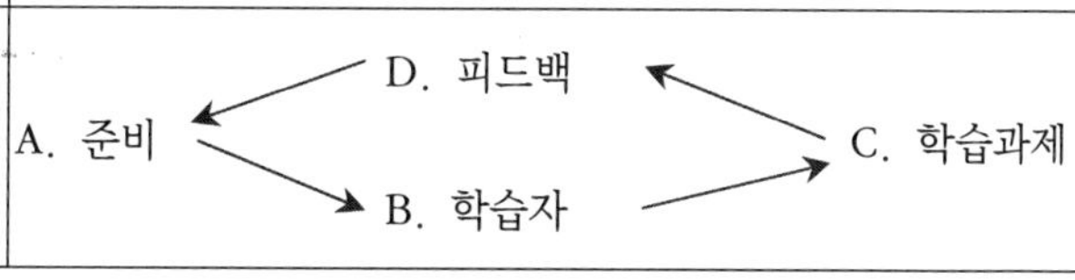

교사는 팀을 이루어 학생을 학습하게 된다. 한 교사가 할 수 없는 것을 교사팀이 해낼 수 있기 때문이다.

교사에게는 말할 것도 없이 행정에 대하여는 자율과 권한이 주어지겠지만 앞에서 언급한 것처럼 학습과 학습자에게는 권한을 줄여야 되는 셈이다.

지금까지 안하던 교육과정의 일까지 하고 학습을 위한 준비를 하려면 교사는 연구자의 수준으로 격상되어야 한다. 독특한 개개인 학생의 요구에 맞추려면 높은 수준의 전문성이 요구된다.

7. 행정과 지도성

행정은 학습을 위한 지원체제가 되어야 한다. 행정가는 지식과 정보가 자유로이 유통되도록 정보체제를 구축해야 한다. 학습현장에서 많은 결정이 이루어져야 하므로 분권화의 방향이 되어야 한다. 학교단위자율책임경영제로 인사권, 재정권, 교육과정 결정권이 학교단위에서 이루어져야 할 것이다. 산업사회의 산물인 관료제의 벽을 넘어 팀 조직, 망 조직이 되어야 한다. 팀도 수직적인 팀이 되어 행정지원을 해야 하는 것이다. 예를 들면, 장관, 교육감, 교장, 교사, 학생이 하나의 팀이 되는 것도 예로 들 수 있다. 앞으로의 행정에서 참여는 필수적이다.

행정자체가 정보관리 행정으로 바뀌어야 하는 것은 두말 할 필요가 없다. 최고행정가라도 정보매체를 다룰 줄 알고 정보관리 능력이 있어야 한다. 협동적 계획과 참여적 의사결정 공동작업, 공유적 학교목표 설정의 문화를 형성하도록 지도력을 발휘해야 한다.

8. 재정과 시설

투자를 해야 지식정보사회를 앞당기고 또 정보를 유지관리를 할 수 있다. 정보화를 위해서도 엄청난 투자가 요구되지만 유지, 관리, 수선, 상향조정을 위해서도 획기적인 투자가 요구된다. 하드웨어, 소프트웨어, 네트워크에 계속적 많은 투자를 해야 한다. 예를 들면, 정보사회에서는 컴퓨터가 과거의 연필에 해당된다고 본다면 한 자루의 연필을 여러 명이 나누어 쓸 수 없듯이 컴퓨터를 실험실에 설치하고 여러 명이 돌려 쓸 수는 없는 것이다. 미국 어떤 학교에서는 전교생에게 연필을 나누어 주듯이 노트북 컴퓨터를 제공해 주고 있다. 교육용은 철 지난 것이어도 된다는 생각은 더 이상 하지 말아야 한다. 계속 최신의 것으로 교체될 수 있어야 한다.

앞으로 짓는 학교건물은 전자화하여 세계와 우주와 통할 수 있는 망과 연결될 수 있도록 해야 할 뿐만 아니라, 공간을 자유롭게 활용할 수 있도록 융통성 있게 설계되어야 한다. 열린 공간을 큰방, 작은방으로 수시로 칸막이를 변경할 수 있게 되어야 한다.

산업사회에서 우리가 얻은 것도 많고 동시에 잃은 것도 많다. 산업사회 학교가 사회에 기여한 것도 많고 못 다한 것도 많다. 물질적 풍요를 가져 왔으나 동시에 물질적 지배를 가져오고 공해와 환경파괴, 정신적 빈곤을 가져오기도 했다. 교육의 기회확대, 평등, 최저수준의 교육 보장을 가져왔으나 주로 현 체제를 그대로 놔두고 수선해서, 고쳐서 쓰는 방향이었다. 이제는 고쳐 쓰는 노력과 함께 근본적인 틀 바꾸기도 고려해 볼 필요가 있다. 가능한 한 많은 노력과 함께 근본적인 틀 바꾸기도 고려해 볼 필요가 있다. 가능한 한 많은 사람을 가능한 한 멀리 가장 효과적으로 나르는 연구만 해서는 안 된다.

정보사회는 건강을 증진하고 생활과 건강, 교육의 질의 표준을 향상시키기 위하여 정보 활용을 생산 수단으로 하는 사회이다. 정보와 지식이 사회를 움직이는 원동력이 되고 바탕이 되는 사회이다. 지식정보사회는 가르치고, 배우는 학습사회이다. 정보와 기술을 사용하여 창의적으로 생각하고 문제해결을 해야 한다. 지식, 정보창출의 산실이 되어야 한다. 산업사회는 기업체와 공장이 주도했으나, 정보창출은 학교가 주도해야 한다. 산업사회에서는 학교가 산업사회에 따라가기 바빴으나 정보사회에서는 학교가 사회를 끌고 가야 한다.

지식정보사회의 학교는 학습초점, 학습자 초점의 학교가 되어야 한다. 학생이 배우고, 교사도, 행정가도, 지도자도 배우는 학교가 되어야 한다. 인간개발만이 개인과 지구가 함께 행복하게 살 수 있는 길이다. 학교와 행정가, 교사의 자리매김이 낮아져야 한다.

지식정보사회에 요구되는 학교교육의 변화와 관련하여 몇 가지 더 생각해야 할 것들이 있다. 첫째, '더 많이 주의', 구조변경으로부터 근본적으로는 문화개혁을 해야 한다. 정보사회에 알맞은 학교문화, 정보문화를 형성해야 하는 것이다. 이것을 의식의 전환이라고 해도 좋다. 둘째, 정보와 지식은 다분히 인지적 활동의 산물이기 때문에 정의적, 심체적인 부분이 약화될까 걱정된다. 한국교육이 진정한 의미의 지식중심, 지식편중의 교육을 해왔더라면 21세기는 우리의 세기가 될 것이었다. 지식편중의 교육을 제대로 못 했던 것이다. 여기서의 지식은 가장 낮은 수준의 지식, 암기를 의미했기 때문이다. 한국이 진정 교육의 나라였더라면 지식정보사회에서 지금쯤은 판을 치는 나라가 되었을 것이다. 어떤 의미가 되었든 어쨌든 우리가 교육을 중시하는 나라라면 21세기는 기대할 만한 세기이고, 도전할 만한 세기임에 틀림없다.

앞에서 말한 대로 걱정은 또다시 정의적 영역, 심체적 영역의 교육이 소홀히 되지 않을까 하는 걱정인데 이 부분을 학교와 교사가 채워 주고, 가정이 채워 줘야 한다. 정보매체가 하지 못하는 일을 인간적인 교사가 보충해 줘야 한다. 정보와 지식과 함께 문화 예술에 대한 교육을 소홀히 하지 않도록 주의해야 한다.

셋째, 정식정보사회에서는 일하는 시간이 줄어들 가능성이 있으므로 남는 시간을 봉사활동으로 채워야 할 것이라는 예상을 해 본다면 어릴 때 학교에서 봉사교육을 해줘야 할 것이다. 어려서부터 봉사가 몸에 배야 어른이 되어서도 자연스럽게 봉사하는 삶을 살게 된다.

마지막으로 윤리, 도덕교육을 재강조하지 않을 수 없다. 산업사회에서 마지막에 물질지배사회가 되어 인간이 물질의 노예, 과학의 노예가 되었듯이 정보사회가 잘못 나가면 정보지배사회가 되어 정보제국주의 노예가 될 수도 있다. 정보도 인간이 인간답게 살기 위해서 필요한 것이다. 우리가 정보사회를 위해서 hardware, software, network의 순서로 강조해 왔다면 앞으로는 humanware, human technology를 계속 염두에 두고 인간적 측면을 소홀히 하지 않고 오히려 강조해야 한다.

참·고·문·헌

권기욱(1991). 학급규모가 교사·학생의 정의적 특성에 미치는 영향. 고려대학교 박사학위 논문.

김신복·임연기(1996). 초·중등학교 규모의 변화와 정책과제. 한국교원단체총연합회.

김용우 외(1993). 농·어촌 소규모 중등학교 경영개선 방안 연구. 한국교육개발원

박재윤 외(1994). 미래 학교시설 계획에 관한 연구. 한국교육개발원

이돈희(1995). 국민학교 교수·학습공간 재편성 모형 개발. 서울 : 한국교육개발원.

주삼환(2003). 미국의 교장. 서울 : 학지사.

주삼환(1997). 변화하는 시대의 장학. 서울 : 원미사.

주삼환(1999). 교육행정강독. 서울 : 원미사.

주삼환(2000). 지식정보화 사회의 교육과 행정. 서울 : 학지사.

주삼환(2000). 지식정보사회형 교육과 교육지도자. 교육발전논총, 21, pp. 19-28. 충남대학교 교육발전연구소

천세영(1999). 정보사회교육론. 서울 : 원미사.

천세영(2001). 대안학교형 특성화고등학교의 재정지원방안 탐색. 교육재정경제연구, 제10권 제1호, pp. 63-90. 한국교육재정경제학회.

Banathy, Bela H.(1991). Systems Design of Education. Englewood Cliffs. N.J. : Educational Technology Publications.

Beare, Hedley and Slaughter, Richard(1993), Education for the Twenty-First Century, London : Routledge.

Brown, Phillip and Lander, Hugh(1992). Education for Economic Survival. London : Routledge.

Chase, L.(1983). "Quality Circles". Educational Leadership, Feb.

Glatthorn, Allan A.(1994). Developing a Quality Curriculum. Alexandria. VA : ASCD.

Levine, Eliot(1999). One Kid at a Time, www.bigpicture.org

Liberman, Myron(1995). Public Education : An Autopsy. Cambrige. Massachusetts : Harvard University Press.

Maehr, Martin L. and Midgley(1996). Transforming School Cultures. Boulder. Colorado :

Western Press.

Marsh, David D.(1999). Preparing Our Schools for the 21st Century. Alexandria. VA : ASCD.

Phi Delta Kappa(1996). Do We Still Need Public Schools ? . Bloomington. IN : P.D.K.

Reigeluth, Charles M.(1991). 'A Third-wave Educational System' in Banathy, Bela H.(1991). Systems Design of Education. Englewood Cliffs. N.J. : Educational Technology Publications.

Schlechty, Phillip C.(1991). Schools for the Twenty-First Century. San Francisco : Jossy-Bass Publishers.

Sergiovanni, Thomas J.(2006). The Principalship. Boston : Allyn & Bacon.

Thornburg, David(2002). The New Basics. Alexandria. VA : ASCD.

Walling, Donovan R.(1995). At the Threshhold of the Millenium. Bloomington. Indiana : P.D.K.

Chapter 14

교원평가제 비판

I. 교원평가제의 쟁점과 방향

1. 교원평가의 전문성

최근 우리 나라에서 교원평가의 문제가 이슈가 되면서 많은 논의와 주장이 나오고 동시에 연구보고서도 나와 한편으로는 혼란스러운 점도 있고 다른 한편으로는 이 분야에 대한 관심과 연구를 촉진하는 긍정적인 계기가 되고 있다. 이 문제가 쟁점으로 떠오른 것은 다분히 교육 내부보다는 외부압력에 의한 것이라고 할 수 있다.

우선 '교원'이라함은 원칙적으로 유치원교사로부터 초·중등교사, 교(원)감·교(원)장, 대학조교, 교수, 총·학장에 이르기까지 국·공·사립학교에서 가르치는 모든 사람이 포함된다. 그러나 유일하게 장학사·관과 교육연구사·관이라고 하는 '교육전문직'은 '교육공무원'에는 포함되지만 '교원'에는 포함되지 않는다. 그러나 지금 많이 논의되고 있는 '교원평가'에서의 '교원'이라고 하면 유·초·중등학교에 종사하는 '교육공무원'이라고 할 수 있다. '교육전문직'과 교장, 교감까지 모두 포괄되지만 이 중에서도 주로 유·초·중등교사를 염두에 두고 '교원평가'의 문제를 다루는 경우가 많다.

그리고 '평가'에 대한 정의도 학자에 따라 학문적으로 다양하지만 쉽게 말하면

"증거자료에다 가치를 부여하는 것"이라고 할 수 있다. 다른 말로 하면 평가는 '가치판단(value judgement)'이다. 그래서 가치를 매기(평하)는 평가를 영어로도 'E(+)valu(e)ation'이라고 한다. '가치'의 문제를 다루는 것 자체도 어려운데 "가치를 매기고 판단한다는 것"은 인간으로서 하기에 아주 어려운 일이고 그렇기 때문에 고도의 고등정신 기능과 전문성을 요하는 전문적인 일이다. 인지적 기능을 지식력(주로 기억) → 이해력 → 적용력 → 분석력 → 종합력 → 평가력의 순서와 위계로 보는데 '평가력'은 최고의 고등정신 기능을 요하는 분야이고 영역이라는 것을 먼저 생각해야 한다. 평가는 평가할 것(내용)을 올바르게(타당도), 그리고 아주 정확하고 정밀하게(신뢰도) 하는 것을 생명으로 한다.

더구나 물건이나 사물을 평가하는 것도 아닌 인간을 올바르게 그리고 정확하게 평가한다는 것이 얼마나 어려울 것인가는 우리 평범한 사람들의 상상을 초월하는 것으로 생각해야 한다. 오죽하면 천길, 만길 물 속과 땅 속은 알 수 있어도 한길 사람의 마음 속은 알 수 없다고 하겠는가? 그리고 교직을 전문직이라고 하는데 그 가르치는 "전문적인 일과 행위"를 올바르고 정확하게 평가하는 일은 또 얼마나 더 어려울 것인가? (1) 가치를 다루는 일 자체가 어렵고, (2) 가치를 매기는 일은 더 어렵고, (3) 더구나 사람의 가치를 매기기는 더 어렵고, (4) 그 사람이 하는 전문적인 일과 행위의 가치를 매기는 '교원평가'는 2중, 3중의 어려운 일이고 고도의 전문성을 요하는 전문 분야라는 것을 먼저 인정해야 할 것이다.

이 '대학교육' 기관지를 발행하는 '한국대학교육협의회'가 지금도 대학평가를 하고 있고, 필자가 3년간 파견근무하면서 이 일을 직접 담당하고 개발하기도 했던 경험이 있는데 이 일에 참여해 본 사람은 모두 평가의 어려움을 인정할 것이다. 사실 필자는 평가의 '평'자만 생각해도 끔찍하게 느껴질 정도이다. 그런데 시중에 '교원평가'에 대한 자기 주장이 모두 옳다고 목청을 높이고, 마치 이 분야의 최고의 전문가인 것처럼 글을 쓰고 발표를 하는 것을 보면 소름이 끼칠 정도이다.

2. 교원평가의 쟁점과 개선 방향

교원평가에 있어서 근본적인 쟁점은 첫째, 왜, 무엇 때문에 평가를 해야 하느냐

하는 문제라고 본다. 이는 평가의 목적, 평가의 철학과도 연결되는 문제이다. 또 평가결과의 활용과도 관련되는 쟁점이다. 평가의 이유, 목적에 따라서 둘째, 무엇을 평가할 것이냐의 평가내용이 결정되고, 이어서 셋째, 목적과 내용에 맞게 어떻게 평가할 것이냐의 평가방법이 나오게 된다. 이 평가방법 속에 누가 평가할 것이냐의 평가자가 포함될 수 있다. 지금 이것들이 모두 교원평가의 쟁점이 되고 있는데 이는 모두 첫째 평가의 목적에 부수되는 쟁점이라고 할수 있다. 평가의 이유와 목적이 분명하게 밝혀지면 이에 따라서 나머지 모든 쟁점이 해결될 수 있는 것이다.

평가의 목적은 (1) 부적격자 선별, (2) 피드백의 제공, (3) 서비스의 질 강화, (4) 전문직적 능력 개발, (5) 증거 제공, (6) 무능력자와 비생산적인 자의 축출, (7) 학생교육을 위한 협동적 노력(Danielson & McGreal, 2000) 등 여러 가지가 있을 수 있으나 이 모두가 근본적으로는 다 인사목적이라고 할 수 있다. 승진이나 부적격자 선별이나 교사의 능력개발도 모두 인력자원개발의 영역에 해당되기 때문이다.

둘째, 평가의 내용과 기준이 쟁점으로 대두되고 있다. 평가의 내용과 기준은 평가의 목적과 교원의 직무수행의 표준을 평가할 수 있는 것이어야 한다. 교원의 직무는 나라마다 다를 수 있다. 예를 들면, 미국이나 영국의 교사는 수업이 주요 직무이지만 한국이나 일본의 교사는 수업 외에 학급경영과 학급사무, 학교사무도 중요한 직무가 될 수 있다. 그래서 교원평가의 출발점은 교원의 직무를 학교수준별, 직급별로 표준화, 명료화시키는 일이 되어야 한다고 본다. 예를 들면, 영국 교사교육기구(Teacher training agency)에서는 자격교사신분(Qualified Teacher Status, QTS)(www.tta.gov.uk/php/read.php ? sectionid=1098artideid=456)의 표준을 (1) 전문직적 가치와 실제(S1, Professional values and practice), (2) 지식과 이해(S2, Knowledge and understanding), (3) 교수(S3, Teaching, S3.1, Planning, expectations and targets, S3.2, Monitoring and assessment, S3.3, Teaching and class management)의 세 영역(three inter-related sections)으로 나누어 42개 항목에 걸쳐 무엇을 직무수행으로 반드시 보여줘야 하는지를(demonstrate) 밝혀 놓고 있다.

그리고 미국에서는 교장의 직무를 ISLLC, ELCC로 표준화시켜 놓고 있는데 이 기준을 보면 (1) 비전, (2) 학교문화와 수업프로그램, (3) 관리, (4) 학부모와 지역사회

관계, (5) 행정가의 윤리, (6) 광범한 상황적 맥락의 6개영역에 걸쳐 교장은 무엇을 알아야 하고(knowledge), 무슨 기술을 가져야 하고(skills), 무엇을 할 수 있어야 하며(ability), 어떤 성향(disposition)과 자질과 능력을 갖춰야 하고(competences, proficiencies), 무엇을 어떻게 직무수행으로 보여줘야 하는지를(job performance, acting ethically) 분명히 밝혀 놓고 있다. 이런 직무수행 표준들이 평가의 내용과 기준이 될 수 있는 것이다. 우리 나라에서도 교원평가에 앞서 이런 교원의 직무표준화에 대한 연구를 먼저 해야 한다.

셋째 교원평가의 쟁점은 어떻게 평가할 것이냐의 평가방법인데 총괄평가와 형성평가, 계량적 평가와 질적·기술적 평가 등이 있을 수 있다. 평가 목적에 따라 이들을 다 사용해야겠지만 기본 방향은 개선과 전문직적 발전을 위한 형성평가와 질적 평가에 비중을 더 두는 경향이다. 누가 평가할 것이냐는 서두에서 밝힌 것처럼 평가는 고도의 전문성을 요구하는 것이고 기본적으로는 인력자원개발에 목적이 있으므로 인력자원담당자가 해야 한다고 보는 것이다. 다면평가라는 명분을 내세워 전문성 없는 사람들이 모두 교원평가에 참여해야 한다는 주장에는 동의하기 어렵다. 평가를 "증거자료에다 가치를 부여하는 것"이라고 했는데 여기서 다양한 자료를 수집하기 위하여 다양한 사람이 참여한다는 점에서는 동의할 수 있다. 평가를 위한 자료수집과 평가와는 구별해야 한다는 의미이다. 언제 평가할 것이냐의 평가시기는 이미 총괄평가냐 형성평가냐에 의하여 결정되기 때문에 문제가 되지 않는다. 수시로 평가를 해야겠지만 자주 평가한다고 해서 반드시 좋다고는 보지 않는다. 가능한 한 한 번에 여러 자료를 수집하여 여러 목적으로 쓸 수 있으면 좋을 것이다. 평가에 많은 시간과 에너지를 소비하게 되면 교육 자체에 손실을 가져올 수 있기 때문이다.

교원의 인사 과정에 따라 평가의 시기를 [그림 14－1]과 같이 생각할 수 있다.

1. 교원의 직무수행의 표준화 → 2. 양성기관의 평가인정 →
3. 지원자 선발 평가 → 4. 양성교육 과정과 자격 부여 →
5. 선발·임용 → 6. 입직과 능력개발 → 7. 교육지도자 평가
→ 8. 정년·계속학습·자원봉사

[그림 14－1] 교원 인사의 과정에 따른 교원평가 시기

먼저 교원의 직무가 무엇이냐를 밝히기 위한 직무명료화 작업부터 해야 한다. 이것이 분명해야 평가를 받는 사람이나 평가를 하는 사람이나 같은 생각을 하고 이에 따라 노력하여 발전의 계기로 삼을 수 있기 때문이다. 또한 다음에 나오는 교원양성기관에서도 이 직무에 맞춰 양성하고 자격을 부여할 것이며, 양성기관에 대한 평가를 할 때도 이런 직무를 수행할 수 있는 교원을 양성교육과 연수를 하는지 평가하는 기준이 되기 때문이다.

교사 지망생을 선발하는 것도 일종의 교원평가이다. 장래 우수한 교사가 될 수 있는 기초능력이 있으며 자질과 태도가 되어 있는지에 초점을 맞춰 평가하게 된다. 교원평가를 이런 근본적인 평가에서부터 논의했으면 한다.

한편 교원양성기관의 교육과정도 앞에서 말한 교원의 직무표준화에 맞춰 편성·운영하는지 항상 검토해야 한다.

다음은 교원자격 소지자 중에서 교원으로 선발·임용하는 자체가 교원평가의 가장 중요한 시기이다. 이 때 제대로 평가하면 임용 후의 교원평가에 대한 많은 부담이 줄어든다. 이 때도 교원직무의 수행 가능성을 중심으로 평가하게 된다. 외국에서는 교원 신규채용의 1, 2년은 수습교원 또는 시보교사로 집중적인 지도와 평가를 가한다. 이 때 교원으로 계속 남아서 발전할 것인가 아니면 전직하여 다른 곳에서 성공할 것인가를 피고용자와 고용자 양쪽에서 심각하게 탐색하는 것이다. 그리고 교원으로 근무하면서 계속적인 능력개발을 위한 연수를 하고 계속적인 평가를 하게 되는데 우리가 흔히 교원평가라고 하는 것은 여기에 집중적인 관심을 갖고 세간에 쟁점으로 논의하고 있는 것이다.

다음에 우리 나라에서는 교감, 교장, 교육전문직 등 교육행정가로 승진하기 위한 평가의 문제가 있을 수 있다. 이 때의 초점은 교육행정가의 직무수행 능력에 맞춰져야 한다. 가르치는 전문가로부터 행정하는 전문가로 전환하는 시기이기 때문에 평가의 내용과 기준이 교사평가의 기준과 달라져야 한다.

교원으로 정년을 하고 나서도 계속 평생학습을 할 수 있도록 도와 주고, 정년 후에도 교육을 위해서 자원봉사할 수 있도록 도와 주고 평가가 지원되어야 한다. 이렇게 교원평가의 문제를 피상적, 표면적인 것만 가지고 논쟁하지 말고 좀더 장기적인 안목에서 광범하게 전문적으로 다뤄줬으면 한다.

3. 신중한 연구에 근거해야

지금까지 교원평가의 전문성, 쟁점에 대하여 언급하면서 개선방향을 암시하였다. 여기서는 세간에서 많이 논의되고 있는 논쟁에서 좀 벗어난 근본적인 문제를 다뤘다. 교원평가의 문제를 좀더 신중하게 다루고 이 문제를 전문가에게 맡겨 주기를 희망한다.

좋은 교육을 하기 위해 우수한 교사를 확보하고 부적격자나 노력하지 않는 교원에게 압력을 가하기 위하여 교원평가를 다룬다고 하다가는 많은 좋은 교원들까지도 마음을 상하게 하고, 사기를 떨어뜨려 마침내는 많은 좋은 교원들까지도 잃게 되는 역효과를 가져올 수 있다는 점에 주의를 기우리기 바란다.

미국이나 영국 등 다른 나라에서도 교원의 자격을 강화하고 책임을 엄하게 한다고 하다가 많은 교원들로 하여금 교직에 등을 돌리게 하여 이제는 교원부족 현상을 낳아 심지어는 외국에서 교원을 수입해다가 자기 나라 국민교육을 담당하게 임시 땜질 교육을 하고 있는 실정이다.

명예와 자존심으로 사는 교원의 문제를 다룰 때는 신중히, 그리고 정중하게 다뤄주길 기대한다. 얼마 전에 고령교사를 퇴출시킨다고 하다가 교사부족으로 나라 전체가 혼란을 겪고 지금도 그 후유증에 시달리고 있는 전철을 더 이상 밟지 않도록 해야 할 것이다.

우리 나라는 교육자치제를 하는 나라이기 때문에 교육청별로 학교별로 교원평가의 목적과 기준, 방법도 달라져야 한다. 그리고 해마다 그 해의 교육목표도 달라지기 때문에 목표달성의 정도를 재는 교원평가의 모든 것이 달라질 수 있다고 보기 때문에 전국 획일의 교원평가를 고안하지 말아야 한다.

어쨌든 지금과 같이 교원평가의 문제가 활발하게 논의되고 있는 이 때를 기회로 삼아 이에 대한 보다 심도있는 연구가 활발하게 이루어지고 이 분야의 학문이 발전하기를 기대한다.

II. 교사는 자존심과 명예를 먹고 산다.

1960~70년대 어려운 시기에 15년간 서울시내 초등 교사를 지내고 25년 간 교사를 양성하는 대학교수로 근무해 온 교육자와 교육학도의 한 사람으로서 국민에게 죄지은 마음과 참담한 심정으로 토론에 임한다. 교육을 가지고 살아온 나라가 어쩌다 이 지경이 되었는지 한탄이 앞선다.

어려운 여건에서 그래도 국민의 높은 교육열과 교사의 헌신적 교육애와 학생들의 불타는 향학열의 덕으로 우리는 단기간에 한강의 기적이라는 경이적 도약을 했다고 자부해 왔는데 이제는 교사들이 왕따를 당하고 다면평가를 한다고 백수들이 교원이라는 먹이를 향하여 달려드는 형국이 되었다. 교사를 인민재판식으로 몰고 가는 느낌도 든다. 진정으로 국민의 80%가 교사평가를 해야 하고 또 정확하게 평가할 수 있다고 믿고 또 그래야 우리 나라 교육이 발전할 수 있다고 믿는다면 시범운영으로 시간을 끌 게 아니라 당장이라도 실시해야 한다. 국민이 원한다면 국민의 뜻에 따라야 한다.

그런데 평가는 간단한 일이 아니다. 평가란 '증거자료에다 가치를 매기는 가치판단' 이다. 가치는 다루기도 어렵고, 판단을 하는 일은 더 어렵다. 고도의 전문성을 다루는 전문적인 일과 전문가를 평가하려면 평가자에게는 이보다 더 높은 전문성이 요구된다. 그래서 평가는 지식 → 이해 → 적용 → 분석 → 종합 → 평가의 순서에서 가장 높은 고등정신 능력이 요구되는 일이다. 평가가 이렇게 어려운 전문성이 요구되는 일이라는 것을 안다면 가치판단 능력이 약한 어린 학생과 전문성이 적은 학부모에게 교사평가를 맡겨야 한다고 국민의 80%가 믿지는 않을 것이다. 학생과 학부모의 반응은 가치판단의 자료로 쓰는 것은 좋으나 최종 판단은 전문가 기관장이 해야 한다.

필자는 40년을 수업과 평가하는 일을 해왔지만 지금도 잘못 평가하여 죄를 짓지 않을까 하여 걱정이다. 이런 경험에 근거하여 필자는 확신한다. 학생과 학부모는 고사하고 교육부장관과 학교정책실장, 교육감도 유치원교사와 초등교사를 정확하게 평가하지 못한다고. 교사의 직무수행을 가장 잘 알 수 있는 사람은 교장이다. 교장에게 교직원의 지도 · 감독권을 맡겼으면 원칙대로 이들이 잘 평가할 수 있도록 하라.

지금 교사들의 능력이 모자라서 문제가 아니라 있는 능력도 안 쓰고, 쓰고 싶은 마음이 생기지 않는다는 데 더 큰 문제가 있다. 능력개발이 필요하면 능력개발의 프로그램을 운영하라. 평가에 의해서 능력이 늘어나겠는가? 능력개발을 하려면 평가에 의한 부정적 접근, 소극적 접근을 하지 말고 긍정적, 적극적 접근을 하라.

평가에 의하여 얻는 것보다 잃는 것이 더 많다. 교사는 자존심과 명예를 먹고 사는데 어린 학생과 비전문 학부모에 의한 교사평가라는 말이 나오면서 이미 교사들이 잃은 사기를 경제적 손실로 치면 엄청날 것이다. 평가가 무서워 능력개발에 노력할 소수 교사에게서 얻는 것보다 다수 교사에게서 잃는 사기의 손실이 더 크다. 신바람으로 국민을 위해 봉사하게 하라. 교사의 심기를 건드려 놓은 영국 노동당 정부에서 지금 교사가 부족하여 외국에서 수입해다 쓰고 있으며, 교장에게 책임과 스트레스로 다구 친 미국에서는 교장 희망자가 없어서 문제라는 것을 알아야 한다.

우리 나라 평가 전문가를 총동원해도 수능문제 하나 제대로 못 내고 난이도 하나 조절 못하고, 수능고사 하나 공정하게 관리하지 못하고, 초등 3학년 학력진단평가도 못하고, 사교육비를 줄인다고 하면서 늘려오기만 한 교육부가 언제부터 학생과 학부모를 모두 교사평가 전문가로 양성했는가? 개혁을 하는 체 한다고 개악을 하면 분명히 역사의 죄를 짓게 된다.

국민의 신뢰를 잃고 있는 교육부를 먼저 평가하여 교육부를 없애야 우리 나라 교육이 잘 된다. 교육부가 잘해서 우리 나라가 이 정도로 발전했나? 대입 학생평가도 제대로 못하여 이 순간까지 국민과 학생을 혼란으로 내몰고 있는 교육부가 교원평가를 잘할 수 있다고 믿을 수 있나? 현재의 교사 근무평정제를 잘못 만들어 놓은 건 교육부가 아닌가? 교원평가는 시·도교육청과 학교마다 그리고 해마다 달라야 한다. 지역마다 해마다 계획과 목표가 다르기 때문이다. 맨날 목표에 초과달성했다던 오늘날의 북한을 보라. 평가 망국병으로 가지 않는다는 보장이 없다.

원인 제공은 일부 교사에게 있다. 스스로 노동자라고 하니까 노동자라면 누구나 평가할 수 있다고 믿게 만든 것이다. 제발 불법, 부정, 촌지, 체벌, 무능교사는 국민의 이름으로 당장이라도 잘라내 주길 바란다. 나머지 교사들에게는 티끌만한 자존심과 명예라도 지킬 수 있도록 해 달라. 싸구려 교사평가를 받는 교사에게 우리 나라 국민교육을 맡길 수는 없다. 대한민국 교사는 제대로 된 전문가의 고급평가를 받고 싶다.

피히테는 말했다. 독일이 망한 것은 국민교육을 잘못해서라고. 또 독일 장군 몰트케는 개선환영식 인사말에서 “우리가 전쟁에서 이기고 돌아온 것은 내 병사가 잘 싸워서가 아니라 저기 앉아 있는 초등학교 선생님이 학생을 잘 가르쳐 줘서라”고. 민족의 장래를 위해서 교사 스스로 마음을 가다듬고 국민을 위해 봉사할 수 있도록 좀 시간을 주고 기다려 주길 간절히 빈다.

III. 대한민국 교사는 제대로 된 평가를 받고 싶다.

교육부가 내년 2월까지 66개교를 시범운영하고 2007년부터 새 교원평가 제도를 시행한다고 하여 문제가 되고 있다. 어떻게 조사했는지 국민의 80%가 교원평가를 찬성한다고 하며 주요 신문들도 찬성 쪽으로 사설과 기사를 싣고 있어 교사들이 왕따 당하고 코너에 몰려있는 분위기가 조성되고 있다. 교육부가 앞장서서 이렇게 몰아가고 있어 더 슬프다. 다면평가를 한다며 교사라는 시체를 뜯어 먹기 위해 사자, 이리, 하이에나, 독수리 떼들이 몰려들고, 인민재판식 몰이로 몰고 가는 느낌으로 울분과 참담 그 자체이다.

학부모와 국민들은 교원들이 평가를 안 받는 것으로 오해하고 있는데 교원 선발제도와 평가제도는 이미 존재하고 시행되고 있다. 이런 제도를 만든 것도 교육부이고 잘못 이용되게 한 것도 모두 교육부이다. 교원 근평제도가 있는데 이것이 잘못되었다면 우선 이에 대하여 교육부는 자신의 무능과 잘못을 시인 사과하고 이를 고치는 일부터 했어야 한다. 새로운 제도가 도입되면 현 근평제는 폐지한다는 것인가?

우선 새 교원평가의 목적이 ‘능력개발’인데 평가를 통해서 능력을 개발한다는 부정적 접근으로는 목적달성하기 어렵다. 교원이 평가가 무서워서 능력을 개발하겠는가? 능력개발을 위해서는 연수, 장학 등 능력개발 프로그램을 돌려야 한다. 한국의 교사는 능력이 모자라서 문제라기보다는 있는 능력도 쓰고 싶지 않다는데 문제가 있다는 것을 알아야 한다. 지금 교사에게 필요한 것은 ‘신바람’이다.

우리가 잘 아는 것처럼 평가는 ‘근거 자료에다 가치를 매기는 가치판단’으로 지식 → 이해 → 적용 → 분석 → 종합 → 평가의 위계에서 최고의 고등정신 기능을 요하는 것으로 전문가만이 할 수 있는 일인데 전문직 교원의 직무수행의 평가를 학생과 학부모에게 맡긴다는 것이 교육부가 할 짓인가? 학생과 학부모의 반응을 평가를 위한 '근거 자료'로 참고하는 것은 가능하나 '가치판단'은 전문가가 해야 한다. 그런데 교육부는 평가자에 '학생'과 '학부모'를 포함시키는 우를 범하고 있다. 수능문제 하나 제대로 출제하지 못하고 관리하지 못하는 교육부가 언제 우리 나라 학생과 학부모를 평가전문가로 양성하였는가? 학생의 평가를 받아 교사의 능력을 개발하겠다는 교육부의 발상을 알면 세계가 비웃을 일이다. 대한민국 교사는 제대로 된 평가를 받아 자아실현을 하고 싶다.

교사의 능력개발 책임자도 평가, 인사 책임자도 학교교육의 책임자인 교장이다. 교육부는 앞으로 학교교육의 책임을 학생과 학부모에게 맡길 것인가? 학생과 학부모의 평가결과를 교육부장관이 활용하여 능력개발을 할 것인가? 학교를 교장에게 맡겼으면 교사의 능력개발도 평가도 교장에게 맡겨라.

교원평가는 원래 계획－실천－평가의 과정이므로 교육청마다 학교마다 그리고 해마다 달라야 한다. 교육부가 전국 획일의 교원평가를 꺼내낸다는 자체가 잘못된 것이다. 지방교육자치를 하는 나라이기 때문이다.

교원평가 문제의 원인제공에 일부 교원의 잘못이 있다. 교원이 노동자로 자처한 결과 노동자라면 학생도 학부모도 평가하여 능력을 고무줄 늘리듯이 늘릴 수 있다고 믿게 만든 것이다. 교장에 대한 불만 표현도 교원을 모두 초라하게 만들었다. 제발 불법, 부정, 무능, 부적격교사는 골라 내라. 그러나 국민교육을 교사에게 맡기려면 자존심을 건드리지 말아 달라.

지금 영국과 프랑스, 미국에서는 교사부족과 교장부족으로 비상이 걸렸다. 외국에서 교사를 수입해다 쓴다. 모두 교사의 자존심을 건드리고 다그친 결과이다. 이제는 나갔던 교사를 돈을 주면서 사정하며 불러들이려 해도 한번 돌아선 교사들의 마음을 되돌리지 못하고 있다. 우리 나라도 이렇게 되지 않는다는 보장이 없다. 선비정신을 이어받은 대한민국 교사라면 가치판단력이 약한 어린 학생과 비전문가 학부모의 평가와 실험에 비굴하게 응하면서 월급받을 생각을 말아야 한다. '수업공개'와 '평가'라는 용어는 엄연히 다르다. 교원의 자존심이 걸린 문제이다. 교육은 국가를 지키는 최후의 보루이다. 교육이 무너지면 그 나라 그 민족은 끝장이다.

IV. 연구하는 교사에게 경의와 박수를

1952년부터 시작하여 올해 49회를 맞는 전국현장교육연구대회에 전국에서 1만 5천여 명이 참여하여 그 중 24개 분야에 508편의 논문이 올라와 예비심사와 본심사, 발표심사를 거쳐 79편이 1등급으로 선별되고 나머지는 2등급과 3등급을 받게 되었다. 먼저 입상한 교육동지와 그 가족, 연구에 협조해 준 모든 분들께 축하를 보내는 동시에 기대한 결과를 얻지 못한 동지에게는 위로와 격려의 뜻을 전하고 싶다.

우선 우리 교원의 뜨거운 교육연구열에 교육자의 한 사람으로서 감사한다. 이제 주어진 교과서와 교사용지도서에 의하여 단순히 가르치기만 하던 교사에서 연구하고 만들어 가르치는 교사로 격상되어야 하는 이 시점에서 많은 교사들이 열심히 연구하여 가르치는 자세에 경의와 박수를 보낸다.

이 연구대회가 반세기를 거치는 동안 교원의 연구 수준이 매우 높아진데 놀라움을 숨길 수 없다. 다음 연구대회를 준비하는 교원을 위하여 몇 가지 느낌과 조언을 하고자 한다.

첫째, 주제를 교사생활 가까운 데서 쉬운 문제로부터 찾는게 좋겠다. 이론연구가 아니라 현장연구이기 때문에 현장성과 실천성, 적용성, 일반화를 강조한다는 점에 유의해야겠다.

둘째, 문제의식이 뚜렷했으면 좋겠다. 교사의 직무수행 중 무엇이 문제여서 왜 연구하고, 무엇을 연구하고, 이 연구를 통해서 무엇을 달성하고 얻고자 하는지 분명하고 명확하게 밝혔으면 좋겠다.

셋째, 방법 면에서 질문지나 측정도구의 타당도와 신뢰도가 양호한 도구라는 것을 밝히고, 실천하고 연구결과 효과가 있고 좋다는 것을 통계적으로 정확하게 검증하고 증명하는 점이 부족한 보고서가 많았다. 실천 후에 빈도와 퍼센트가 높아졌다고 하더라도 통계적으로 의의 있고 신뢰로운 수준이라는 것을 밝혀야 한다.

넷째, 대부분이 계량적 연구이고, 연구의 틀이 '실행중점 1,' '2,' '3,' 식으로 기계적으로 짜여진 데 실망이었다. 질적 연구방법에도 도전하고 또 연구, 실천의 과정을 창의적으로 진솔하게 표현하고자 하는 노력이 있었으면 돋보일 것 같았다. 보고서는 연구자와 다른 사람(심사위원)과 의사소통하기 위한 것인데 보고서가 너무나 기계적이고 정형화되어 있는 것이 아쉬웠다.

다섯째, 이론적 배경은 연구의 틀, 가설 도출, 개념과 도구, 이론적 · 논리적 근거 등 연구의 '배경'에 해당하는 것으로 연구 자체는 아니기 때문에 여기에다 남의 것을 많이 베껴다 놓는데 치중하지 않도록 유의했으면 좋겠다.

마지막으로 가장 중요한 것은 연구자의 윤리적 문제이다. 인간을 실험대상으로 삼는다는 데 조심해야 한다. 학생은 내 연구를 위한 수단과 도구가 아니라는 점에 유의해야 한다. 교사에게는 연구이지만 학생에게는 연구가 어디까지나 교육적이어야 한다는 뜻이다. 또 연구에 거짓이 개입되어서는 안 된다. 내 생각과 남의 생각, 내 글과 남의 글을 분명히 구별해 주고 밝혀 줘야 한다.

모방, 도용, 표절 등은 등급이나 점수, 보고서 제출 자격 제한의 문제가 아니라 교원의 자격과 신분, 인사에 대한 징계에 해당할 정도로 심각한 근본적인 문제이므로 앞으로 연구의 정직성과 윤리에 주의해야 한다.

좋은 아이디어를 갖고 열심히 학생을 지도하고 실천한 흔적이 보이는데 연구방법을 잘 모르고 보고서로 표현하는데 약하여 입상하지 못한 교육동지가 많아 아까웠다. 그래서 각 시 · 도교총에서는 연구를 희망하는 교원을 대상으로 학년도 초에 연구방법과 보고서 작성에 관한 연수나 지도의 체제를 마련하면 좋은 결과가 있을 것으로 보아 이를 권고한다.

참고로 다음 연구자를 위하여 심사의 과정과 기준을 제시하기로 한다. 예비심사는 모작과 표절 등에 초점이 맞춰졌고, 본심사에는 각 분야 전문가 40여 명의 심사위원이 참여하여 현장 적용성(50), 연구내용(25), 연구방법(15), 대회주제에의 근접성(10)의 기준으로 심사하고, 발표심사는 1등급 후보자에 한하여 현장성(3), 진실성(4), 일반화 가능성(3)의 기준에 의하여 이루어졌다.

대통령상과 국무총리상은 각 분야에서 최고상으로 추천된 보고서에 한하여 5명의 심사위원의 합의에 의하여 추천하고 최종적으로 2명의 심사위원이 연구자 근무지를 현장 실사하여 추천되었다.

V. 교육만이 살길이다.

우리 조상들은 교육을 가장 중시해 왔다. 천연자원이 적은 나라에서 멸망하지 않고 살길은 오직 자식을 슬기롭고 똑똑하게 가르쳐 놓는 수밖에 없다는 판단에서이다. 더구나 우리 조상들은 중국, 러시아, 일본의 인근 강대국들 틈바구니에서 살아갈 수 있는 길을 후손 교육에서 찾고자 했던 것이다. 이런 결론은 유태인들의 조상들도 마찬가지였던 모양이다. 그래서 세계적으로 고난의 역사를 가지고 있는 나라들은 모두 유달리 교육에 힘써 왔다. 우리가 일제의 식민지하에 있을 때도 교육의 힘으로 독립하고자 어려운 속에서도 민족학교를 설립하여 후손 교육에 힘썼던 것이다. 그래서 우리 나라에 사립학교가 많은 전통을 갖게 된 유래이기도 하다. 지금도 남북이 갈린 우리민족의 시련을 교육을 통하여 극복해야 한다는 것이 필자의 신념이다. 교육을 잘하려고 하다 보니 교사들이 존중받아 우리는 군사부일체라고까지 했던 것이다. 교육만이 우리 민족이 조상 대대로 살아갈 길이다.

그런데 세상이 바뀌어 지식정보사회가 되었다고 한다. 지식과 정보는 어디서 만들어 내고 무슨 힘으로 이 지식을 보존, 유통, 활용할 수 있겠는가? 바로 교육의 힘으로 지식을 창출하고, 보존, 유통, 활용할 수 있게 되는 것이다. 지식과 정보는 산업사회에서처럼 공장에서 만들어 낼 수 있는 것이 아니라 교육과 학교, 연구실에서 만들어 내게 되는 것이다. 그래서 지식정보사회에서 교육이 더 중시된다. 지식정보사회에서는 특히 더 교육만이 살길이 된다. 교육도 이제는 분량이 아니라 질인 것이다. 이렇게 교육이 중요한 때 우리 나라 정책에서 교육이 무시당하고 있는 것은 안타까운 노릇이다.

교육을 잘하려면 시설과 환경, 교육과정, 교사, 학생의 4요소가 좋아야 한다. 그 중에서도 교사변인이 가장 중요하다. 교사가 부족한 시설 · 환경과 교육과정도 보완하고 극복할 수 있다고 보기 때문이다. 우수한 교사만 확보할 수 있다면 우리의 교육은 성공 안 하려고 해도 안 할 수 없는 것이다. 그래서 세계 여러 나라는 우수교원 확보에 총력을 기우리고 있는 것이다. 그런데 이렇게 교사가 중요시되는 때에 교사가 흔들리고 우리 나라 정책에서 교원이 무시되는 것을 보는 것은 교육학자로서 참기 힘든 고통이다.

이런 때 어려운 여건에서도 묵묵히 교원의 길을 걷고 있는 많은 우수한 사례의 모델 교사와 교육지도자들이 있는데 이들은 진정 우리 나라 교육의 전통을 지탱해 주는 버팀목이라고 본다. 이들 교원들은 존경을 받아 마땅하고 또 영광을 모두 돌려도 오히려 부족하다고 해야 할 것이다.

우리 나라가 뻗어나갈 수 있는 길은 오직 교육뿐이고 교육을 잘하려면 우수한 교원을 계속 잘 길러 내지 않으면 안 된다. 그런데 그 동안 교원교육이 현장과 멀리 떨어진 이론에 치우치고, 그저 몇 학점만 따면 교사자격증이 발행되는 식이어서 심지어는 교사자격증 따기가 운전면허증 따기보다도 더 쉽다는 비아냥거리는 말이 나올 정도였다. 말하자면 능력이 우수한 교원 희망자 자원들을 교원양성기관이 받아들였지만 우수한 교원으로 우수하게 길러 내지 못했던 것이다. 그런데 교사양성 교육이 너무나 형식적이고 기계적이었다는 비판을 받고 있다. 앞으로 현장중심의 교원양성교육이 강조되어야 할 것이다. 픽션이 아니고 실천 그대로이고, 반성적 사고와 반성적 행동을 할 수 있도록 하는 교원양성 교육과정으로 전환해야 할 것이다.

천연자원이 부족한 우리 나라에서 교육에 의한 인적자원 개발만이 우리의 살길이라는 생각으로 우리는 교육에 힘써야 하고, 교육에서 가장 중요한 교사의 중요성을 인식하고 우수교원 양성에 획기적인 변화와 집중 투자가 요구된다. 교육에 종사하고 있는 교원으로서는 이런 민족적 사명감으로 교육에 임해야 할 것이다.

VI. 정직이 통하는 사회에 희망이 있다.

어린이와 청소년을 보면 그 나라의 장래를 알 수 있다고 하는데 국가가 관리하는 대입수능시험에 대규모 부정행위가 있었다니 먼저 우리 민족과 국가의 장래를 먼저 걱정하게 된다. 그리고 우리 학생들이 이렇게까지 된 데 대하여 어른으로서 또 교육자와 교육학자로서 부끄럽고 국민과 학부모, 학생들에게 죄송스럽기 그지없다. 더구나 지금까지 세계 사람들이 우리 국민을 신용이 부족한 것으로 보는 경향이 있었는데 이런 일로 국가의 이미지가 한층 더 떨어질 것으로 생각하면 끔찍하기도 하다.

여기서 몇 가지 중요한 점을 짚어 봐야겠다. 첫째, 학생들이 조직적으로 대규모로 사전에 계획했다는 점을 중시한다. 이런 부정이 통하리라고 생각한 도덕불감증 자체가 문제이다. 이런 부정이 그 동안에도 통해 왔기 때문에 이런 계획을 했던 것으로 볼 수 있다. 그 동안 교내시험, 다른 모의시험에는 이런 부정이 없었다는 보장이 없다. 그 동안 학교에서 사람을 가르치지 않고 학과목을 가르치고 학급을 가르치는 교육을 했기 때문이다. 학생과 사람을 개별적으로 가르치지 않고 공장식, 분업식, 조립식으로 가르친 결과라고 하지 않을 수 없다.

둘째는 어른들의 책임을 지적하지 않을 수 없다. 먼저 그렇게 많은 학생들이 계획을 하고 거금을 들여 핸드폰을 구입하는 데 단 한 명의 부모도 전연 눈치 채지 못했을 것이냐 하는 점이다. 부모가 방조하지 않았더라도 그렇게 많은 용돈을 주고 또 어디에 쓰는지 확인도 않고 있다는 점도 문제이다. 어른 브로커가 개입 안 했다고 하더라도 이는 전적으로 어른들의 책임을 묻지 않을 수 없다. 사전에 범죄가 예고가 되었는데도 이를 막지 못한 것 또한 어른들의 책임이다. 부모, 경찰, 교육자, 교육행정가 모두가 책임을 져야 한다.

과거에 수능시험 문제를 시험관리를 하는 장학관이 빼돌린 것을 부모가 사서 자식에게 주어 의대에 합격한 사건이 있었다. 필자는 이렇게 부모와 자식이 짜고 거짓을 하고 도둑질하는 것을 더 걱정한다. 옛날 도둑들은 비록 부모는 도둑질하더라도 최소한 자식보고는 거짓이나 도둑질을 하지 말라고 가르쳐서 희망이 있었는데 이제는 부모와 자식, 교사와 학생, 어른과 아이가 짜고 합동작전으로 거짓을 하기 때문에 더 우리 나라의 앞날을 걱정한다.

셋째, 국가시험 관리에 구멍이 난 것을 걱정한다. 국가시험이 이럴진대 휴대폰 단속도 않는 그 많은 시험들의 부정행위는 어떨 것인가? 국가의 권위와 신뢰가 떨어져 수많은 국민과 학부모를 실망시킨 것이 문제이다. 원래 한날 한시에 이렇게 거대한 국가시험을 객관식으로 치른다는 자체가 범죄의 멍석을 깔아준 것이나 다름없다.

일은 이미 저질러진 것이다. 이제는 후속조치를 어떻게 하느냐에 대하여 생각해 봐야 한다. 우선 이번 계제에 철저한 수사를 하여 더 이상 이런 거짓이 통한다는 인식을 청소년들이 갖지 않도록 해야 한다. 다른 부정이 남아 있다면 이번에 적발된 사람들만 재수 없이 걸렸다는 요행으로 돌리게 된다. 우리 나라에는 재수 없다는 풍조가 만연되어 있고 요행으로 살려고 하는 사람들이 있는데 차제에 이를 불식시키기 위해서라도 철저히 조사해서 응분의 처벌을 받게 하여야 한다. 어린 학생들의 장래를 생각하여 덮어두기 식으로 처리해도 안 되고 일벌백계식으로 과도하게 벌을 해서도 안 된다.

둘째, 가정교육과 학교교육에서 정직, 성실과 같은 가치를 철저히 가르치고 이런 도덕과 윤리의 기초를 튼튼히 하도록 해야 한다. 부모와 어른이 먼저 거짓을 안 하고 거짓이 통하지 않는 가정과 사회가 되어야 한다. 국가와 사회가 온통 불법과 무질서가 난무하는 상태에서는 학생들만 정직하게 키우기 어렵다. 부모와 어른, 국가의 지도자들이 이번 일을 부끄럽게 생각하고 정직이 통하는 사회를 만들기 위해 특단의 결심과 조치를 해야 할 것이다. 학교교육도 공장식 교육에서 학생 한 사람 한 사람에게 맞는 개별화교육을 할 수 있게 되어야 한다. 세계는 지금 21세기에 맞는 개별화교육을 하기 위해 엄청난 국가재정을 교실에 집어 넣고 있는 것이다. 학생 하나하나 정성을 쏟는 정성교육이 요구되는 것이다.

셋째, 국가는 더 이상 무리한 일을 하지 말고 원칙을 찾아야 한다. 학생선발은 원래 학교장의 몫이다. 각 대학이 자신들에게 맞는 방법으로 자기 학교에 맞는 학생을 뽑는 것이 원칙이다. 국가가 전국의 모든 입시를 관리한다는 것이 원칙에 어긋난 것이다.

교육은 국가를 지키는 최후의 보루이다. 교육이 무너지면 나라 전체가 무너지고 장래까지도 무너진다. 그래서 교육에서 거짓이 통하고 청소년에게서 부정과 요령이 통하게 해서는 안 된다. 교육이 무너지는 것은 경제나 정치가 무너지는 것보다 더 무서운 일이다. 우리 민족에게 경각심을 주기 위해 이런 일이 벌어진 것이라고 생각하여 임시방편이 아닌 근본적인 대책을 세워야 한다. 정직과 신뢰가 통하는 사회가 선진국이다.

VII. 학교에서의 안전

학교는 어느 기관이나 조직, 건물에 비하여 가장 인구가 집중되어 있는 곳이다.

그래서 학교를 인구집중봉사전달조직이라고 한다. 더구나 그 인구가 대부분 약한 어린이와 여자로 구성되어 있는 곳이기 때문에 학교는 가장 안전 취약지역이고 안전 위험지역에 해당된다. 그런데 학교 현장은 안전 불감증에 걸려 있다고 해도 과언이 아니다. 건물과 시설 자체도 너무나 허술하고, 안전을 위한 경비는 전무한 상태이고, 안전의식도 공백 상태라고 할 수 있다. 유치원이나 초등학교를 방문할 때 교문이나 현관에서 신분이나 방문 목적을 확인하는 사람도 하나 없다. 나는 이런 학교 환경을 볼 때마다 아찔한 느낌을 갖는다. 만일 불량배나 정신이상자가 학교와 교실에 들어와 어린 학생이나 교사에게 접근해도 막을 사람이 없다. 불량배나 정신이상자가 학교에 들어와 난동을 부려도 자기방어 능력이 없는 어린이와 학생과 약한 여자 선생님들이 이를 제지하기 어려운 실정이다. 필리핀의 경우 대학의 모든 건물에까지 안전요원이 배치되는 데 이에 비하면 우리 나라의 경우는 불법침입자로부터 학교는 무방비 상태라고 할 수 있다. 미국의 경우도 학교에 방문하는 모든 사람은 각 주의 법에 의하여 학교장의 허락을 받게 되어 있다.

그리고 학교 건물은 불이 나도 견딜 수 있는 내연재나 불연재로 되어 있어야 하는데 학교의 거의 모든 건물은 불에 약한 재질로 되어 있어 인구집중 건물에 비하여 학교는 화재에 취약하기 그지없다. 학교의 건물과 시설로부터 학생과 교직원이 안전할 수 있도록 해야 한다.

그래서 학교는 안전 취약 지역임에도 불구하고 교직원이나 행정가의 안전의식은 너무나 약하다고 하지 않을 수 없다. 민방위 훈련이나 소방훈련을 할 때 실제 상황을 생각하고 해야 하는데 이런 훈련이 장난인지 놀이인지 구별하기 어려운 실정이다. 미국 같이 안전한 나라의 학교에서 소방훈련을 할 때 보면 실제처럼 아주 엄격하게 한다. 그래서 학교 안에서 총기난동 사건이 있을 때 교사의 지도 아래 평소 훈련한 그대로 움직여 인명의 희생을 최소화시키는 것을 지난 여러 사건에서 알 수 있었다. 설사 학교가 안전한 곳이라 하더라도 학생시절의 안전교육은 아무리 강조해도 오히려 부족하다고 하지 않을 수 없다. 앞으로 가정과 학교에서의 안전교육 만큼은 철저를 기해야 한다. 학교에서 가장 중요한 수업시간을 희생하면서까지 훈련을 한다면 그만큼 그 시간을 귀중하게 사용하여 실제처럼 훈련해야 할 것이다.

우리 나라는 부끄럽게도 안전사고의 왕국이라고 불릴 정도이다. 교통사고도 많고, 산업재해도 많고, 자연재해도 많고, 가정에서의 안전사고도 너무 많다. 어린이가 있는 가정은 모든 위험물이 제거되어 가장 안전한 곳이 되어야 한다. 기차와 비행기가 곤두박질치고, 배가 가라앉고, 차가 부딪치는 사고는 너무나 많다. 가스가 폭발하고 화재가 발생하는 빈도도 너무나 높다. 성수대교가 끊어지고 삼풍백화점이 무너지고, 씨랜드에서 유치원 아이들이 타 죽고 호프집에서 중고등 학생들이 또 타 죽었는데도 우리는 아직도 정신을 못 차리고 있다. 대구 지하철 화재사고는 너무나 허술하고 어이가 없이 일어난 일이다. 이런 일이 반복해서 일어나는 한 우리는 후진국, 때로는 야만국이라는 불명예에서 벗어나기 어렵다.

우선 지하철의 열차가 그렇게 싸구려로 만들어진 것을 알고 탔던 사람은 별로 없었을 것 같다. 불에 폭삭 사그러지는 그런 내장재로 만들어진 열차를 우리가 매일 타고 다니는 줄을 누가 알았겠는가? 정신이상자가 공공장소에 그렇게 활개치고 다니고, 위험 물질을 가지고 지하철에 무단출입할 수 있고, 위험 물질 휘발유에 불을 붙혀도 남의 일에 참견해서는 안 되는 그런 우리 나라가 되었다. 이것을 자유와 민주주의로 착각하고 있는지 모른다. 지하철 근무원의 안전의식과 비상조치도 엉망이다. 운전기사는 아무리 사령실에서 명령했다하더라도 비상조치도 취하지 않고 자기만 살자고 달아나고 거짓말하기에 급급했다. 역무원도 한 사람 제대로 제자리에서 제 기능을 한 사람이 없다. 중앙 종합사령실이나 운전사령실 같이 중요한 자리에서 근무하는 사람들이 제대로 판단하고 통제하지 못했다. 기계설비사령실에 화재경보 자막이 나오고 경고음이 울렸는데도 이를 무시해 버렸다고 한다. 이것은 근무태만이나 실수가 아니라 살인행위라고 해도 변명할 말을 찾기 어려울 것이다. 소방본부에서 비상 신고전화를 받는 태도와 조치도 비상사태와는 너무나 거리가 멀었다. 죽어가면서 울부짖는 목소리에 어울리지 않게 119전화 접수자의 목소리는 아무런 도움도 주지 못하고 한가롭게 들린다. 말하는 톤 자체가 비상사태와는 어울리지 않는다. 끝까지 실종자와 희생자를 확인하고 뼛조각 하나라도 찾아야 하는데 증거 인멸을 위해서인지 지하 3층까지 성급하게 물청소를 하고 교신 내용까지 조작하려 했다니 엄청난 희생에서 무엇을 배우고 학습할 수 있겠는가? 사고와 실수로부터 배우고 대처하지 못하면 사고는 앞으로도 반복될 수밖에 없다. 그래서 결국 우리는 너무나 많은 귀중한 생명과 대가를 반복해서 치르고 사고왕국의 세계적 오명을 계속해서 뒤집어쓰게 된다. 너무나 안타깝고 부끄러운 노릇이다.

이런 너무나 값비싸고 귀중한 대가를 치르고도 배우는 것이 없어 이런 일이 반복된다면 이것은 너무나 억울한 노릇이다. 어떤 일이 있어도 생명을 지키기 위하여 사고를 사전에 막아내지 않으면 안 된다.

학교는 가장 안전 취약지역이다. 학교에서 대구지하철 참사와 같은 사고가 안 일어난다는 보장이 없다. 학교는 화재로부터도 자유스럽지 못하고 폭력으로부터도 무방비 상태이다. 외부로부터의 폭력은 말할 것도 없고 학교 안에서의 학생들 간의 폭력도 연약한 여 선생님들이 대부분인 상황에서 막을 수 없다. 하루 빨리 학교시설을 이 세상에서 가장 안전하게 고치고, 또 학교에서도 안전교육과 훈련에 완벽을 기해야 한다. 특히 어수성한 신학기를 맞아 안전과 질서교육에 최우선순위에 두기를 바란다. 그래서 어리고 약한 인구가 집중되어 있는 학교가 이 세상에서 가장 안전하고 편안한 곳이 되도록 하여야 한다.

저자 소개

✍ 주삼환

〈약력〉

서울교육대학교, 서울대학교교육대학원 교육행정전공 석사, 미국미네소타대학교대학원 교육행정전공 박사, 서울시내 초등교사 약 15년, 한국교육행정학회장, 미국 오하이오주립대학 객원교수 역임

현, 충남대학교 교수

〈저 · 역서〉

태영출판사(www.taeyeongbook.co.kr) ─ 한국 교원행정(2006)

학지사(www.hakjisa.co.kr) ─ 장학의 이론과 기법(2006), 미국의 교장(2005), 교육행정 및 교육경영(공저, 2006), 교육행정사례연구(공저, 근간)

한국학술정보(www.kstudy.com) ─ 주삼환 교육행정 및 장학 시리즈 도서(2006) : I. 교육 칼럼 및 비평 시리즈 ; I ─ 1 우리의 교육, 몸으로 가르치자, I ─ 2 질의 교육과 교육행정, I ─ 3 교육이 바로 서야, I ─ 4 위기의 한국교육, I ─ 5 전환시대의 전환적 교육

II. 장학론 시리즈 ; II ─ 1 교육의 질 향상을 위한 장학의 이론과 기법(e-book), II ─ 2 수업분석과 수업연구(공저), II ─ 3 전환적 장학과 학교경영, II ─ 4 장학 : 장학사와 교사의 상호작용(역), II ─ 5 임상장학(역), II ─ 6 교육행정 특강, II ─ 7 교장의 리더십과 장학, II ─ 8 교장의 질관리 장학, II ─ 9 교육개혁과 교장의 리더십, II ─ 10 선택적 장학(역), II ─ 11 장학 연구, II ─ 12 인간자원장학(역)

III. 교육행정 시리즈 ; III ─ 1 올바른 교육행정을 지향하여, III ─ 2 한국교육행정강론, III ─ 3 미국의 교육행정, III ─ 4 지방교육자치와 대학자치, III ─ 5 전환기의 교육행정과 학교경영, III ─ 6 고등교육연구, III ─ 7 교육조직 연구, III ─ 8 교육정책의 방향(역)

IV. 교육행정철학 시리즈 ; IV ─ 1 교육행정철학(역), IV ─ 2 리더십의 철학(역), IV ─ 3 대안적 교육행정학(공역), IV ─ 4 교육행정사상의 변화

V. 교육행정 관련학문 시리즈 ; V ─ 1 교양인간관계론(e-book), V ─ 2 입문 비교교육학(역), V ─ 3 사회과학이론입문(공역), V ─ 4 허즈버그의 직무동기이론(역), V ─ 5 미국의 대학평가(역)

한국교원행정

초판인쇄 2007년 1월 5일
초판발행 2007년 1월 10일

저 자 주 삼 환
발행인 김 현 태
발행처 태영출판사

주 소 (152-705) 서울 구로구 구로동 104-10 동남오피스텔 201호
전 화 02 839-3757, 839-3752
팩 스 02 837-3754
등 록 2005년 5월 30일 제12-421호
홈페이지 http://www.taeyeongbook.co.kr
E-mail tys2005@paran.com
ISBN 89-91777-55-4 93370
정 가 15,000원

* 잘못 만들어진 책은 교환해 드립니다.